La boîte à outils de la créativité

L'édition originale de cet ouvrage a été publiée aux États-Unis sous le titre *Serious Creativity*.

L'édition française a été publiée avec l'autorisation de Minding International, et révisée par Nicole Patris.

Éditions d'Organisation
1, rue Thénard
75240 Paris Cedex 05

ISBN : 2-7081-3020-X

Edward de Bono

La boîte à outils de la créativité

Traduit de l'anglais par Laurence Nicolaïeff

Éditions d'Organisation

Sommaire

Préface à l'édition française

Trois composantes du monde des affaires sont en passe de devenir des produits de base.

La *compétence*, d'abord, est désormais un produit de base. Si vous pensez assurer l'avenir de votre entreprise en demeurant plus compétent que vos concurrents, vous vous trouvez dans une situation critique. Car vous serez impuissant à les empêcher de devenir aussi, sinon plus, compétents que vous.

L'*information*, ensuite, devient un produit de base. La majeure partie en est gratuite. Vous pouvez également l'obtenir sur commande ou l'acheter.

La *technologie de pointe*, enfin, constitue un produit de base, bientôt à la disposition de tout un chacun. Certes, quelques exceptions demeurent, ainsi des brevets de l'industrie pharmaceutique dont la validité perdure quelques années. De manière générale, cependant, la technologie n'est plus réservée aux initiés.

Puisque ces trois composantes se banalisent, comment créer la différence ?

Imaginons un concours de cuisine entre six chefs réunis autour d'une table. Chacun dispose d'ingrédients et d'ustensiles identiques. Comment créer la différence ? Le lauréat sera celui qui aura su créer une valeur culinaire supérieure à partir des mêmes matières premières.

De la même façon, l'entreprise qui gagne est celle qui génère une valeur supérieure en utilisant les mêmes ingrédients que ses concurrents.

Comment cette valeur supérieure peut-t-elle être conçue et produite ? La réponse tient en deux mots : créativité et innovation. Voilà pourquoi la créativité et l'innovation constituent un impératif pour l'entreprise d'aujourd'hui.

Les coûts de production

En Chine, le salaire mensuel moyen d'un ouvrier est de 100 dollars. Dans les pays industrialisés, les rémunérations représentent dix, voire vingt fois ce montant. Un grand nombre d'usines sont délocalisées en Chine. Singapour, la Malaisie et le Japon ont entamé ce mouvement. L'Europe est en train de suivre. Et lorsqu'elles n'y installent pas leurs usines, beaucoup d'entreprises s'approvisionnent en Chine.

Comment les pays caractérisés par un niveau de coûts élevé peuvent-ils rester compétitifs ? Il n'existe que deux réponses possibles.

La première réside dans l'innovation. Il faut constamment demeurer en tête, en matière de valeur apportée. Cela requiert de la créativité.

La seconde réponse vient de l'automatisation totale, qui permet de supprimer les coûts salariaux — avec en contrepartie un taux de chômage considérable.

Le besoin d'innovation et de créativité s'avère donc une affaire sérieuse, décisive.

L'innovation en France

D'après les conclusions de plusieurs instances ou comités de réflexion, la situation de la France en matière d'innovation s'est fortement dégradée par rapport à celle de nombreux pays industrialisés [1].

Où réside la solution ? Comment progresser ? Les différentes instances ont mis en exergue à la fois le caractère crucial de l'innovation, la nécessité de l'encourager, de la financer et de supprimer les freins à son développement, notamment réglementaires. Ces propositions, loin d'être négligeables, sont porteuses de progrès substantiels. Mais elles ne suffiront pas.

On ne peut préparer un potage sans eau. On ne peut innover sans le soutien d'un environnement favorable et sans infrastructure.

Le potage ne se résume pas seulement à de l'eau. La saveur joue aussi son rôle. Un environnement propice à la créativité ne représente pas une condition suffisante si les idées ne sont pas au rendez-vous.

Les modes de pensée français traditionnels stimulent-ils la créativité ? L'esprit cartésien représente-t-il le fondement idéal de la créativité ?

On doit à René Descartes cette maxime célèbre : *Cogito ergo sum*. La mienne serait plutôt : *Ago ergo erigo.* « J'agis donc je construis. »

L'immobilisme, la méditation et l'analyse ne sont plus de mise. On doit désormais créer et concevoir. L'entendement ne suffit pas. Le discernement ne suffit pas. Il faut passer à l'innovation active.

LE CERVEAU ET LA RÉFLEXION CRÉATIVE

Le cerveau est conçu pour être « non créatif ». S'il en était autrement, la vie serait impossible.

Un beau matin, X décida de faire calculer par son ordinateur les différentes manières possibles de s'habiller à partir de treize pièces de vêtements. L'ordinateur mit quarante heures sans interruption pour fournir le résultat. Ce qui n'était pas surprenant compte tenu du nombre de combinaisons, soit 39 916 800. Une existence entière serait trop courte pour toutes les essayer.

Le cerveau est conçu pour élaborer des schémas stables, destinés à opérer dans un monde stable. Ce qui est le contraire de la créativité.

J'ai décrit le mode de fonctionnement du cerveau dans mon ouvrage *Le mécanisme de l'esprit*, publié en 1969. Après avoir lu ce livre, le professeur Murray Gel Mann, un des plus grands physiciens au monde, m'a confié : « Vous avez abordé ces sujets dix ans avant que les mathématiciens ne commencent à s'intéresser au chaos et à la complexité. » Il a, par la suite, fondé le Santa Fe Institute, la première organisation mondiale d'étude de la complexité.

Le cerveau est un système d'information auto-organisé qui crée des schémas asymétriques. Ce sont eux qui nous permettent de comprendre la « logique » de la créativité.

Les limites de l'inspiration

Les idées neuves sont souvent le fruit du hasard et de l'inspiration. Elles peuvent aussi être produites grâce au *brainstorming*. Certains êtres sont plus inventifs que d'autres. Tous ces processus, s'ils possèdent leurs mérites respectifs, sont lents et peu performants. Il s'agit toujours d'attendre que les idées surgissent.

L'utilisation des « outils » méthodiques de la pensée latérale permet de générer des idées volontairement et à la demande.

Un seul des outils de la pensée latérale a suffi aux ouvriers d'une aciérie sud-africaine pour produire 21 000 idées en l'espace d'un après-midi. Telle est la puissance de la créativité.

L'usage de la pensée latérale fait de la créativité une technique susceptible d'être acquise, pratiquée et mise en œuvre. Elle nous dispense d'attendre le bon vouloir de l'inspiration.

Une logique inédite

Dans la logique classique, chaque idée découle de l'idée qui la précède. Il paraîtrait incongru de soutenir, par exemple, que les automobiles devraient posséder « des roues carrées ». Cela serait absurde et contraire aux principes de la mécanique.

Cependant, la pensée latérale explique parfaitement la « logique » de la provocation. Celle-ci nous permet de traverser les schémas existants pour emprunter de nouveaux schémas.

C'est une nécessité absolue de langage qui a conduit au néologisme « po » afin de signaler l'opération de provocation.

De la provocation « Po, les voitures devraient posséder des roues carrées », a émergé l'idée stimulante de la « suspension assistée», qui fonctionne à merveille.

Simultanément, la provocation impose une nouvelle opération mentale que j'appelle « mouvement ». Il serait vain de vouloir comprendre une provocation. En recourant aux techniques méthodiques du « mouvement », nous progressons de la provocation vers des idées nouvelles, porteuses de valeur. Tout ceci répond à la logique des systèmes asymétriques. Le présent ouvrage l'explique clairement.

Dans un système à schémas, on part du centre et l'on suit toujours le même schéma. Mais si l'on démarre de la périphérie pour revenir vers le centre, différentes voies s'ouvrent alors, qui seraient demeurées inaccessibles à partir du centre. Tel est le fondement de la stimulation par le « mot aléatoire » qui, sinon, semblerait illogique.

Comment un mot aléatoire peut-il déclencher des idées neuves sur un sujet donné ? Là encore, nous avons affaire à la logique des systèmes à schémas asymétriques.

La nouvelle approche de la créativité

Ce livre propose une approche systématique et logique de la créativité. Pour la première fois, la créativité perd de son mystère en s'analysant comme le comportement de l'information au sein de systèmes asymétriques d'information auto-organisés. De ce paradigme, découlent les techniques méthodiques et intentionnelles de la pensée créative. Elles s'acquièrent et s'appliquent de manière délibérée.

Dans le débat en cours sur l'innovation en France, et dans les solutions préconisées, voici l'ingrédient qui manquait : « Le mode de pensée qui conditionne la création d'idées neuves. »

EDWARD DE BONO

Introduction

Imaginons que je sois assis à mon bureau en train de me dire : « Il me faut absolument trouver une idée neuve [indiquer ici le besoin du moment]. » Comment dois-je procéder ?

Je peux engager des recherches et tenter de décliner une pensée logique.

Je peux emprunter ou voler une idée à quelqu'un.

Je peux me tourner les pouces en attendant l'inspiration.

Je peux organiser en toute hâte une session de brainstorming.

Ou alors je mets en œuvre avec rigueur et détermination un processus complet de pensée latérale (comme la technique du mot aléatoire) ; et en l'espace de dix à vingt secondes les idées neuves surgissent.

Voici maintenant plus de vingt-cinq ans que je travaille dans le champ de la pensée créative. Le temps est venu de dégager l'essentiel des connaissances acquises et de les actualiser. Le temps est venu de clarifier et de redéfinir les diverses méthodes auxquelles de nombreux emprunts ont fait perdre de leur pertinence et de leur acuité. Le temps est venu pour moi d'exploiter l'immense richesse que constitue l'expérience accumulée au cours des années que j'ai passées à enseigner la pensée créative dans de nombreux pays et dans des contextes culturels différents, au sein d'entreprises, d'universités, d'administrations et d'autres acteurs de la société.

Que s'est-il passé pendant ces vingt-cinq dernières années dans ce domaine primordial ? À la fois beaucoup et peu de choses.

En 1969, j'expliquai dans mon ouvrage *Le mécanisme de l'esprit* [1] que les connexions nerveuses dans le cerveau humain pouvaient fonctionner comme un système d'information auto-organisé. À l'époque, ces notions paraissaient quelque peu atypiques. Elles constituent aujourd'hui le noyau des théories sur le cerveau. Une discipline universitaire traite même exclusivement des systèmes auto-organisés. Trois prix Nobel de médecine ont rédigé l'introduction de l'un de mes livres paru plus récemment *J'ai raison, vous avez tort* [2]. Les ordinateurs neuronaux reprennent ce principe. La science a donc rattrapé ce qui n'était au départ qu'un modèle conceptuel.

Quelques individus, mais ils sont rares, savent que la créativité humaine est désormais une absolue nécessité au sens mathématique du terme, puisque notre perception fonctionne comme un système d'information auto-organisé. Ce type de systèmes a besoin de créativité et aussi de « provocation ».

La pensée créative suscite bien plus d'intérêt de nos jours qu'il y a vingt-cinq ans. Les grandes entreprises se targuent presque toutes de créativité, affirment que sans elle, point de salut. Pourtant, par expérience, je sais que ces belles intentions ne sont pas réellement suivies d'effets.

Durant les deux dernières décennies, l'entreprise a joué trois cartes essentielles. Tout d'abord celle de la restructuration, avec son cortège d'acquisitions, de fusions, de rachats avec effet de levier (LBO), de scissions... Le développement et le profit devaient provenir de la croissance externe. Des banquiers tout comme certaines des structures ainsi créées en ont tiré bénéfice.

Puis on se tourna vers la réduction des coûts, qui fait référence encore aujourd'hui. Il suffit de tailler dans les coûts pour rendre le bilan présentable. Cette approche offre au moins quelque chose de tangible, avec des objectifs clairs et des résultats mesurables. Les profits s'accroissent. Mais à force de dégraisser, on finit par attaquer le muscle.

Enfin, voici la démarche qualité (et le service au client) ; un jeu louable impliquant une forte dose de créativité.

Mais qu'advient-il d'une entreprise à la fois organisée au plus juste et compétente ? Que va faire cette entreprise au plus juste et riche de ses talents ? Et que va-t-il se passer face à des concurrents tout aussi ajustés alors que la maîtrise des coûts ne constitue plus un avantage concurrentiel ? Les dirigeants les plus perspicaces savent que le seul espoir réside alors dans la créativité. Les économies japonaise et allemande qui ont longtemps fondé leur prééminence sur la qualité et l'excellence, commencent à s'y intéresser.

Malheureusement, peu de gouvernements sont parvenus à cette conclusion selon laquelle le changement par la créativité est tout aussi vital pour les États que pour les entreprises. Alors même que les administrations du monde entier ont un besoin urgent d'optimiser leurs procédures, les services gouvernementaux manquent de concepts novateurs. Certains gouvernements tels ceux de Singapour, de Malaisie, d'Australie et du Canada ont pris conscience de cette nécessité. D'autres s'imaginent encore qu'il leur suffit de réduire les dépenses. Le citoyen devrait se montrer plus exigeant !

En dépit de timides efforts pour développer l'aptitude à penser, les responsables de l'éducation se préoccupent peu de promouvoir l'enseignement de la pensée créative. Selon eux, la créativité relève du domaine de l'art ; c'est une question de talent et rien d'autre. Cette vision surannée est digne du Moyen Âge.

Quant au reste de la société qui ne joue pas à proprement parler de rôle actif, il se satisfait des représentations et des explications convenues.

Toutefois, un nombre croissant de personnes issues de divers secteurs découvrent que la maîtrise de l'avenir passe par l'enseignement de modes de pensée plus performants, faisant intervenir la créativité.

Notre désintérêt pour la créativité s'explique par plusieurs raisons.

La première, qui est aussi la plus redoutable, repose sur le fait que l'idée créative doit s'avérer logique en tout état de cause. Quand une idée ne répond pas au critère de la logique, nous mésestimons sa valeur, voire la considérons comme une idée « folle ». Lorsqu'une idée créative valable paraît logique *a posteriori*, il est naturel de supposer et de soutenir qu'elle est uniquement le fruit d'un raisonnement logique et que la créativité n'apporte rien. Telle est la raison pour laquelle, culturellement, nous accordons peu de prix à la créativité. À mon sens, plus de 95% des universitaires du monde entier s'en tiennent encore à cette démarche. Or je suis navré de le dire ; elle est totalement erronée.

Dans un système d'information passif (prédéterminé), il est naturel d'avancer que toute idée logique *in fine* doit forcément être accessible au raisonnement logique dès ses prémisses. Il en va différemment pour un système d'information actif (auto-organisé), dans lequel l'asymétrie des modèles implique qu'une idée puisse sembler logique, voire évidente après coup, sans pour autant se révéler d'emblée comme telle. Malheureusement, cet aspect n'est perçu que par ceux qui sont capables de passer du paradigme des systèmes prédéterminés au paradigme des systèmes auto-organisés. Je reviendrai sur ce point ultérieurement. La plupart des gens refusent ou sont incapables de changer de paradigme et doivent par conséquent se raccrocher en permanence à la seule logique.

Et puis il y a ceux qui admettent l'importance et la réalité de la créativité, mais sont convaincus qu'elle ne s'acquiert pas. Ils la considèrent comme une sorte de talent quasi miraculeux que possèdent certains et dont les autres sont dépourvus. On note une confusion flagrante entre la créativité artistique (qui d'ailleurs n'est pas toujours créative) et la capacité à changer de concepts et de perceptions. Dans la même veine, on soutient que les idées novatrices résultent d'une combinaison aléatoire d'évènements et de circonstances impossible à prévoir. Nous observons ici la conception généralement admise selon laquelle les idées se créent et continueront toujours de naître sans que l'on puisse ou que l'on ait besoin d'intervenir dans leur gestation. Il ne reste plus alors qu'à trouver des gens créatifs et à les encourager.

Un nombre grandissant de personnes imagine que l'aptitude à la créativité se cultive par un effort soutenu et par l'attention. Ceci comporte deux risques.

Dans la mesure où l'inhibition – la peur de se tromper et de commettre des fautes – entrave la prise de risque dont s'accompagne la créativité, on suppose qu'il suffit de se débarrasser de ses inhibitions pour devenir créatif. Cette vision des choses est surtout présente en Amérique du Nord et a freiné le développement des techniques relatives à la pensée créative structurée. On cherche à décomplexer l'individu pour libérer sa créativité naturelle. Mais cela permet juste d'obtenir un niveau médiocre en la matière. Le cerveau n'est pas conçu pour être créatif ; l'affranchir des inhibitions ne sert à rien. Nul ne se transforme automatiquement en as du volant lorsqu'il desserre le frein à main de sa voiture. Je reviendrai ultérieurement sur ce point.

Nous en arrivons maintenant aux dommages considérables engendrés par la vogue des séances de *brainstorming*. Elles constituent une tentative louable de fournir un environnement convivial permettant aux participants d'avancer des suggestions sans crainte de les voir rejetées. L'intention était certes respectable et les principes sous-jacents paraissaient plutôt sains. Malheureusement cette volonté délibérée de créativité a bloqué le développement des aptitudes à la pensée créative structurée.

Les partisans de cette technique qui vise à susciter la créativité par une démarche volontaire estiment que les processus (peu convaincants) du *brainstorming* suffisent. D'autres, en revanche, motivés par le désir de développer leurs aptitudes personnelles à la pensée créative, sont rebutés par son aspect jusqu'au-boutiste. La conception selon laquelle la fermentation de propositions multiples génère forcément une inspiration géniale demeure valable dans le monde de la publicité (d'où le *brainstorming* tire son origine) mais elle n'a plus cours dès lors que la nouveauté ne constitue plus en soi une valeur suffisante.

Il est difficile de condamner le *brainstorming* parce qu'il n'est pas sans utilité et qu'il produit parfois des résultats ; d'après mon expérience, cependant, je dirai qu'il est dépassé et peu efficace. Nous pouvons obtenir davantage en appliquant des méthodes systématiques et ciblées. En outre, la créativité ne se résume pas forcément à un processus de groupe comme le *brainstorming*. Un individu isolé peut fort bien, à lui seul, parvenir à des conclusions tout aussi créatives qu'un ensemble de personnes.

Pourquoi ne pas substituer au concept de *brainstorming*, littéralement « tempête de cerveaux », celui de *brain-sailing*, qui évoque un processus de navigation maîtrisé par lequel, comme le skipper d'un voilier, nous pouvons changer de cap au lieu de nous laisser emporter par la tempête.

Indissociable du *brainstorming* se profile l'idée que la pensée créative délibérée ne peut s'exonérer, pour être efficace, d'un brin de folie ou d'excentricité. Cette interprétation, diffusée par ceux qui comprennent mal le caractère spécifique de la provocation, s'avère complètement fausse au regard de la vraie nature de la créativité. La provocation marque une rupture par rapport à l'expérience que nous avons traditionnellement acquise. Dans la mesure où elle sort du domaine du connu, l'amalgame avec l'excentricité et la folie devient inévitable.

Force est de préciser que l'une des causes majeures de malentendu réside dans la faiblesse de l'enseignement dispensé par ceux qui prétendent apprendre à penser de manière créative. Si la pensée créative ne se fonde ni sur la logique ni sur l'expérience, n'importe qui peut s'instaurer professeur. On emprunte ici et là des techniques et des processus sans chercher à en comprendre réellement les tenants et les aboutissants. Ce qui n'autorise qu'une maîtrise sommaire de la pensée créative. Certains de mes clients sont persuadés à tort qu'ils détiennent une réelle expertise, et bon nombre d'autres sont désabusés. Le concept de pensée créative s'en trouve dévalué et n'est pas traité à sa juste valeur. On le considère comme une sorte de gadget marginal qui fonctionne de temps en temps.

Pour toutes les raisons énoncées ci-dessus, la pensée créative n'occupe pas la place qui devrait lui revenir. Reprenons pour mémoire la typologie des divers groupes d'opinion dominants :

ceux qui se fient exclusivement à la logique ; ceux qui voient dans la créativité une affaire de talent ou de chance qui échappe à leur pouvoir ; enfin, la catégorie des gens déroutés par la folie ou l'excentricité qu'induisent les efforts volontaires visant à libérer la créativité qui est en eux.

Dans cet ouvrage, je parle délibérément d'« outils » pour la créativité, afin de prendre de la distance par rapport à cette idée de « folie » accolée au concept de créativité. J'y décris longuement des méthodes sérieuses et ciblées, applicables par tous, qu'il s'agisse d'individus ou de groupes. Elles prennent directement et logiquement appui sur le mécanisme de la perception chez l'homme en tant que système auto-organisé capable d'élaborer ses propres schémas. Ne voyez dans tout ceci aucune mystification. Ce fut précisément pour échapper à cette vision de la créativité vague et teintée d'irrationnel, que j'ai forgé le concept de « pensée latérale » voici plus de vingt-cinq ans. La pensée vise d'abord à modifier les concepts et les perceptions.

Certains seront choqués par la notion de créativité « structurée » et par la contradiction apparente des deux termes. Car pour eux, la créativité consiste à réfléchir librement, sans fil conducteur, en espérant accoucher d'une idée géniale. Certes, pour être créatifs nous devons nous libérer des contraintes, nous détacher de nos traditions et de notre histoire. Néanmoins cette liberté s'avère plus efficace lorsqu'elle résulte de techniques délibérées spécifiques et non d'un espoir plus ou moins aléatoire. Lorsque l'on veut sortir de prison, mieux vaut disposer d'un dossier solide que de prier pour être libéré.

D'autres demeurent convaincus que des méthodes systématiques et délibérées ne peuvent générer de la créativité, parce que des structures limitent leur liberté. Quelle absurdité ! Il existe certes des structures restrictives telles que les lignes de chemin de fer et les pièces fermées à double tour. Mais on rencontre également des structures libératrices. Une échelle, par exemple, représente une structure libératrice en ce sens qu'elle permet d'atteindre des lieux auxquels on ne pourrait accéder sans ce moyen. En outre, chacun reste libre de décider de l'endroit où il souhaite la placer. Une tasse ou un verre constitue aussi une structure libératrice qui permet de boire plus commodément. La tasse ne nous impose en rien de prendre telle ou telle boisson. La notation mathématique, autre structure libératrice, nous offre la possibilité d'accomplir nombre de choses irréalisables autrement. Il n'existe donc aucun élément restrictif dans les techniques systématiques qui, au contraire, nous rendent libres de développer de nouveaux concepts et de nouvelles perceptions.

Je considère la pensée créative (la pensée latérale) comme une forme particulière de traitement de l'information. À cet égard, elle mériterait qu'on lui accorde la même place que les autres modes de traitement de l'information tels que les mathématiques, l'analyse logique, les simulations par ordinateur. Point de mystère là-dedans. Désormais, il ne devrait plus paraître étrange de recourir à l'application systématique des techniques de pensée latérale chaque fois que l'on veut réfléchir à une solution innovante sur un sujet donné.

Dans le présent ouvrage, je traiterai des principes généraux de la pensée latérale :

1. Le challenge.
2. Les alternatives.
3. La provocation.

Dans chaque domaine il existe des méthodes et des techniques susceptibles d'être apprises, expérimentées et appliquées. L'histoire de Peter Ueberroth et des Jeux Olympiques de Los Angeles illustre comment on peut les acquérir puis les mettre en œuvre. Peter Ueberroth a pour la première fois entendu parler de la pensée latérale lorsqu'il m'a accueilli pour une conférence d'une heure et demie que je donnais devant l'Organisation des Jeunes Présidents en 1975, à Boca Raton en Floride. Neuf ans plus tard, si l'on en croit son entretien au *Washington Post*, il a eu recours aux techniques de pensée latérale pour les innovations qui ont fait de ces Olympiades une éclatante réussite.

Je souhaiterais souligner ici qu'en écrivant ce livre, envisagé comme ouvrage de référence sur la pensée créative, je n'ai pas l'intention d'exposer les principes d'enseignement de la pensée créative. Ce n'est pas d'ailleurs le propos d'un ouvrage, dans la mesure où l'enseignement est fondé sur une expérience interactive et sur des conseils personnalisés. Par ailleurs, j'organise des sessions de formation à l'intention de ceux qui voudraient s'initier à l'enseignement de la pensée créative. Je conçois ce livre comme un guide destiné à celles et ceux qui souhaitent mettre en pratique la pensée créative par eux-mêmes

Il s'adresse donc à trois catégories de lecteurs :

1. Ceux qui pressentent l'importance croissante de la créativité et qui souhaitent explorer ce sujet.
2. Ceux qui se considèrent déjà comme créatifs et qui désirent accroître leurs aptitudes.
3. Ceux qui ne perçoivent pas l'intérêt de la créativité.

J'imagine aisément que les personnes du troisième groupe seront, de prime abord, peu tentées d'acheter le livre. Leur seul espoir d'acquérir une meilleure compréhension de la pensée créative dépend de la probabilité que quelqu'un le leur offre, dans le but de les familiariser avec ce concept et de leur en expliquer l'enjeu...

À cet égard, il paraît opportun de distinguer deux types de production créative. Nous supposons généralement que la pensée créative aboutit à une idée novatrice comportant une certaine part de risque. Le caractère inédit d'une idée ne nous permet pas d'en prévoir à coup sûr les conséquences, positives ou négatives. Avant de générer un bénéfice, elle implique un certain investissement en temps, en argent, en énergie, sans parler des controverses. Beaucoup de gens et la plupart des entreprises se montrent peu enclins à consentir de tels sacrifices tout en admettant leur nécessité à long terme.

Dans le deuxième cas, l'idée novatrice se révèle immédiatement rentable au sens large. On perçoit tout de suite les promesses qu'elle offre, en terme de temps ou d'argent ou de bénéfice attendu. À titre d'illustration, voici un exemple très simple.

Additionnez les nombres allant de 1 à 10. Cette tâche aisée doit vous permettre d'atteindre le nombre de 55. Maintenant additionnez les nombres allant de 1 à 100. Là encore, la tâche n'offre pas de difficultés mais elle est délicate et requiert de l'attention pour éviter les erreurs. Imaginons ensuite les nombres de 1 à 100 alignés selon le modèle ci-dessous :

1	2	3	...	98	99	100

Maintenant reprenons les nombres allant de 1 à 100 mais en les écrivant en ordre décroissant sous la première rangée de nombres, ce qui donne :

1	2	3	...	98	99	100
100	99	98	...	3	2	1

En additionnant chaque paire, vous obtenez toujours 101. Cela ne peut être autrement car à mesure que vous progressez les nombres de la première ligne augmentent de 1 et ceux de la seconde ligne diminuent également de 1, de telle sorte que le total reste inchangé. Le total global est par conséquent 100×101. Ce qui représente, bien entendu, deux fois la somme dont nous avions besoin parce que nous avons utilisé deux rangées de nombres allant de 1 à 100. Donc nous divisons par 2 et nous obtenons 50×101, soit 5050. Cette méthode est non seulement très rapide mais elle comporte peu de risques d'erreurs. En bref, elle représente un moyen plus rapide et plus sûr d'additionner les nombres allant de 1 à 100.

A posteriori la méthode semble parfaitement logique. Dans la pratique, peu de gens réussissent à l'appliquer.

Une autre technique consisterait à « replier » les nombres sur eux-mêmes comme suit :

50	49	48	...	3	2	1
51	52	53	...	98	99	100

Ce qui donne 50 × 101, soit 5050.

Je ne me réclame pas de la créativité ici, car cette opération est réalisable aussi bien grâce à la pensée créative que par simple visualisation. J'entends simplement démontrer que l'on peut voir immédiatement les effets positifs d'une nouvelle approche. L'absence de risque est totale.

Dans certains cas, la pensée créative produit ce type de résultat ; l'idée prouve immédiatement son efficacité. Et le fait qu'elle se révèle logique *a posteriori* ne signifie pas nécessairement qu'elle est le résultat d'un développement logique *a priori* (comme je l'ai indiqué précédemment et comme nous le constaterons par la suite).

Ce point est important car l'un des objectifs essentiels de l'utilisation de la pensée créative est précisément d'aider à définir de meilleures solutions. Il serait faux de supposer que la pensée créative est inséparable du risque. Nous venons de voir par des exemples simples que la créativité engendre également des idées et des perceptions à bénéfice immédiatement visible.

Le présent ouvrage s'articule en trois parties :

1. La nécessité de la créativité.
2. Les techniques et les méthodes.
3. La mise en œuvre de la pensée créative.

- Il n'existe rien de plus merveilleux que de réfléchir à une idée neuve.
- Il n'existe rien de plus extraordinaire que de voir cette idée produire ses effets.
- Il n'existe rien de plus utile qu'une idée nouvelle servant votre objectif.

Première partie

LA NÉCESSITÉ DE LA CRÉATIVITÉ

La valeur apportée au lecteur

Quel bénéfice le présent ouvrage va-t-il procurer au lecteur ? Quelles valeurs lui apportera-t-il ?

Au fil de cet ouvrage, je souhaite mettre en évidence les trois étapes obligées d'une pleine maîtrise de la créativité.

Quelles sont ces trois étapes ?

1. Comprendre la nature et la logique de la créativité.
2. Vouloir faire un effort de créativité.
3. Utiliser les outils, techniques et méthodes appropriés.

Comprendre la nature et la logique de la créativité

La créativité est un concept complexe et déroutant, qui s'applique autant à l'invention d'un bouchon de tube de dentifrice qu'à la composition de la cinquième symphonie de Beethoven. La difficulté tient à la définition des termes « créatif » et « créativité ».

Dans son acception la plus simple, l'expression « être créatif » signifie donner naissance à quelque chose qui n'était pas là auparavant. D'une certaine manière, « générer du désordre » apparaît comme un exemple de créativité. À partir de rien, l'on crée du désordre. Puis l'on attribue une valeur au résultat constaté, si bien que l'objet « nouveau » possède forcément de la valeur. Nous parlons de créativité artistique parce que l'œuvre de l'artiste est tout à la fois neuve et dotée d'une valeur.

Nous comprenons à ce stade que la production créative ne peut aller de soi, qu'elle n'est pas « facile ». Unique ou rare, elle relève d'un talent exceptionnel.

Dès lors que l'on introduit les concepts d'« inattendu » et de « changement », la créativité prend une signification différente.

Certains artistes sont des « stylistes productifs ». Ils possèdent à la fois un style de perception et un style d'expression, tous deux dotés le cas échéant d'une valeur élevée. Leur travail respecte les caractéristiques du style qui leur est propre. Dans la mesure où ce qu'ils créent aujourd'hui ne s'avère pas une simple répétition de ce qu'ils ont produit hier, le résultat contient en même temps du neuf et de la valeur. À juste titre nous disons que ces artistes sont créatifs. Mais la dimension du changement est absente.

Je pense que le terme « créativité », pris en son sens le plus commun, recouvre une large gamme d'aptitudes. Cet ouvrage ne traitera pas de la créativité artistique. Des dramaturges, des compositeurs, des poètes, des musiciens de rock, m'ont avoué qu'ils recouraient parfois aux techniques de la pensée latérale. Leur confiance m'honore mais il n'entre pas pour autant dans mes intentions d'améliorer l'aptitude à la créativité artistique *stricto sensu*. Mon propos vise fondamentalement la créativité en tant qu'instrument de modification des concepts et des perceptions.

La créativité comporte une part de mystère. Des intuitions géniales surgissent tout à coup, mais nous ne savons rien de leur genèse. L'étude et l'analyse du comportement des individus créatifs ne nous en apprennent pas davantage, dans la mesure où eux-mêmes ignorent en général comment et pourquoi les idées germent dans leur esprit.

C'est pourquoi je préfère m'immerger dans le mode opératoire des systèmes d'information auto-organisés, lesquels structurent, développent et exploitent des schémas de raisonnement. L'analyse du caractère et des réactions potentielles de tels systèmes nous renseigne précisément sur la véritable nature de la créativité. De ce fait, la voici démystifiée. Nous en discernons les rouages et pouvons dès lors concevoir les techniques aptes à faire émerger les idées nouvelles. En quelque sorte, nous en venons à percer la « logique » de la créativité. Cette logique-là, nous le verrons dans un autre chapitre, c'est celle des systèmes organisés autour de schémas de raisonnement. Nul élan mystique, nul acte de foi ne sont sollicités, pas plus que la présence d'une mystérieuse boîte noire qui porterait l'inscription « tout est là ». L'essence de la créativité (ou plus exactement de la pensée latérale) est ainsi dévoilée.

Il y a plusieurs années, je donnais une conférence devant mille deux cents personnes, toutes titulaires d'un doctorat, qui travaillaient pour l'entreprise 3M à Minneapolis. C'était, je crois, la crème de leur service de recherche. Quelque huit ans plus tard, un des dirigeants de ce même département confia à l'un de mes amis que mon intervention avait eu un impact exceptionnel sur leurs réflexions relatives à la recherche. Le public était composé de scientifiques : des électroniciens, des physiciens, des spécialistes des matériaux, des chimistes, des ingénieurs de toutes disciplines. Une telle population est encline à penser que la créativité est l'affaire des publicitaires, spécialistes du packaging ou du marketing et autres designers. Eux qui raisonnent à partir des lois de la physique, du mesurable, n'en auraient pas besoin. Pourtant, une fois qu'ils eurent perçu la « logique » de la créativité en tant que comportement propre aux systèmes auto-organisés, leur vision fut bouleversée.

Ceci est essentiel car, si nombre de gens reconnaissent de la valeur à une idée neuve, ils admettent mal le caractère impératif de la créativité dès lors qu'on en reste à l'incantation. Leur approche change du tout au tout lorsque l'impératif de créativité est expliqué rationnellement, logiquement et concrètement.

Certes, il ne suffit pas d'appréhender la logique de la créativité pour devenir plus créatif. Mais cela permet à chacun de se rendre compte à quel point elle est essentielle, de comprendre la conception de certaines techniques créatives, de faire appel au caractère des systèmes auto-organisés pour réaffecter de la logique à des techniques apparemment illogiques. Et puis, bien au-delà, c'est la motivation même des personnes pour aller vers plus de créativité qui est stimulée par cette compréhension de ce qu'est la créativité.

Certaines personnes prétendent faire l'économie d'une démonstration de la logique de la créativité et brûlent de passer à la pratique. Ceci est une grave erreur : comment manier convenablement un outil sans savoir au préalable ce qui sous-tend sa conception. Les formateurs qui emploient les techniques créatives comme s'ils piochaient au hasard dans une simple boîte à outils ne doivent pas être surpris de voir leurs élèves ravaler ces techniques au rang de gadgets.

CONCENTRATION ET MOTIVATION

La deuxième étape de la démarche a trait à la motivation, cette énergie dont fait preuve une personne lorsqu'elle décide de faire une pause et de concentrer son attention sur un point précis avant de s'engager dans la voie de la pensée latérale. À ce moment précis, aucune technique particulière n'entre en jeu. L'essentiel réside dans le temps investi, dans l'effort consenti et dans l'opiniâtreté. Précédant toute nouvelle idée, il y a la volonté.

Au cours d'une réception à Melbourne, un jeune homme s'approcha de moi. Il s'agissait de John Bertrand, le skipper de l'équipe australienne lors de la Coupe de l'America en 1983. En cent trente années d'histoire, la victoire était toujours échue aux États-Unis. John Bertrand me rapporta comment il s'était focalisé avec son équipage sur le moindre détail en vue de dégager de nouvelles idées. Leur innovation la plus géniale fut de concevoir une quille ailée. Pour la première fois, la coupe de l'America échappait aux Américains, illustration désormais emblématique de la volonté de trouver des idées nouvelles et de mettre en pratique la pensée latérale.

L'anecdote suivante vient aussi d'Australie. Le fondateur de la Red Telephone Company la raconta à l'un de mes amis. Les appareils téléphoniques de cette compagnie étaient des téléphones payants de qualité, d'un entretien onéreux, propriété d'une entreprise privée rachetée entre-temps par Australian Telecom. En Australie, les appels locaux ne sont pas facturés en fonction de la durée de la communication ; en acquittant le tarif de base, l'usager peut téléphoner aussi longtemps qu'il le veut. Les conversations prolongées étaient donc pénalisantes pour la Red Telephone Company, puisqu'elles monopolisaient les lignes au détriment des appels courts. La compagnie, facturant à la communication, indépendamment du temps passé, perdait donc de l'argent. Son fondateur eu l'occasion de consulter mon livre sur la pensée latérale et se mit à réfléchir au moyen de raccourcir la durée des communications. Il élimina d'emblée la possibilité de limiter le nombre d'appels ou de facturer un supplément aux consommateurs bavards car cela aurait placé la Red Telephone Company en position de fragilité vis-à-vis de la concurrence.

Une solution s'imposa finalement à lui. Il demanda aux fabricants de placer du plomb dans les combinés, avec pour effet de les alourdir et de rendre ainsi fatigantes les discussions prolongées. L'idée tint toutes ses promesses. Aujourd'hui encore, les téléphones de la Red Telephone Company sont particulièrement pesants !

Même si l'on ne recourt pas aux techniques de la pensée latérale, rien n'empêche de pratiquer une pause pour réfléchir sur un point précis, avec la ferme résolution de trouver une idée novatrice et de nouvelles manières de faire.

La motivation naît ainsi de la certitude de pouvoir trouver de nouvelles idées et de s'appuyer sur le potentiel créatif de l'esprit humain.

L'idée fulgurante ne vous illuminera pas d'un coup mais, à terme, l'habitude de faire une pause pour réfléchir intensément récompensera vos efforts.

Outils et techniques

Après avoir consulté la section centrale de cet ouvrage, le lecteur disposera de plusieurs outils spécifiques. Utilisés systématiquement et avec rigueur, ceux-ci permettent de générer de nouvelles idées. La réussite dépend à l'évidence de la pratique : l'habileté à manier ces outils s'acquiert d'abord par un usage répété. Elle varie, bien sûr, en fonction du talent individuel, certaines personnes faisant preuve de plus de dextérité que d'autres. Mais ceci vaut pour n'importe quelle technique. Quoi qu'il en soit, chacun peut parvenir à un niveau de créativité honorable pour peu qu'il s'en donne la peine.

J'insiste une fois de plus sur le fait que le bon usage de ces outils repose sur son caractère systématique et intentionnel. Il ne peut être question de s'en remettre à l'inspiration du moment, à l'envie de faire ou de ne pas faire, ou à un éventuel sursaut d'énergie. Procédez avec ordre et méthode comme si vous additionniez une colonne de chiffres.

Maints interlocuteurs, dotés d'un fort potentiel de créativité, m'ont assuré qu'ils pouvaient d'ordinaire se fier à leur propre talent. Mais dès qu'il s'agit de chercher une idée d'exception, ces personnes préfèrent adopter une approche systématique au lieu de s'en remettre à leurs dons naturels. Je partage cette expérience. Chaque fois que j'utilise avec rigueur et méthode les techniques de pensée créative, je suis surpris par la qualité des idées qui me viennent à l'esprit. Ce ne sont pas des béquilles pour ceux à qui l'imagination fait défaut, mais de véritables techniques de réflexion destinées également aux personnalités éminemment créatives. J'ajouterai que cet effort requiert discipline et concentration pour mettre de l'ordre dans le fourmillement de nos idées.

De nombreux spécialistes assimilent la créativité à l'inspiration. Débarrassez-vous de vos inhibitions et vous deviendrez créatif ! Utilisez votre cerveau droit et vous serez créatif ! Fiez-vous à votre intuition et votre créativité s'épanouira ! Plongez-vous dans un état second, placez-vous dans un état d'euphorie créatrice et le tour sera joué ! On en vient ainsi à faire l'apologie des états mentaux altérés. Il arrive parfois qu'un tel désordre psychique donne des résultats tangibles, mais on obtient le même effet en adoptant une démarche plus fiable et plus rigoureuse, qui s'appuie sur des techniques délibérées. L'altération de l'état mental est parfois susceptible de déboucher sur une

« provocation », mais les provocations peuvent être produites par l'utilisation d'outils spécifiques et par le mot « po ».

Depuis que j'ai conçu les principes de la pensée latérale, il y a fort longtemps, ceux-ci ont été imités, empruntés et dénaturés, généralement sans que l'on m'en demande l'autorisation, ni que l'on se préoccupe de m'en reconnaître la paternité. Des institutions très prestigieuses en ont même utilisé les outils et le substrat intellectuel sans en citer l'origine. Le terme « po », par exemple, est maintenant largement employé.

L'un des objectifs de cet ouvrage est de présenter ces outils dans leur essence, en les débarrassant de tous les accessoires superflus.

Ainsi le lecteur pourra s'initier aux techniques fondamentales de la pensée latérale. Mais cela ne suffit pas, encore faut-il qu'il possède la motivation nécessaire pour s'exercer à leur pratique et la volonté de les appliquer. Le plus remarquable chez Peter Ueberroth était précisément la force de sa résolution (et son autorité). Il est absurde d'acquérir ces méthodes et de ne plus jamais s'en servir.

Certaines, comme celle des six chapeaux, aujourd'hui largement mise en œuvre dans les grandes entreprises, ont définitivement transformé les modes de pensée.

La troisième partie de ce livre traite de l'application de la pensée créative et étudie les structures et les milieux les plus propices au maniement des instruments de la créativité.

Le besoin théorique de créativité

L'humour est de loin le comportement le plus signifiant du cerveau humain.

Je l'ai affirmé à plusieurs reprises et je récidive sans aucune intention de provoquer. Je le pense très sincèrement. L'humour indique, plus que tout autre comportement mental, la nature du système d'information qui commande la perception. Il s'agit bien d'un système d'information auto-organisé.

L'humour ne révèle pas seulement la nature du système mais il enseigne aussi comment des perceptions peuvent soudain être reconfigurées du tout au tout. On touche là à l'essence même de la créativité, j'y reviendrai dans les développements suivants.

Le manque traditionnel de curiosité pour l'humour de la part des philosophes, des psychologues, des spécialistes de l'information et des mathématiciens prouve clairement que ceux-ci ne portaient attention qu'aux systèmes d'information prédéterminés. L'intérêt des mathématiciens pour les systèmes non linéaires et instables (le chaos, la théorie des catastrophes...) est récent.

Il nous faut distinguer deux grands types de systèmes d'information : les systèmes passifs et les systèmes actifs. Dans les systèmes passifs, l'information et la zone d'enregistrement de cette information sont inertes ou passives. Toute l'activité provient d'un organisateur externe qui transmet l'information et la fait circuler. Dans un système actif, en revanche, l'information et la zone d'enregistrement sont actives ; l'information s'organise seule sans influence de l'extérieur. Voilà pourquoi l'on parle de systèmes *auto-organisés*.

Imaginons une table sur laquelle sont placées des billes (par exemple des roulements à billes). Vous devez ranger les billes sur deux lignes nettes. Vous vous mettez à l'œuvre. Vous êtes l'organisateur externe. Les figures 1.1 et 1.2 montrent l'avant et l'après de votre intervention.

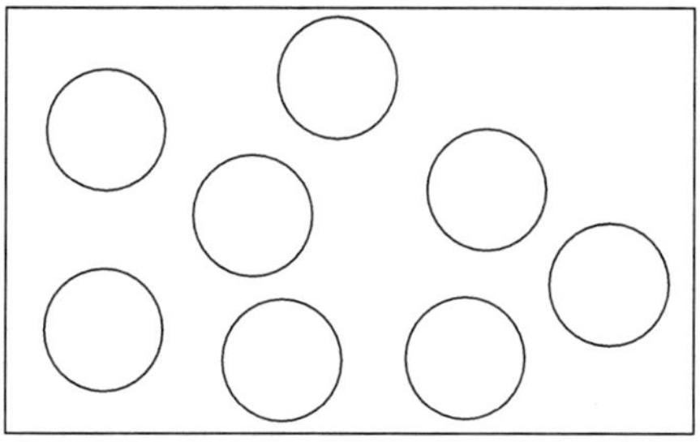

Figure 1.1

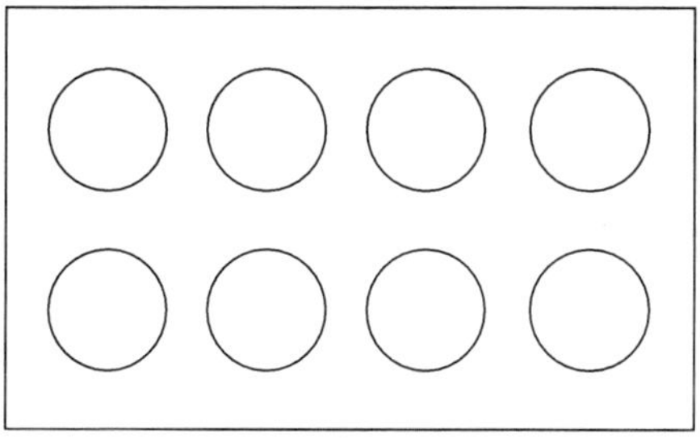

Figure 1.2

Supposons maintenant que le plateau de la table n'est pas lisse mais creusé de deux rigoles parallèles comme indiqué sur la figure 1.3. Si vous laissez tomber les billes au hasard sur la table, celles-ci vont d'elles-mêmes former deux lignes nettes en se plaçant au fond des rigoles. Dans ce cas, vous n'avez pas joué de rôle d'organisateur externe. Cela n'était pas nécessaire car nous sommes désormais face à un système auto-organisé.

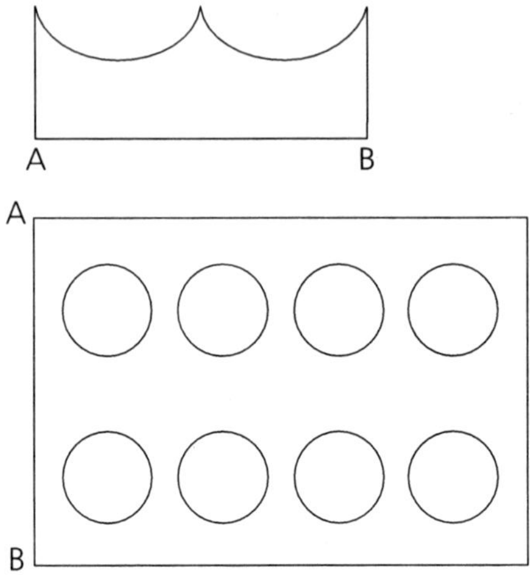

Figure 1.3

Certes, vous pouvez prétendre que le véritable organisateur du système est la personne qui a aménagé les rigoles. Ce qui est exact. Mais on pourrait aussi imaginer que les rigoles ont été creusées par les impacts successifs des billes qui ont roulé sur la table. Dans ce cas, nous avons bien affaire à un système auto-organisé.

Point n'est besoin de chercher très loin pour trouver d'autres illustrations d'un tel système. La pluie qui tombe modifie peu à peu le paysage en créant des cours d'eau, des rivières et des vallons. Une fois formés, ces accidents du terrain canalisent les pluies ultérieures. Ici, l'interaction de la pluie et du paysage donne lieu à des transformations qui affecteront par la suite la réception et l'organisation des averses.

En 1969, j'ai illustré l'opposition de ces deux modèles par les expériences suivantes : on versait quelques gouttes d'encre sur une serviette éponge et on reprenait la même opération en chauffant l'encre et en remplaçant la serviette par un bol de gélatine. La serviette représentait le modèle passif ; les taches d'encre restaient exactement à l'endroit où l'encre était tombée. Mais dans l'autre cas, l'encre chaude dissolvait la gélatine et on voyait se former des canaux, exactement comme la pluie qui creuse des cours d'eau et des vallons dans le paysage. La gélatine avait permis à l'encre de s'organiser en canaux ou en séquences.

Dans *Le mécanisme de l'esprit* [1] et dans *J'ai raison, vous avez tort* [2], j'ai décrit en détail de quelle façon les liaisons nerveuses du cerveau permettaient à l'information de s'auto-organiser en une suite d'états temporairement stables qui se succèdent pour donner une séquence. Il n'y a là ni magie, ni mystère ; simplement le travail normal des réseaux neuronaux. Les concepts élaborés pour la première fois en 1969 ont depuis été affinés par John Hopfield du California Institute of Technology, qui a commencé à écrire sur ces systèmes en 1979. Le professeur Murray Gell Mann, qui a obtenu le Prix Nobel pour sa découverte du quark, m'assura un jour que dans *Le mécanisme de l'esprit*, j'avais décrit des types de systèmes que les mathématiciens n'avaient commencé à étudier que huit ans plus tard.

Tous ceux qui souhaitent savoir en détail comment de simples liaisons nerveuses peuvent permettre à l'information de s'organiser en schémas, peuvent se reporter aux deux ouvrages mentionnés ci-dessus et aux autres publications parues dans ce domaine.

Il s'agit en fait de systèmes dans lesquels l'information reçue génère une séquence d'activité. Avec le temps, cette séquence devient une sorte de chemin ou de schéma préférentiel. Les neurochimistes et les neurophysiologistes auront beau se disputer sur la question de savoir quels enzymes entrent en jeu, le processus global restera le même dans ses grandes lignes.

Une fois établis, ces schémas se révèlent indispensables, parce qu'ils nous permettent de « reconnaître » les objets, les situations ou les idées. Dès que l'un d'eux est sollicité, il guide notre pensée et nous amène à percevoir les choses à la lumière des expériences précédentes. La figure 1.4. représente un schéma simple.

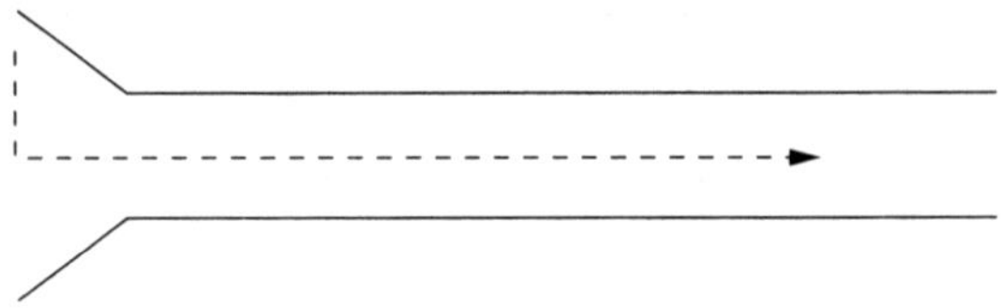

Figure 1.4

L'obstacle majeur d'un système à schéma simple réside dans le fait que l'on doit disposer d'un très grand nombre de schémas afin d'être en mesure de traiter tous les types de situations. Qu'une situation nouvelle apparaisse, ne se rapportant évidemment pas à un schéma existant, et voici l'analyse qui doit repartir de zéro. Le cerveau traite ce problème de façon très simple.

À l'instar des rivières, les schémas possèdent de larges zones de captage. Cela signifie que toute activité à l'intérieur de la zone de captage et au départ instable, va être canalisée vers le schéma établi. On se situe là dans un type de comportement très naturel. Ce qui constitue une tâche complexe pour l'ordinateur (la reconnaissance d'un schéma), le cerveau humain l'effectue instantanément et de manière automatique. La zone de captage est représentée comme une sorte d'entonnoir dans la figure 1.5.

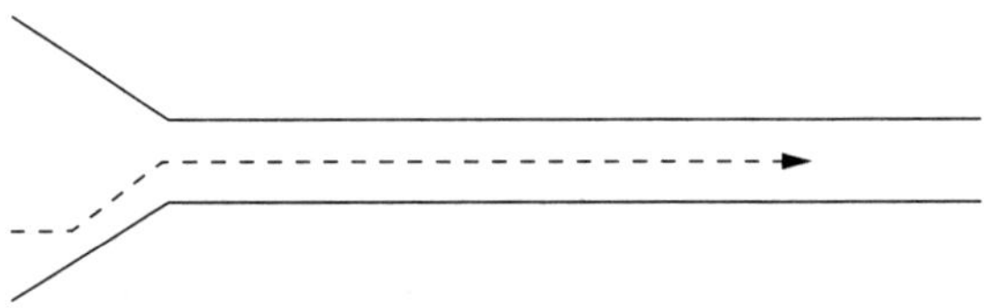

Figure 1.5

Ainsi, quand nous observons le monde qui nous entoure, nous ne sommes que trop préparés à le voir en fonction de nos propres schémas, comme le montre la figure 1.6. C'est ce qui rend nos perceptions à la fois si puissantes et si précieuses. Nous sommes rarement désorientés car nous savons identifier la plupart des situations. Mais cela explique aussi pourquoi l'analyse de l'information ne peut produire d'idées neuves. Le cerveau n'est apte à percevoir que ce qu'il est prédisposé à repérer (au regard des schémas existants). Ainsi, lorsque nous analysons des données, nous sélectionnons inéluctablement l'idée qui est en quelque sorte déjà inscrite en nous. Cela constitue un point important sur lequel je reviendrai.

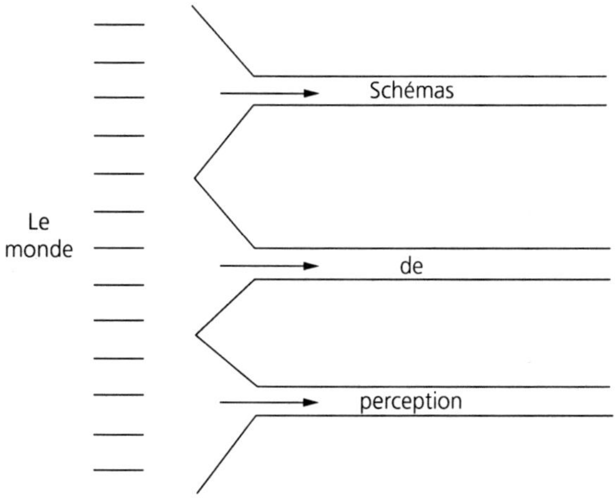

Figure 1.6

Je souhaite souligner la manière dont les réseaux neuronaux forment et exploitent des schémas. Leur comportement est fascinant. Sans lui, la vie ne serait pas possible. J'appelle perception le processus de construction puis d'utilisation des schémas.

Mais que se passe-t-il lorsque surgit un schéma incident comme sur la figure 1.7 ? Devons-nous faire une pause et tenir compte de chaque tracé annexe ? S'il en était ainsi, le cheminement serait interminable. En réalité, ce cas de figure ne se produit jamais. Du fait des liaisons qui prévalent dans notre système nerveux, le tracé principal occulte momentanément le parcours secondaire. Ainsi poursuivons-nous la route sur la voie principale en toute bonne foi.

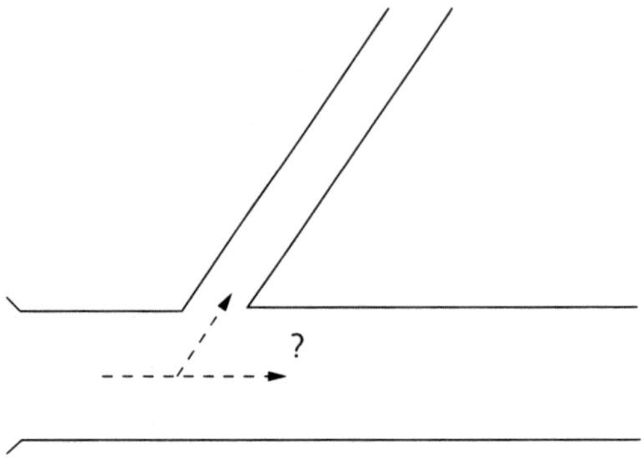

Figure 1.7

Imaginons cependant que nous empruntions le tracé annexe en partant d'un autre point, nous pourrions le remonter jusqu'à son origine, placée sur le trajet principal (figure 1.8).

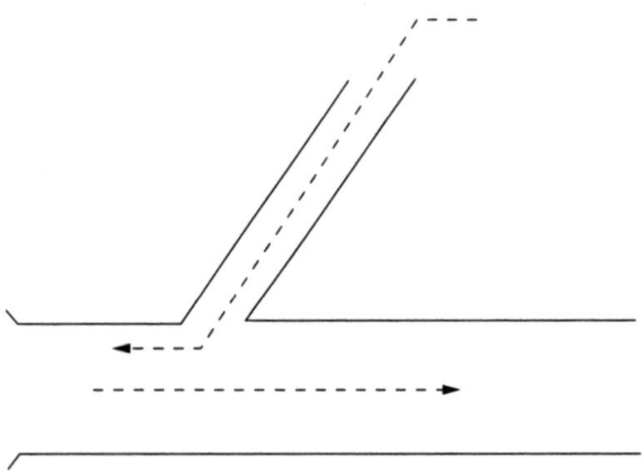

Figure 1.8

Nous en venons maintenant à l'asymétrie inhérente aux schémas (le manque de symétrie). Comme l'illustre la figure 1.9, le trajet allant de B à A est direct, alors que celui reliant A à B peut être sinueux.

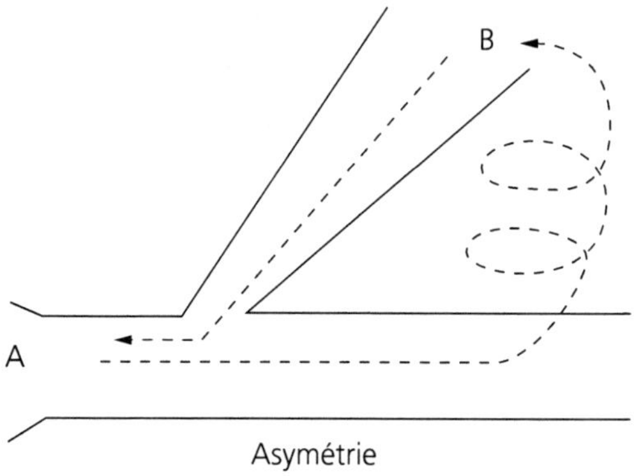

Figure 1.9

C'est précisément ce phénomène d'asymétrie qui donne naissance à la fois à l'humour et à la créativité.

Lorsque nous formulons une plaisanterie, nous nous engageons d'abord sur le tracé principal. Puis sans crier gare, nous voici transportés vers l'extrémité du tracé marginal et immédiatement confrontés à un chemin que nous aurions pu prendre.

— Si j'étais marié(e) avec vous, je verserais du poison dans votre café.

— Et si j'étais marié(e) avec vous, je le boirais.

(On attribue ce dialogue à Winston Churchill et à Lady Asquith, mais l'histoire ne dit pas qui l'a entamé.)

— Frappe-moi, s'il te plait, demande le masochiste au sadique.

— Non, répond le sadique, en éprouvant ainsi du plaisir.

— Merci infiniment, rétorque le masochiste.

Dans ces deux exemples, l'esprit suit un tracé puis, après une pause momentanée, bifurque et repart en arrière sur le chemin annexe comme le montre la figure 1.10.

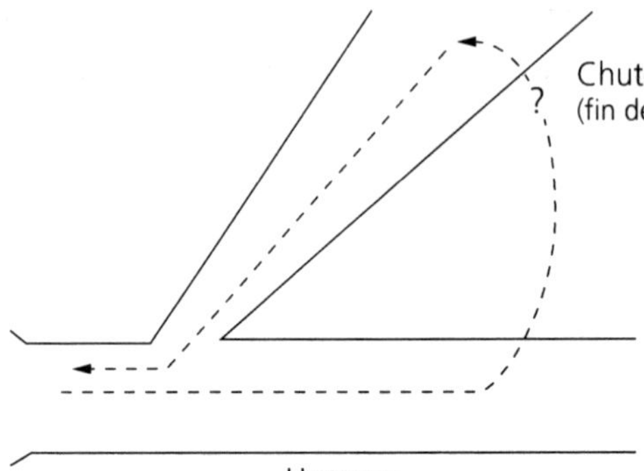

Figure 1.10

Lors d'un voyage en avion, alors que je regagnais mon siège, ma tête heurta le coffre à bagage. Comme je m'asseyais, mon voisin déclara : « Moi aussi je me suis cogné au coffre, il doit être placé trop bas.

— Au contraire, dis-je, le problème est que le coffre à bagage est trop haut. »

Il n'y a rien d'humoristique dans cet échange mais il participe d'un même changement de perception brutal — qui en fin de compte lui donne tout son sens. Si le coffre à bagage est vraiment trop bas, vous vous en apercevez et vous baissez la tête. S'il est placé très haut, que vous baissiez ou non la tête n'a aucune importance. Mais s'il est situé à un niveau que vous estimez sans danger pour votre tête, alors vous ne vous baissez pas et vous le heurtez immanquablement.

UN MODÈLE POUR LA CRÉATIVITÉ

Le modèle de l'humour dû à l'asymétrie des schémas vaut aussi pour la créativité. L'enchaînement dans le temps de notre expérience détermine le tracé habituel de notre perception. Nous envisageons les choses d'une certaine manière. Nous nous attendons à ce que les faits se déroulent suivant un processus défini. Si, d'une façon ou d'une autre, nous réussissons à nous écarter de la trajectoire principale pour emprunter le chemin annexe, nous pouvons retourner jusqu'au point de départ et avoir une « vision » créative, en d'autres termes produire une nouvelle idée, comme l'indique la figure 1.11.

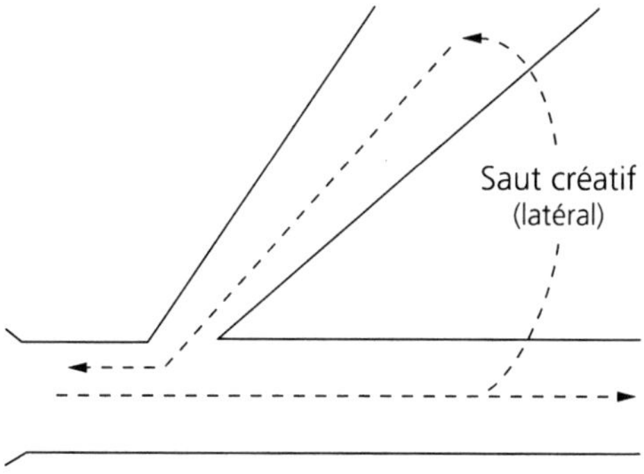

Figure 1.11

Comment parvenons-nous au « point d'émergence de l'idée » sur le tracé annexe ? C'est à ce moment que les méthodes de provocation entrent en jeu. Elles conduisent à nous libérer de la trajectoire principale et à saisir la chance d'emprunter le tracé annexe. Ce déplacement trouve son illustration dans l'expression de « pensée latérale ». Le terme « latéral » se rapporte au fait de progresser transversalement à travers les schémas au lieu de les suivre de façon linéaire comme dans le mode de pensée traditionnel.

En utilisant le même modèle, nous pouvons aussi comprendre pourquoi toute idée créative qui nous paraît valide est nécessairement logique *a posteriori*. Si nous sautions hors du tracé principal dans le seul but de créer « une nouvelle idée », nous n'aurions aucun moyen de l'intégrer dans notre système de valeur existant. Rien ne permettrait de distinguer une idée insensée de celle que nous ne pouvons simplement pas identifier à la lumière de l'état (schémas) de notre connaissance. Par conséquent, nous ne pouvons admettre que des idées renvoyant à une logique. Toute nouvelle idée créative doit donc être logique *a posteriori*. En d'autres termes, reconnaître comme « valide » induit obligatoirement une logique *a posteriori*.

Bref, ce dispositif merveilleux qu'est le cerveau permet à l'information reçue de s'organiser en schémas. Dès qu'ils sont constitués avec leurs vastes zones de captage, ceux-ci rendent possible le processus que nous appelons perception. Les schémas ne sont pas symétriques. Cette asymétrie engendre l'humour comme la créativité.

Telle est la logique de la créativité. C'est la logique des systèmes auto-organisés.

Il existe un autre argument expliquant l'impératif de créativité ; certains le comprendront plus aisément que le premier. Les lecteurs particulièrement observateurs auront noté qu'en réalité, ce deuxième argument reprend le premier tout en le situant dans un contexte différent.

L'IMPASSE DU SÉQUENCEMENT TEMPOREL

Prenons un système qui collecte l'information non pas globalement, mais petit à petit et chronologiquement. Au fur et à mesure, celui-ci tente d'exploiter au mieux l'information disponible. Un tel système se retrouve chez les individus, dans les institutions, dans l'entreprise et dans nombre de cultures. L'information s'amasse au fil du temps et le système s'efforce d'en tirer le meilleur parti possible.

Je vous propose un jeu élémentaire dans lequel des lettres sont présentées l'une après l'autre. Le joueur doit à chaque fois former un mot nouveau.

- La première lettre est L.
- Elle est suivie d'un E, pour donner le mot LE.
- La lettre suivante est I, qui s'ajoute aux deux autres pour composer le mot ILE.

Chaque lettre représente l'information entrante. L'association de toutes les informations disponibles permet de constituer des mots.

- La lettre suivante est P, elle permet de former le mot PILE.
- La lettre suivante est R, ce qui donne PILER.

Jusqu'ici chaque information nouvelle s'intègre sans problème aux structures existantes.

- La lettre suivante est S. Il est impossible d'obtenir un mot en se contentant de l'ajouter aux précédentes. La seule solution consiste à revenir en arrière et à démanteler les structures existantes, afin d'assembler les lettres dans un ordre différent pour finalement aboutir au mot REPLIS.

Grâce à cet exemple, nous voyons comment l'enchaînement graduel de l'information, ce que l'on pourrait aussi qualifier de séquencement, finit par générer des structures qui doivent être disloquées puis réorganisées pour sortir de l'impasse. Ce mécanisme illustre bien ce qu'est la créativité ; sans elle, nulle progression dans un tel système.

Ne suffirait-il pas, à chaque fois, de dissocier les lettres puis d'en introduire une nouvelle pour former un mot ? La réalité est tout autre car elle ne permet pas aussi facilement de bouleverser concepts, perceptions, mots ou institutions, et de concilier de la manière la plus convaincante l'information établie et l'information entrante.

Au bout d'un certain temps, les parcelles d'information ne peuvent plus être aussi aisément disjointes que les lettres dans notre exemple. Ainsi, l'agrégat ILE s'est enraciné au cours du temps pour constituer une entité homogène et, de ce fait, échapper au démantèlement. Par analogie nos perceptions fondamentales offrent la même résistance au changement.

La créativité apparaît déterminante, justement en ce qu'elle permet de s'affranchir des rigidités successives qu'induit chaque séquence d'expérience.

Comme je l'ai suggéré plus haut, le lecteur perspicace comprendra que l'effet du séquencement temporel s'apparente au déterminisme des schémas décrits plus haut. Cette stratification dans le temps de l'expérience renvoie immanquablement à une automaticité de nos schémas de pensée habituels ; imaginer de nouvelles séquences implique de nous en dégager.

Cette évidence peut être partagée par tous. Mais il ne suffit pas de redistribuer les pièces existantes à l'intérieur d'un nouveau cadre, là est le problème. Si cela paraît concevable dans un système d'information passif — je rappelle l'exemple de la table et des billes —, il n'en va pas de même dans un système auto-organisé, dans la mesure où l'information n'est plus différentiable mais devient partie intégrante du schéma. Qu'on le veuille ou non, il est aussi compliqué de changer de schéma que de parer un mot d'une signification nouvelle. Les mots sont des schémas résultant de la perception et de l'expérience.

La créativité s'avère un impératif absolu dans tout système auto-organisé. Ceci est indéniable pour les systèmes fonctionnant sur le principe de l'intégration continue d'informations nouvelles à l'information existante.

Si le cerveau s'apparentait à une bibliothèque, l'information nouvelle pourrait être stockée sur des étagères vides, sans que l'on se soucie de l'intégrer au système existant et de l'exploiter. Quel gâchis ! Telle est la situation lorsque nous ne sollicitons pas notre créativité, lorsque l'information nouvelle ne peut venir enrichir l'information déjà détenue.

La créativité ne représente pas seulement un moyen de progresser. En la négligeant, nous sommes démunis. Car elle seule permet d'exploiter au mieux une information et une expérience qui existent, mais qui demeurent enserrées dans les structures, les schémas, les concepts et les perceptions du passé.

Le besoin concret de créativité

L'assurance vie est un secteur d'activité traditionnel, strictement réglementé. Ron Barbaro, PDG de Prudential Canada, adepte convaincu de la pensée latérale, inventa un jour ce qui ressemblait à une provocation : pourquoi ne pas verser les indemnités dues au titre de l'assurance vie avant le décès du titulaire ? Cela engendra le tout nouveau concept d'« indemnités du vivant de l'assuré » ; le titulaire d'une police d'assurance qui souffre d'une maladie risquant de lui être fatale, peut immédiatement réclamer le versement de 75 % des indemnités normalement payables à son décès.

Cette idée rencontra un immense succès et fut ensuite imitée par la concurrence, car elle rendait l'assurance vie nettement plus intéressante en la transformant partiellement en assurance couvrant la maladie grave. Fort de ce concept et de ses capacités à le mettre en œuvre, Ron Barbaro fut rapidement nommé président de Prudential Insurance aux États-Unis.

Tony O'Reilly, directeur général de Heinz, rapporte l'histoire suivante : dans une usine de conditionnement de thon, la politique d'allègement des coûts entraîna de telles réductions de personnel qu'une part importante de la pêche ne put plus être traitée. On étoffa alors le management, relevant ainsi le niveau des coûts salariaux. Cette réorganisation permit par une rationalisation des méthodes, de compenser et bien au-delà les coûts supplémentaires et engendra des profits.

Singapour est l'un des pays les plus attachés à la réussite. Le gouvernement consacre 20 % de son budget à l'éducation. En 1965 le PNB s'élevait à 970 millions de dollars ; en 1992, il atteignait 23 milliards de dollars. J'y organise des séminaires généralement suivis par un très large public. Mais je rencontre toujours le même problème. Alors que l'efficacité d'un séminaire repose sur la participation du public, sur sa capacité à lancer des idées, à soulever des alternatives, mes auditoires singapouriens restent cois. À l'inverse, dans les pays latins, chacun est intimement persuadé d'avoir les inspirations les plus brillantes, et on ne se heurte pas à cette difficulté. Sur un thème tel que la créativité, vous ne pouvez donc pas désigner quelqu'un dans l'assistance et le sommer de se montrer créatif. Ce serait inélégant et maladroit.

Un jour je décidai de recourir à la méthode du « mot aléatoire ». Je soumis à l'assistance une liste de soixante mots et laissai quelques secondes s'écouler. Le mot « pistolet » évoqua immédiatement l'idée de cible et, par analogie, d'un objectif précis. On n'utilise pas un revolver pour tirer en l'air au hasard mais pour toucher une cible. J'eus l'idée de numéroter les tables et d'affecter une lettre à chacun des participants ; je pus ainsi solliciter l'intervention, par exemple, de la personne se trouvant en position D de la table 12. Le résultat fut extraordinaire ; j'obtins une réactivité inespérée. Le mutisme des participants ne provenait pas d'une quelconque timidité ; ils ne percevaient simplement pas le besoin de se distinguer en proposant des suggestions. Le système de numérotation, en leur conférant une sorte de statut officiel, les encourageait à partager leurs idées.

Benetton est une entreprise célèbre pour son exceptionnelle réussite dans un secteur encombré et hautement concurrentiel. Elle fut fondée en Italie par trois frères et leur sœur : l'un d'eux simple comptable et la sœur couturière de son état. La famille est aujourd'hui à la tête d'un empire de trois mille boutiques réparties dans le monde. Le groupe pèse environ deux milliards de dollars. Son succès repose sur quelques concepts forts. Traditionnellement, les fabricants de prêt-à-porter créent et produisent des modèles, puis confient aux détaillants le soin de les stocker et de les vendre. Benetton choisit de s'adresser directement au consommateur et ouvrit des boutiques de petite superficie.

L'autre originalité du concept consiste à vendre des « couleurs » et non des « formes ». Les vêtements sont proposés dans leur teinte naturelle, c'est-à-dire gris ou écru. Si les clients montrent une prédilection pour le rouge, on les teint en rouge. Si le mauve est à la mode, toute la collection est déclinée dans cette couleur. Des logiciels très performants permettent de répondre à la demande avec autant de souplesse et de rapidité que dans la vente par correspondance.

Chacun de ces quatre exemples illustre un aspect du besoin concret de créativité.

Dans le cas des séminaires de Singapour, le problème n'admettait pas de solution toute faite. Lorsqu'il n'existe pas de recette standard ou que les méthodes habituelles se révèlent inopérantes, il devient indispensable de faire preuve de créativité.

En ce qui concerne l'usine de traitement de thon, la stratégie de réduction des coûts avait conduit à l'échec. Il est trop facile de réaliser des économies grâce à des licenciements massifs en espérant que les survivants continueront à faire tourner la machine. Nous savons aujourd'hui qu'il s'agit d'une politique dangereuse et inefficace. Il est de loin préférable de repenser et de réaménager l'organisation du travail avant de sacrifier les hommes. Or cette démarche requiert de la créativité.

L'exemple de Benetton témoigne de la puissance des concepts innovants dans une branche soumise à une concurrence acharnée. On ne peut plus continuer d'appliquer les recettes classiques en se contentant de les améliorer. Là encore il faut inventer.

L'histoire de Prudential montre que les secteurs traditionnels ne sont pas réfractaires aux innovations susceptibles d'ouvrir des perspectives nouvelles. Rien ne contraignait Ron Barbaro à trouver une idée ; il n'était pas confronté à un problème insoluble. Seul son esprit éminemment créatif l'a poussé à rechercher et à développer des concepts porteurs.

Disons, pour résumer, que la créativité s'impose comme nécessité dans deux cas :

1. Chaque fois que la situation paraît bloquée, qu'il s'agisse de problème aigu, de crise ou de conflit. Là où les bonnes volontés se brisent, la créativité demeure le seul atout.
2. Chaque fois que l'effort de créativité est susceptible d'apporter un bénéfice à l'entreprise : ouverture de nouveaux marchés, création d'un avantage concurrentiel, accroissement des profits.

Réduction des coûts et démarche qualité

De nombreuses entreprises placent la réduction des coûts en tête de leurs priorités. Souvent l'analyse de la situation, en tant qu'élément de décision, garantit le succès de la stratégie mise en place. Mais dans certains cas, un effort d'imagination s'impose. Il s'agira par exemple de redéfinir une tâche pour qu'elle se réalise à moindre coût. Doit-on, par exemple, privilégier l'achat de matières premières à faible coût ou continuer à acheter des matières premières de qualité supérieure en traquant le gaspillage ? Il serait fallacieux de croire que la réduction des coûts relève d'une seule vision analytique.

La rationalisation d'une activité est de loin préférable à son appauvrissement. Une entreprise qui payait des factures d'entretien élevées pour sa flotte de deux roues, a choisi de vendre ses véhicules à leurs utilisateurs en réglant à ses derniers des frais pour leur utilisation. Les économies ainsi réalisées furent considérables.

Cette observation s'applique aussi aux programmes qualité. Dans ce domaine, la créativité intervient lorsqu'il s'agit d'atteindre un objectif ou pour résoudre des problèmes récurrents.

Voici un précepte à méditer : conserver à tout prix les procédures traditionnelles en les accompagnant d'une démarche qualité ne constitue pas toujours la réponse appropriée. Il faut savoir les modifier et faire preuve d'inventivité. Les programmes qualité peuvent parfois conduire à des impasses, dans la mesure où ils valident les procédures en cours en tentant de les améliorer mais sans suggérer une autre manière de faire. Évitons de dévaluer le terme « qualité » en le réduisant à un catalogue de « tout ce qu'il faut faire ». Une véritable démarche qualité consiste à approfondir les principes d'une meilleure qualité.

Évoquons brièvement une autre stratégie tout aussi populaire : celle du « perfectionnement continu ». Ce mode de progression sollicite de temps à autre, c'est une évidence, des efforts de créativité. Lorsqu'une tâche a toujours été effectuée selon des procédures éprouvées, la créativité s'impose pour bousculer les habitudes et inventer une manière d'agir plus performante. La recherche du « perfectionnement » représente l'un des domaines majeurs d'application de la pensée créative. Je reviendrai ultérieurement sur ce sujet.

Un point me paraît essentiel cependant : toute réflexion approfondie sur un sujet, quel qu'il soit, s'appuie sur l'information, l'analyse et la créativité. Les concepts et les perceptions constituent une part fondamentale de toute réflexion susceptible de sortir des sentiers battus.

LE MANAGEMENT DE LA CONSERVATION

Sans se l'avouer, nombre de dirigeants adoptent la stratégie du « maintien en l'état », leur responsabilité se résumant, selon eux, à résoudre les uns après les autres les problèmes qui se présentent. Ils ne se considèrent pas en première ligne sur les questions afférentes au marketing, à la stratégie commerciale ou à la gestion financière. L'échec menacerait s'ils se risquaient à sortir de leur rôle de manager du *statu quo*.

La réussite de l'entreprise dépendrait, toujours d'après eux, de la bonne tenue du marché ou d'une solide position de niche, entretenues par le travail de managers compétents.

Ils résolvent d'abord des problèmes. Lorsqu'un problème émerge, ils trouvent une solution. Et quand il n'y a pas de problème, tout va bien.

Malheureusement, dans un monde de plus en plus concurrentiel, une telle approche paraît décalée. Alors qu'ils cherchent à maintenir leur position, les concurrents, eux, tentent de les dépasser.

La gestion du quotidien suppose pourtant, elle aussi, une large part de créativité pour résoudre les problèmes qui se présentent. C'est ce que j'appellerais la fonction « bricolage » de la créativité. Mais il ne suffit pas de « bricoler » des solutions au coup par coup pour assurer la pérennité d'une entreprise.

Compétition et sur/pétition

La compétition avec les entreprises rivales mobilise une large part du temps et des efforts des managers. L'entreprise doit se maintenir au niveau de ses concurrents en termes de prix, de qualité, de distribution et de promotion. Elle doit se différencier par ses produits et sa démarche marketing.

Comme je l'indique dans l'ouvrage *Sur/petition* [3], demain le terme de compétition seul n'existera plus ; nous passerons à l'ère de la « sur/pétition ». « Compétition » signifie « rechercher ensemble ; autrement dit, vous vous engagez dans la même course que vos rivaux. Votre comportement est largement déterminé par le leur. Le néologisme « sur/pétition », ou « rechercher plus haut », indique que vous déterminez votre propre parcours et créez ainsi de nouveaux « monopoles de valeur ».

Ces monopoles de valeur seront largement fondés sur des « valeurs intégrées ». On peut considérer, par exemple, qu'une voiture ne se résume plus à un simple agencement de pièces mécaniques. Les valeurs intégrées comprennent la capacité à acheter, à vendre et à assurer le véhicule. Elles comportent la sécurité et l'assurance contre le vol. Et enfin, la possibilité de le garer en ville. J'ai d'ailleurs suggéré à la filiale anglaise de Ford de racheter l'entreprise qui possède la plupart des parkings urbains du Royaume-Uni et d'en limiter l'accès aux seuls possesseurs de voitures de la marque Ford. Au Japon, Honda et Nissan ont repris cette idée, et je ne serai pas surpris qu'elle gagne peu à peu le monde entier.

La première phase que nous avons connue a été celle du « produit ou service ».

La deuxième phase, celle de la « compétition ».

La troisième phase sera celle des « valeurs intégrées ».

La sur/pétition reposera largement sur des concepts qui rendront indispensable le recours à la pensée créative.

AUTRES DOMAINES D'APPLICATION DE LA CRÉATIVITÉ

Mon propos est centré sur l'entreprise, car je sais d'expérience que, plus que tout autre corps social, elle fait appel à la pensée créative. La situation est en train d'évoluer à cet égard. D'autres secteurs de la société sont confrontés à de réels problèmes et à des contraintes budgétaires telles que, tôt ou tard, la créativité deviendra un élément de progression essentiel.

Que l'on en juge en énumérant les domaines où les besoins de concepts nouveaux se font pressants :

- dans l'administration et les institutions ;
- dans l'économie ;
- dans l'éducation ;
- dans la sécurité ;
- dans la justice ;
- dans la protection sociale et la santé ;
- dans le traitement des conflits ;
- dans la protection de l'environnement ;
- dans l'assistance aux pays en voie de développement.

Existe t-il vraiment un domaine auquel la pensée créative, les concepts innovants et de nouveaux modes de perceptions ne puissent bénéficier ?

Que fait-on pour populariser ces nouveaux concepts ? Des initiatives salutaires existent dans certains domaines. Mais dans la majorité des cas, l'idée prévaut encore qu'une analyse intelligente, une information adéquate ou un débat argumenté suffisent amplement. Pour ma part, je ne le crois pas.

Information et créativité

Quelle est la nature de la relation entre l'information et la créativité ? La question est d'importance. Une majorité de gens considèrent qu'en faisant appel à une information pertinente, étayée par une analyse circonstanciée, ils prennent une décision logique et peuvent s'exonérer de toute créativité Sans défendre une position si catégorique, certains agissent de la même façon.

Lorsque, de Paris vous souhaitez rallier Montréal, vous consultez les horaires des vols ou vous demandez à votre agence de voyage de le faire à votre place. Si vous voulez traiter une infection par les antibiotiques, il est tout de même préférable de déterminer auparavant la cause de l'infection et d'évaluer la sensibilité du patient et notamment ses risques d'allergie à un antibiotique particulier. Ni les réflexions ni les suppositions ne sont des substituts à l'information. Si l'information est indispensable, elle l'est vraiment.

Il est vrai que si nous disposions d'une information pure et parfaite dans une situation donnée, penser ne serait plus nécessaire. Mais la probabilité d'obtenir une telle information est infime. Nous partons pourtant du principe que les flux croissants d'information et les progrès de la connaissance rendent la réflexion moins nécessaire. Le bon raisonnement est inverse : plus l'information augmente, plus nous devons en comprendre les différentes facettes pour lui donner un sens.

Si la réflexion se fait impérieuse, c'est dans sa dimension « analytique », puisque nous cherchons à décrypter l'information. Mais en quoi la créativité intervient-elle ici ?

La plupart des dirigeants d'entreprise, de nombreux scientifiques et la quasi-totalité des diplômés des écoles de commerce pensent que l'analyse des données peut générer de nouvelles idées. Malheureusement, leur approche est erronée. L'on ne voit que ce que l'on est préparé à voir. En analysant les données, on ne peut que puiser dans son répertoire d'idées anciennes le ou les concepts adaptés à la situation. L'analyse des données, en elle-même, ne peut produire d'idées neuves. La découverte d'une idée originale passe par la créativité. Cette idée neuve mûrit d'abord intellectuellement puis est confrontée à la réalité des données.

L'APPORT DE L'HYPOTHÈSE

Un scientifique cherche à comprendre un phénomène particulier : par exemple, pourquoi les populations de sauterelles explosent. Face à un dysfonctionnement du système informatique, l'opérateur cherchera, lui aussi, à déterminer les causes de la panne. Les ventes de hamburgers chutent — il existe certainement une explication... Le licenciement d'un contremaître provoque un grave conflit social ; pourquoi ce déferlement de violence ?

Dans maintes occasions, nous avons besoin de décrypter la situation avant de pouvoir agir de façon appropriée. Nous recherchons l'information et partons en quête d'indices. Puis nous avançons une hypothèse.

Dans plusieurs de mes écrits, j'ai relevé quelque effet préjudiciable de la pensée grecque classique (la bande des trois) sur la culture occidentale, du fait d'une obsession finalement contre-productive de la polémique et de la pensée critique. Pour être juste, souvenons-nous que la Grèce a également inventé l'« hypothèse », apport inestimable et rien moins qu'évident à la pensée humaine. La technologie chinoise, à la pointe il y a deux mille ans, cessa brusquement de progresser, justement parce que les Chinois n'avaient pas réussi à inventer le concept d'hypothèse. Puisque les « érudits » marquaient toute chose de leur empreinte et de leur analyse, il n'y avait plus de place pour la provocation et pour la spéculation. Peut-on avancer que les Chinois n'ont pas développé l'« hypothèse » parce qu'ils n'avaient jamais posé le concept de « Dieu », créateur de l'univers ? Une hypothèse n'est qu'une conjecture audacieuse portant sur un concept fondamental.

L'hypothèse se définit comme une supposition ou une spéculation et comporte plusieurs avantages. Elle nous fournit un prisme à travers lequel l'information nous révèle des éléments qui nous avaient échappé de prime abord. L'hypothèse nous indique aussi la direction que nous devons explorer — en l'infirmant ou la confirmant.

La créativité joue un rôle important dans la construction de l'hypothèse. Sans elle nous ne pouvons utiliser que des concepts standards. La science est victime depuis longtemps du préjugé selon lequel les scientifiques peuvent se contenter d'être de bons analystes. Ce faisant elle occulte le caractère primordial de la créativité dans la formulation de toute hypothèse.

Il est vrai que le concept d'hypothèse conduit à un dilemme sérieux. Sans hypothèse, nous errons lamentablement. Dès que nous en avons formulé une, notre raisonnement tend à devenir univoque. Nous n'observons plus les données qu'au travers de l'hypothèse. Ainsi dans une affaire criminelle embrouillée, l'enquêteur risque de passer à côté d'indices révélateurs en privilégiant ceux qui confirment son hypothèse de départ.

L'hypothèse devrait permettre d'ouvrir le champ des possibles ; mais elle provoque trop souvent l'effet inverse. Le directeur du marketing qui s'est forgé sa propre idée sur la baisse des ventes de hamburgers, se résoudra difficilement à aller plus loin dans sa recherche.

La démarche scientifique traditionnelle tombe dans le même piège. On émet tout d'abord l'hypothèse qui semble la plus rationnelle. On cherche ensuite à prouver qu'elle est avérée ; mais une fois sa validité établie, on tente de la détruire pour aller plus loin et progresser. L'hypothèse est censée être « raisonnable ». Puisqu'elle est « raisonnable », on ne considère plus les données en soi mais à travers elle. C'est pourquoi un changement de paradigme prend autant de temps, alors même que les données qui y conduisent sont déjà là. Le fait d'examiner les données à la lumière de l'hypothèse les neutralise. Ces données sous leurs différents aspects doivent être passées au crible de multiples hypothèses, fussent-elles apparemment déraisonnables.

Précisément, la créativité s'avère incontournable pour nouer ces alternatives et favoriser ces hypothèses parallèles. Nous avons besoin de spéculations généreuses, de conjectures, d'hypothèses plurielles.

L'ANALYSE DE MARCHÉ

Les Japonais ne sont pas de fervents partisans de l'analyse de marché, chez eux tout au moins. Ils estiment que l'acceptation ou le rejet du produit par le consommateur constitue le test le plus fiable. Ils mettent donc un grand nombre de produits sur le marché et attendent la réaction du public. Ce choix suppose néanmoins d'avoir des ressources financières suffisantes pour résister à des échecs commerciaux répétés.

Dans le monde occidental prévaut la stratégie opposée. Le coût réel et la perte de crédibilité dus à l'échec sont si élevés que l'on s'assure du succès potentiel du produit avant de prendre le risque de le lancer. Les entreprises recourent donc largement à l'analyse du marché. L'étude marketing a une double raison d'être : elle justifie la « logique » de la politique commerciale et, le cas échéant, explique l'échec du produit.

Si l'analyse du marché montre que seuls les hommes boivent du cognac et des alcools forts, il semble inutile de gaspiller de l'argent en publicités dans les magazines féminins. Il s'agit du miroir de « ce qui est » et non de « ce qui pourrait être ». Si une campagne publicitaire pour le cognac s'adressait aux femmes, peut-être apporterait-elle une nouvelle clientèle ? Quoi qu'il en soit, ce sont principalement les femmes qui achètent les alcools ; une campagne publicitaire pour le cognac dans les magazines féminins aurait donc sa raison d'être.

Les ingénieurs des Ponts et Chaussées construisent des routes en extrapolant les besoins à venir. Mais à peine ouvertes à la circulation, elles sont déjà saturées parce que l'existence même d'une route attire un nouvel afflux d'automobiles. Le danger de l'analyse de marché réside en ceci qu'elle offre une vision statique, sans tenir compte des interactions porteuses d'aléas comme de potentialités.

Là encore un effort de créativité s'avère indispensable pour interpréter les données et dessiner des perspectives. Comment envisager le problème autrement ? Où sont les autres explications possibles ? Que pourrait-il se passer d'autre ? À quoi doit-on s'attendre ?

L'AVENIR

S'il est possible de collationner des informations sur le passé, par définition il n'en est pas de même pour l'avenir. Qu'est-ce qui inspire notre représentation de l'avenir ?

L'extrapolation à partir des tendances actuelles ? Le prolongement des cycles connus ? Peut-être pouvons-nous prévoir certaines combinaisons aptes à produire des effets inédits, ou anticiper les évolutions à partir de nos connaissances et imaginer de nouveaux scénarios. Toutes ces tentatives sont pertinentes mais ne peuvent se libérer du présent. Or l'avenir, fait de ruptures, ne peut être le simple prolongement du présent.

Seule ce que j'appelle la créativité intentionnelle permet de dégager certaines des potentialités que recèle l'avenir. Aucune recette ne garantit que ces « possibilités » vont se réaliser. Mais le fait de les prendre en considération nourrit notre cartographie conceptuelle de l'avenir. Sur cette base, les stratégies et les décisions ne pourront que gagner en finesse. Gardons-nous d'élever les possibles au rang de certitudes ; accordons-leur par contre la valeur qu'ils méritent.

Dans les grandes agglomérations, les conditions de circulation empirent et les temps de trajet entre la ville et les banlieues s'allongent. Les citadins veulent s'installer à la campagne pour jouir d'une meilleure qualité de vie. Les progrès de l'électronique permettent désormais de travailler à domicile. Que nous suggèrent ces différentes évolutions ? La réponse qui vient immédiatement à l'esprit est, bien entendu, le travail à distance, tout au moins dans les industries du savoir. Mais quelles sont les autres possibilités ? Voilà où intervient la créativité : pour inventer d'autres solutions. Pourquoi ne pas imaginer, sur le plan local, l'implantation de centres de pluri-activités ? Chacun s'y rendrait à proximité de son domicile. Disposant d'un équipement électronique adéquat, les usagers seraient employés par des entreprises différentes. Le centre maintient le lien social ; les collaborateurs y trouvent un autre environnement comme s'ils allaient chaque matin « au bureau ». Rappelons-nous que de nombreux célibataires rencontrent leur futur conjoint sur leur lieu de travail. Dans un autre ordre d'idée, on pourrait créer des « résidences temporaires », hébergeant ceux qui doivent s'immerger dans un travail urgent ou exigeant pendant une ou deux semaines. Enfin, une autre solution serait d'aménager des mini-bureaux dans les lotissements résidentiels, accueillant de petites équipes de travail.

LE CONCEPT PILOTE

Les frères Wright furent les premiers à faire voler un engin plus lourd que l'air, en bouleversant les concepts qui prévalaient à l'époque. Alors que leurs prédécesseurs et leurs concurrents cherchaient à inventer une machine volante « stable », ils eurent au contraire l'idée d'utiliser l'instabilité de l'appareil. Tel fut l'élément déclencheur de leur invention. À force d'expérimenter, ils comprirent qu'ils pouvaient faire varier la portance de chaque aile en la tordant ou en la voilant. Ils mirent au point un système de commandes qui leur permit d'être les premiers à voler.

Dans certains cas, l'analyse des données existantes permet d'identifier les tendances et de comprendre ce qui se passe. Dans d'autres, c'est le concept, mûri intellectuellement, qui précède la sélection des données susceptibles de le valider et d'en étendre les possibilités. Bref, l'idée préexiste aux données, même si elle se fonde sur des données antérieures.

Toute innovation ne résulte pas fatalement d'un effort de créativité, ce serait absurde de le prétendre. Mais celle-ci s'avère un facteur substantiel dans le développement des idées. Ainsi chez Benetton, le concept pilote est la « flexibilité ». En se contentant d'attendre que l'analyse de l'information désigne la voie à suivre, beaucoup se privent de la valeur déterminante des concepts pilote qui déclenchent l'idée.

La création d'un concept nouveau nous ouvre une fenêtre différente sur le monde et sur l'information susceptible d'y être exploitée. L'idée nouvelle nous montre le chemin, oriente notre regard. Sans elle pour guider notre attention et sélectionner l'information, nous ne pourrions jamais réunir les preuves de la validité du concept. Cette utilisation « active » de l'information s'oppose à la manière dont nous l'exploitons habituellement, que je qualifierais de « passive ». Savez-vous s'il existe un marché pour la livraison à domicile de pâtes à l'italienne ?

LES INGRÉDIENTS

Certes, plus l'information dont nous disposons est conséquente, plus riche sera notre pensée créative. Si nous avons davantage de matériaux à exploiter, le résultat n'en aura que plus de valeur. Un artiste, dont la palette regorge de couleurs, produira une œuvre d'autant plus riche et chatoyante. Selon cette logique, à l'abondance d'information du créateur devrait correspondre une envolée de sa créativité. Hélas, il n'en est rien.

Force est de reconnaître qu'il est appréciable de bénéficier des données les plus complètes. Sachant que certains métaux retournent à leur état initial à une température précise, on peut utiliser ce phénomène pour inventer des dispositifs de contrôle efficaces.

Un processus de filtrage qui purifie l'eau de façon performante stimulera la créativité pour le retraitement des déchets.

L'information nous parvient rarement sous sa forme la plus pure mais le plus souvent encombrée de représentations et de perceptions diverses. Ces « passagers clandestins » pèsent sur notre pensée quand il s'agit de créer. Je reviendrai sur ce point quand je traiterai de la valeur de l'« innocence » en tant que source d'idées nouvelles.

La quantité d'information ne garantit pas la qualité des idées.

LA COLLECTE DE L'INFORMATION

La créativité joue un rôle important dans la collecte de l'information. La formulation des questions dans un sondage d'opinion tout comme le choix des cibles ou des segments de la population impliquent de la créativité. Une fois définie l'information souhaitée, il faut déterminer comment la trouver, l'obtenir au moindre coût et avec le plus d'exactitude possible. Pour ce faire, la créativité est utile.

Les spécialistes des enquêtes de marché sont constamment à la recherche de méthodes plus performantes pour recueillir l'information. Le marketing fait largement appel à la créativité. Tout simplement parce que la collecte de l'information auprès des consommateurs et la diffusion de l'information sur les produits coûte cher. D'où l'effort de créativité pour contenir ces coûts à un niveau supportable.

Savons-nous que... ?

Que se passerait-il si... ?

Quelle serait la réaction... ?

Il nous faut rechercher constamment des modes de collecte de l'information plus performants. Cette optimisation dépend bien de la pensée créative orientée vers la collecte de l'information.

Les idées fausses sur la créativité

J'ai mis en relief à plusieurs reprises la manière erronée dont la créativité est perçue par certains. Je reviendrai en détail sur cette problématique. La pédagogie est faite de répétition, et je ne crois pas inutile d'en résumer à ce stade les points essentiels. Les observations formulées ci-dessous sur les principales idées fausses sont le fruit d'une expérience personnelle de plusieurs années passées à étudier la pensée créative et à en enseigner les techniques.

1. La créativité est un don naturel et ne peut s'enseigner

Ce préjugé est en fait très commode, dans la mesure où il nous dispense de faire des efforts pour stimuler notre créativité. S'agissant d'un talent naturel, il n'y a aucune raison de chercher à l'améliorer.

En général, on appuie l'argumentation en citant des exemples de créativité aussi exceptionnels que Mozart, Einstein ou Michel-Ange. Ce qui revient à dire qu'il est inutile d'enseigner les mathématiques car on ne peut produire sur commande des mathématiciens de génie tels que Poincaré. Or, on ne renonce pas pour autant à enseigner le piano ou le violon, et pourtant aucun professeur de musique ne prétend faire de ses élèves de futurs Liszt ou de futurs Paderewski. De la même manière, comment garantir aux élèves des écoles de tennis qu'ils deviendront les équivalents de Bjorn Borg ou de Martina Navratilova.

Dans les mathématiques, comme en musique ou en sport, il existe différents niveaux d'excellence ; tout le monde n'atteint pas au génie.

Imaginons un groupe de gens alignés sur la ligne de départ lors d'une compétition d'athlétisme. Le coup de pistolet est donné ; tout le monde s'élance. À l'issue de la course, il y a forcément un premier et un dernier. Le résultat de chacun dépend de ses aptitudes sportives. Si quelqu'un convainc maintenant les coureurs d'utiliser des patins à roulettes, tous iront nettement plus vite que dans la compétition précédente. Même s'il y a toujours un premier et un dernier.

Si nous ne faisons rien pour progresser, notre aptitude à la créativité dépendra uniquement de notre « talent » naturel. Mais en prévoyant des séances de formation, des structures adaptées, des méthodes rigoureuses, nous pouvons élever le niveau général de la créativité. Certaines personnes réussiront mieux que d'autres, mais chacun aura la possibilité d'acquérir une position honorable. Le « talent » et l'« entraînement » ne sont pas des réalités contradictoires. Les entraîneurs de champions ou les maîtres de musique peuvent en témoigner.

Même les individus qui possèdent naturellement des talents créatifs ont besoin d'une formation et de méthodes pour progresser. Cela ne veut pas dire, *a contrario*, que les autres ne deviendront jamais créatifs.

Au début de mes recherches sur la créativité, j'avoue m'être attendu à ce que les personnalités connues pour leur talent de créateur prétendent n'avoir nul besoin de mes services. Tout le contraire se produisit. Beaucoup me contactèrent pour me dire combien elles appréciaient certaines des méthodes que je préconisais.

Mes propres expériences confirment les unes après les autres que la pensée latérale délibérée permet de faire émerger les idées les plus fortes, de créer la différence. La majorité des autres observations vont dans le même sens.

Par l'expérimentation, il est facile de démontrer que la technique, très simple, du mot aléatoire inspire immédiatement des idées neuves, en rupture avec ce qui existait précédemment.

Il n'est pas plus compliqué de s'initier à la pensée créative que d'apprendre les mathématiques ou de s'exercer à un sport. Sortons de notre léthargie, arrêtons de prétendre que tout est question de talent et que la cause est entendue. Nous savons que l'apprentissage permet d'acquérir un niveau de performance significatif. Nous savons que le don naturel, quand il existe, est décuplé par une formation adéquate et par la pratique des méthodes de pensée créative.

L'argument selon lequel la créativité ne s'enseigne pas m'apparaît désormais tout simplement irrecevable.

Le génie ne s'acquiert peut-être pas, mais il existe tant d'occasions de s'en passer tout en étant pleinement créatifs !

2. La créativité naît de la rébellion

En classe, les élèves les plus intelligents semblent être conformistes. Ils assimilent rapidement les règles du « jeu » principales : savoir comment plaire aux professeurs, réussir les examens avec le minimum d'efforts, copier lorsque c'est nécessaire. De cette manière, ils coulent une existence scolaire paisible et se consacrent à ce qui les passionne vraiment. Et puis il y a les rebelles. Par tempérament ou par désir de se faire remarquer, ils se refusent à jouer le jeu convenu.

On peut augurer qu'à l'âge adulte, la créativité se révèlera du côté des rebelles, les conformistes étant occupés à assimiler les règles de la société, à les mettre en pratique et à s'y conformer. Tout repose donc sur les rebelles ; remise en question de la tradition et propositions novatrices. Ils possèdent le courage, l'énergie et l'indépendance d'esprit.

C'est à peu près ainsi que nous envisageons la créativité. Mais cet état de choses pourrait bien changer.

Après avoir identifié la nature de la créativité (ou tout au moins de la pensée latérale), venons-en au « jeu » et à ses différentes étapes. À partir du moment où la société décide que le jeu vaut la peine d'être joué et qu'elle récompense ceux qui y triomphent, il se pourrait que les « conformistes » y prennent goût. Ils décideraient alors de s'initier au jeu de la créativité. Comme ils sont adroits et qu'ils apprennent vite, ils pourraient bientôt devenir plus créatifs que des rebelles qui refusent d'apprendre ou de jouer le jeu.

Voici bien l'étrange paradoxe : les conformistes deviennent plus créatifs que les rebelles. Pour ma part, je pense que c'est ce qui est en train d'arriver.

Dans cette configuration, nous observerons une forme de créativité beaucoup plus constructive. Les rebelles exercent leur créativité en s'élevant contre les idées reçues et en allant à l'encontre des habitudes. Ils existent essentiellement dans une dynamique d'opposition. Alors que la créativité des conformistes (qui respectent les règles du jeu) ne repose pas sur ce besoin de dépasser quelque chose ou quelqu'un — en ce sens, elle est constructive et elle se nourrit aussi de la tradition.

La créativité n'est donc plus l'apanage des rebelles ; bien plus, l'aptitude à la créativité peut aussi s'acquérir par ceux qui se sont toujours considérés comme conformistes.

Le Japon a, certes, donné un grand nombre de personnalités créatives, mais en règle générale, la culture nippone valorise davantage le comportement de groupe que la singularité de l'individu. Contrairement à la tradition occidentale, la créativité individuelle n'y est pas survalorisée. Sur un mur de construction régulière, il n'est pas nécessaire que l'on distingue chaque pierre.

Cependant la situation évolue. Les Japonais ont pris conscience de l'importance de la créativité s'ils veulent assurer à leur pays une prospérité économique durable. Ils ont compris que le jeu de la créativité vaut la peine d'être joué et ils ont décidé d'en apprendre les règles. Pour avoir enseigné la créativité au Japon, je peux affirmer qu'ils y excellent. Ils ont assimilé sans peine les règles du jeu de la « qualité », ils apprennent tout aussi rapidement celles de la créativité.

Le monde occidental restera à la traîne aussi longtemps que les responsables de l'éducation persisteront à croire que la créativité ne s'apprend pas et que l'esprit critique est une condition suffisante de la réussite.

3. Cerveau droit / cerveau gauche

La division cerveau droit / cerveau gauche est devenue une géographie si envahissante qu'elle confine désormais au racisme hémisphérique :

> *Le cerveau gauche est trop prédominant chez lui...*
>
> *Nous avons besoin de quelqu'un qui sollicite plutôt le côté droit de son cerveau...*
>
> *Nous l'avons engagée sur ce projet pour qu'elle apporte la vision de quelqu'un qui fonctionne avec le cerveau droit...*

L'opposition cerveau droit / cerveau gauche, si elle possède une valeur indéniable en indiquant que la pensée n'est pas entièrement linéaire et symbolique, a été exagérée au point de devenir dangereuse et limitative, discréditant la cause de la créativité.

Chez un droitier, le cerveau gauche représente la partie « éduquée » du cerveau ; il se rapporte au langage, aux symboles, et conditionne notre vision des choses en nous apprenant à les voir d'une manière plutôt que d'une autre. Le cerveau droit est la partie « innocente », vierge de tout apprentissage. Dans des domaines tels que le dessin ou la musique, le cerveau droit perçoit les choses d'un œil candide. On dessine les choses telles qu'elles se présentent réellement et non comme l'on pense qu'elles devraient être.

Le cerveau droit autoriserait une vision plus holistique au lieu de construire les perceptions point par point.

Ceci n'est pas sans valeur, mais comme la créativité consiste à modifier nos idées et nos perceptions, nous n'avons d'autre choix que d'utiliser aussi notre cerveau gauche, car c'est là que se forment et que logent nos idées comme nos perceptions. L'observation au scanner révèle les parties du cerveau qui sont sollicitées à un moment donné. Lorsque le sujet étudié fait preuve de créativité, on voit clairement que les deux parties du cerveau sont actives en même temps. C'est plus que nous n'aurions espéré.

Si la distinction entre le cerveau droit et le cerveau gauche offre quelque mérite et si l'innocence intervient de manière indéniable dans certaines activités comme la musique ou le dessin, ce principe de dichotomie devient trompeur dès que l'on prétend l'appliquer à la pensée créative. Il est d'autant plus source d'erreur qu'il porte à croire que l'aptitude à la créativité réside dans le cerveau droit. En outre, il nous conduit à espérer qu'il suffit d'abandonner les comportements dictés par le cerveau gauche et de se laisser guider par son cerveau droit pour devenir créatif.

4. L'ART, LES ARTISTES ET LA CRÉATIVITÉ

J'ai déjà évoqué la confusion provoquée par l'usage extensif du terme « créativité ». Nous voyons le plus souvent la « créativité » s'illustrer dans le travail des artistes et nous en concluons qu'elle est synonyme d'art. Conséquence directe de cette confusion, nous imaginons que pour enseigner la créativité, il suffit d'apprendre aux gens à se conduire en artistes. Dans la même veine, nous sommes persuadés que les artistes sont plus aptes que quiconque à l'enseigner.

Dans le présent ouvrage, je traite de la créativité en tant que technique permettant de modifier les concepts et les perceptions — c'est pourquoi je lui préfère souvent le terme de pensée latérale. Tous les artistes ne sont pas créatifs, au sens où moi je l'entends. Beaucoup sont dotés d'un talent remarquable et possèdent une manière très personnelle de percevoir la réalité et de l'exprimer. Mais beaucoup sont pris au piège de leur style propre car le monde attend d'eux qu'ils le respectent. Si vous demandez à l'architecte Boffil de vous bâtir une maison, vous vous attendez à ce qu'il la construise dans le style qui l'a rendu célèbre. Une composition signée Daniel Buren doit ressembler à une œuvre de Daniel Buren.

Les artistes, à l'instar des enfants, peuvent tout à la fois faire preuve de fraîcheur et d'originalité, et se montrer extrêmement rigides. Ils n'ont pas toujours en eux cette souplesse qui est la marque de la pensée créative.

Ils peuvent aussi être plus analytiques que la plupart des gens ne le supposent et accorder une grande attention à l'aspect technique de leur travail.

Il est vrai que les artistes cherchent à créer du « neuf » au lieu de se contenter de répéter ce qu'ils ont déjà réalisé. Ils aiment jongler avec les idées et les perceptions. Ils sont prêts à laisser le résultat final justifier leurs errements au lieu de procéder par étapes prudentes. Toutes ces caractéristiques font partie de l'esprit créatif en général. Il y a des artistes que je considère comme créatifs, selon la définition que je donne à ce terme, et d'autres qui ne méritent pas ce qualificatif.

L'erreur réside dans l'idée que la créativité a un rapport avec l'art et que les artistes sont les personnes idoines dès que l'on parle de créativité.

Autre idée préconçue, on imagine à tort que les artistes (ou tout individu créatif) sont forcément les plus aptes à enseigner la créativité. Il ne viendrait à l'idée de personne d'affirmer que le gagnant du Grand Prix automobile est capable de concevoir le moteur d'une voiture de formule 1 ni d'entraîner les autres pilotes. Par une sorte d'osmose, l'artiste transmettrait à ses élèves son comportement et ceux-ci deviendraient créatifs du jour au lendemain. Il existe probablement un lien de cause à effet, mais je doute de l'efficacité réelle de l'osmose en tant que méthode d'enseignement.

Il y a des artistes qui sont créatifs et qui sont d'excellents professeurs de créativité. Il y a des gens qui sont créatifs et qui possèdent également des dons pour l'enseigner. Et il se trouve que, quelquefois, ce sont des artistes.

Mais je ne suis pas convaincu que les artistes ont un mérite particulier qui les autorise davantage à enseigner la créativité, au sens où je l'entends, c'est-à-dire la faculté de changer les concepts et les perceptions.

L'amalgame qui est fait entre la « créativité » et l'« art » relève d'un problème linguistique responsable de dégâts considérables.

5. Se libérer des inhibitions

J'ai déjà fait allusion à cette question, importante, dans la mesure où la prétendue formation à la créativité part du principe qu'il faut « libérer » les individus et leur permettre de « donner libre cours » au potentiel de créativité qu'ils ont en eux.

À ce stade, je suis absolument certain que se débarrasser de ses inhibitions, de la crainte de se tromper ou de se ridiculiser, possède une valeur limitée. On a probablement plus de chance de devenir créatif en laissant son esprit échafauder des idées étranges et en étant libre d'exprimer des pensées qui peuvent sembler incongrues. Loin de moi l'idée que l'inhibition est bonne.

Notre système scolaire repose en grande partie sur la notion de « jugement » ; le professeur attend de ses élèves la « bonne réponse ». Personnellement je salue toutes les tentatives visant à briser ce moule qui emprisonne les individus.

Mais c'est précisément la valeur limitée du terme « libérer » qui en constitue le principal danger. Parce que l'on croit à tort que cela suffit pour devenir créatif. Les entreprises font appel à des intervenants extérieurs pour « libérer » les collaborateurs et leur permettre, pense-t-on, de donner libre cours à des talents de créateur. De la même façon, les professionnels de la formation sont convaincus que leur tâche consiste, ni plus ni moins, à aider les autres à sortir de leurs inhibitions et à dire tout ce qui leur passe par la tête.

Comme je l'ai indiqué, le cerveau n'est pas conçu pour être créatif. L'excellence du cerveau humain réside en ceci qu'il est construit pour former des schémas mentaux à partir du monde qui nous entoure et à y adhérer. C'est ainsi que fonctionne la perception, et la vie serait impossible si le cerveau travaillait différemment.

Sa tâche consiste à nous permettre de survivre, de nous adapter. Il n'a pas pour mission d'être créatif. Il n'est pas conçu pour produire les idées nouvelles qui résulteraient d'un cheminement transversal à travers les schémas établis.

Les inhibitions diminuent notre niveau « normal » de créativité comme l'indique la figure 1.12. Si nous nous débarrassons d'elles, nous renouons avec notre niveau « normal » de créativité. Mais pour devenir vraiment créatif, nous devons oser des choses « qui ne sont pas naturelles ». Nous engager, entre autres, dans une démarche de provocation comme je l'expliquerai plus loin.

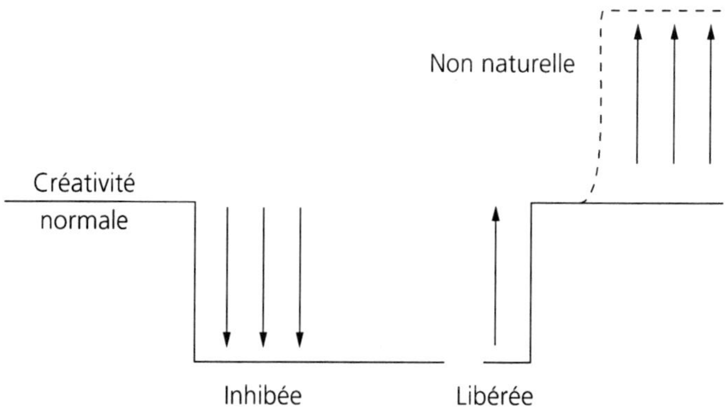

Figure 1.12

Il est vrai que certaines personnes sont créatives et qu'il leur arrive de trouver de nouvelles idées. Cela signifie-t-il que la créativité est une activité naturelle du cerveau ? Pas le moins du monde. Des idées nouvelles peuvent être suggérées par la rencontre inhabituelle de plusieurs évènements. Elles peuvent aussi se produire par un phénomène naturel de provocation dû au hasard (une sorte de technique naturelle de « mot aléatoire »). Tout le monde de temps à autre tombe malade : doit-on pour autant en conclure qu'il est « naturel » d'être malade ? Par conséquent le fait que certains individus aient des idées ou qu'ils bénéficient d'inspirations subites, ne veut pas dire qu'il s'agisse d'une fonction naturelle du cerveau. Car, si tel était le cas, j'attendrais beaucoup plus de la créativité naturelle en termes de production d'idées.

En observant les choses purement du point de vue du comportement des systèmes d'information, il est très difficile de voir comment un système « de mémorisation » pourrait être créatif — sauf par accident.

6. L'INTUITION

On m'interroge souvent sur la place accordée à l'« intuition » dans la pensée créative. Ce terme recouvre deux réalités distinctes.

D'une part l'intuition désigne une forme de « connaissance intime » et la vision soudaine de quelque chose dans une perspective nouvelle. Cet aspect de connaissance intime est semblable au phénomène de l'humour que j'ai évoqué dans les pages précédentes et qui constitue un modèle de pensée latérale. Si nous réussissons à gagner le tracé annexe (cf. figure 1.11 page 43), nous percevons en un éclair le lien avec le point de départ, ce qui déclenche immédiatement une nouvelle perception. Dans cette première acception du terme, je dirais que le but des techniques de créativité est précisément de nous aider à atteindre ce point de connaissance intime.

La seconde signification de l'intuition se rapporte à un sentiment né de l'expérience et des observations. Les ingrédients ou les étapes qui composent ce sentiment ne sont pas clairement identifiables, c'est pourquoi nous parlons d'intuition et non de pensée. Lorsque le sentiment provient d'une expérience antérieure, nous éprouvons une sorte de pressentiment. Lorsqu'il dépend de l'observation, nous assimilons des faits que nous soumettons à notre intuition en espérant aboutir à un résultat. C'est exactement ce qui se passe lorsque nous allons nous coucher le soir, préoccupés par un problème ; nous faisons confiance au travail inconscient de l'« intuition » pour le résoudre.

Reste la question de savoir s'il existe un travail mental productif hors du champ de la conscience. Même si ce n'est pas le cas, on peut croire à une sorte de réorganisation de l'information que nous apportons à notre esprit sans volonté consciente (intention) d'arriver à un résultat.

Au plan théorique, il me paraît opportun de laisser cette question ouverte. Je pressens une forme de réorganisation inconsciente de l'information et de l'expérience, lorsque des données sont mentalement intégrées. Cela ne me surprendrait guère dans un système fonctionnant à partir de schémas, capable de changer de perspective. En fonction de l'endroit où se situe le point d'entrée sur le schéma, vous irez dans des directions totalement différentes (comme lorsque vous traversez la ligne de partage des eaux entre deux bassins).

Dans la pratique, nous sommes confrontés à un réel danger. Si « tout se passe » au niveau de l'intuition, toute action est vaine, et d'ailleurs nous n'avons aucun moyen de peser sur le cours des choses. C'est ce que j'appelle le complexe de la boîte noire, qui consiste à refuser tout effort conscient dans l'espoir que notre intuition fera correctement son travail quand nous la solliciterons. Inutile de dire que je ne cautionne pas cette abdication.

Je suis convaincu que l'intuition joue effectivement un rôle non négligeable au cours des étapes finales des processus de pensée latérale systématique. Je pense que, parfois, l'intuition peut apporter une contribution valable, sans recourir aux méthodes de créativité intentionnelle. Il me semble néanmoins que nous devrions voir dans l'aide fournie par l'intuition une sorte de « bonus ». Nous devrions nous estimer heureux, chaque fois qu'elle nous apporte un secours réellement efficace et, dans le cas contraire, poursuivre nos efforts de créativité intentionnelle.

7. La « folie », un élément nécessaire de la créativité

J'ai rappelé combien l'aspect « fou » de la créativité, qui est poussé à l'extrême par certains spécialistes, tend à reléguer la pensée créative dans la marginalité, faisant d'elle une activité peu rigoureuse.

Il est tentant d'encourager la démesure ; elle est si différente de la pensée normale et si distrayante ! On sent fondre ses inhibitions à mesure que l'on rivalise d'excentricité avec les autres, dans le but de paraître plus fou qu'eux.

La créativité n'impose pas de rester dans le cadre conceptuel habituel, de sorte que toute idée nouvelle peut, au départ, sembler folle par rapport aux idées existantes. Ceci peut provoquer la confusion et donner la fausse impression que la pensée créative est basée sur la folie.

L'une des techniques originales de la pensée latérale est la provocation. Il s'agit de susciter une provocation jusque-là absente de notre expérience et qui, peut-être, n'aurait jamais pu y être intégrée. Le but recherché est de nous faire sortir du schéma habituel de notre perception et de placer notre esprit dans une position instable, à partir de laquelle nous pouvons ensuite « progresser » vers des idées nouvelles. Ce processus est intentionnel, systématique et fondé logiquement sur le comportement des systèmes de schémas asymétriques. Il existe plusieurs méthodes pour déclencher la provocation : le mot « po » pour signaler qu'il s'agit d'une provocation, et des techniques de « mouvement » à partir d'une provocation. Cela n'a rien à voir avec le fait de se laisser aller à émettre des idées folles par simple plaisir.

Il s'agit de comprendre la nécessité logique de la provocation et l'usage des provocations, et non de croire que la folie représente une fin en soi et une part essentielle de la pensée créative. Malheureusement, comme nous l'avons vu, là encore, ceux qui prétendent enseigner la créativité insistent sur cet aspect et continuent à y voir une partie fondamentale du processus. Cela donne une impression complètement fausse de la créativité et rebute tous ceux qui souhaitent l'utiliser de manière rigoureuse.

8. Le succès en rafales ?

Le processus classique de *brainstorming* donne parfois l'impression que la créativité intentionnelle se résume à émettre des rafales d'idées folles, dans l'espoir que l'une d'elles pourra atteindre sa cible. Dans la mesure où la nouveauté à tout prix constitue l'objectif recherché, ce mitraillage d'idées semble apte à produire un résultat dans la publicité pour laquelle la méthode fut inventée. Ailleurs, cette approche de la créativité, au petit bonheur la chance, n'a pas plus de sens que d'installer des milliers de singes devant une machine à écrire et d'attendre que l'un d'eux produise une pièce de Shakespeare.

La créativité intentionnelle n'aurait jamais suscité mon intérêt si elle ne s'apparentait qu'à la roulette.

La réalité de l'enjeu est fort différente.

Les trajectoires principales de la perception (cf. figure 1.4 page 38) sont comme le lit d'une rivière, elles recueillent la totalité de l'information environnante. Tout conflue vers les « rivières » existantes. Si nous réussissons à sortir de la trajectoire ou de l'aire de captage, nous avons de grandes chances d'accéder à une autre zone de captage. Loin de la méthode du matraquage, c'est un peu comme si vous vous arrachiez au restaurant où vous dînez habituellement pour explorer les autres établissements situés dans la même rue.

Les idées nouvelles ne demandent qu'à être exploitées à condition d'échapper au schéma habituel que l'expérience nous a permis de construire. Il y a une probabilité raisonnable pour que de telles idées existent et une chance raisonnable pour que nous les rencontrions si nous nous écartons de notre schéma de pensée traditionnel.

Bien entendu, toute idée créative valable apparaîtra parfaitement logique, voire évidente, avec le recul. C'est ce qui fait souci, parce que le bénéficiaire soutiendra qu'il serait parvenu au même résultat par la logique et plus rapidement.

9. Le big bang ou les petits bonds en avant

Les Occidentaux sont persuadés que la créativité passe par une sorte de « big bang » fondateur d'un nouveau paradigme, tandis que les Japonais se montrent créatifs par le biais de petits bonds qui aboutissent à la création de produits nouveaux sans rupture conceptuelle. Qui a raison ?

Les petits sauts de créativité possèdent une indéniable valeur, mésestimée par les Occidentaux dont les penchants les conduisent vers les grandes et « belles » idées, celles qui flattent l'ego de leur auteur et impressionnent les autres. La prédilection occidentale pour la créativité « géniale » a parfois relégué au second rang la créativité « pratique ». Les petits bonds en avant prennent souvent la forme de modifications, d'améliorations et de combinaisons de divers éléments. La valeur suprême d'une idée peut dépendre d'une multitude de sauts créatifs de faible ampleur qui exploitent l'innovation au maximum.

Bien entendu, la succession de petits bonds en avant n'équivaudra jamais à un grand saut. L'impact en est insuffisant pour entraîner un changement de paradigme ou la création d'un concept novateur, qui s'appuient nécessairement sur la réorganisation totale des concepts traditionnels.

Les deux types de créativité ne s'excluent pas l'un l'autre. C'est une question d'équilibre.

D'une part, il sera préférable de privilégier la créativité « pratique » pour intégrer la créativité au mode de fonctionnement normal de l'entreprise. D'autre part, la créativité dite

« géniale » conviendra parfaitement aux chercheurs ou aux stratèges de l'entreprise.

10. Le groupe ou l'individu ?

Je reviendrai sur ce point dans la troisième partie du livre.

Le *brainstorming* est considéré traditionnellement comme le vecteur privilégié de la pensée créative intentionnelle, favorisant l'idée que celle-ci passait inéluctablement par la dynamique de groupe. Lorsque vous êtes seul, que faites-vous, si ce n'est attendre patiemment qu'une idée vous tombe du ciel ? Le *brainstorming* est fondé sur la conviction que les remarques des autres membres du groupe stimulent vos propres idées dans une sorte de réaction en chaîne. Le groupe représenterait une partie essentielle du processus.

Pourtant le groupe n'est pas l'alpha et l'oméga de la pensée créative intentionnelle. Toutes les méthodes que présente ce livre sont accessibles à un individu agissant pour son propre compte. L'implication d'un groupe ne s'impose pas. La provocation (« po ») conçue comme une méthode et une exigence permet à une personne de produire, à son propre bénéfice, l'idée qui provoque et stimule. Nul besoin de se raccrocher à d'autres pour cela.

J'affirme que les individus travaillant seuls produisent un corpus d'idées plus ample et plus riche que lorsqu'ils sont intégrés à une communauté. En faisant partie d'un groupe, vous vous condamnez d'abord à écouter les autres, puis à vous répéter pour attirer l'attention et vous faire comprendre. Très souvent le groupe adopte le plus grand dénominateur commun alors que l'individu choisit sans contrainte la voie qu'il entend poursuivre.

Je ne nie pas la valeur de la composante sociale inhérente au groupe, et travailler seul implique une discipline de fer. Comme je l'expliquerai dans la troisième partie de cet ouvrage, je propose une solution mixte, alliant travail en commun et recherche individuelle.

Les individus excellent dans la conception des idées et dans la définition de trajectoires nouvelles. Dès que l'idée est née, le groupe, à mon sens, est plus à même de la développer et d'en multiplier les applications.

Pour résumer, la créativité intentionnelle se trouve moins dépendante qu'on ne le croit souvent du seul processus de groupe.

11. Intelligence et créativité

Dans une étude devenue classique, Getzels et Jackson démontraient que jusqu'au niveau de 120 de QI, la créativité et le QI convergeaient, mais qu'au-delà de ce seuil, ils divergeaient. Reste à savoir quelles méthodes étaient utilisées dans ces tests d'intelligence et de créativité et quelles étaient les attentes des sujets testés.

Les personnes dotées d'un QI élevé ne sont traditionnellement pas encouragées à se laisser aller à la spéculation, aux suppositions, ni à émettre des idées frivoles. La formation qu'elles ont reçue influe largement sur le résultat enregistré par deux individus soumis à comparaison. Le premier qui possède une intelligence supérieure sait reconnaître une idée absurde et ne se hasarde pas à l'exprimer. Le second, moins brillant, sous-estime l'inapplicabilité de l'idée et n'hésite donc pas à l'envisager et, peut-être, à se rapprocher d'une idée meilleure.

On peut se poser la question : faut-il être supérieurement intelligent pour être créatif, et même, le fait d'être très intelligent n'est-il pas une entrave à la créativité ?

L'intelligence représente le potentiel de l'esprit. Elle peut être déterminée par telle cinétique des enzymes qui permet des réactions mentales plus rapides et par-là même une accélération du balayage des possibles. Cela équivaut au cheval-vapeur du moteur de voiture. La puissance du moteur constitue le potentiel de la voiture. Mais ses performances dépendent du talent du conducteur. On trouve des voitures puissantes conduites par de mauvais chauffeurs et des voitures de faible cylindrée menées de mains d'experts. De même, une personne « intelligente » qui ne maîtrise pas les techniques idoines réfléchira moins bien, alors qu'une autre, mieux formée, affichera des dispositions remarquables pour la réflexion.

L'aptitude à la pensée créative représente l'un des éléments de la capacité de réflexion ; elle s'acquiert néanmoins indépendamment de cette dernière. Un individu intelligent qui ne maîtrise pas les méthodes de pensée créative obtiendra des résultats moins probants en termes de créativité qu'une personne moins intelligente que lui. Comme je l'ai déjà indiqué, les modes de pensée que nous a inculqués notre éducation freinent l'expression de notre créativité. Un sujet intelligent, familiarisé avec les méthodes de la pensée créative, possède toutes les chances de devenir un excellent créatif.

Beaucoup dépend de nos habitudes, de notre formation et de nos attentes personnelles.

Une personne supérieurement intelligente aura toujours accès à la créativité, à condition qu'elle ne mésestime pas la nécessité d'acquérir les méthodes de la pensée créative.

Mais, globalement, un niveau d'intelligence normal suffit pour se montrer créatif.

Aux sources de la créativité

Cette partie abordera les sources traditionnelles ou plus novatrices de la créativité, en plaçant en perspective les méthodologies de la pensée latérale et en formulant quelques conseils pratiques.

L'INNOCENCE

L'innocence est au cœur de la créativité de l'enfance. Lorsque vous ne pouvez connaître les cheminements usuels, les solutions classiques, les concepts couramment utilisés, vous avancez forcément des propositions inédites. Puisque vous n'êtes pas inhibé par les contraintes et que vous ignorez les interdits, vous n'en êtes que plus libre pour imaginer des approches innovantes.

Lorsque les frères Montgolfier firent voler le premier ballon à air chaud, l'écho de cet événement parvint jusqu'aux oreilles de Louis XVI. Ce dernier comprit immédiatement le potentiel militaire que cela représentait. Il fit appeler Jacques Charles, un physicien réputé, et le chargea de mettre au point un ballon. Le respecté homme de science mobilisa toutes les ressources de son cerveau pour tenter d'appréhender le fonctionnement d'une telle machine. Soudain, une idée lumineuse jaillit : « Ils utilisent certainement ce nouveau gaz plus léger que l'air, qu'on appelle hydrogène ! » C'est ainsi qu'il inventa un tout autre concept, le ballon à hydrogène.

Il y a quelques années, Gunnar Wessman, PDG de Perstorp Corporation, réunit, dans le sud de la Suède, un groupe d'étudiants que je fus chargé de former à la pensée latérale. Des représentants du gouvernement et du monde des affaires vinrent de Stockholm pour soumettre à ces jeunes différentes problématiques. Il s'agissait entre autres de convaincre des ouvriers de travailler le week-end dans une usine appelée à fonctionner en continu. Dans leur candeur, les étudiants suggérèrent de ne pas faire appel aux ouvriers de l'usine, mais de recruter du personnel habitué à travailler le samedi et le dimanche. On mit cette idée à exécution ; le nombre de postulants pour les permanences du week-end dépassa de loin les attentes. Des adultes auraient d'emblée objecté que personne ne voulait travailler le week-end ou que les syndicats protesteraient.

Si les enfants font preuve de fraîcheur et d'originalité dans leur façon de voir le monde, ils peuvent se révéler fermés (comme je l'ai déjà indiqué) et refuser de s'inscrire dans des alternatives. La créativité naît davantage d'une vision authentique ou candide des problèmes que de la recherche à tout prix d'une solution neuve.

Malheureusement, cette authenticité comme cette innocence ne perdurent guère à l'âge adulte. Surtout lorsqu'on se situe dans un champ de compétences habituel. Quelles conclusions concrètes nous dicte la relation entre innocence et créativité ?

D'abord, il est souvent judicieux d'écouter les enfants. S'ils ne fournissent pas de solutions clé en main, les suggestions qu'ils émettent conduisent à envisager les faits sous un autre angle.

Certaines branches, comme le commerce de détail ou l'industrie automobile, s'appuient sur une culture auto-centrée et s'imaginent détenir les réponses à toutes les questions. Chacun est persuadé qu'il faut avoir grandi dans l'entreprise pour apporter des propositions dignes d'être reçues. Il s'agit au contraire de s'inspirer des exemples extérieurs et de rechercher de nouvelles idées. Car c'est l'ingénuité qui fait défaut aux membres de l'entreprise, quelle que soit la richesse de leur expérience.

La recherche constitue un cas particulier. Il est normal, quand vous abordez un domaine inconnu de lire toutes les publications sur le sujet, faute de quoi vous risquez de ne pas savoir exploiter le matériau et de gaspiller des instants précieux à tenter de réinventer la roue. Mais en vous absorbant dans votre lecture, vous perdez vos chances de conserver un regard neuf. À mesure que vous progressez dans votre recherche d'information, vous vous pénétrez inconsciemment des concepts et des perceptions existants. Vous pourrez tenter de les mettre à l'épreuve, voire de vous y opposer, mais vous ne pourrez plus les ignorer. Vous avez perdu la possibilité de développer une idée qui diverge un tant soit peu du concept initial. Pour devenir compétent sur un sujet, faut-il tout lire ? Pour conserver son originalité, faut-il s'en abstenir ?

Il existe une solution à ce dilemme : lisez suffisamment pour assimiler les connaissances de base. Puis accordez-vous un temps de réflexion. Lorsque vous aurez développé vos propres idées, reprenez votre lecture. Ménagez-vous de nouveau une pause, faites le point sur vos réflexions et développez-les. Terminez enfin votre lecture. En suivant cette méthode vous conserverez votre fraîcheur d'esprit.

Lorsqu'un nouveau collaborateur intègre une entreprise, il vit une sorte d'état de grâce entre le sixième et le dix-huitième mois environ, période durant laquelle il peut projeter une vision personnelle. Pendant six mois, ou plus rapidement lorsqu'il s'agit d'une activité basique, il prend le pouls de l'entreprise. Après dix-huit mois, il est définitivement immergé dans la culture et les modes opératoires ambiants, au point de perdre toute capacité d'innovation.

Notons en passant que des secteurs tels que la télévision et la publicité, qui érigent la décontraction au rang de vertu cardinale, se révèlent parmi les plus contraignantes des structures. Alors que dans d'autres branches les comportements sont dictés par des règlements stricts, voire des codes physiques, il n'existe pas de pression formelle dans ces entreprises. Le besoin de sécurité conduit leurs membres à inventer une discipline virtuelle, faite de règles ou de cadres arbitraires. Si tout est possible, comment savoir ce qui est permis, ce qui est prohibé ? La tradition maison introduit des consignes de plus en plus rigides et conduit les collaborateurs à intérioriser des contraintes sans justification formelle. Dans une telle configuration, la fraîcheur du nouveau venu passe pour de l'incompétence.

L'EXPÉRIENCE

La créativité à laquelle conduit l'expérience n'a rien à voir avec celle qui naît de l'innocence. L'expérience nous enseigne ce qui fonctionne, ce qui réussit, ce qui se vend.

Le premier stade de la créativité issue de l'expérience consiste à habiller de nouveauté une trouvaille ancienne, astucieusement remise au goût du jour. La bonne idée d'autrefois est agrémentée de modifications pour paraître innovante. Que l'on songe par exemple aux stratégies de différenciation par le produit dans la concurrence classique.

Un deuxième stade renvoie à l'archétype des « enfants de ses enfants ». Quand un concept a réussi, on le décline en de multiples versions. Si le film *Rocky* a enthousiasmé le public, pourquoi ne pas tourner *Rocky II*, puis *Rocky III*, et le *IV* et encore le *V* ? Ce modèle est celui de la copie, de l'emprunt ou de l'imitation. Toute innovation publicitaire suscite immédiatement des émules. Ce type de créativité se rencontre surtout en Amérique du Nord, où l'on abhorre l'incertitude. On préfère répéter un cas de figure qui a fait ses preuves, au lieu de se lancer dans une aventure hasardeuse. Cette attitude s'explique par le coût élevé de l'échec personnel. Un PDG vaut ce que vaut son dernier coup marketing ou financier. Ceci produit plus d'opportunisme qu'il ne développe d'opportunités.

Le troisième mode de la créativité issue de l'expérience combine fractionnement puis réaménagement. Tels produits, par exemple financiers, seront offerts en bloc au consommateur, quitte à être séparés et regroupés sous une autre présentation lorsque le marché semblera l'exiger. La diversité des produits et des conditionnements autorise la multiplication des combinaisons possibles.

Ce type de créativité privilégie avant tout la sécurité ; elle cherche à exploiter et à réitérer les succès précédents. La créativité commerciale est essentiellement axée sur ce modèle. Son apport est régulier et de qualité satisfaisante, mais l'idée innovante est rarement au rendez-vous. La suggestion inédite se voit vite rejetée sous prétexte qu'elle ne présente pas de garantie de succès. Comme l'a dit un jour Sam Goldwyn : « L'idéal serait une vraie nouveauté bien rodée et sans surprise. »

LA MOTIVATION

La créativité par la motivation joue un rôle important, dans la mesure où la plupart des individus créatifs en retirent une grande part de leur inspiration.

La motivation, c'est passer cinq heures par semaine à chercher le moyen d'améliorer un processus, alors que d'autres y consacreront tout au plus cinq minutes. C'est continuer à chercher de nouvelles options quand les autres se satisfont de l'existant. C'est la soif de connaissance qui nous pousse à chercher une explication au pourquoi. Bref, la motivation c'est de ne cesser d'expérimenter et d'explorer de nouvelles possibilités.

L'un des aspects fondamentaux de la motivation réside dans la volonté de prendre le temps de considérer des choses auxquelles personne, jusque-là, ne s'est donné la peine de s'intéresser. Ce processus simple qui consiste à concentrer son attention sur des réalités généralement tenues pour acquises, représente une source puissante de créativité, même si aucune aptitude créative particulière n'entre en jeu. J'évoquerai ce point majeur dans la deuxième partie, consacrée aux techniques créatives.

La motivation peut se résumer ainsi : consacrer du temps et de l'énergie pour parvenir à la création. À terme, un tel investissement ne peut que produire des intérêts sous forme d'idées créatives et innovantes.

Ce que l'on nomme le talent créatif, n'est souvent rien d'autre que de la motivation — et cela n'est que justice. Si nous ajoutons à la motivation la maîtrise des outils de la créativité, nous obtenons une combinaison puissante.

Le discernement

Quelle différence entre un photographe et un peintre ? Le peintre se tient devant sa toile, avec palette et pinceaux ; fort de son inspiration, il entame son tableau. Le photographe, lui, se déplace avec son appareil photo jusqu'à ce qu'une scène singulière ou qu'un motif attire son regard. En sélectionnant l'angle, la composition, l'éclairage… il convertit en photographie une scène « riche de promesses ».

La créativité par le « discernement » est celle du photographe. Celui qui fait preuve de cet entendement ne crée pas l'idée mais détecte très tôt le potentiel qu'elle recèle. Grâce à son discernement, il entrevoit la faisabilité, le marché, la spécificité du secteur ; il saisit l'idée et la matérialise.

Cette forme de créativité semble manquer de panache, satisfait moins l'ego. Elle ne peut être sous-estimée pour autant. Une idée qui se concrétise vaut mieux qu'une idée qui en reste à la seule spéculation. En effet, l'idée développée et transformée en action a davantage de valeur que celle qui n'existe qu'en tant qu'idée.

Nombre de gens devenus célèbres grâce à des idées supposées nouvelles, ont emprunté à d'autres les idées en gestation puis ont placé toute leur énergie créatrice au service de leur matérialisation.

La capacité à percevoir la valeur d'une idée est en soi un acte créatif. Il importe, face à une idée neuve, d'en évaluer le potentiel. Au regard de l'idée, le mérite des « développeurs » est aussi élevé que celui des découvreurs. Les individus qui développent des idées selon ce processus méritent autant d'être distingués que ceux qui en sont à l'origine.

Hasard, accident, erreur et folie

L'histoire des idées fourmille d'inspirations géniales dues au hasard, à un accident, à une erreur ou à un coup de « folie ».

La pensée traditionnelle, qui est le produit de l'histoire, emprunte une direction donnée. Puis survient un événement — imprévisible — qui dévie le cours de la pensée. Une nouvelle découverte se fait jour.

Plusieurs avancées médicales furent le résultat d'accidents, d'erreurs ou d'observations nées du hasard. Alexandre Fleming remarqua que la moisissure qui tapissait une éprouvette de culture de bactéries semblait avoir tué des bactéries. Le premier antibiotique, la pénicilline, venait d'être inventé. Le processus de l'immunologie fut découvert par Pasteur lorsqu'un de ses assistants commit une erreur en administrant une trop faible dose de bactéries du choléra à des poussins. Cette faible dose les protégea contre la dose plus importante qui leur fut donnée ultérieurement.

Christophe Colomb fit voile vers l'ouest en espérant gagner les Indes, simplement parce qu'il se fondait sur des paramètres erronés. Il avait calculé sa route à partir de la mesure de la circonférence de la terre par Ptolémée, qui était fausse. S'il s'était référé aux calculs corrects effectués par Eratosthènes (qui vivait à Alexandrie avant Ptolémée), Christophe Colomb n'aurait probablement pas pris la mer, sachant que ses vaisseaux ne pouvaient transporter une cargaison suffisante pour nourrir l'équipage pendant une traversée aussi longue.

D'une certaine façon, toute l'industrie de l'électronique tire son origine d'une erreur commise par Lee de Forrest. Ce dernier remarqua que la flamme du gaz vacillait dés qu'une étincelle jaillissait entre deux sphères dans son laboratoire. Il pensa que ce phénomène était provoqué par l'« ionisation » de l'air. Cela le conduisit à mettre au point la valve triode (également connue sous le nom de tube à vide ou valve thermoïonique) dans laquelle le courant, pour être intensifié, est appliqué à une grille et contrôle ainsi le flux électrique reliant le filament à la plaque du collecteur.

Cette invention magnifique fournit le premier système d'amplification véritable et donna naissance à l'industrie de l'électronique. Avant l'invention du transistor, tous les procédés électroniques utilisaient de tels tubes à vide.

Il semble que tout soit parti d'une erreur et que le vacillement de la flamme de gaz ait été produit par le bruit de la décharge de l'étincelle.

Les erreurs, les anomalies, les ratés, ont souvent constitué le point de départ d'idées et de théories nouvelles. Ils nous emmènent au-delà des limites du « raisonnable » qui conditionne habituellement notre façon de voir les choses et de travailler. Ces limites représentent la somme de l'expérience que nous avons intériorisée. Elles sont pieusement respectées, tout particulièrement par les gens incapables d'avoir de nouvelles idées.

Lorsque quelqu'un propose une idée qui se démarque des paradigmes courants, cette « folie » apparente est aussi une source de créativité. L'idée en question fait en général l'objet d'une condamnation sans appel. La plupart des inspirations nées de la sorte sont effectivement extravagantes et disparaissent d'elles-mêmes. Mais il arrive que l'une d'elles s'impose par son évidence et nous force à changer de paradigme, malgré la résistance acharnée des défenseurs de la tradition.

Au vu d'une telle puissance en termes de créativité, on pourrait s'interroger : devons-nous commettre volontairement des erreurs ?

Bien sûr que non, mais toute aberration ou anomalie doit être disséquée quand les événements ne tournent pas comme nous l'aurions souhaité.

L'autre conseil est de recourir à l'usage intentionnel de la provocation. Comme nous le verrons ultérieurement, les techniques de provocation nous offrent la possibilité de nous laisser aller à une folie contrôlée l'espace de trente secondes. Grâce à la provocation, nous franchissons les frontières du raisonnable, de ce qui normalement ne se réalise que par le fait du hasard, par accident, par erreur ou de manière irrationnelle.

La figure 1.13 illustre l'incidence de l'expérience passée et du « raisonnable » sur notre pensée. Nous nous affranchissons des limites du « raisonnable » grâce au hasard, à un accident, à une erreur, à la folie ou par la provocation intentionnelle.

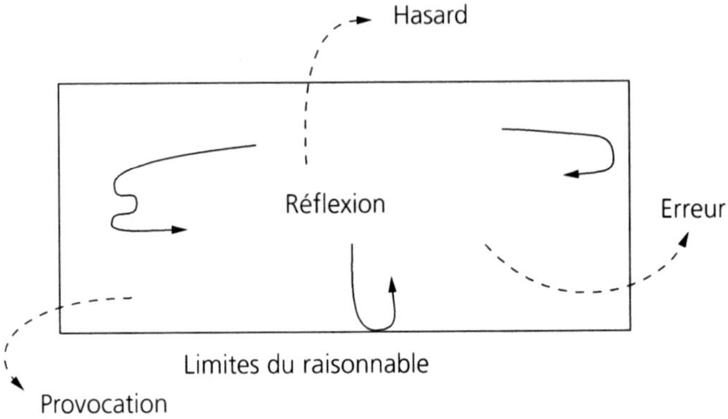

Figure 1.13

Je souhaiterais enfin souligner un troisième point d'ordre pratique. Les individus qui travaillent en indépendant peuvent concevoir et développer à leur gré des idées qui apparaissent tout d'abord comme excentriques ou folles et qui par la suite trouvent une légitimité. Lorsque ces individus sont contraints de travailler en groupe, ils ne peuvent développer leurs propres idées car la pression du groupe qui s'en tient généralement au « raisonnable » les incite à faire marche arrière et à contenir leur élan créatif dans les limites de ce qui paraît acceptable.

Les cultures qui privilégient le travail en groupe (comme l'Italie et les États-Unis) sont désavantagées à cet égard. Inversement, des pays comme le Royaume-Uni, qui connaît une longue tradition de personnalités excentriques se complaisant dans la solitude, possèdent une supériorité incontestable. Ceci explique peut-être pourquoi, selon une étude réalisée par le MITI au Japon, 51% des percées conceptuelles les plus significatives du 20e siècle proviennent du Royaume-Uni, contre 21% seulement des États-Unis, en dépit d'investissements techniques considérables.

À l'évidence, la complexité des sciences rend le travail en solitaire moins performant. Le travail en équipes pluridisciplinaires sera à l'avenir une condition essentielle du développement des idées. D'où la nécessité d'encourager l'aptitude à la provocation intentionnelle.

En 1970, lors d'une réunion avec des dirigeants de l'industrie pétrolière, j'avais suggéré de forer les puits de pétrole à l'horizontale et non à la verticale comme cela se pratiquait — j'avais même évoqué la possibilité d'utiliser des têtes de forage hydrauliques. À l'époque, cette idée avait été « folle ». Aujourd'hui, c'est la technique de forage la plus répandue, avec des résultats spectaculaires en termes de rendement.

Le style

J'ai longuement évoqué la déclinaison du « style » comme source de créativité. Le fait de travailler à partir d'une approche stylistique donnée permet d'aboutir à des produits innovants du seul fait qu'ils participent d'un nouveau style commun. Certes, chaque produit pris isolément n'implique pas un effort spécifique de créativité mais la simple transposition du style commun. Cette forme de créativité peut avoir une valeur pratique élevée mais elle ne permet pas de générer de nouvelles idées en tant que telles.

La créativité artistique peut ainsi, je l'ai déjà dit, résulter d'un style puissant et de haute valeur.

L'émancipation

J'ai déjà traité de la créativité à laquelle on parvient en s'affranchissant de ses craintes et de ses inhibitions. La valeur en est incontestable mais insuffisante ; notre cerveau n'est pas naturellement conçu pour être créatif, et le fait de l'émanciper peut seulement l'aider à le devenir.

Reconnaissons cependant, qu'un changement de culture dans l'entreprise peut conduire à un niveau de créativité digne d'intérêt. Si les instances dirigeantes valorisent la créativité et en font un jeu, il est probable que les collaborateurs prendront le relais.

L'expérience m'a montré que chaque fois que le PDG s'engage personnellement et publiquement en faveur de la créativité, la culture de l'entreprise évolue rapidement dans la même direction. Cela se traduit moins par la perte des inhibitions personnelles que par l'adoption de nouvelles valeurs et d'un nouveau « jeu ».

Se libérer de ses peurs et de ses inhibitions apparaît comme un élément capital de la créativité ; le résultat ne peut être négligé. Mais il ne s'agit que d'une première étape, insuffisante en soi.

La pensée latérale

Les techniques créatives méthodiques de la pensée latérale peuvent être employées avec rigueur et détermination en vue de susciter des idées neuves et de modifier les perceptions. Ces techniques et ces outils s'acquièrent, se pratiquent et sont mis en œuvre chaque fois que nécessaire. Ils supposent une prise en considération de la logique de la perception, c'est-à-dire la logique des systèmes d'information auto-organisés qui dessinent et exploitent des schémas.

L'acquisition puis la mise en pratique de ces techniques permettent de développer l'aptitude à la pensée créative.

La valeur et l'incidence concrètes des techniques de pensée latérale ne doivent pas laisser supposer pour autant que n'existe aucune autre source de créativité.

La pensée latérale

- Qu'est-ce que la « pensée latérale » ?
- Quel rapport lie la « pensée latérale » à la créativité ?
- Pourquoi parle-t-on de « pensée latérale » ?

Mon intérêt pour ce processus de pensée a trois origines. Les études de psychologie que j'ai suivies à Oxford ont éveillé ma curiosité sur le sujet. Par ailleurs, dans le cadre de recherches médicales, j'utilisais fréquemment un ordinateur pour effectuer l'analyse de Fourier des flux de la pression sanguine, afin d'évaluer l'impédance sur l'artère pulmonaire. Cela me poussa à m'interroger sur les formes de pensée que l'ordinateur ne maîtrise pas : la pensée créative et la perception. Alors que je poursuivais mes études de médecine à Harvard, j'eus l'occasion de travailler sur la manière complexe dont le corps régule la pression sanguine et sur la systémique du corps humain. Cela me conduisit tout naturellement à me pencher sur le concept de système auto-organisé.

Je regroupai ces trois thèmes (le processus de pensée, la pensée « perceptuelle » et les systèmes auto-organisés) dans un texte sur « l'autre forme de pensée », celle qui n'est pas linéaire, séquentielle, logique. J'exposai ma théorie dans un entretien accordé à un journaliste de la revue *London Life*. Comme je lui expliquais la nécessité d'adopter une approche « latérale » des choses pour découvrir d'autres idées et d'autres possibilités, je compris soudain que je tenais là le terme approprié. Je remaniai mon texte en remplaçant l'expression « autre forme de pensée » par celle de « pensée latérale ».

Cela se passait en 1967. Depuis, l'expression « pensée latérale » figure dans l'*Oxford English Dictionary*, qui est l'arbitre de la langue anglaise. La définition du *Concise Oxford Dictionary* est rédigée ainsi : « Chercher à résoudre des problèmes par des méthodes non orthodoxes et apparemment illogiques. » Le mot clé est « apparemment ». Les méthodes peuvent effectivement paraître « illogiques » si l'on se réfère à la logique normale ; elles proviennent pourtant de la logique des systèmes d'acquisition des formes de pensée dans lesquels, par exemple, la provocation est une nécessité.

La pensée latérale pourrait s'exprimer ainsi : « On ne peut pas creuser des trous dans différents endroits en en creusant un seul mais le plus profondément possible. » En d'autres termes, un problème suppose plusieurs approches, et doit être envisagé sous des angles différents.

Avec une « pensée verticale », nous adoptons une position et cherchons à construire un raisonnement sur cette base. L'étape suivante ne peut que dépendre et découler logiquement de notre état initial. On construit à partir du même point ou on creuse toujours le même trou comme l'indique la figure 1.14.

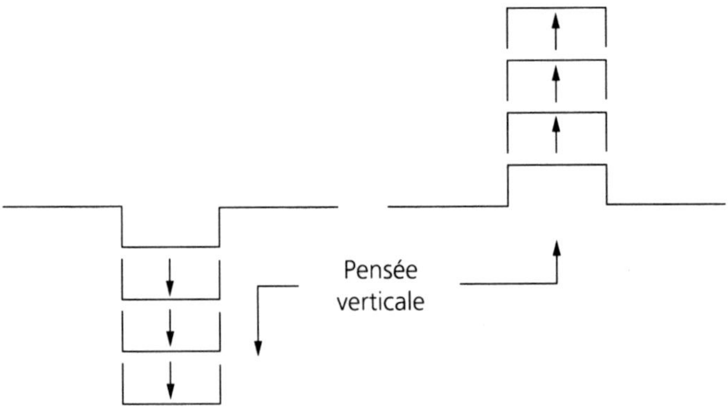

Figure 1.14

La « pensée latérale » permet à l'inverse de se déplacer « de côté », d'expérimenter différentes perceptions, différents concepts, différents points d'entrée. Pour sortir du mode de pensée traditionnel, nous disposons de plusieurs méthodes, dont celle de la provocation.

Une grand-mère est en train de tricoter, assise dans son fauteuil. Laura, âgée de trois ans, l'agace en jouant avec sa pelote de laine. Le père propose de mettre Laura dans le parc pour qu'elle cesse d'ennuyer sa grand-mère. La mère avance qu'il serait plus sage de placer la grand-mère dans le parc pour la protéger de Laura.

La description technique la plus pertinente de la pensée latérale se réfère au système d'information auto-organisé dans lequel il s'agit de traverser les schémas existants. Ce mouvement « latéral » est reproduit sur la figure 1.15, qui reprend le diagramme de base d'un système asymétrique d'acquisition des structures de pensée. Au lieu de suivre longitudinalement les schémas, nous tentons de les parcourir transversalement.

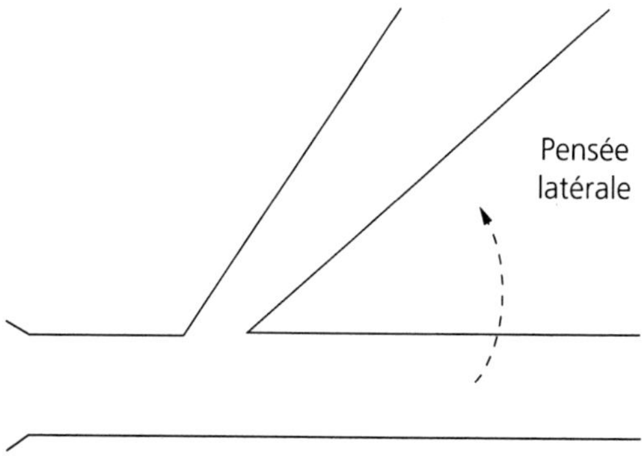

Figure 1.15

La pensée latérale se rapporte à la perception. Dans la pensée latérale, nous cherchons à adopter différents angles de vue. Tous sont corrects et peuvent coexister. Les différents angles de vue ne sont pas liés les uns aux autres ; ils sont indépendants.

En cela, tout comme la perception, la pensée latérale est en lien avec l'exploration. Vous prenez des photographies d'un bâtiment sous différents angles, tous ont la même valeur.

La logique classique s'intéresse à la « vérité » et à « ce qui est ». La pensée latérale, comme la perception, privilégie le « possible », « ce qui pourrait être ». Nous accumulons les strates de « ce qui pourrait être » et parvenons *in fine* à une représentation valable. Aujourd'hui, ce type de traitement de l'information est officiellement connu dans le monde de l'informatique sous le nom de « logique floue », dans laquelle la distinction vrai / faux n'existe plus clairement.

Ainsi le terme de « pensée latérale » peut-il avoir deux sens, l'un spécifique, l'autre plus général.

> ***Sens spécifique** : l'ensemble des méthodes systématiques utilisées pour modifier les concepts et les perceptions et en créer de nouveaux.*
>
> ***Sens général** : l'exploration de possibilités et d'approches multiples qui se substitue à une vision unique.*

Il est évident que cette définition « générale » et la pensée perceptuelle se recouvrent. La pensée latérale est une pensée perceptuelle dans le sens où elle échappe à la logique de la pensée stratifiée. C'est un point sur lequel je reviendrai ultérieurement.

Pensée latérale et créativité

La pensée latérale concerne plus précisément le changement de concepts et de perceptions. J'indiquerai dans la deuxième partie la méthodologie propre à atteindre cet objectif qui est celui de la pensée latérale.

La modification des perceptions et des concepts représente le substrat sur lequel repose la créativité génératrice d'idées nouvelles, qui n'est pas nécessairement celle de l'expression artistique. De nombreux artistes m'ont dit qu'ils avaient employé avec profit les techniques de pensée latérale, mais je ne prétends pas pour autant que celle-ci détermine la créativité artistique.

Comme je l'ai précisé, le terme « créativité » est à la fois vaste et complexe dans son acception. Il intègre plusieurs éléments : la nouveauté, le fait « de faire naître quelque chose » et une certaine « valeur ». Cette définition large de la « créativité » englobe plusieurs processus distincts les uns des autres. Le terme de « pensée latérale » en revanche est très précis. Il s'applique essentiellement au changement des concepts et des perceptions. La pensée latérale trouve sa source dans le comportement des systèmes d'information auto-organisés.

Dans son sens général, la pensée latérale a trait également à l'exploration des perceptions et des concepts ; dans son acception spécifique ou créative, elle désigne la modification des perceptions et des concepts.

Lorsque nous aborderons les approches méthodiques de la pensée latérale, nous verrons que celle-ci comporte certains aspects parfaitement logiques (au regard de la logique classique), voire « convergents » par nature. La pensée latérale n'est donc pas synonyme de pensée « divergente ». Cette dernière envisage la multiplicité des possibles ; ce qui ne représente qu'une des nombreuses fonctions de la pensée latérale.

La relation entre pensée latérale et créativité est illustrée par la figure 1.16. Le degré de superposition des deux concepts est une donnée variable.

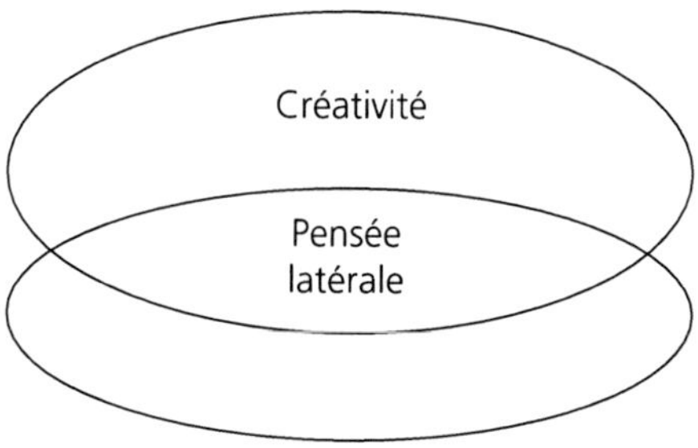

Figure 1.16

Terminologie

Afin d'éclairer le lecteur, j'emploie alternativement les termes de « pensée créative » et de « pensée latérale », sachant que celui de « pensée créative » est plus connu. En outre, un certain nombre de points évoqués dans la première partie se réfèrent effectivement à la pensée créative en général. Ce livre privilégie cependant l'aptitude de la pensée créative à favoriser l'émergence d'idées et de concepts nouveaux.

Le terme de « pensée latérale » s'applique aux techniques et outils spécifiques que l'on met en œuvre pour générer de manière rigoureuse des idées et des concepts novateurs. Lorsque l'on parle de mathématiques, on désigne tout à la fois la discipline et les opérations qu'elle rend possible.

Perception et traitement

Vous êtes dans votre cuisine. Les ingrédients dont vous avez besoin pour préparer le dîner, viande, légumes, herbes aromatiques, sont posés devant vous. Votre tâche consiste à transformer ces ingrédients en un succulent repas qui fera de votre soirée un moment mémorable. Vous vous mettez à l'œuvre et engagez le processus de transformation.

Dans le cadre de notre culture, nous avons développé d'excellentes méthodes de traitement de l'information. La puissance et l'efficacité des mathématiques sont telles qu'elles permettent d'aborder même des domaines non-linéaires. Nous pouvons compter sur les statistiques et l'étude des probabilités. Nous disposons des ordinateurs et du traitement des données. À l'origine, les ordinateurs servaient à effectuer des opérations mathématiques ; aujourd'hui, ils sont utilisés pour des réalisations qui vont au-delà des mathématiques telles que les méthodes itératives, les simulations, les modélisations… Cela introduit des dimensions nouvelles. Les ordinateurs nous offrent la possibilité d'exécuter des tâches puis d'en évaluer les résultats. Des opérations fastidieuses voire impossible à effectuer avec le seul secours des moyens mathématiques sont aujourd'hui traitées par ordinateur. En outre, nous disposons des différents modes de logique qui nous permettent de traiter l'information. Nous bénéficions ainsi de l'apport de la logique aristotélicienne que nous utilisons quotidiennement dans notre discours (identité, inclusion, exclusion, contradiction…).

Nous ne manquons donc pas d'outils de traitement, de plus en plus performants.

Pour reprendre la métaphore culinaire ; nous pouvons aussi nous interroger sur la provenance des ingrédients. Comment ont-ils été choisis ? Comment sont-ils parvenus sur l'étalage ? Comment ont-ils été cultivés et récoltés ?

La production des ingrédients nécessaires au traitement de l'information relève de la perception. C'est elle qui organise le monde en *x* et *y* que nous agençons ensuite grâce aux mathématiques. C'est elle qui nous fournit les observations ou les propositions que nous traitons ensuite par la logique. C'est elle, enfin, qui nous donne les mots et le choix des mots qui nous permettent de formaliser notre pensée.

Alors que nous avons mis au point d'excellents systèmes de traitement, nous n'en sommes qu'aux balbutiements en ce qui concerne la perception — parce que nous n'en avons pas compris la nature. Nous sommes toujours partis du présupposé que la perception opère, comme le traitement, de manière passive, selon un système d'information prédéterminé. Ce qui nous la rend complètement opaque. Notre connaissance du comportement des systèmes d'information auto-organisés et des réseaux neuronaux auto-organisés, date de trente ans tout au plus. Désormais nous maîtrisons un modèle conceptuel qui nous permet de déchiffrer ce que sont la perception, l'humour et la créativité.

À l'évidence, la créativité naît au stade de formation de la pensée que je qualifie de perceptuelle. C'est là que se constituent les perceptions et les concepts et c'est là que nous devons les modifier. Le lecteur aura compris le rôle central de la perception dans la pensée créative et les liens étroits qui unissent la pensée latérale à la pensée perceptuelle.

En dehors des contingences matérielles, nos processus de pensée les plus courants s'effectuent lors de la phase de perception. La majorité de nos erreurs de réflexion est due à des défauts de perception plutôt qu'à une logique erronée. Depuis toujours, nous privilégions la logique et méconnaissons la perception. Les oscillations et les « virtualités » de la perception nous déconcertent ; nous préférons nous réfugier dans les certitudes apparentes et la « vérité » de la logique. Cette habitude ne suscite pas de difficulté lorsque l'information dont nous disposons a la précision d'une grandeur mesurable ou d'un nombre. Il n'en va plus de même dès lors que l'excellence de notre mode de traitement ne parvient pas à compenser les faiblesses de notre perception.

Celle-ci ne nous présente pas le monde tel qu'il est mais tel que nous le ressentons. Les structures de la perception se sont formées à un stade temporel de notre expérience. Nous percevons le monde à travers ces schémas établis qui sont réactivés par la réalité ambiante que nous avons en face de nous.

LES LIMITES DE LA PERCEPTION

Un enfant australien de cinq ans, nommé Johnny, doit choisir entre deux pièces que lui proposent ses amis : une pièce d'un dollar et une pièce plus petite, de deux dollars. On lui dit qu'il pourra garder la pièce qu'il aura sélectionnée. Il se détermine pour la plus grosse pièce, celle d'un dollar. Ses amis le trouvent stupide de ne pas se rendre compte que la plus petite est celle qui possède plus de valeur. Lorsqu'ils veulent s'amuser à ses dépens, ils lui proposent ce jeu. Et chaque fois, Johnny prend la pièce d'un dollar et semble ne pas comprendre. Un jour, un adulte qui observe la transaction prend l'enfant à part et lui indique que la pièce la plus petite vaut deux fois plus que l'autre — même si l'on peut croire le contraire.

Johnny écoute poliment et répond : « Je le sais bien. Mais combien de fois m'auraient-ils donné le choix si j'avais tout de suite pris la pièce de deux dollars ? »

Un ordinateur programmé pour reconnaître la valeur des pièces aurait indiqué qu'il fallait prendre celle de deux dollars dès la première fois. C'est sa faculté de perception qui a permis à Johnny de replacer la situation dans une perspective plus large et d'imaginer la possibilité de renouveler la transaction. Il s'agissait d'un phénomène de perception très complexe. L'enfant devait évaluer combien de fois ses amis voudraient se moquer de lui ; combien de pièces d'un dollar ils seraient prêts à sacrifier pour cela ; et combien de temps il leur faudrait pour comprendre qu'il les menait par le bout du nez. En outre, le petit garçon devait évaluer le facteur risque. Telle est la différence entre un ordinateur et un être humain. On fournit à l'ordinateur des perceptions, en l'occurrence les données qu'il va ensuite traiter. Alors que l'être humain forge lui-même ses perceptions en choisissant d'envisager le monde sous un certain angle.

La figure 1.17 montre un plan simple comportant des routes allant dans trois directions. Imaginons que nous nous trouvons au point A et que nous voulons aller au nord. Logiquement nous choisissons la route qui mène vers le nord. L'information dont nous disposons nous permet de déduire qu'il s'agit de la bonne route.

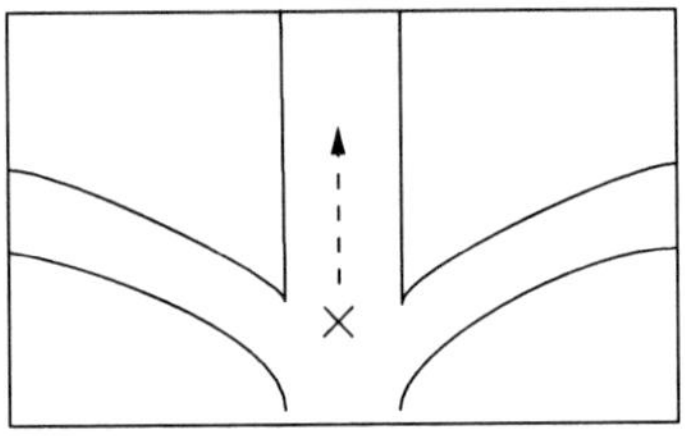

Petit plan

Figure 1.17

Maintenant regardons la figure 1.18 où le plan est replacé dans un contexte plus large. Nous voyons du premier coup d'œil que la route qui conduit vers le nord aboutit à une impasse. Les deux autres routes se rejoignent en une voie circulaire qui, elle, mène vers le nord.

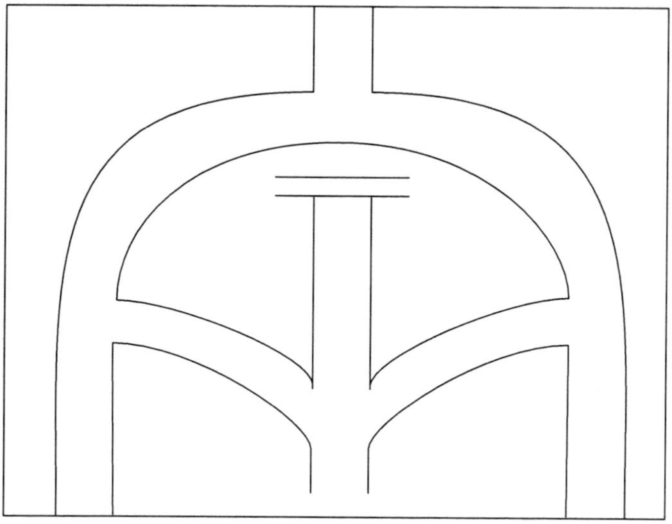

Grand plan

Figure 1.18

Nous ne disposions pas la première fois de la totalité de l'information et notre choix était parfaitement logique par rapport aux renseignements que nous détenions. Il en va de même en ce qui concerne la perception. Lorsque notre perception est réduite, notre choix ne sera pas illogique pour autant, mais se fera en fonction de cette limite.

Dans mon ouvrage, *Futur positif*[4], j'ai introduit le concept de « bulle logique ».

La « bulle logique » est cette bulle personnelle des perceptions à l'intérieur de laquelle chacun de nous agit en parfaite logique avec lui-même. Si les perceptions sont limitées ou fausses, alors même que la logique est incontestable, l'action qui en résulte peut être inappropriée. La diversité des bulles logiques donne lieu à des différences de comportement et à des conflits. Pourtant, dans le cadre de sa bulle logique, chacun se comporte de manière sensée.

Lorsque l'on veut apprendre à un public d'écoliers ou d'étudiants la bonne manière de penser, il faut leur fournir d'abord les outils qui leur permettront d'élargir leurs perceptions. Ainsi, la première leçon du programme CoRT [5] est-elle le PMI. Cet outil de perception très simple consiste à demander aux élèves de repérer les points Plus, puis les points Moins et enfin les points Intéressants d'une proposition.

J'avais devant moi une classe de trente enfants, âgés de dix à onze ans. Je leur demandai ce qu'ils pensaient de l'idée de recevoir, par exemple, cinq euros par semaine, en contrepartie de leur assiduité à l'école. Tous trouvèrent l'idée séduisante, imaginant immédiatement qu'ils pourraient s'acheter des bonbons, des chewing-gums, des bandes dessinées... Puis j'introduisis le PMI et leur demandai d'examiner avec soin, par groupes de cinq, chaque élément de la proposition pendant quatre minutes. Ce délai écoulé je les interrogeai sur leurs conclusions. Les points Plus étaient bien sûr toujours mentionnés. Désormais, s'y ajoutaient des points Moins. Les plus âgés allaient peut-être attaquer les plus jeunes pour leur voler leur argent. L'économe augmenterait sans doute les frais de cantine. Les parents se montreraient vraisemblablement moins généreux pour les cadeaux. D'où viendrait cet argent ? L'école serait-elle encore en mesure de rémunérer les professeurs... Il y avait aussi quelques points Intéressants. Le versement des cinq euros serait-il suspendu en cas de mauvaises notes à l'école ? Les élèves les plus âgés percevraient-ils davantage que les petits ?

À la fin de l'exercice, vingt-neuf élèves sur les trente que comptait la classe avaient changé d'opinion et estimaient que l'idée n'était finalement pas si judicieuse. Notons que je n'avais pas ouvert de débat ni provoqué volontairement de controverse. Je leur avais uniquement proposé un outil de pensée perceptuel. En l'utilisant, ils avaient élargi leur perception ; ce qui avait eu pour résultat de modifier leur jugement. L'apprentissage de la réflexion devrait se donner pour mission de fournir aux apprenants des outils exploitables qui font toute la différence.

Un ami vous présente trois tasses renversées. Sous l'une d'elle est placé un chocolat, sous les deux autres des cailloux. Il vous demande de choisir. Vous pointez du doigt une tasse, votre ami retourne l'une des deux autres tasses, qui laisse apparaître un caillou. Que faire : modifier votre choix et sélectionner l'autre tasse ou vous en tenir à votre décision initiale ? En toute logique, il y a 50 % de chance que le chocolat se trouve sous la tasse que vous avez montrée à l'origine et 50 % de chance pour qu'il soit sous la tasse restante — par conséquent il n'y a guère de raison de changer. Mais une perception différente, relayée par la logique, montrera que dans deux cas sur trois, vous auriez intérêt à changer pour la tasse restante. Pourquoi cela ? Je pourrais vous donner l'explication mais je trouve plus intéressant de vous laisser la trouver vous-même.

La logique de l'eau

Dans le livre *J'ai raison, vous avez tort* [2], j'introduis le concept de la « logique de l'eau » et l'oppose à la traditionnelle « logique du rocher ». La logique de l'eau est celle de la perception, la logique du rocher celle du traitement.

Le rocher a une forme définitive et fixe. L'eau s'adapte au contenant, au récipient ou aux circonstances. La perception dépend du contenu, de l'expérience, des émotions, du point de vue, du contexte...

Si vous ajoutez un rocher à un autre rocher, vous obtenez deux rochers. Si vous ajoutez de l'eau à de l'eau, vous obtenez toujours de l'eau. La perception se construit par strates successives. Les strates ne restent pas distinctes mais s'amalgament pour donner une perception globale.

Le rocher est statique ; l'eau est fluide et coule. La logique du rocher concerne « ce qui est ». La logique de l'eau et de la perception s'adresse à « ce qui pourrait être ».

Le bord du rocher est coupant, celui de l'eau est fluide, évoquant ainsi « la logique floue » de la perception.

La perception cherche à donner du sens à ce qui existe. Elle est aussi en quête d'un état stable (voir le réseau neuronal du cerveau). L'eau coule pour parvenir à un état de stabilité. Le rocher, lui, est immobile.

LA LOGIQUE DE LA PERCEPTION

Si nous examinons de près la logique de la perception, nous constatons qu'elle diffère notablement de la logique classique du rocher. Nous ignorons délibérément cette différence, parce que l'incertitude liée à la perception nous déstabilise et parce que nous privilégions toujours le dogmatisme de la logique du traitement. Nous partons du principe selon lequel l'essence de la perception peut être appréhendée par les mots de notre langue que nous traitons ensuite comme s'il s'agissait de symboles mathématiques.

Nous voici enserrés dans l'inadéquation des mots et dans une vision traditionnelle des choses, puisque les mots ne sont rien d'autre que le produit de l'histoire. En un sens, les mots sont les répertoires de l'ignorance parce qu'ils gèlent les perceptions à un moment donné de l'histoire et font perdurer cet état, de sorte que nous continuons à nous référer à des perceptions figées, au lieu de progresser.

Pour être créatif, il est important de prendre conscience de la fluidité de la perception et de la possibilité de perceptions multiples, toutes aussi valables les unes que les autres. C'est une condition essentielle de la pensée créative. Nous devons replacer « est » par « peut être ». À la fin du processus de pensée créative, cependant, il nous faut revenir à la logique du rocher pour présenter des idées valides, incontestables et légitimes. Mais nous ne pouvons accéder à ces idées si nous ne nous laissons pas guider par la fluidité de la logique de l'eau et par la pensée latérale.

Conception et analyse

La pensée occidentale est fondée sur l'argumentation et l'analyse. Cette dernière représente l'un des piliers de notre éducation. Pour comprendre l'information, pour appréhender les situations, nous devons les analyser. Par l'analyse nous réduisons des situations complexes et inconnues à des unités identifiables et maîtrisables.

La prépondérance que nous lui accordons n'est pas sans lien avec cette quête de la « vérité » qui caractérise la pensée occidentale.

Nous enseignons l'analyse, sans doute parce qu'elle est importante, mais aussi parce qu'elle est commode à enseigner. On peut demander aux élèves d'analyser des situations. On peut leur soumettre des études de cas puis leur proposer d'analyser les situations exposées.

Avec l'analyse nous nous intéressons à « ce qui est ». Alors que la conception nous permet d'entrevoir « ce qui serait ».

Puisque l'analyse révèle la vérité, l'action à entreprendre coule de source. C'est un peu comme trouver une bonne carte routière sur laquelle les routes sont clairement indiquées ; il ne nous reste plus qu'à en choisir une et à l'emprunter. Malheureusement la vie n'est pas si simple. Il ne suffit pas de disposer d'une description détaillée, il faut aussi passer à l'acte. Certes l'action est parfois routinière, normalisée et évidente. Dans certains cas, pourtant, il nous faut la « concevoir » autrement dit l'inventer et la formuler.

Nous devrions accorder la même importance à la conception des idées et à la conception de l'action qu'à l'analyse. Or ce n'est pas le cas.

Nous déclarons haut et fort que nous maintenons l'équilibre entre analyse et synthèse. L'analyse fractionne en plusieurs éléments que la synthèse combine en vue de formuler une réponse ou une action. Comme dans un jeu de Lego, vous analysez séparément chaque pièce, puis vous les assemblez de nouveau pour composer la forme qui vous convient. Mais pour concevoir des idées, il ne s'agit pas de réunir des éléments et de les additionner. Il faut aussi des concepts, et ceux-ci ne naîtront pas simplement de la synthèse d'éléments épars.

Voilà pour quelle raison nous sommes plus performants dans l'analyse que dans la conception.

L'analyse est la méthode que nous employons traditionnellement pour résoudre des problèmes. Quelle est la cause du problème ? Vous vous asseyez sur une chaise et ressentez immédiatement une douleur aiguë. En examinant le coussin, vous découvrez une aiguille que vous enlevez. Vous avez ainsi supprimé la cause du problème — donc le problème est résolu. Vous avez mal à la gorge. Un prélèvement révèle une infection à streptocoque. Vous prenez de la pénicilline. La cause du problème a été effacée, le problème est résolu.

Il existe des problèmes dont nous ne réussissons pas à trouver la cause. Certains relèvent de causes si nombreuses qu'il nous est impossible de toutes les éliminer. D'autres, enfin, relèvent d'une cause que nous avons identifiée mais contre laquelle nous sommes impuissants, je pense à la nature humaine. Ces problèmes ne peuvent être résolus par l'analyse. D'où la nécessité d'« imaginer une voie pour aller de l'avant ». C'est précisément parce que notre éducation insiste si peu sur l'importance de la conception, que nous sommes démunis face à certains problèmes.

La conception utilise l'information et fait appel à la logique. Elle suppose également de la créativité pour imaginer les concepts possibles et pour modifier les perceptions existantes. Nous nous enferrons dans des difficultés parce que nous envisageons les choses de manière immuable.

Dans l'usage courant, le terme « conception » sous-entend un élément de conception visuelle et un élément de conception graphique. Parfois la conception est envisagée comme une sorte de luxe superflu. Nous devons donc réellement élargir la signification du terme à toutes les situations dans lesquelles il s'agit d'assembler des éléments pour parvenir à un objectif déterminé. Lorsque les solutions de routine s'avèrent inopérantes, il nous faut inventer. La conception est la base de l'action.

Plutôt que de nous appuyer seulement sur l'analyse pour disposer de trajets tout tracés sur la carte, nous devons considérer qu'elle nous montre seulement le terrain et qu'il nous appartient de concevoir ou de projeter nous-mêmes la route à suivre.

À l'instar de l'action, la « conception » répond au principe de finalité. Dans les deux cas, il s'agit d'atteindre un objectif.

On conçoit le concept. On conçoit l'idée, au sens où l'on trace un chemin pour transformer le concept en action. Tandis que l'analyse tente d'identifier une corrélation susceptible d'exister, comme dans les sciences, la conception permet d'inventer la corrélation qui n'existe pas ou n'a jamais existé ; ainsi du concept nouveau. Aucune analyse ne peut révéler un concept qui n'existe pas. En théorie, il n'existe qu'une seule vérité, à laquelle on accède de proche en proche. Une infinité d'approches conceptuelles peut être admise pourvu que toutes satisfassent à la cause de la conception. Certaines aboutissent à de meilleurs résultats globaux tandis que d'autres seront plus performantes dans des domaines particuliers.

Dans les sciences aussi, la conception et le développement d'hypothèses et de projections sont essentielles. Comme le savent bon nombre de spécialistes reconnus, la démarche scientifique ne repose pas uniquement sur l'analyse. C'est la beauté de la spéculation, alliée à la rigueur dans la collecte de l'information, qui distingue les bons scientifiques des autres.

Le conflit est le plus souvent pensé en termes d'oppositions, de tractations et d'épreuves de force, alors même que la conception devrait jouer un rôle important dans sa solution. Il serait préférable d'imaginer une issue qui réponde bien aux valeurs des deux parties en présence et de concevoir les étapes intermédiaires, les positions de repli, les sanctions, les garanties et les systèmes de contrôle.

Certains États des États-Unis ont inscrit dans la loi une forme séduisante de résolution de conflits, malheureusement peu appliquée du fait des réticences des juristes. Dans les situations de conflit traditionnelles, les deux parties partent de positions extrêmes car elles savent qu'elles vont peu à peu réduire leurs prétentions et trouver le chemin du compromis ou d'une position médiane. Cela suppose un investissement lourd en termes de temps, d'efforts et d'argent. Dans la méthode alternative, les parties en conflit ne se rencontrent jamais. Chacune « conçoit » l'issue ou la conclusion qui lui paraît la plus souhaitable. Les deux propositions sont ensuite soumises à un juge ou à un arbitre. Cette personne doit choisir la solution la plus « raisonnable ». Si l'une des issues suggérée paraît plus raisonnable, elle l'emporte. Ainsi, les deux parties font de leur mieux pour « concevoir » une issue au conflit. Tous les efforts qui auraient précédemment été engagés dans l'épreuve de force sont dérivés vers la « conception » d'une solution. Si les deux parties réussissent à concevoir une issue raisonnable, peu importe en fait quelle proposition le juge choisit. On se préoccupe davantage de la conception que de la controverse, et c'est là le point intéressant.

LES MODES DE CONCEPTION

Le mode de conception normal consiste à répertorier les besoins pour constituer une sorte de « moule » que l'on garnira ensuite. S'il s'agit d'une voiture, par exemple, le constructeur étudiera la conception des éléments suivants : une carrosserie esthétique, un habitacle vaste et confortable, une forme aérodynamique, une consommation d'essence raisonnable, un mode de construction simple, des pièces détachées faciles à utiliser, un maniement aisé, sans oublier le gadget qui fait vendre. Le concepteur s'efforcera de satisfaire tous ces impératifs. Le résultat sera convenable mais probablement un peu fade. Il équivaudra à une sorte d'optimisation et à une succession de vieux concepts assemblés pour produire l'effet recherché.

La seconde méthode consiste à développer des concepts créatifs en eux-mêmes, puis à voir comment on peut « formater » ces concepts pour les faire coïncider avec les exigences formulées. En quelque sorte, le concept anticipe le besoin, puis s'y adapte. Les besoins servent à former les concepts. Une telle approche présente un risque plus élevé mais offre la chance de créer quelque chose de radicalement nouveau. Elle représente un réel effort de créativité.

Un architecte mettra son point d'honneur à respecter scrupuleusement le cahier des charges concernant la structuration de l'espace, l'éclairage, les parties communes, les économies d'énergie, l'esthétique du bâtiment, l'équipement électronique... Toutes les exigences seront satisfaites. Tel autre collègue optera pour un mode de conception différent. Il retiendra une exigence primordiale, une architecture solennelle ou un espace de travail ouvert. Puis il développera ensuite les concepts relevant de ce choix initial. Dès que l'exigence fondamentale est satisfaite, il cherche à intégrer les impératifs subsidiaires. En termes militaires, cette différence d'approche correspond à ce qui distingue une progression régulière sur tous les fronts et une percée fulgurante qu'il faut ensuite consolider.

Je ne peux explorer ici plus en profondeur le processus de conception, si fascinant et si essentiel qu'il mérite un livre à lui tout seul. Je souhaite simplement souligner le contraste entre notre obsession de l'analyse et notre besoin crucial de pensée conceptuelle. Car de celle-ci découle aussi l'impératif de pensée créative.

L'usage de la pensée créative

Nous avons passé en revue les divers aspects concernant la nature, la genèse et le besoin de pensée créative. Il s'agit là de points importants qui dépassent le cadre de la réflexion universitaire. Loin d'utiliser les techniques systématiques de pensée latérale comme un bric-à-brac d'outils, il importe de respecter une méthodologie rigoureuse sans laquelle la créativité est impossible.

Comprendre la « logique » de la perception, la différence entre la conception et l'analyse, et les différents aspects évoqués, accroît la motivation et facilite l'apprentissage du langage de la pensée créative.

Que mes thèses restent gravées dans votre esprit ou qu'elles soient remplacées par d'autres, il me paraît indispensable d'insister sur ces points afin d'éviter toute confusion sur la vraie nature de la créativité. Le manque d'intérêt pour la pensée créative est patent dans notre système éducatif, convaincu que l'information, l'analyse et le débat suffisent. Il est urgent de réitérer ces points qui représentent une base solide à l'utilisation des outils créatifs spécifiques.

Commençons par examiner l'usage concret de la pensée créative. Je souhaite aborder dans un premier temps les principales applications de la pensée créatives, au sens large du terme. D'autres, tout aussi valides, pourront ensuite être étudiées dans la troisième partie de cet ouvrage.

Le perfectionnement

Quantitativement, « le perfectionnement » représente de loin le champ d'application majeur de la pensée créative, ou plus exactement de son usage « potentiel ». La pensée créative peut bénéficier à tous nos faits et gestes et optimiser ainsi nos performances et nos manières de faire. Le potentiel est donc immense. Pour des raisons que j'évoquerai plus tard, nous ne l'utilisons guère, étant excessivement satisfaits de notre façon d'agir.

Que voulons-nous dire par le terme « perfectionnement » ? Que voulons-nous dire par trouver une « meilleure » manière d'effectuer les tâches ? Que signifie « meilleur » ?

Plusieurs choses : le moindre coût dans le moins de temps ; le minimum d'erreurs et de défauts ; l'économie d'énergie et la moindre pollution ; le respect du facteur humain ; la chasse au gaspillage ; la rationalisation des matériaux. Demain, meilleur sera synonyme de « plus simple ». La simplicité est une valeur rare pour les utilisateurs et pour les consommateurs. Elle l'est aussi pour les producteurs, parce qu'elle implique qu'il ne sera plus nécessaire de faire appel à une main-d'œuvre très qualifiée.

Il est très important de définir dans quel sens va le perfectionnement. Car il emprunte plusieurs directions possibles.

En Occident, la notion de perfectionnement a, de tout temps, été synonyme de suppression des défauts, de résolution des problèmes, de rectification des erreurs. Cette philosophie participe de l'orientation globalement négative de la pensée occidentale. Les Japonais veulent, eux aussi, remédier à leurs erreurs — mais cela ne constitue pour eux que le début du processus d'amélioration. Contrairement aux Occidentaux, ils ont cette capacité, lorsqu'ils voient quelque chose qui semble parfait, de vouloir l'améliorer. La notion nippone de perfectionnement ne se limite pas à redresser ce qui est tordu. Tout simplement parce que les Orientaux ne possèdent pas la culture négative de la pensée occidentale (trouver la faute, résoudre un problème, corriger les erreurs...). Toyota reçoit quelque trois cents suggestions d'amélioration par an, par employé. Dans une entreprise occidentale normale, le chiffre ne dépasserait pas dix.

Aujourd'hui les entreprises occidentales adoptent le mode de fonctionnement des Japonais en lançant des programmes de « perfectionnement continu » et de « gestion de la qualité totale ». Ces programmes imposent l'amélioration sur tous les niveaux — y compris lorsqu'il n'y a pas de fautes à corriger.

Une grande entreprise européenne a mis au point un plan de suggestions astucieux, qui lui a permis d'économiser des millions d'euros, et pourtant ce programme n'est guère apprécié des salariés, ni de la direction. Personne n'a le temps ni le désir d'évaluer les suggestions qui remontent systématiquement vers les échelons supérieurs où elles sont centralisées. Les Japonais, eux, procèdent différemment. À tous les échelons, ils créent des conseils chargés d'évaluer les suggestions dès leur formulation et quelle qu'en soit l'origine. Ce système évite l'accumulation au niveau central. L'organisation du traitement des suggestions constitue, nous le voyons, un des principaux axe de tout programme d'amélioration.

Le fondement de toute démarche de perfectionnement repose sur l'examen des procédures ou des méthodes à la lumière des améliorations possibles. Certaines entreprises ont ainsi révisé des processus éprouvés de longue date et qui donnaient satisfaction. Les améliorations apportées à ces processus jugés pourtant « parfaits » ont permis d'économiser des millions d'euros.

On commence peu à peu à comprendre que le perfectionnement répond à une nécessité, même en l'absence de problèmes ou de pression financière. Théoriquement, on devrait toujours considérer les choses dans un esprit d'amélioration. Mais c'est sans doute trop exiger, alors nous nous réfugions dans cette attitude rassurante qui consiste à agir dans l'urgence pour régler un problème ou redresser une erreur.

Rappelons-nous, néanmoins, que la rectification des fautes ne représente qu'une part infime du processus.

Certaines améliorations peuvent être apportées grâce à l'expérience, aux nouvelles technologies, au progrès de l'information, à l'analyse et à la logique. La pensée créative n'est pas toujours indispensable. Pour redresser une erreur, il suffit souvent de recourir à la logique classique. Cependant, le recours à la pensée créative s'impose chaque fois que l'on veut ouvrir de nouvelles perspectives.

La résolution des problèmes

La résolution des problèmes représente depuis toujours un domaine d'application classique de la pensée créative. Lorsque les façons habituelles d'aborder le problème se révèlent inopérantes, il n'est d'autre ressource que la créativité. Même lorsque l'approche traditionnelle permet de résoudre la difficulté, il n'est jamais inutile de mobiliser la pensée créative, car elle permet d'optimiser le résultat. Rien, en effet, ne garantit que la solution initiale est la plus convaincante.

J'ai déjà traité de l'analyse et de l'approche conceptuelle en tant que moyens. À l'évidence l'approche conceptuelle repose sur la pensée créative. Nous dirons cependant que l'analyse, elle aussi, fait appel à la pensée créative, en termes de création puis de validation d'alternatives.

On parle beaucoup de la « définition du problème ». C'est là une étape primordiale : « Quel problème se pose réellement ici ? » Il est clair que l'on peut d'autant mieux définir le problème que l'on a trouvé la solution : mais cela n'offre pas grand intérêt du point de vue pratique. Quoi qu'il en soit, il faut faire l'effort d'envisager toutes les définitions possibles du problème, au sens large et au sens restreint. Il s'agit moins de trouver la définition *juste* que d'évoquer différentes *alternatives*. Tôt ou tard, on trouvera une définition satisfaisante, qui débouchera sur des résultats utiles.

Un problème ressemble à une névralgie ou à un caillou dans votre chaussure. Il est provoqué par le monde qui vous entoure (les règlements administratifs, les taux de change, les catastrophes, les questions écologiques...), par la concurrence ou par une défaillance dans un système (chaîne de production, informatique, conflits avec le personnel...). Les exemples ne manquent pas.

Mais il existe une catégorie de problèmes que vous créez vous-même, selon un processus que l'on pourrait intituler « découvrir un problème » mais que je préfère désigner par l'expression « se fixer une tâche ». Vous vous fixez tout d'abord une tâche, puis vous vous engagez dans sa réalisation. S'il s'agit d'une tâche que la routine permet d'effectuer, tout se passe bien. Mais s'il n'existe pas de procédure classique à laquelle vous pouvez vous référer, vous devez inventer une solution et donc mobiliser votre pensée créative. Plus vous aurez confiance en vos capacités de créativité, plus vous serez tenté de vous fixer des tâches « apparemment irréalisables ».

Il y a plusieurs années de cela, lors d'un dîner au Trinity College de Cambridge, j'étais assis à côté du professeur Littlewood, un célèbre mathématicien anglais. Nous discutions du jeu d'échecs par ordinateur. Aux échecs, le joueur parvient à résoudre les difficultés parce qu'il dispose de plusieurs pièces et de plusieurs coups. Je déclarai à mon voisin qu'il serait intéressant d'inventer un jeu dans lequel chaque joueur n'aurait qu'une pièce. Je m'étais ainsi imposé un défi à moi-même. Après la soirée, je mis au point le jeu en « L » dans lequel chacun possède un pion unique, en forme de L. S'il s'apprend en vingt secondes, sa pratique requiert néanmoins un certain talent. C'est probablement le jeu le plus simple qui existe.

Tous les inventeurs suivent un processus classique : ils se fixent une tâche et se mettent à l'œuvre pour la réaliser. Cela vaut aussi pour la conception, à la différence près que la conception débouche toujours sur un résultat possible, alors que l'invention, à moins de réussir une « percée », se solde parfois par un revers.

Il existe une fâcheuse tendance à voir dans toute pensée constructive uniquement une tentative visant à résoudre un problème. Cela ne prend pas en compte la distinction entre la forme de pensée à laquelle nous recourons pour nous sortir d'une situation difficile et le type de pensée mis en œuvre pour créer quelque chose de neuf.

Dans la section de ce livre consacrée aux méthodes de pensée, nous verrons qu'il existe des techniques telles que l'« éventail de concepts » particulièrement adaptées à ce que je nomme la pensée de réalisation, par opposition à la pensée de résolution. Face à un problème ou à une tâche que nous nous imposons nous-même, nous savons où nous voulons aller — nous devons simplement trouver le moyen d'y parvenir. Il s'agit de la pensée de réalisation. Elle vise un objectif plus ambitieux que la simple « résolution de problème », comme le titre de cette sous-section, donné en référence à l'usage habituel du terme « problème ».

L'un des éléments importants dans la résolution d'un problème est ce que l'on nomme « l'évitement du problème ». Au lieu de résoudre le problème, on remonte la filière et on modifie le système de telle sorte que le problème ne survienne plus. C'est un processus de reconception. Lorsque les employés perdent constamment leurs clés, on conçoit un système de sécurité fonctionnant sans clé.

Valeur et opportunité

À mesure que les entreprises dans les secteurs concurrentiels accroissent leur compétence, leur réussite et leur survie sont directement liées à la performance de leurs actifs principaux ; position sur le marché, compétence des salariés, systèmes de distribution, savoir-faire technique (détention de brevets), marque déposée… La pensée créative s'appliquera dans ce cas à la création de valeur ajoutée et à l'ouverture d'opportunités.

Il fut un temps où l'efficacité et la résolution des problèmes suffisaient, mais aujourd'hui elles ne constituent qu'une base de départ. « Quels nouveaux produits et services pouvons-nous concevoir ? » « Comment pouvons-nous positionner nos produits et nos services ? » « Comment pouvons-nous générer de la valeur ajoutée ? » « Quels sont les marchés et les segments de marché potentiels ? »

Dans les pages précédentes, j'ai évoqué la nécessité de passer de la compétition classique au concept nouveau de sur/pétition. J'ai mentionné l'importance des « valeurs intégrées » qui apportent un plus au consommateur. Toutes ces questions sont traitées dans le détail dans mon ouvrage intitulé *Sur/petition* [3].

On peut toujours copier les autres, élaborer des produits d'imitation et absorber des entreprises novatrices. Ce sont des stratégies valables, apparemment moins risquées que l'innovation. Mais pourquoi attendre que les autres réalisent ce que vous pouviez faire le premier ? Dans toute entreprise performante et bien gérée, il existe des actifs non utilisés qui ne requièrent qu'un minimum de pensée créative pour donner toute la mesure de leur efficacité.

Les problèmes réclament de l'attention. Les crises doivent être surmontées. Les programmes de perfectionnement sont souvent intégrés à une stratégie globale de réduction des coûts. Malheureusement, il n'existe pas de politique spécifique visant à encourager les collaborateurs à rechercher les opportunités. Cela exige un esprit entrepreneurial. Lorsque l'on favorise surtout la pusillanimité chez les gens, on ne peut exiger d'eux qu'ils prennent des risques ou qu'ils s'imposent des contraintes supplémentaires.

On ne peut concevoir d'opportunités nouvelles sans recourir à la pensée créative. La création de valeur repose sur de nouveaux concepts. La recherche d'opportunités dépend de l'impulsion donnée. Si vous attendez simplement que les occasions se présentent, vous resterez dans la foule anonyme. Mais si vous consentez un effort de créativité, vous prendrez la tête du peloton. Les idées ouvrant des opportunités ne jonchent pas le sol en attente d'être ramassées. Il faut les faire se dresser. Les entreprises particulièrement performantes dans la production d'objets concrets éprouvent parfois des difficultés à comprendre qu'elles devraient aussi produire des idées.

L'AVENIR

La vision de l'avenir impose toujours une réflexion. Nous ne pouvons jamais tout savoir sur l'avenir et pourtant nos actions aboutissent inévitablement à un résultat qui pèsera sur demain et après-demain. D'où la nécessité de mobiliser notre pensée créative pour prévoir les conséquences de notre action et pour envisager différentes alternatives.

La créativité est aussi indispensable pour imaginer l'environnement futur dans lequel nous évoluerons. J'ai toujours insisté sur l'importance de la créativité lorsqu'il s'agit de produire les discontinuités que l'extrapolation des tendances du présent ne permet pas de prévoir.

Prévoir des stratégies, concevoir l'imprévisible et préparer des positions de repli fait partie du processus de conception créative. L'information et l'analyse fixent le cadre. La créativité ouvre des possibilités. L'information et la logique évaluent ces possibilités.

À l'avenir, au lieu de s'efforcer d'avoir raison à un coût élevé, il sera plus approprié d'être flexible et diversifié à moindre coût. Si nous ne pouvons prévoir l'avenir avec précision, nous devons alors posséder la souplesse suffisante pour affronter différents avenirs possibles.

D'après mon expérience, la stratégie est trop souvent envisagée uniquement comme un processus de réduction par lequel diverses éventualités sont ramenées à une action réfléchie. La créativité devient indispensable pour générer des ouvertures et pour trouver les moyens de gérer les nombreuses possibilités qui se présenteront. Une action que la raison rejette d'emblée peut se révéler être une stratégie valable, pour peu que l'on y apporte des modifications créatives. Comme un fil d'or qui court le long d'un vêtement, la pensée créative devrait s'intégrer dans notre réflexion sur l'avenir.

La motivation

David Tanner, qui dirigeait le Centre de Créativité chez Du Pont, m'a rapporté à quel point la confiance que donne la « créativité » permet de repenser toutes les actions. Certes, la démarche emprunte souvent davantage au raisonnement logique qu'à la créativité proprement dite. Mais sans le secours de la créativité, personne ne se serait hasardé à remettre les habitudes en question.

La créativité joue donc un rôle moteur dans la motivation car elle attise l'intérêt des individus pour ce qu'ils font. Elle donne à espérer qu'une idée valable est en gestation. Elle fournit à chacun l'occasion de s'accomplir, rend la vie légère et passionnante, favorise le travail en équipe.

Bien entendu, cette force de motivation ne garantit pas le résultat mais permet, c'est essentiel, d'encourager et de couronner l'effort. Tous ces aspects motivants de la créativité ne laissent cependant pas préjuger des résultats réels des efforts de créativité.

Sans reconnaissance des résultats acquis, les efforts sont moindres alors même qu'ils sont essentiels pour obtenir des résultats.

J'ai décrit ici certaines des principales applications de la pensée créative. Il aurait été peut-être plus simple de dire que chaque fois qu'une réflexion s'impose, la pensée créative devient une nécessité. Encore que cela ne se passe pas toujours ainsi ; dans certaines occasions, en termes d'amélioration et de conception des perspectives, l'« impératif » de la pensée créative n'apparaît pas clairement. Personne, en effet, ne s'oblige à rechercher des solutions tant que la situation ne l'exige pas, ni à envisager des améliorations aussi longtemps que l'urgence ne s'en fait pas sentir.

Fort heureusement, dans l'entreprise et dans d'autres milieux, la culture commence à évoluer. Il y a longtemps, le directeur général d'un groupe industriel m'avoua qu'il s'estimait le plus heureux des hommes lorsqu'il n'y avait pas de « problème » dans les divisions du groupe. Aujourd'hui, l'état d'esprit évolue. D'une approche essentiellement réactive, on passe à une pensée proactive. La créativité est au cœur de cette mutation.

Deuxième partie

OUTILS ET TECHNIQUES DE LA PENSÉE LATÉRALE

Les six chapeaux de la réflexion

- Comment consacrer du temps à la pensée créative ?
- Comment inciter quelqu'un à produire un effort créatif ?
- Comment encourager quelqu'un à se débarrasser de son attitude négative ?
- Comment convaincre les autres des bienfaits d'une idée ?
- Comment exprimer son intuition et son intime conviction dans une réunion sérieuse ?

La méthode des six chapeaux est à la fois d'une extrême simplicité et d'une puissance formidable.

Le lancement à Tokyo de la traduction japonaise du livre *Les six chapeaux* [1] donna lieu à un petit-déjeuner auquel furent conviés les dirigeants des entreprises japonaises les plus prestigieuses. Parmi ces personnalités, se trouvait Hisashi Shinto, président de Nippon Telephone and Telegraph (NTT). Il venait d'être élu manager de l'année pour avoir mené avec succès la privatisation de ce géant de l'industrie nippone. À l'époque, NTT comptait 350 000 salariés et sa valeur boursière dépassait celle des cinq premières entreprises des États-Unis réunies. L'idée des six chapeaux séduisit tant M. Shinto qu'il conseilla aussitôt à ses collaborateurs de lire l'ouvrage. Six mois plus tard, il me rapporta que, sous l'effet de ma méthode, les cadres de son groupe s'étaient révélés plus créatifs, plus constructifs, et m'invita à donner une conférence devant le conseil d'administration et les hauts responsables de NTT.

En 1990, IBM reprenait la méthode des six chapeaux dans ses stages de formation destinés aux 40 000 managers du groupe. Du Pont, Prudential et nombre d'entreprises importantes font désormais de même.

Cette méthode, dont la popularité s'explique tant par son caractère concret que par l'excellence de ses résultats, est développée en profondeur dans mon ouvrage *Les six chapeaux* et fait l'objet de formations appropriées.

Par souci d'exhaustivité, je me propose d'en rappeler ci-dessous les grandes lignes. (Notez que la méthode des six chapeaux est une métaphore et que les chapeaux sont virtuels.)

Le chapeau blanc

Pensez au papier blanc, qui est neutre et accueille l'information. Le chapeau blanc se rapporte aux données et à l'information.

De quelle information disposons-nous ?

Quelle information fait défaut ?

Quelle information souhaiterions-nous obtenir ?

Comment allons-nous nous procurer cette information ?

Dans une réunion, lorsque l'animateur invite les participants à porter le chapeau blanc, il leur demande de mettre de côté les propositions et les discussions et de se concentrer directement sur l'information. Il s'agit de répertorier l'information disponible, d'inventorier celle qui est nécessaire et d'élaborer les moyens de l'obtenir.

Le chapeau rouge

Pensez à la couleur rouge, au feu et à la chaleur. Le rouge est associé aux sentiments, à l'intuition, aux pressentiments et aux émotions.

Les émotions sont bannies des réunions sérieuses, mais elles transparaissent néanmoins dans les argumentations supposées logiques.

Le chapeau rouge permet d'afficher sentiments et intuitions ; il dispense de s'en excuser, de les expliquer, de les justifier.

... *Après avoir mis mon chapeau rouge, voici ce que ce projet m'inspire.*

... *J'ai l'intime conviction que cela ne va pas marcher.*

... *Je n'aime pas la façon dont cela est réalisé.*

... *Mon intuition me dit que les prix vont bientôt baisser.*

Le chapeau rouge illustre le fait que l'on se situe au niveau des sentiments. Ceux-ci peuvent donc se manifester librement et ouvertement. L'intuition est en quelque sorte un jugement fondé sur des éléments d'appréciation composites et sur une longue expérience du sujet abordé. Elle possède ses mérites, même si ce qui la motive n'apparaît pas clairement. Mais elle n'est pas infaillible.

Il peut être bénéfique d'extérioriser ses sentiments.

Le chapeau noir

Pensez à un juge sévère, vêtu d'une toge noire, qui châtie impitoyablement les coupables.

Le chapeau noir est le chapeau de la « circonspection ». Il dissuade de commettre des erreurs, de se laisser aller à des actes extravagants ou à la limite de la légalité.

Le chapeau noir correspond au jugement critique. Il dévoile ce qui est interdit. Il met en exergue les facteurs défavorables.

... *Les réglementations ne nous autorisent pas à faire ceci.*

... Nous ne possédons pas la capacité de production suffisante pour honorer cette commande.

... Lorsque nous avons relevé le prix, les ventes ont chuté.

... Nous n'avons aucune pratique de l'exportation.

Certaines erreurs sont susceptibles de mener au désastre. Nul ne souhaite donc se fourvoyer ou commettre d'impairs. Il est logique que le chapeau noir se révèle irremplaçable, soit le plus utilisé, probablement le plus utile.

Mais il ne faut pas en abuser. En privilégiant la prudence à l'excès, en érigeant la défensive en système, en cherchant à prévenir toutes les erreurs imaginables, bref en ayant un *a priori* négatif, on risque de tuer la créativité. Pour le chapeau noir comme pour le bon vin, l'excès est à proscrire ! Même s'il est précieux, on court au devant de problèmes à trop y faire appel.

LE CHAPEAU JAUNE

Pensez au soleil. Le chapeau jaune symbolise l'optimisme et la vision objective, positive, des faits.

Le chapeau jaune envisage la faisabilité et le moyen concret de réaliser les choses. Il est axé sur la recherche de bénéfices — sous réserve qu'ils résultent d'une démarche logique.

... Cela pourrait marcher si nous rapprochions le site de production des consommateurs.

... La fréquence des achats se traduirait par des bénéfices.

... Le coût élevé de l'énergie inciterait chacun à rationaliser sa consommation d'énergie.

Il est plus naturel de porter le chapeau noir que le chapeau jaune. Tout simplement parce que notre survie dépend de notre capacité à prévenir les erreurs et les dangers. La réflexion au moyen du chapeau jaune impose un effort de volonté. Les bénéfices ne sont pas immédiatement visibles et il nous faut parfois aller les chercher très loin. Toute idée créative mérite de l'obstination ; laissons-nous guider par le chapeau jaune.

Le chapeau vert

Pensez à la végétation et à la luxuriance des plantes. Le chapeau vert se rapporte à la pensée créative.

Le chapeau vert correspond aux idées nouvelles. Il encourage les solutions alternatives. Il avance des possibilités et des hypothèses. Il favorise la « provocation » et le « mouvement » (que nous décrirons ultérieurement).

Le chapeau vert requiert un effort de créativité.

... *Nous avons besoin d'idées nouvelles sur tel sujet.*

... *Existe-t-il d'autres possibilités ?*

... *Pourrions-nous effectuer ceci d'une autre manière ?*

...*Y aurait-il une autre explication ?*

Le chapeau vert permet d'exiger des autres un effort de créativité. Il ménage le temps et la place nécessaires à l'exercice de la pensée créative. Lorsque les idées neuves tardent à émerger, c'est lui qui incite à poursuivre l'effort créatif.

Le chapeau bleu

Pensez au ciel et à une vue panoramique. Le chapeau bleu renvoie au contrôle des processus.

Le chapeau bleu ouvre une réflexion sur le mode de pensée ordinaire. Il fixe l'ordre du jour. Il suggère l'étape suivante dans le processus de pensée. Il peut solliciter les autres chapeaux. Il requiert des synthèses, des conclusions, des décisions.

Le chapeau bleu, enfin, induit les commentaires critiques du processus de pensée en cours.

... *Nous avons perdu beaucoup trop de temps à désigner des coupables.*

... Pourrions-nous avoir un résumé de votre pensée ?

... Je pense que nous devrions d'abord examiner les priorités.

... Je suggère de réfléchir en fonction du chapeau bleu pour élaborer des idées neuves.

Le chapeau bleu est généralement utilisé par le président ou par l'organisateur de la réunion, mais d'autres participants peuvent aussi s'y référer. Il organise et contrôle le processus de réflexion afin de le rendre plus productif. Le chapeau bleu renvoie au processus de pensée.

POUR EN FINIR AVEC LES DÉBATS CONFLICTUELS

Dans la tradition occidentale du débat, il s'agit de partir d'une position de départ et de la défendre vis-à-vis de son adversaire. X défend un point de vue que Y ne partage pas. La dispute qui s'ensuit permet, pense-t-on, de progresser, d'explorer le fond du sujet. Trop souvent, les protagonistes s'enferment dans leurs certitudes et se préoccupent davantage de l'issue de la controverse — qui va gagner et qui va perdre ? — que du sujet proprement dit.

La méthode des six chapeaux nous permet de prendre de la distance et d'engager une discussion plus productive. X et Y peuvent adopter de concert le chapeau noir, qui les aidera à identifier les pièges. Ils peuvent aussi porter le chapeau jaune, afin d'envisager la discussion de manière plus sereine et plus positive. Enfin, rien ne les empêche d'opter pour le chapeau vert, dans le but d'élargir leurs perspectives. Le face-à-face laisse la place à une logique de coopération. Voilà pourquoi cette méthode est si souvent reprise par ceux qui mènent un débat ou qui dirigent une réunion. Elle permet de se libérer du carcan du débat conflictuel.

Ego et performance

Généralement, dans le processus de pensée, l'ego et la performance sont trop intimement liés. Si une idée ne vous convient guère, vous ne vous donnerez pas la peine d'en rechercher les points forts — et *vice versa*. La méthode des chapeaux dissocie l'ego de la performance. Encouragé à utiliser tour à tour les différents chapeaux, le penseur éprouve une sensation de liberté car il ne se limite plus à une seule prise de position.

X, par exemple, n'apprécie pas la suggestion avancée par Y. Grâce au chapeau jaune, il en remarquera les aspects positifs. *A contrario*, Y qui défend envers et contre tout son idée, sera conduit à la considérer avec davantage de circonspection, s'il consent à porter le chapeau noir. La méthode des chapeaux nous permet de prendre conscience de données qui modifient notre opinion initiale.

Le négativisme permanent

Certains êtres ont un naturel prudent et se croient toujours obligés de ramener les autres à la raison en leur montrant les risques potentiels. Dans un débat, tel qu'il se pratique traditionnellement, rien ne peut les contraindre à davantage d'optimisme. Mais avec le système des chapeaux, ils ont le droit d'être négatifs quand il le faut (en adoptant le chapeau noir) et le devoir de faire preuve d'optimisme à d'autres moments. L'influence du chapeau noir s'en trouve ainsi relativisée.

Face à un interlocuteur négatif, vous affirmez : « Cette idée est inspirée par le chapeau noir ; écoutons-la jusqu'au bout. » Puis un peu plus tard, vous reprenez : « Nous avons mis le chapeau noir pendant un certain temps ; si maintenant nous changions pour le chapeau vert ? » L'adepte du chapeau noir n'aura d'autre issue que de se taire ou d'adopter une vision plus positive.

Ménager du temps pour la créativité et la réflexion positive

Les chapeaux jaune et vert permettent de ménager le temps indispensable à l'expression d'une réflexion créative et positive. J'ai entendu Ron Barbaro, le président de Prudential, suggérer à un interlocuteur qu'il avait longuement écouté : « Et si maintenant nous passions au chapeau jaune. »

La créativité exige un investissement en temps qui représente une réelle contrainte. Nous ne sommes pas spontanément disposés à libérer les instants nécessaires au développement de la pensée créative sauf si l'idée nous séduit. Pourtant l'effort consenti à cet égard trouve toujours sa récompense. Le flux naturel de la pensée et le rythme des discussions sont tels qu'ils ne laissent guère à la créativité et à la réflexion positive le loisir de s'épanouir (sauf lorsqu'une idée s'impose immédiatement à notre esprit).

Le jeu

Plus on « joue » à la méthode des six chapeaux, plus son impact augmente. Ceux qui refusent de jouer le jeu se ridiculisent dès qu'ils sont repérés. Lorsque tout le monde fait l'effort d'appréhender la situation en adoptant le chapeau jaune, celui qui s'en tient à des commentaires dictés par le chapeau noir se sent nécessairement déphasé. Exercez-vous librement au jeu des chapeaux de couleur, de sorte à le maîtriser en cas de besoin : lors d'une controverse violente, en cas de crise, de conflit, face à un idéologue...

LES HOMMES NE SE RANGENT PAS EN CATÉGORIES

Il est indéniable que certains individus sont plus performants ou plus à l'aise dans telle ou telle forme de pensée. Mais je souhaite insister sur le fait que les chapeaux ne représentent pas des catégories ou des typologies. Il ne s'agit pas de se prétendre « le penseur au chapeau noir », ni de se voir en « représentant du chapeau vert dans le groupe ». Au regard de la méthode des chapeaux, le contresens serait total. Chacun doit faire l'effort d'utiliser systématiquement tous les chapeaux. Lorsque le groupe pense en fonction du chapeau vert, chaque participant doit immédiatement porter le chapeau vert. Si l'un s'enferme dans le mutisme chaque fois que l'on recourt à un chapeau qui n'est pas son préféré, les autres peuvent lui imposer de « penser selon le chapeau vert » ou « selon le chapeau jaune ».

Il n'est que trop facile d'envisager les chapeaux en termes de catégories. Ceux-ci illustrent des modalités de la réflexion et non des catégories de penseurs. À l'instar du golfeur qui doit savoir utiliser tous ses clubs, chacun de nous doit être capable de porter successivement tous les chapeaux.

L'USAGE OCCASIONNEL

On utilise le plus souvent les chapeaux de manière « occasionnelle » ; le besoin s'en fait sentir à un moment donné. Il s'agit soit de privilégier un certain type de raisonnement, soit d'abandonner un mode de réflexion au profit d'un autre. La discussion se déroule tout à fait normalement, aussi bien avant qu'après le recours au chapeau. Le fait de n'en prendre qu'un seul permet de basculer sur une autre vision. Le président de séance peut ainsi demander à tout participant d'ôter ou de porter tel ou tel chapeau, ou annoncer qu'il opte lui-même pour un chapeau défini (« Si je mets mon chapeau noir, voici les difficultés que je prévois… »). Il peut aussi s'adresser à l'assemblée : « Je pense qu'il est temps de passer au chapeau vert. Nous manquons d'idées neuves. »

La méthode des six chapeaux possède l'immense mérite de pouvoir modifier sans préavis le cours de la réflexion sans offenser personne. Si vous assénez à votre interlocuteur : « Cessez d'être aussi négatif », celui-ci se sentira probablement insulté. En revanche, si vous lui demandez d'essayer le chapeau jaune, son amour-propre n'en souffrira pas.

Avec le temps, la méthode devient partie intégrante de la culture de l'entreprise. On y recourt librement, presque machinalement, chaque fois que l'on tente d'explorer différentes façons de penser.

L'USAGE MÉTHODIQUE

Lorsqu'un groupe, ou un individu, veut explorer rapidement un sujet, il peut passer en revue méthodiquement tous les chapeaux, en s'arrêtant environ quatre minutes sur chacun.

Il n'existe pas de mode d'emploi pour cela : tout dépend du sujet — s'il a déjà été abordé auparavant ou s'il est inédit —, de la personnalité de celui qui mène l'action. Néanmoins cette procédure est grandement facilitée si l'on respecte quelques lignes directrices. Je suggère, par exemple, de recourir au chapeau noir vers la fin ; cela permet d'envisager les difficultés et les dangers éventuels et de vérifier la viabilité de l'idée proposée. Vient ensuite le chapeau rouge ; il réserve la possibilité à quiconque de dire : « Dans sa forme actuelle, cette idée ne marchera pas, pourtant j'y crois, j'ai le sentiment qu'elle recèle du potentiel. Nous devons juste trouver le moyen de la rendre plus opératoire. » L'expression de ce « sentiment » positif incite les autres à ne pas complètement rayer une idée qui, de prime abord, paraît peu exploitable. Ces conseils peuvent désorienter le lecteur qui se demande s'il se souviendra de l'ordre dans lequel il faut utiliser les chapeaux. C'est l'objet de la formation à la méthode des six chapeaux de répondre à ce souhait d'en maîtriser l'usage. D'un point de vue pratique, il suffit d'organiser une séquence qui semble pertinente en fonction du thème abordé et de s'y tenir. Cela donne généralement de bons résultats.

Je reviendrai sur la méthode des six chapeaux dans la troisième partie, consacrée aux applications.

La pause créative

À moins d'un obstacle, d'un retard ou d'un empêchement, la pensée et l'action cheminent de concert, sans à-coups. Le cerveau fonctionne de manière à faciliter l'existence, en créant du « connu ». Nous élaborons des schémas de pensée et de comportement, dont nous faisons usage ensuite. Ce processus nous permet de survivre et le cerveau, de son côté, s'acquitte parfaitement de la tâche qui lui incombe.

Les comportements créatifs et la motivation peuvent être encouragés de plusieurs manières : par des félicitations, la reconnaissance des résultats exceptionnels d'une démarche créative, l'exemple de bonnes pratiques ou l'émulation collective. Mais il existe aussi une méthode simple et plus fiable, que j'appelle la « pause créative ».

L'EFFORT CRÉATIF

À différentes reprises j'ai insisté sur l'importance de l'« effort » créatif. Le chapeau vert représente la manière formelle de solliciter cet effort lors d'une réunion. En termes de créativité, il me paraît préférable de privilégier l'effort sur le résultat. La créativité ne se commande pas. En revanche, elle se travaille.

Si l'effort est substantiel, le résultat pourra suivre, et cela d'autant plus qu'auront été cultivées les techniques de pensée latérale.

Parmi celles-ci, la pause créative constitue la méthode la plus simple tout en recelant de fortes potentialités.

Quiconque veut améliorer ses capacités de création, se doit de s'y exercer régulièrement. Cette habitude mentale est le fondement de tout effort de créativité.

LA PAUSE

Vous ne rencontrez ni problème ni contrainte spécifiques. Pourtant vous ressentez le besoin de suspendre votre réflexion. La pause ne constitue pas une réaction mais répond simplement au désir de prendre momentanément du recul.

Il y a probablement une bonne idée à creuser ici.

Une idée neuve pourrait surgir.

Je vais pratiquer une pause et y réfléchir.

Faute d'être soutenue par la concentration, toute réflexion se perd dans la brume de la routine. En interrompant le flux continu de l'habitude, la pause créative contribue à fixer l'attention sur un point défini.

Pourquoi s'interrompre ici ? Pourquoi pas là ? Et pourquoi pas à tout instant ?

Aucune raison n'impose de faire une pause à tel ou tel stade. Heureusement d'ailleurs, car celle-ci perd tout sens dès lors que l'on veut l'expliciter. On pressent parfois qu'il serait opportun de s'attarder sur telle idée qui recèle peut-être de la valeur ou du potentiel, de mettre un terme aux digressions de la pensée. Ces motifs sont certes légitimes. Mais la pause créative possède en soi sa raison d'être ; elle ne doit dépendre d'aucune cause extérieure. Comme nous le verrons dans le chapitre suivant sur la « focalisation », les idées les plus extraordinaires résultent de l'initiative de gens qui ont fait l'effort de s'arrêter sur des choses que les autres avaient négligées jusqu'alors.

En dépit de sa simplicité, la pause créative n'est pas si simple à pratiquer qu'il y paraît. Car il faut une discipline rigoureuse et une volonté affirmée pour interrompre le flux paisible de la pensée.

La motivation

Quelle intention précède l'autre ? Marquons-nous une pause parce que nous sommes motivés par le désir de devenir créatifs ? *A contrario*, notre motivation ne provient-elle pas de ce que nous pratiquons couramment la pause créative ? Le processus fonctionne en fait dans les deux sens, mais la motivation initiale est indispensable, faute de quoi personne ne s'imposerait cette discipline.

La pause créative est un processus intentionnel. Elle ne résulte pas d'une inspiration soudaine. Le temps d'arrêt souligne une volonté clairement identifiée de s'engager dans un effort créatif, de faire œuvre de créativité.

L'espoir, que nourrit l'excitation inhérente à toute entreprise nouvelle, joue un rôle crucial dans la créativité. On marque une pause, parce que l'on pressent qu'une idée neuve est sur le point de naître ; il faut juste lui donner le temps de s'épanouir. Un promeneur dispose de deux possibilités : marcher rapidement le long de la route ou s'arrêter pour admirer les fleurs sauvages qui bordent les bas-côtés. S'il poursuit son chemin d'un pas hâtif, il ne remarquera pas les fleurs, à moins qu'elles ne forment un parterre spectaculaire. Mais s'il s'oblige à marquer une pause pour contempler les fleurs, elles offriront à son regard l'humble éclat de leur beauté.

Pourquoi s'arrêter ? Qu'est-ce qui justifie le fait de retarder le processus en cours ? Pourquoi consacrer un temps précieux à un effort probablement vain ? Parce que la créativité constitue en quelque sorte un « investissement ». Rien ne garantit que la pause créative se traduira à chaque fois par la production d'idées extraordinaires. Mais dans ce domaine comme en tout autre, l'obstination paie : tôt ou tard l'effort créatif sera couronné de succès. Qui s'y soustrait, en revanche, se privera du résultat escompté. Tout jardinier le sait bien : il n'est pas de beau jardin sans un labeur patient.

À l'évidence, la pause créative ne doit pas interférer avec l'objectif de la réunion ou de la réflexion. Elle peut être pratiquée à titre personnel : « N'existerait-il pas une manière différente de procéder ? », ou par le groupe tout entier : « Voyons s'il n'existe pas d'autres options. » Elle peut d'ailleurs être si fugitive qu'elle passe quasiment inaperçue.

DU BON USAGE DE LA PAUSE CRÉATIVE

Que se passe-t-il lors d'une pause créative ? Combien de temps doit-elle durer ?

Il n'est pas indispensable, lors de la pause, de recourir aux outils de la pensée latérale ; il suffit de laisser mentalement défiler toutes les options possibles. L'important est de se focaliser sur un point précis et d'y concentrer son attention. Dès lors que l'on maîtrise la pensée créative, la pause, même réduite, est susceptible d'apporter des solutions novatrices.

Lorsque le cours d'une rivière est temporairement bloqué, l'eau trouve rapidement d'autres voies pour s'écouler. Par analogie, la simple interruption du flux de la pensée ouvre des perspectives inédites. La pause représente une réelle valeur par elle-même et non parce qu'elle permet d'en profiter pour faire autre chose. Si nous marquons un temps d'arrêt tandis que nous mangeons, nous n'en apprécions que davantage la saveur des mets. Si nous suspendons notre réflexion, nous prêtons une attention plus grande au point sur lequel nous nous sommes arrêtés. Si nous stoppons à un carrefour, nous lisons plus distinctement les indications figurant sur les panneaux routiers. En revanche, si nous le traversons à grande vitesse, nous ne saurons pas où mènent les routes transversales.

Dans certaines circonstances, il est important de penser vite ; dans d'autres, il est préférable de laisser du temps à la réflexion. La créativité impose précisément de ne pas se hâter. Comme dans la conduite automobile, la lenteur permet d'enregistrer les détails, de leur prêter une plus grande attention. Au lieu d'être obsédé par la destination finale, nous pouvons étudier la manière d'y parvenir et noter mentalement les différents chemins possibles.

La pause ne doit pas, pour autant, se prolonger plus que nécessaire. Il ne s'agit pas de fouiller désespérément son cerveau à la recherche d'une idée qui tarde à émerger. La pause permet d'abord de prendre du recul et de s'interroger (vingt à trente secondes pour un individu, deux minutes pour un groupe), avant de reprendre la réflexion et la discussion. Quitte à y revenir ultérieurement. Il n'existe aucune obligation de résultat. La pause créative est une fin en soi, non un instrument pour trouver l'idée neuve coûte que coûte. L'acharnement s'avère contre-productif en l'occurrence et dissuade de renouveler l'expérience. La pause devrait s'apparenter à de l'habitude, presque à de la désinvolture, lorsqu'on se dit : « C'est intéressant » avant de passer à autre chose.

Même si elle intègre objectif et intentionnalité, la pause créative doit être clairement distinguée de la planification systématique visant à produire des concepts neufs à partir d'objectifs très larges. La détermination intentionnelle de tels objectifs et la mise sous tension permanente de l'effort créatif (impliquant ou non l'usage des outils de la pensée latérale) relève d'un autre ordre de grandeur.

Rien ne vous empêche, alors que vous écoutez quelqu'un parler, d'aménager une pause créative ou de susciter des « points d'attention » créatifs en relation directe avec le propos de l'orateur.

Une démarche proactive

Notre pensée est essentiellement réactive : nous répondons à des exigences, nous résolvons des problèmes, nous surmontons des difficultés. Personne ne dispose du temps suffisant pour envisager d'autres modes de pensée et encore moins de la motivation pour s'atteler à la réflexion. Dans ces conditions, la pause créative s'avère une habitude de pensée proactive d'une importance capitale, qui permet à celui qui réfléchit de se dire durant cette brève halte :

Il faut que je m'arrête sur ce point.

Il faut que j'accorde de l'attention à cela.

Cela demande réflexion.

Existe-t-il là une autre possibilité ?

Est-ce la seule et unique manière de procéder ?

Pour l'individu comme pour l'organisation qui accorde de la valeur à la créativité, la pause créative et son caractère proactif se justifient. La pause est une technique de base. Elle est un moyen de fonder une attitude créative, une façon de transformer l'attention prêtée à la créativité en réflexe. Elle témoigne concrètement de l'effort de créativité, au moins pour soi si ce n'est vis-à-vis des autres. La pause créative est un investissement dans la créativité et dans la construction des compétences que celle-ci suppose.

La pause créative se révèle une méthode simple et légère ; elle ne représente jamais un défi hors de portée ou une tâche insurmontable.

La focalisation

On rapporte que l'inventeur de l'établi pliant *Workmate* de Black & Decker était extérieur à l'entreprise. Il gagna des millions grâce à cette trouvaille astucieuse et pratique. L'entreprise Black & Decker se focalisait sur ses outils électriques. L'inventeur se plaça dans une autre perspective : où étaient utilisés ces outils.

Le type de focalisation représente un élément fondamental de la créativité, bien plus important que nombre de personnes créatives ne l'imaginent. Certaines n'y croient pas et préfèrent diffuser leurs idées au fur et à mesure qu'elles surgissent.

La focalisation élémentaire

La « focalisation » n'est généralement pas reconnue comme un outil créatif ; ceci représente une grave erreur. Ce que je nomme « la focalisation élémentaire » constitue un outil de créativité extrêmement puissant.

Nous percevons trop souvent la créativité comme une réponse à des difficultés ou à des problèmes tellement aigus qu'ils peuvent trouver d'issue uniquement grâce à une percée créative. Un degré élevé de compétence créative est alors requis.

Concentrons-nous, par hypothèse, sur quelque chose dont personne ne s'est encore préoccupé. Dans un tel cas de figure, même les capacités créatives les plus modestes vont réaliser des merveilles. La concurrence est inexistante. Le terrain est vierge. Certains inventeurs doivent leur célébrité au simple fait d'avoir affronté concrètement des problèmes ardus et trouvé des solutions que nul n'avait explorées. D'autres préfèrent aborder un domaine délaissé, auxquels ils apportent quelques modifications ou quelques améliorations, développant ainsi une invention qui fera date. En soi, l'idée de s'intéresser à une niche inhabituelle ou négligée est une technique créative. Chacun sait, par exemple, que les détergents sous forme concentrée ont rencontré un énorme succès auprès des commerçants parce qu'ils prennent moins de place dans les rayonnages et qu'ils coûtent 45 % moins cher en frais de manutention. Dans le même ordre d'idée, ne pourrait-on imaginer pour les céréales du petit-déjeuner, des emballages moins volumineux et plus faciles à refermer après chaque utilisation ?

Il est midi, vous êtes à table et vous étudiez machinalement la position des couverts de part et d'autre des assiettes. Il n'y a nul problème à résoudre, pas de difficulté à surmonter, aucun objectif à atteindre. Et pourtant vous vous concentrez sur le sujet.

Vous collez un timbre sur une enveloppe et vous vous mettez à réfléchir à cette opération. Quelles idées vous suggère l'emplacement du timbre ? On pourrait peut-être l'utiliser à des fins publicitaires, y imprimer un message invitant les consommateurs à surveiller leur santé ou inventer une façon totalement différente de fixer le timbre.

Vous vous apprêtez à lever votre verre pour boire. Vous considérez attentivement le bord de votre verre. Ne pourrait-on envisager une forme différente, ou adapter une bordure amovible afin de garantir une meilleure hygiène ?

Vous faites la queue à l'aéroport et regardez les autres passagers qui patientent en même temps que vous. Pourquoi ne pas utiliser ce temps d'attente à diffuser des informations ou à distraire les voyageurs ? On pourrait aussi diffuser des films « muets » sur des écrans de télévision dans les lieux dont le niveau sonore est tel que le moindre bruit supplémentaire serait insupportable.

En réglant votre prime annuelle d'assurance, vous vous demandez s'il n'y aurait pas une idée nouvelle à creuser à partir de cette opération.

La nourriture refroidit dans votre assiette. Que faire ? Inventer une nappe chauffante qui garderait les assiettes à bonne température ? Ou trouver autre chose.

Ce ne sont que des exemples mineurs, mais ils démontrent que la « focalisation élémentaire » peut s'appliquer à n'importe quel sujet. Vous pouvez vous intéresser à l'interface ou à l'interaction de deux facteurs, par exemple, une personne sortant d'une voiture ou y entrant.

Vous pouvez introduire une modification pour mieux répondre à un besoin. L'essuie-glace à vitesse variable a rapporté une fortune à son inventeur.

Vous pouvez décomposer une opération en plusieurs étapes et en étudier quelques-unes plus précisément. Vous déposez votre voiture au garage. Comment accélérer ou faciliter certaines opérations d'entretien ?

Il existe une infinité de points de focalisation. Comme dans le cas de la pause créative, tout dépend de vous. Vous décidez de marquer une pause. De même choisissez-vous de focaliser votre attention sur tel ou tel sujet.

La pause créative et la focalisation élémentaire ne doivent pas être confondues mais elles se recoupent. La pause créative correspond à la volonté de suspendre un processus de pensée ou une discussion pour réfléchir. La focalisation élémentaire renvoie à un effort intentionnel visant à faire émerger à son tour un nouveau point de focalisation. Elle ne s'inscrit pas forcément dans le cheminement normal de la pensée. Ces deux méthodes traduisent l'une comme l'autre la volonté de réfléchir à des sujets supposés ne mériter aucune réflexion.

La focalisation élémentaire peut emprunter diverses voies.

1. On se contente de noter le point de focalisation en le mettant de côté pour l'étudier ultérieurement. L'établissement d'une liste de points de focalisation possibles fait partie des méthodes d'application de la pensée créative. Nous y reviendrons dans la section consacrée à l'application.
2. On réfléchit à des options et à des idées nouvelles. C'est une forme de test préliminaire. Si des idées dignes d'intérêt viennent à l'esprit, on les approfondit. Ce processus dure en général de trois à cinq minutes.

3. On se penche sérieusement sur le sujet dans l'intention de trouver des idées innovantes. Pour cela on applique les méthodes systématiques de la pensée latérale.

Une fois déterminé le domaine sur lequel on va focaliser son attention, celui-ci doit faire l'objet d'une exploration aussi rigoureuse que s'il s'agissait d'un problème réel ou d'une hypothèse. Rien ne garantit, bien entendu, que l'effort créatif produira un résultat. L'investissement en temps et en énergie n'est pas toujours payé de retour sur-le-champ. Il appartient à chacun ou à chaque entreprise de décider des ressources à allouer à ce type d'investissement.

J'ajouterai que la « focalisation élémentaire » a valeur d'exercice, y compris lorsque l'on ne se fixe pas pour objectif de développer nécessairement des idées nouvelles sur le sujet concerné. La pratique qui consiste à définir des domaines de focalisation originaux est précieuse en elle-même. Elle peut se transformer en habitude sans être suivie obligatoirement d'une démarche créative. Avec le temps, nous apprenons à identifier des points de focalisation. Et lorsque nous avons suffisamment développé cette routine, nous devenons capables d'appliquer la réflexion créative à n'importe quel point de focalisation choisi. Il est sans doute préférable, en réalité, de s'exercer à développer cette pratique comme une fin en soi, sans chercher automatiquement à générer de nouvelles idées. Car les tentatives visant à trouver à tout prix des idées risquent de mener à la déception et de freiner les bonnes habitudes.

Une focalisation appropriée, soutenue par de modestes capacités de créativité, sera toujours plus efficace qu'une insuffisante focalisation, même accompagnée d'un grand talent créatif. C'est dire l'intérêt qu'il faut porter à la focalisation et au fait qu'il est relativement aisé d'en faire une habitude.

LA FOCALISATION SPÉCIFIQUE

Il existe deux grandes catégories d'application créative :

1. **La créativité au quotidien** qui concerne les attitudes, la motivation et les habitudes de la créativité. Ici, la créativité devient partie intégrante du processus de réflexion. Les outils appropriés peuvent être utilisés de manière ponctuelle. La créativité est sollicitée à la demande, démarche volontaire pour rechercher toujours davantage d'alternatives. L'individu fait l'effort d'adopter le chapeau vert et le chapeau jaune. La pause créative et le processus de focalisation élémentaire s'intègrent dans cette créativité au quotidien.
2. **La focalisation spécifique**. Le champ de focalisation est clairement défini. Il peut être repéré par un individu ou par un groupe pratiquant la pensée créative ou bien encore assigné à ce groupe. Ces différentes perspectives seront plus amplement traitées dans la section relative à l'application mais l'on voit déjà que l'existence d'une « tâche créative définie » est un facteur déterminant. Il existe un champ de focalisation bien ciblé. Les techniques systématiques de la pensée latérale sont appliquées de manière rigoureuse, intentionnelle et méthodique, véritable effort tendant à générer de nouveaux concepts, de nouvelles idées.

   Le champ de focalisation spécifique est identifié : il faut trouver maintenant des idées neuves.

   Certains individus créatifs possèdent un degré élevé de talent créatif qu'ils ne savent comment employer.

   Je suis créatif. À quelles fins vais-je employer ce talent ?

   D'autres personnes, elles aussi créatives, se figurent qu'un champ de focalisation strictement défini restreindra leur réflexion et préfèrent s'en passer, confiantes dans leur propre inspiration.

Au cours des séminaires que j'organise, je constate que les dirigeants et les cadres assimilent sans peine les techniques systématiques de pensée latérale mais qu'ils rencontrent de réelles difficultés à se fixer sur un objectif de créativité. Ils finissent en général par le faire mollement, sans conviction. Pourtant, nous l'avons vu, le talent créatif ne donne toute sa mesure que s'il est dirigé vers un objectif reconnu, ce que j'appelle le champ de focalisation. À mon sens, l'obstacle vient de ce que la plupart des gens habitués à exercer leur faculté de réflexion ont été essentiellement formés à « ré-agir » à des problèmes ou à des difficultés. Lorsque l'un ou l'autre apparaît, immédiatement on en décrit les caractéristiques, on l'analyse. Mais lorsqu'il n'y a pas de problème, sur quoi réagir, vers quoi porter son regard ?

L'aptitude à sélectionner et à définir un objectif de créativité est une composante essentielle de la réflexion créative.

Pour faciliter le raisonnement, j'ai identifié deux grandes catégories de focalisation :

1. la focalisation globale ;
2. la focalisation précise.

LA FOCALISATION GLOBALE

Il s'agit d'une forme de focalisation créative extrêmement importante mais curieusement méconnue. En effet, une majorité d'entre nous est entraînée à ne réfléchir que sur des fins ou des objectifs identifiés. En d'autres termes, la « réflexion » devient synonyme de « solution d'un problème », ce qui limite forcément le champ de la pensée créative.

C'est pourquoi j'insiste sur l'importance de la « focalisation globale » dont le caractère paraît si évident qu'elle passe inaperçue ou s'avère mal comprise.

La focalisation globale consiste simplement à délimiter un domaine au sein duquel on cherchera des idées nouvelles.

Je cherche des idées neuves dans le domaine des restaurants.

Je cherche des idées neuves dans le domaine des téléphones.

Je cherche des idées neuves en matière de transferts des fonds interbancaires.

Ce type de formulation n'impose pas une finalité précise à la pensée, le but étant simplement de trouver des idées dans un domaine donné. Dès qu'on désigne l'objet précis de la recherche, on sort de la focalisation globale dont le champ peut être plus ou moins large.

Je cherche des idées pour améliorer la gestion d'un hôtel dans une station de vacances.

Je cherche des idées concernant la couleur des tables de chevet de chaque chambre.

Je cherche des idées sur l'organisation d'une messagerie destinée aux clients de l'hôtel.

La focalisation globale constitue un impératif pour plusieurs raisons. D'abord, elle permet d'exercer son esprit créatif sur n'importe quel sujet, en dehors de problèmes ou de difficultés à résoudre, sans être soumis à une obligation de résultat. Nous devons simplement exercer notre aptitude à la créativité dans un champ reconnu. L'effet de la pensée créative en est démultiplié. Au lieu d'être confinée à la résolution de problème, elle devient universellement applicable.

En second lieu, la définition d'un but ou d'un objectif risque d'orienter prématurément les idées susceptibles d'émerger. Le contraste est flagrant dans ces deux phrases :

Nous cherchons des idées pour réduire le coût du service en cabine sur nos vols.

Nous cherchons des idées concernant le service en cabine sur nos vols.

Dans la première proposition, l'objectif annoncé limite notre réflexion à la manière de réduire le coût du service en cabine, parce que nous avons prédéfini la valeur d'une telle réduction. C'est un exemple de tâche dont la pensée créative s'acquitte parfaitement. Dans le second cas, nous pouvons non seulement aboutir au même résultat de réduction des coûts mais, mieux encore, trouver d'autres idées permettant un accroissement de la valeur du service en cabine propre à compenser les investissements réalisés. Certaines idées peuvent ainsi transformer le centre de coût que représente le service en cabine en véritable centre de profit.

Il faut veiller à ne pas réduire la focalisation globale à la seule appréhension de problèmes.

> *Nous devons trouver des idées en matière d'absentéisme.*
>
> *Nous devons trouver des idées pour accélérer les formalités d'entrée.*

Ces deux objectifs sont centrés sur un sujet précis. Le mot « absentéisme » définit un problème. L'expression « accélérer les formalités d'entrée » indique qu'il s'agit là d'un objectif d'amélioration. Il est tout à fait possible de traiter l'« absentéisme » comme un objectif global, tant qu'il apparaît clairement que la réflexion ne porte pas sur le moyen de réduire l'absentéisme, ni les problèmes qui en résultent. Cela doit être clair. Il est tout à fait possible qu'avec une telle intention, on aboutisse à l'idée de « temps soustrait » par opposition à celui de « temps supplémentaire » ; ce qui se traduirait concrètement par une réduction de la semaine de travail accompagnée d'une diminution de salaire dans les périodes de conjoncture morose.

Mais s'il n'existe pas d'objectif précis dans la focalisation globale, comment expliquer néanmoins que l'on génère des idées exploitables ?

1. Nous faisons émerger des idées dans un cadre général, pour elles-mêmes en quelque sorte. Elles présentent une valeur ou un bénéfice alors même que ce n'est pas cela que nous recherchons de prime abord.
2. Nous examinons les idées qui émergent afin de sélectionner celles d'entre elles qui apportent de la valeur au regard de nos propres intérêts. Et nous délaissons les autres.

3. Nous tentons de discerner si les idées ainsi générées sont susceptibles d'être mises en forme ou adaptées pour répondre à l'objectif que nous poursuivons.

Le fait qu'il n'y ait pas d'objectif précis au début du processus de réflexion, n'interdit pas d'en formuler un par la suite, ni de vérifier la validité des idées nouvelles au regard de cet objectif.

La focalisation précise

Nous sommes familiers de ce type de focalisation. Quelle est la finalité de notre processus de réflexion ? Que cherchons-nous à atteindre ? Quel est notre but ? Quelle est notre cible finale ? Comment parvenir à nos fins ?

Perfectionnement

Nous pouvons définir la focalisation créative comme une tentative de parvenir à tel ou tel perfectionnement dans une direction précise.

Nous cherchons des idées pour accélérer le passage en caisse dans les supermarchés.

Nous cherchons des idées pour réduire les coûts de formation du personnel.

Nous cherchons des idées visant à simplifier les commandes de ce magnétoscope.

Nous cherchons des idées pour réduire le gaspillage de nourriture au restaurant.

Lorsque la finalité du perfectionnement n'est pas clairement identifiée, alors on se situe plutôt dans la focalisation globale :

Nous voulons trouver les moyens d'améliorer le service au client.

Dans la pratique, une telle résolution à visée globale devrait être subdivisée en sous-tâches. Pour chacune d'elles, un objectif de perfectionnement pourrait ainsi être défini.

La résolution de problèmes

Lorsque nous sommes confrontés à un problème qu'il faut résoudre ou à une difficulté qu'il s'agit de surmonter, nous voulons aboutir à nos fins, déchargé de ce problème ou de cette difficulté.

Comment pouvons-nous réduire les pertes dues au vol à l'étalage ?

Nous devons trouver le moyen de prévenir la condensation sur les murs de la salle de bain.

Comment venir à bout de la violence urbaine ?

Nous devons trouver une idée pour diminuer les bruits de la transmission.

Certaines de ces propositions seraient à ranger dans la catégorie des « perfectionnements », en raison de l'emploi des termes « réduire » ou « diminuer ». Nous voudrions nous débarrasser totalement du problème mais nous ne sommes pas certains d'y parvenir. La recherche du perfectionnement et celle de la solution du problème se recoupent parfois. Pourtant, la distinction est réelle ; pour résoudre un problème, on s'attache à l'élément qui crée la difficulté, alors que dans le cas du perfectionnement, il s'agit de s'atteler à un changement global (en termes de coût ou de temps par exemple).

Les tâches

Avec l'idée de tâche, il ne s'agit pas de supprimer un problème mais d'atteindre le résultat que l'on ambitionne.

Je veux concevoir un réfrigérateur plat.

Je veux trouver le moyen de communiquer avec cinq mille formateurs dispersés.

Nous avons besoin d'un slogan fort pour nous aider à remporter l'élection.

Nous devons créer un chocolat qui ne fonde pas dans le désert.

Nous percevons là aussi des chevauchements avec la notion de problème. Le chocolat qui fond dans le désert est un exemple de problème à résoudre. Dans la pratique, la frontière théorique entre les types d'objectif n'est pas étanche et ne revêt pas une importance capitale. Elle est trop souvent dictée par la terminologie employée (« Nous devons résoudre le problème du chocolat qui fond à des températures de climat désertique »).

Les opportunités

On retient ici le sens du possible et de l'ouverture. Les « opportunités » entrent dans la catégorie des objectifs globaux.

Nous cherchons des idées pour exploiter le potentiel touristique lié à la beauté du site.

Comment utiliser cette colle qui ne sèche jamais ?

Personne ne peut plus se permettre d'entretenir de vastes maisons : comment retirer une opportunité d'une telle constatation ?

La télévision par satellite devient bon marché : quelles perspectives cela ouvre-t-il ?

Cette année, la Bulgarie connaît une surproduction de raisin.

Même si la distinction théorique entre les différents types d'objectifs n'est pas hermétique, il peut être intéressant d'énoncer quel type d'objectif on envisage au moment où l'on retient la tâche ou le but créatif. Cela permet de clarifier la démarche et les intentions.

Si nous optons pour une focalisation précise, n'ayons crainte de désigner résolument notre cible. Afin d'éviter que cela ne limite ou oriente notre réflexion créative, nous disposons de deux échappatoires. Nous avons la possibilité soit d'opter pour un objectif global, soit d'élaborer des définitions alternatives de la même cible et de travailler sur ces bases.

Je veux résoudre le problème du surbooking induit par les passagers qui ne se présentent pas à l'enregistrement.

Je veux raccourcir les délais de traitement des réclamations dans le domaine des assurances.

Notre tâche consiste à trouver un partenaire en Hongrie. Comment devons-nous procéder ?

Cette fibre possédant des qualités d'élasticité remarquables devrait nous ouvrir des perspectives prometteuses. Comment les identifier ?

Il n'y a aucun inconvénient, au contraire, à ce que l'énoncé du type d'objectif contribue à faire apparaître plus formel le processus de focalisation.

LES OCCASIONS DE FOCALISATION

Après en voir identifié les différentes formes, observons rapidement les occasions de focalisation.

1. **La définition du besoin ou du but à atteindre**. Nous voici confronté à un objectif précis ou à une tâche. Cela nous donne l'occasion rêvée d'utiliser la pensée créative. La tâche peut être sélectionnée par un individu ou par un groupe, mais elle peut aussi leur avoir été assignée.
2. **L'examen de routine**. Il n'existe dans ce cas ni tâche, ni problème particulier, seulement l'intention de repenser certains processus ou procédures. Un tel examen peut porter, soit sur un cadre de préoccupation large, soit sur des objectifs *ad hoc*. L'effort de créativité s'applique à chacun tour à tour. Toutes les procédures existantes se prêtent à cet examen. On peut indifféremment opter pour une focalisation globale ou pour une focalisation précise.
3. **Le point de sensibilité de l'idée (PSI)**. Le terme de « sensibilité » signifie qu'à un point précis, une nouvelle idée aurait un impact significatif. Lorsque l'on dit d'une voiture qu'elle est sensible, cela veut dire que le plus léger coup de volant a des répercussions fortes sur la direction. Un film est qualifié de sensible lorsqu'il réagit au moindre filet de lumière. À nous d'identifier les points susceptibles d'être les plus réceptifs à un changement dans l'idée ou le concept. Cette recherche est une démarche en elle-même. Dès que

nous pensons être parvenus au point sensible de l'idée, nous devons développer, à partir de là, de nouvelles idées. Ce processus diffère de l'« examen de routine », où l'on n'envisage nullement que l'idée neuve puisse produire des effets notables et où l'on se penche simplement sur quelque chose qui existe. (Pendant un certain temps j'ai employé l'expression de « champ de sensibilité de l'idée », que j'ai par la suite remplacée par celle de « point de sensibilité de l'idée », afin de ne pas provoquer de confusion avec une autre expression faisant appel au terme de champ, le « champ de focalisation globale ».)

4. **Le caprice**. Il renvoie à la pause créative et à la focalisation élémentaire comme à la part d'investissement personnel inhérente à toute réflexion créative. Nous nous concentrons parfois sur quelque chose sans autre raison que notre désir du moment de nous focaliser précisément sur ceci plutôt que sur cela. En quelque sorte nous voulons nous prouver que nous sommes aptes à nous focaliser sur certains sujets, alors même que nous n'avons aucune raison de le faire. Il peut nous arriver ainsi de nous pencher sur des questions dont personne avant nous ne s'est préoccupé.

La focalisation multiple

L'objectif peut être appréhendé dans son ensemble ou bien fragmenté en de multiples objectifs subsidiaires et de sous-tâches.

Prenons l'exemple suivant : Nous cherchons des idées neuves à propos du service d'autobus.

Décomposons cette proposition ainsi : le matériel, le contrôle de la circulation, la fréquence des bus, le marché des transports en commun, les problèmes liés aux heures de pointe, la formation des conducteurs, l'aménagement des véhicules.

En démultipliant ainsi l'objectif initial, on conserve le fil conducteur de l'analyse sans être prisonnier du séquencement. Dans l'idéal, les différents sous-objectifs se recoupent au lieu d'être parcellisés, comme l'illustre la figure 2.1. Ainsi l'objectif global relatif au « service d'autobus » se décompose-t-il en plusieurs objectifs comme le « confort » et la « commodité » qui, eux-mêmes, en recouvrent d'autres tels que la « configuration » et la « fréquence ». Quoiqu'il en soit, chaque type d'objectif fera émerger des idées différentes.

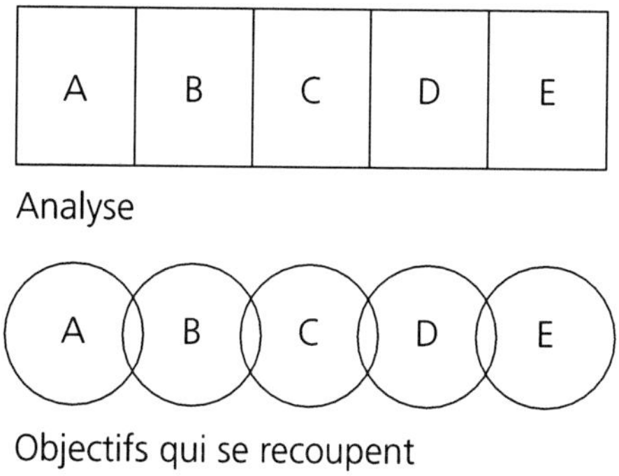

Figure 2.1

DÉFINITIONS ALTERNATIVES

De la même manière qu'il est utile de redéfinir les problèmes et d'imaginer des définitions alternatives du problème, il est salutaire d'envisager les définitions alternatives d'un objectif de créativité.

Nous cherchons des idées neuves en matière de gestion hôtelière.

Nous cherchons des idées en ce qui concerne les relations entre le management et le personnel hôtelier.

Nous voulons trouver les moyens d'évaluer la qualité de la gestion.

Nous recherchons des idées pour que la qualité de la gestion ne dépende pas uniquement du charisme et des compétences des responsables.

Nous souhaiterions instaurer un système de gestion semi-automatique totalement fiable.

Nous recherchons les moyens d'intéresser l'ensemble du personnel à la gestion de l'hôtel.

Nous voulons constituer une équipe de management solide et unie.

Toutes ces questions concernent la gestion hôtelière mais chaque proposition met en relief un aspect spécifique. Elles ne sont pas équivalentes. Le groupe peut sélectionner, dans cette liste, la ou les définitions de l'objectif qu'il va privilégier.

Toutes les situations se prêtent à l'établissement d'une liste répertoriant les définitions alternatives de l'objectif.

REFORMULATION DE L'OBJECTIF

Tout enseignant mesure l'importance du choix attentif des mots. Les termes employés orientent la pensée dans telle ou telle direction. Certains énoncés sont chargés d'ambiguïté.

Je veux trouver le moyen de réduire la paperasserie.

L'objectif annoncé tel quel, exclut toute référence aux courriels et toute forme de communication qui n'utilise pas le support papier. Mais si la véritable intention de l'auteur de cette phrase est de diminuer le volume des documents à lire et à stocker, le fait de transférer les messages sur papier aux systèmes électroniques ne réduit pas pour autant la « charge de lecture ».

Je veux réduire la charge de lecture des cadres.

La même intention formulée comme suit :

Je veux réduire la communication entre les cadres.

aurait provoqué quelque inquiétude dans la mesure où la communication est considérée comme un élément primordial.

On aurait pu envisager un autre libellé :

Je cherche le moyen de réduire les communications inutiles entre les cadres.

Il s'agit moins, ici, de définitions alternatives que de l'emploi de mots alternatifs : « paperasserie », « charge de lecture », « communication » « communications inutiles ».

Le temps consacré à sélectionner soigneusement les mots n'est certes pas dépensé en vain.

LE PROBLÈME SOUS-JACENT

Au cours de mes séminaires, il m'arrive parfois d'inviter les participants à réfléchir à la conception d'un parapluie. Certains, parmi eux, ont déjà une certaine expérience de la créativité. En général, ils montrent quelques réticences à se pencher sur une question ainsi formulée. Ils préfèrent s'intéresser au problème sous-jacent de « protection contre la pluie ». On en vient parfois à des propositions comme celle d'un nouveau type d'imperméable ou d'un réaménagement urbain avec des arcades qui rendent l'usage du parapluie superflu. Mais je doute que ces suggestions fassent l'affaire des fabricants que préoccupe toujours le perfectionnement du parapluie.

Dans certains cas, il s'avère utile, voire indispensable, d'élargir la définition de l'objectif jusqu'à l'identification du « problème sous-jacent ». Cette habitude n'est pas vaine.

> *Nous n'avons pas besoin de foreuse — mais seulement de trous.*
>
> *D'ailleurs, pourquoi avons-nous besoin de trous ? Il existe peut-être de systèmes de fixation supérieurs, faisant appel par exemple à des matériaux adhésifs.*

Dans certains cas, nous devons nous concentrer d'abord sur le point de focalisation. Cela n'a aucun sens de négliger le problème immédiat pour s'attaquer à un problème plus profond. Nous devons savoir mener les deux actions de front : chercher à déceler le problème sous-jacent tout en cherchant à résoudre l'objectif immédiat.

Quelle quantité d'information ?

De quelle masse d'information devons-nous disposer pour accompagner l'objectif de créativité ? Certains en exigent toujours plus, dans l'espoir que l'analyse globale de l'information apportera une réponse et les dispensera de tout effort de créativité.

L'objectif créatif proprement dit ne devrait pas véhiculer une information excessive. Les renseignements indispensables devraient être communicables et communiqués au fur et à mesure des besoins.

Ce que j'ai dit de la « créativité de l'innocence » s'applique également ici. Trop d'information nuit à la réflexion créative et ramène aux idées existantes. Un certain degré d'« innocence » s'avère préférable. Le problème doit être abordé en termes de concepts et de principes. C'est lorsque les idées neuves auront émergé que des informations complémentaires permettront de vérifier s'ils sont exploitables. En effet, il arrive que des concepts novateurs s'avèrent inutilisables au regard de la réglementation en vigueur. En tout état de cause, il est préférable de courir ce risque, plutôt que de continuer à brasser des informations en s'imaginant qu'elles suggèreront de nouvelles idées.

Le challenge

Le « challenge créatif » constitue une singularité.

Pourquoi est-ce fait ainsi ?

Pourquoi doit-on procéder de cette manière ?

Existe-t-il d'autres procédures possibles ?

Il est primordial de savoir clairement que le challenge créatif diffère radicalement du questionnement critique. Ce dernier vise à évaluer (« critique » vient du grec *kritikos*, qui signifie juge) le caractère approprié du mode d'action habituel. Il se rapporte au jugement. Nous démontrons qu'un processus comporte des défauts ou qu'il est inadéquat et entreprenons de l'améliorer ou de le modifier. C'est là une démarche classique de perfectionnement.

Le challenge créatif ne conduit pas à critiquer, juger ou trouver l'erreur. Il opère en dehors de tout jugement. Il est une remise en cause de ce qui est.

Aussi séduisant qu'il paraisse, ce cheminement est-il le seul valable ?

On le qualifie parfois de « dépit créatif » dans la mesure où le fait de ne pouvoir se satisfaire de ce qui apparaît comme la seule voie possible traduirait une insatisfaction voire une inadaptation.

Nous tenons à prouver le caractère inapproprié de quelque chose afin de légitimer la réflexion que nous engageons sur une meilleure option. Sans l'excuse de la raison, nous ne nous sentons pas autorisés à chercher une solution différente. Lorsque tout est parfait, pourquoi tenter de trouver une autre manière de procéder ? Cette forme de culpabilité participe de l'orientation négative de la pensée occidentale sur laquelle je reviens souvent.

Pourquoi est-il si important de préciser que le challenge créatif n'est pas une critique ? S'il en était ainsi, nous ne pourrions remettre en cause que ce qui nous paraît impropre. Le champ d'application de la créativité en serait alors fort limité. En deuxième lieu, si nous ne parvenions pas à prouver l'insuffisance ou l'inadéquation, comment pourrions-nous prétendre explorer de nouvelles idées ? Enfin, chacun sait que l'attaque engendre la défense. Si nous attaquons les procédures habituelles, d'autres se hâteront de les défendre. Le combat provoquera une perte de temps considérable. Pis encore, le monde sera divisé en deux camps : ceux qui prennent fait et cause pour le *statu quo* et ceux qui semblent vouloir le bouleverser. Il s'avère donc préférable d'éviter de juger et d'indiquer qu'il ne s'agit pas d'attaquer le *statu quo* mais simplement d'étudier d'autres possibilités. Les solutions nouvelles ne devant remplacer les méthodes existantes qu'après avoir fait la preuve de leur supériorité.

La séquence occidentale se déroule ainsi : attaque et critique, puis recherche d'une alternative. La séquence non-occidentale est la suivante : prise en compte de ce qui existe, recherche d'autres solutions, comparaison des solutions nouvelles avec la méthode existante.

On part souvent du principe que les procédures existantes sont probablement les meilleures pour diverses raisons : elles ont été soumises à l'épreuve du temps et ont résisté ; elles sont pratiquées depuis si longtemps que leurs inconvénients ont pu être supprimés ; elles ont su évoluer et écarter les solutions concurrentes moins performantes ; elles ont été choisies parmi de nombreuses possibilités comme étant les plus efficaces ; enfin elles auraient déjà été remplacées si elles n'étaient pas les meilleures. Selon un accord tacite, à défaut de preuve contraire, la manière habituelle de faire les choses représente très certainement la meilleure façon de procéder.

Le challenge créatif refuse simplement d'accréditer le postulat selon lequel la tradition est nécessairement juste. Les procédures habituelles ne sont qu'une manière d'agir parmi tant d'autres qui s'est imposée pour diverses raisons. Les taxis londoniens ont une forme particulière à cause de la loi prescrivant qu'ils doivent avoir une hauteur suffisante pour que le passager puisse porter un chapeau haut de forme. Les voitures roulent à droite dans certains pays parce qu'en 1789, les aristocrates durent délaisser leur carrosse et marcher sur le côté droit de la chaussée, à l'instar des piétons habituels.

Imaginons que l'on inscrive les différentes manières de réaliser quelque chose sur des morceaux de papiers, que l'on en tire un au hasard et que l'on décrète que ce qui y est inscrit est désormais la marche à suivre. J'exagère certainement, mais cette image illustre bien notre propos. Le challenge créatif nous révèle que la méthode traditionnelle ne représente en fait qu'une des multiples alternatives ; il s'exprime généralement par l'adverbe interrogatif : « Pourquoi ? »

Pourquoi procédons-nous ainsi ?

Dans une certaine mesure, le challenge se préoccupe des raisons permettant de répondre au « pourquoi » de la question. Mais ces raisons ne sont pas essentielles. Nous pouvons fort bien ne pas connaître les raisons qui incitent à procéder de telle ou telle façon. Elles peuvent être bonnes ou mauvaises. Elles peuvent avoir été pertinentes autrefois mais ne plus se justifier au moment où nous parlons (par exemple le chapeau haut de forme dans les taxis londoniens).

Pourquoi les assiettes sont-elles rondes ?

Parce qu'à une certaine époque, elles étaient fabriquées sur un tour de potier qui produisait des objets ronds.

Parce que les gens ont pris l'habitude d'avoir des assiettes rondes.

Parce qu'il est beaucoup plus facile de les placer sur la table, puisqu'il n'y a pas d'orientation spéciale à leur donner.

La dernière explication est probablement la moins convaincante. Celle qui évoque le tour du potier est certainement la plus valable. Mais aujourd'hui, on utilise moins le tour du potier ; on fabrique de plus en plus d'assiettes en comprimant de la poussière de céramique dans un moule. Ce qui permet d'imprimer n'importe quelle forme.

Il n'y a pas lieu d'effectuer des recherches historiques pour tenter de répondre au « pourquoi » du questionnement. Les explications courantes peuvent être utiles mais elles ne sont pas essentielles. Même lorsque l'explication fait défaut, il est nécessaire d'explorer d'autres façons de procéder.

Le « pourquoi » ne porte pas uniquement sur la recherche d'explications, il incite aussi à se demander pourquoi il n'y aurait qu'une solution unique.

L'ÉTAPE SUIVANTE

Après avoir énoncé le challenge créatif, passons à l'étape suivante. Elle concerne la recherche de méthodes alternatives. Trois éléments se dégagent ici. Chacun est représenté dans la figure 2.2.

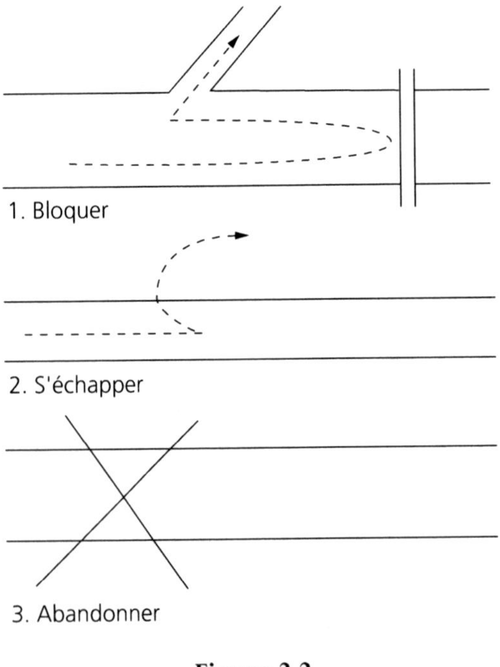

Figure 2.2

1. **Bloquer**. Si nous bloquons le tracé, la route, le processus habituels, nous sommes contraints de chercher une voie alternative.

   Supposons que nous ne puissions plus procéder ainsi : que faire ?

   Nous devons nous engager directement dans la recherche de nouvelles options. Ce processus sera précisé plus loin.

2. **S'échapper**. L'accent est mis ici sur la fuite. Si nous nous libérons de l'emprise d'une idée dominante ou de l'obligation de satisfaire telle ou telle condition, notre esprit redevient apte à envisager d'autres possibilités. Il s'agit bien plus de s'affranchir avec détermination des habitudes que de rechercher consciemment des alternatives.

   Si nous n'étions pas obligés de plaire à nos clients, que pourrions-nous faire ?

3. **Abandonner**. Dans de rares cas, nous nous apercevons que la remise en question de l'existant présente peu d'intérêt. Ici, il faut abandonner purement et simplement les méthodes en cours. Là, un léger ajustement suffit et le challenge ne s'impose plus.

Le pourquoi du pourquoi

Une variante du challenge créatif consiste à rechercher la « véritable raison » de nos façons d'agir. Cela n'est pas sans présenter quelques similitudes avec le processus de recherche du problème sous-jacent que nous avons déjà évoqué. Nous cherchons à savoir le « pourquoi » du « pourquoi ».

Pourquoi devez-vous remplir cet imprimé ?

Pour que la responsable sache ce qui se passe.

Pourquoi la responsable a-t-elle besoin de savoir ce qui se passe ?

Afin de décider de l'allocation des ressources.

À l'issue de ce processus, vous aurez peut-être découvert une autre méthode d'allocation des ressources. Cette technique présente des avantages lorsqu'il s'agit de démêler des procédures bureaucratiques complexes. Elle se réfère aussi à la continuité « par verrouillage » que nous étudierons au cours de cette section.

L'ANALYSE DE LA CONTINUITÉ

Pourquoi faisons-nous les choses comme cela ? Cette interrogation appelle plusieurs réponses possibles.

1. Parce que cela a toujours constitué la meilleure façon de procéder et que cela le reste encore aujourd'hui.
2. Parce qu'après avoir tenté d'adopter une méthode plus adaptée, nous avons constaté que le coût du changement et les perturbations qu'il induit ne valent pas la peine. Nous avons donc décidé de nous en tenir à ce qui a toujours existé.
3. Parce que nous avons toujours procédé ainsi et que nous n'avons jamais rencontré le besoin, l'occasion ou l'obligation de changer.

La dernière réponse introduit la notion de « continuité ». Les choses continuent parce qu'elles continuent. Il existe de nombreuses raisons à cela. J'en traiterai quatre plus précisément.

La continuité par négligence

Nous continuons à effectuer les choses d'une certaine manière, simplement parce que nous n'avons jamais pris le temps de réfléchir. Nous n'avons jamais envisagé d'alternatives plus performantes. Pourquoi avons-nous négligé de nous interroger à ce sujet ? Parce que la méthode que nous employons n'a jamais provoqué de problème, n'a jamais suscité de difficultés et donc aucun motif de consacrer plus de temps et d'attention à la réflexion.

Notre pensée est tellement axée sur la solution des problèmes que lorsque quelque chose n'en pose pas, nous ne nous donnons pas la peine d'y réfléchir. Selon la célèbre et dangereuse maxime :

Quand rien n'est cassé, ce n'est pas la peine de réparer.

À elle seule, cette phrase est en grande partie responsable du déclin de certaines industries américaines, les managers ne pensant qu'à régler des problèmes. Au mieux, cette stratégie les ramène au point où ils se situaient avant que le problème ne survienne. Pendant ce temps, les concurrents, notamment les Japonais, amélioraient des points qui ne posaient pas nécessairement de problèmes. Rapidement nos managers s'aperçurent que le train était parti sans eux.

Il est fondamental, je le répète, de se fixer des objectifs qui ne sont pas forcément liés à la résolution de problèmes (la pause créative, la focalisation élémentaire, la focalisation globale, le challenge créatif).

Il y a cinquante ans environ, lorsque le conducteur voulait tourner à droite ou à gauche, une manette fixée sur le côté de la voiture se levait pour indiquer la direction que le véhicule allait prendre, imitant le mouvement de bras que faisaient les conducteurs des toutes premières automobiles. Ce système ne représentait pas une manière très efficace d'indiquer un changement de direction. Mais il fit une belle carrière, parce qu'il ne posait pas de problèmes et que personne ne s'en préoccupait. On finit par adopter les feux de direction. Cette évolution ne fut pas due à une quelconque percée technologique, mais tout simplement parce que quelqu'un, un jour, s'était penché sur la question.

La continuité par verrouillage

Le terme « verrouillage » signifie ici que nous recherchons en priorité à satisfaire quelqu'un ou à répondre à une exigence extérieure. De même qu'une tente est fixée par des pieux, notre comportement est dicté par d'autres personnes ou par des évènements dont nous sommes tributaires.

Le « verrouillage » peut provenir, dans nombre de cas, de personnes ou de facteurs qui s'étaient révélés au départ bénéfiques.

Au début des années 1970, les constructeurs automobiles américains commencèrent à fabriquer des voitures compactes. Les concessionnaires boudèrent l'innovation et les supplièrent de renouer avec la tradition des grosses berlines. Puis arriva le second choc pétrolier. Les constructeurs, pieds et poings liés par les exigences des concessionnaires, se montrèrent réticents à revenir aux voitures plus compactes. Cela laissa le champ libre aux fabricants japonais qui établirent une tête de pont aux États-Unis, à partir de laquelle ils bâtirent leur réussite ultérieure.

En affichant un « New Coke », Coca-Cola sous-estimait sa dépendance à l'égard des attentes du public américain. Les consommateurs appréciaient les changements de goût auxquels ils avaient eu plusieurs fois l'occasion de s'habituer par le passé. Par contre, le fait de formaliser que le Coca-Cola « traditionnel » allait changer leur déplut profondément.

Une entreprise crée son propre service informatique. Au bout d'un certain temps, celui-ci finit par dominer l'entreprise tout entière. Et certaines évolutions sont bloquées parce que le système informatique ne peut suivre... L'entreprise est verrouillée par son système d'information, lequel est lui-même enfermé dans une architecture informatique dépassée.

Les entreprises en perte de vitesse se bloquent sur la loyauté de leur clientèle. Elles n'osent pas évoluer par crainte de perturber leurs clients fidèles et ne font qu'accélérer leur déclin. Leur incapacité à changer les empêche de sortir de l'impasse.

Certaines entreprises peuvent aussi être prises au piège de leurs propres atouts. Un fabricant d'équipement de salle de bain qui dispose d'une technologie de pointe dans la faïence, hésitera à essayer l'acrylique.

Les artistes, eux, se retranchent derrière leur style et leur réputation.

Souvent le verrouillage existe dans les faits et ne laisse guère de place à l'échappatoire. Un architecte, par exemple, doit tenir compte de la législation sur l'urbanisme. Parfois, il se révèle plus résistant qu'il ne le devrait. Sur les premières machines à écrire, les tiges de fer qui portent les caractères s'emmêlaient si l'on enfonçait trop rapidement deux touches consécutivement. Le clavier AZERTY fut conçu pour « ralentir » la cadence de la frappe. Maintenant que ce problème n'existe plus, nous demeurons bloqués par les habitudes prises et le clavier reste inchangé. Rien ne nous empêcherait pourtant, de prévoir un clavier traditionnel pour les utilisateurs qui ont appris la dactylographie il y a un certain temps et un clavier moderne, plus ergonomique, pour ceux dont l'apprentissage est plus récent. En ouvrant l'application correspondante, nous pourrions brancher l'un ou l'autre des claviers sur l'ordinateur.

La continuité par présomption

Lorsqu'un concept rencontre un succès constant, nous finissons par croire qu'il ne cessera jamais. Et lorsque la situation se dégrade, nous ne pensons pas à remettre en cause le principe de base ; nous cherchons au contraire toutes sortes de raisons pour expliquer ce dysfonctionnement.

Les idées qui s'avérèrent performantes dans le passé survivent généralement bien longtemps après avoir dépassé le stade où elles auraient dû évoluer. À l'époque où je rédigeais ces lignes, 23 % du commerce de détail aux États-Unis se trouvaient entre les mains d'entreprises qui connaissaient des difficultés financières. Il est vraisemblable que le concept de grand magasin commençait à s'essouffler. Certains vous diront qu'il n'en était rien et que les grands magasins bien gérés tiraient encore leur épingle du jeu.

Une certaine forme d'optimisme entourant les concepts qui ont réussi, nous empêche de les évaluer avec précision.

Aux États-Unis, 70 % des dépenses de santé concernent les derniers mois de la vie. Cela est dû principalement à une médecine généreuse, extrêmement coûteuse, qui n'apporte aucune qualité de vie. Pourtant nous n'osons pas remettre en cause le sacro-saint principe qui commande de « maintenir la vie à tout prix ».

Il arrive un moment où il devient impératif de repenser les concepts majeurs, libéré des références du passé.

La continuité par séquencement temporel

J'ai évoqué ce type de continuité à propos de l'impératif logique de la créativité. Le séquencement temporel au sein duquel naît notre expérience permet à celle-ci de se façonner en structures, en institutions, en concepts. Une fois constitués, ces éléments vivent leur propre existence. Le chemin de fer a précédé l'avion, de telle sorte que lorsque les compagnies aériennes ont débuté leurs activités, on les considérait comme des compagnies de chemin de fer volant. Une bonne partie de l'inadaptation de certains concepts des compagnies aériennes vient de là.

La figure 2.3 visualise la manière dont la succession dans le temps de différentes formes crée une structure qui doit être démembrée si l'on veut tirer le profit optimum de l'insertion d'une nouvelle pièce.

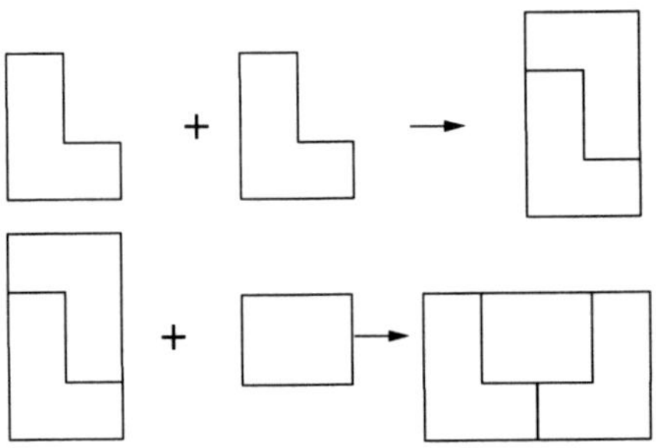

Figure 2.3

Tout au long de son histoire, le secteur bancaire a établi des concepts et des réglementations spécifiques. Aujourd'hui, une grande partie des fonctions de la banque traditionnelle sont assurées par d'autres institutions financières. Il serait opportun de « reconceptualiser » le monde bancaire. La profession médicale a ainsi créé au fil du temps des statuts qui entravent aujourd'hui le développement d'autres professions médicales moins bien organisées. On pourrait par exemple imaginer de former très rapidement des chirurgiens capables de pratiquer certains types d'opérations. Le bien-être du patient étant confié à l'anesthésiste et à un spécialiste du suivi post-opératoire.

L'analyse du processus de continuité est une forme de challenge. En étudiant les procédures, nous tentons d'y déceler les éléments de la continuité. Nous pourrions ainsi mettre en évidence des exemples de verrouillage ou de séquencement temporel... L'analyse a pour but de nous aider à nous libérer des concepts et des idées, qui doivent essentiellement leur existence au processus de continuité.

L'ÉMANCIPATION

Nous cherchons à nous émanciper de concepts anciens qui ne survivent que par les effets de la continuité. Des concepts et des idées, qui auront pu avoir jadis une raison d'être, sont devenus caducs, ne se justifient plus.

Le changement technologique

Les nouvelles technologies, comme l'informatique ou la rapidité des transports, rendent certains concepts obsolètes et ouvrent la voie à de nouveaux. Le télécopieur ou le courriel autorisent une communication instantanée.

Le changement de valeur

Les gens boivent moins d'alcool et fument moins. La protection de l'environnement devient une valeur nouvelle. La place des femmes dans nos sociétés a évolué. Grâce à la télévision et aux moyens d'enregistrement, la communication de masse uniformise les valeurs de par le monde. Le développement des voyages a apporté des changements significatifs dans les habitudes culinaires.

Le changement de contexte

Les bouleversements intervenus dans l'ancienne URSS et en Europe de l'Est, mais aussi à l'ouest dans le cadre de l'Union européenne, ont sans aucun doute une incidence sur des concepts cruciaux. De plus en plus de pays voient diminuer le nombre des familles nombreuses et s'accroître celui des femmes actives.

L'évolution des coûts

L'individu coûte de plus en plus cher. Les coûts de protection de l'environnement comme ceux de la réglementation augmentent.

Toutes ces évolutions montrent que des concepts, autrefois valables, ont perdu aujourd'hui de leur pertinence. L'analyse de la continuité et le challenge créatif ne représentent pas des processus superflus mais des impératifs. Tous les concepts doivent désormais être remis en question. N'existe-t-il pas des concepts plus appropriés pour accompagner toutes ces évolutions ?

On espère souvent que les difficultés du moment passeront et que le bon vieux temps reviendra. Il est parfois malaisé de faire la différence entre un fléchissement cyclique temporaire et le bouleversement radical des règles du jeu.

LE CHALLENGE APPLIQUÉ AU CONCEPT ET À L'IDÉE

Nous pouvons remettre en question le concept de base qui sous-tend une opération ou la manière dont il se concrétise (autrement dit l'idée). Nous pourrions remettre en cause le concept du grand magasin de centre ville ou seulement l'emplacement des magasins dans les centres villes. Je reprendrai en détail la problématique des concepts dans la partie qui leur est consacrée.

À quel concept avons-nous affaire ici ?

Ce concept est-il encore pertinent ?

Doit-il se matérialiser de cette manière ?

Confronté à un accroissement préoccupant de la circulation, le gouvernement de Singapour a déjà remis en cause le droit reconnu à chaque citoyen d'acquérir ce que ses moyens financiers lui permettent d'acheter. À Singapour, l'achat d'une voiture ne se résume pas à une seule opération. Il faut auparavant acquitter le droit d'acquérir le véhicule. Dans nos agglomérations urbaines, devrions-nous remettre en question le concept du contrôle de la circulation ou celui de trajet personnalisé ? Le concept d'usage gratuit des routes est en voie d'être mis en cause. On envisage en effet de facturer un droit de péage, en fonction de l'horaire et de la route empruntée. Des capteurs enregistreront le passage du véhicule et le conducteur recevra la facture.

Cependant, il n'est pas justifié de récuser une idée parce que le concept qui la sous-tend est erroné. Pas plus qu'il n'est admissible de contester le concept alors qu'il vaudrait mieux réviser la manière dont il se matérialise. En Angleterre, l'introduction de la *poll tax* (impôt touchant tous les adultes vivant sous le même toit) a, entre autres, précipité la chute de Margaret Thatcher. Dans ce cas précis, où se situait l'élément blâmable : était-ce la *poll tax* elle-même ou la manière dont elle était mise en œuvre ?

Le challenge appliqué au conditionnement de la pensée

Notre pensée est conditionnée par un certain nombre de facteurs. À certains moments nous les repérons, à d'autres ils exercent leur pouvoir de manière insidieuse. À l'instar des méthodes existantes, des concepts et des idées, ces facteurs n'échappent pas à une remise en question. Mais dans ce cas particulier, nous ne contestons pas quelque chose qui existe déjà. Nous mettons en cause les facteurs et les pressions qui conditionnent notre pensée.

Chaque matin, lorsque vous vous habillez, vous avez l'impression de choisir librement les vêtements que vous allez porter pendant la journée. Cependant, sans le savoir, vous avez intériorisé des principes fondamentaux : par exemple le type de vêtement que l'on porte pour aller au bureau. Certes vous pourriez les remettre en question. C'est précisément ce que nous faisons quand nous remettons en question les facteurs qui conditionnent notre pensée. Le challenge ne porte pas sur notre pensée en elle-même (le choix des vêtements), mais sur les facteurs qui la bornent (qui déterminent le choix des vêtements).

Le challenge peut s'exercer lors d'une session de créativité, en liaison avec une réflexion sur un thème donné. Nous prenons du recul et nous soumettons notre processus de pensée à un examen critique. Nous identifions les facteurs qui le conditionnent et les remettons en question.

Le concept dominant

Les concepts dominants sont extrêmement puissants. Ils peuvent se manifester clairement ou exercer leur influence sans que nous en prenions conscience.

Quel concept domine cette pensée ?

Quel est le concept sous-jacent qui commande notre pensée ?

Reprenons l'exemple de la circulation en ville. Le concept dominant pourrait être de « dégoûter les automobilistes de la conduite en ville ». C'est la tendance à la mode. Ce concept est certes valable ; il conditionne néanmoins totalement notre vision des choses.

Et si nous en contestions la primauté ! N'existe-t-il pas d'autres concepts tout aussi pertinents pour changer les choses ? Ne pourrait-on inventer d'autres options ? Lorsque l'on entreprend de résoudre un problème par l'analyse, on retrouve toujours le même concept dominant qui s'exprime ainsi : supprimer la « cause du problème. »

La présence d'un concept dominant empêche généralement d'envisager d'autres approches.

Les postulats

Sans postulats, il n'y aurait pas de pensée possible. Ils sont fondés sur l'expérience et réduisent la gamme des possibilités que nous devons traiter. Il n'y a rien à redire contre le fait de formuler des hypothèses ; elles sont souvent très précieuses. Néanmoins il importe de savoir qu'il ne s'agit que de suppositions et que nous sommes libres de les remettre en question.

Quelles sont les hypothèses de fond ?

De quel postulat partons-nous ?

Si nous revenons au problème de la circulation en ville, nous pouvons supposer que les voitures sont conduites par leur propriétaire. Nous pouvons aussi partir de l'hypothèse qu'après être arrivés sur leur lieu de travail, les banlieusards n'utilisent plus leur voiture de toute la journée. Nous supposons aussi que toutes les voitures sont garées (qu'elles ne sont pas suspendues dans les airs). Nous supposons enfin que toutes les voitures doivent être facilement accessibles. Cela fait beaucoup de postulats.

En remettant l'hypothèse en question, nous nous en écartons. Nous cherchons à nous en échapper.

Les limites

Les limites, comme les hypothèses, sont essentielles au processus de pensée. Nous agissons dans les limites de ce qui est faisable, autorisé et acceptable. Si nous voulons émettre des idées raisonnables, nous devons œuvrer dans les limites de la raison, telle que la définit l'état actuel de nos connaissances. Comme nous le verrons par la suite, le processus de « provocation » est une méthode intentionnelle destinée à franchir les barrières du raisonnable.

Comme dans le cas de l'hypothèse, nous devons rendre les limites visibles pour pouvoir les remettre en question.

Quelles sont les limites à notre pensée ?

Quelles sont les limites auxquelles nous nous heurtons ?

Dans le problème des embouteillages, nous achoppons rapidement sur les limites du coût et du seuil d'acceptation. Nous sommes également confrontés aux limites imposées par la technologie (« Serions-nous réellement en mesure de facturer à chaque conducteur le montant correspondant au trajet quotidien en ville ? »). Enfin, nous nous heurtons aux limites physiques de la configuration des villes et du réseau routier.

Il arrive que le challenge génère des idées extrêmes qui se rapprochent de la provocation. Parfois, cependant, les limites peuvent être à l'origine d'une idée tout à fait utilisable (chacun a le droit de transformer sa voiture personnelle en taxi).

Les facteurs incontournables

Quel que soit le contenu de notre réflexion sur le transport aérien, celle-ci ne peut en aucun cas négliger le facteur « sûreté ». Les facteurs incontournables doivent toujours être intégrés à la solution trouvée. Généralement la prise en compte de ces facteurs est amplement justifiée. Mais puisqu'il est possible de tout remettre en question, il est aussi permis de les contester.

Quels sont les « facteurs incontournables » de ceci ?

Pourquoi devons-nous toujours inclure ces facteurs ?

Reprenons l'exemple de la circulation en milieu urbain. Dans ce cas le facteur incontournable pourrait être la « livraison des marchandises aux magasins » ou, pourquoi pas, une réglementation à laquelle on ne peut guère échapper. Il arrive que le facteur incontournable et que le concept dominant se rejoignent. Ainsi, l'idée selon laquelle les problèmes de la circulation ne peuvent être réglés que par une sorte de « contrôle, de règles ou de règlements » est à la fois un concept dominant et un facteur incontournable. Le respect de l'environnement est aujourd'hui au cœur de toute réflexion — y compris celle qui porte sur les problèmes de la circulation automobile. L'impératif d'égalité et d'équité réelles constitue aussi un facteur incontournable (les riches ne devraient pas être avantagés par rapport aux pauvres).

Même si cela paraît difficile sur le moment, tout facteur qui paraît incontournable peut faire l'objet d'un challenge créatif.

Les facteurs d'évitement

Ceux-ci ne doivent pas être assimilés à des limites puisque nous savons que nous pourrons en faire usage comme nous l'entendons. Néanmoins nous passons notre temps à essayer de les éviter. Notre pensée cherche à leur échapper. Nous refusons de nous engager dans les chemins susceptibles de nous mener vers eux. Il arrive qu'un « facteur incontournable » s'apparente en réalité à la nécessité d'éviter quelque chose (nous disons par exemple : « Éviter des dommages à l'environnement »). Nous savons intuitivement que ces facteurs sont inacceptables dans une solution quelle qu'elle soit ; ce qui explique que nous nous en défendons.

Que tentons-nous d'éviter ?

Quelles sont les éléments dont nous ne voulons pas ?

Dans notre exemple sur la circulation, nous voulons éviter de faciliter la circulation en centre-ville de telle sorte que le problème s'aggrave. Nous voulons éviter une réglementation qui requiert des forces de police supplémentaires ou des pénalités qui risquent de contrarier les électeurs. Nous voulons éviter de ruiner le centre-ville.

Si nous les retournons, ces facteurs d'évitement deviennent des provocations (« Po, nous ruinons le centre-ville »). Dans le processus du challenge, cependant, nous mettons simplement en question notre tendance naturelle à poursuivre l'évitement de ces facteurs.

Les polarisations ou/ou

Très souvent, nous avons l'impression ou nous donnons aux autres l'impression de penser en termes de choix.

Nous devons soit aménager la circulation, soit interdire la ville aux voitures.

Ces alternatives donnent l'apparence trompeuse d'une pensée généreuse (libérale). Elles peuvent être très utiles et totalement justifiées. Mais elles comportent un danger, dans la mesure où elles portent à croire que la situation ne peut être abordée que de deux façons. Cela exclut les propositions intermédiaires ou celles qui combinent des éléments d'autres approches. La dichotomie forcée sur laquelle repose l'alternative constitue l'une de ses limitations.

Quelle est l'alternative à ceci ?

Quelles sont les alternatives possibles ?

Dans notre problème d'embouteillages, l'alternative idéale serait de suggérer : « Soit nous améliorons les flux sur les axes existant déjà, soit nous construisons d'autres routes. » Cette proposition est tout à fait raisonnable, mais elle n'échappe pas, pour autant, à la contestation.

Dans la mesure où le challenge créatif n'a pas pour vocation de condamner, il peut aussi s'appliquer aux alternatives les plus pertinentes : est-ce vraiment la seule façon d'aborder ce problème ?

Le challenge appliqué aux facteurs de conditionnement comporte deux étapes.

1. Prendre conscience de ce qui nous paraît constituer des facteurs de conditionnement, les identifier et les expliciter.
2. Remettre ces facteurs en question — même s'ils semblent sensés et justifiés.

Les alternatives

La recherche d'alternatives représente la démarche de créativité la plus élémentaire.

Existe-t-il une alternative ?

Quelles sont les options possibles ?

Que pouvons-nous faire d'autre ?

À certains égards, la créativité peut être définie comme une recherche d'alternatives. Ceci est particulièrement avéré lorsque la démarche créative porte sur quelque chose qui existe déjà.

Bien que la recherche de solutions constitue un des objectifs de la créativité, le processus est moins évident que la plupart des gens ne se l'imaginent. D'où viennent les alternatives ? Comment les trouver lorsque nous en avons besoin ?

Marquer une pause afin de trouver des alternatives

Je raconte fréquemment l'histoire (véridique) de la sonnerie du réveil que je ne parvenais pas à arrêter. Je séjournais à l'hôtel et j'avais programmé la sonnerie du réveil suffisamment tôt pour prendre l'avion de sept heures. Au moment opportun, le réveil sonna mais ne voulut pas s'arrêter. Je décidai de suivre pas à pas la procédure indiquée pour l'éteindre. Mais tous mes efforts furent vains. En désespoir de cause j'arrachai les fils du câble électrique fixé au mur. La sonnerie ne cessa pas. Je m'aperçus finalement que le son provenait de mon réveil de voyage, que j'avais programmé pour la même heure. Ce léger détail m'était tout simplement sorti de la tête.

J'aime à rappeler cette anecdote parce qu'elle illustre un point primordial. Lorsque nous sommes confrontés à un processus constitué d'étapes qui paraissent s'enchaîner logiquement, nous n'hésitons pas une seconde à nous engager dans la première étape, puis dans la deuxième, puisqu'elle suit logiquement la première, et ainsi de suite... Ce faisant, nous écartons volontairement d'autres possibilités. En d'autres termes, il est extrêmement difficile de prendre le temps de s'arrêter et de chercher l'alternative lorsque nous n'en voyons pas la nécessité. J'avais programmé le réveil de l'hôtel et je connaissais parfaitement toutes les étapes de la procédure permettant d'en arrêter la sonnerie. Je n'avais donc pas à envisager qu'il puisse exister une autre origine au son strident que j'entendais.

Lorsque notre ligne d'action est claire et qu'elle ne comporte aucun obstacle, nous la suivons sans nous poser de questions et sans chercher d'autres alternatives — car rien ne nous y contraint.

Le directeur général d'une grande entreprise me confia que son groupe avait perdu 800 millions de dollars de cette façon. Le conseil d'administration avait suggéré d'aborder un nouveau domaine. Ce qui, à l'époque, paraissait sensé. On passa au crible la faisabilité et la pertinence des différentes procédures à respecter. Il n'y avait alors pas lieu d'imaginer d'autres choix possibles. Quelques années plus tard, l'entreprise dut se désengager de l'activité et perdit beaucoup d'argent dans cette affaire. Selon mon interlocuteur, personne au moment de la décision n'avait eu l'idée d'explorer d'autres manières d'aborder ce nouveau domaine.

Un jour, alors que j'observais une cigale immobile, je me demandai comment l'insecte parvenait à produire un tel son en bougeant aussi peu. Il me fallut du temps pour réaliser qu'elle était muette et que le chant provenait d'une autre cigale installée de l'autre côté de la branche.

Il est extrêmement difficile, je le répète, de faire une pause pour envisager d'autres solutions lorsque rien ne vous y contraint.

Pour résumer quelques points :

- **La focalisation élémentaire** : la volonté de se concentrer sur un sujet qui ne constitue pas nécessairement un problème, mais à propos duquel on cherche des idées nouvelles.
- **La pause créative** : la pause qui permet de considérer des solutions autres, même lorsque cela n'est pas nécessaire.
- **Le challenge** : la volonté de remettre la proposition originale en question et d'explorer d'autres façons de faire.
- **La continuité par négligence** : on continue d'adopter les mêmes pratiques parce qu'il n'y a jamais eu de raison d'en changer.

Quoi qu'il en soit, nous demeurons réticents à explorer les alternatives. C'est un luxe superflu et une perte de temps. Nous estimons que la recherche d'autres solutions s'impose uniquement lorsqu'il s'agit de résoudre un problème ou de sortir d'une crise.

Dans l'approche occidentale de la réflexion, il est obligatoire de prouver qu'il y a insuffisance ou faute avant de s'autoriser à rechercher des alternatives. Cette inadéquation est la seule justification à cette recherche d'alternatives. Nous sommes pris dans l'engrenage habituel de l'attaque et de la défense qui nous fait perdre notre temps et nous impose une prise de position. Les Japonais, qui ne connaissent pas l'argumentation (due à la bande des trois de la pensée grecque), n'ont pas besoin de s'abriter derrière l'existence de la faute pour explorer des voies nouvelles chaque fois qu'ils le désirent. Leurs réalisations peuvent se révéler admirables, ils n'en cherchent pas moins à les perfectionner. Lorsqu'ils trouvent une idée neuve, ils la comparent à ce qui existe et n'hésitent pas à y renoncer si elle s'avère inférieure.

Lorsque les éléments d'alternatives existent déjà

Quelle cravate vais-je choisir pour cette soirée : la bleue, la rouge, celle qui a des rayures, cette autre à pois blancs sur fond bleu ou encore celle qui est ornée d'un dragon vert ? Je regarde mon armoire : devant mes yeux, s'étalent tous les choix dont je dispose. Il ne reste qu'à me décider.

Plusieurs personnes posent leur candidature à un poste. Je dois en sélectionner une. Le choix est là et n'attend que moi. Bien sûr, je peux considérer qu'aucun candidat ne correspond au profil idéal et insérer l'offre d'emploi une seconde fois dans le journal.

Je me rends au restaurant. Les différents choix sont présentés au menu. Je n'ai qu'à sélectionner ce qui me convient. Certes le menu offre des options prédéterminées mais il en existe bien d'autres. Je peux, par exemple, demander que l'on me serve deux demi-portions de deux plats différents. Je peux aussi prier le serveur de me servir le plat de poisson après en avoir ôté les crevettes, parce que je souffre d'une allergie aux crustacés. Les choix alternatifs ne manquent pas, il suffit de les inventorier et de savoir trancher.

Un jeune scout allume un feu de camp. Les allumettes sont prohibées. Quels sont les autres moyens à sa disposition ? Il fait appel à son expérience et aux souvenirs qui lui restent de son cours de survie. Utiliser un briquet ? Ou frotter deux bâtons l'un contre l'autre ? Ou encore se servir du rayonnement solaire ? Les solutions n'apparaissent aussi clairement et immédiatement que dans l'exemple des cravates et du menu de restaurant. Chacun doit faire l'effort de solliciter son expérience et sa mémoire pour trouver une issue. Lorsque nous tentons de trouver d'autres solutions que celle qui nous est d'emblée proposée, c'est précisément cette démarche que nous adoptons. Nous balayons le champ de notre expérience à la recherche d'une idée.

Trouver d'autres solutions

Lorsque nous disposons d'une alternative qui nous paraît acceptable, pourquoi devrions-nous faire l'effort d'en chercher d'autres ? Pourquoi ne pas nous contenter des possibilités offertes ? Serait-il interdit de supposer qu'elles représentent le seul (ou tout au moins le meilleur) choix envisageable ?

Pourquoi perdre du temps dans la quête futile d'options supplémentaires ?

On vous demande, par exemple, de situer un point dissimulé sur une feuille de papier. Vous commencez par tirer un trait qui divise le papier en deux parties égales, A et B. Vous demandez si le point se trouve en A. Si ce n'est pas le cas, il est nécessairement situé dans la partie B. Il n'y a pas d'autre possibilité. Les suppositions A et B couvrent toutes les éventualités. Ensuite vous divisez B en C et D et ainsi de suite. À la fin, vous découvrirez forcément le point, parce qu'à chaque étape vous avez couvert toutes les alternatives.

Cet exemple très simple se révèle en fait extrêmement pernicieux. En effet, il conduit à imaginer que la même procédure peut s'appliquer aux situations de la vie réelle.

> *Soit nous augmentons les prix, soit nous les laissons à leur niveau actuel.*
>
> *Nous restons fermes sur notre position ou nous cédons aux revendications salariales.*

Il est vrai que, dans certaines situations, les choix sont limités en nombre. Il est tout aussi avéré que, parfois, l'analyse révèle l'étroitesse des solutions envisageables. Mais dans la majorité des cas, la situation est ouverte et admet de multiples options. En réalité, celles que nous percevons ne sont limitées que par notre manque d'imagination à toutes les concevoir.

Là encore, le terme de « concevoir » revêt une importance particulière. Trop souvent nous nous en remettons à l'« analyse » pour découvrir de nouvelles alternatives. Le terme « concevoir » suggère qu'il doit y avoir un réel effort de notre part pour véritablement les créer. Cela peut se réaliser de plusieurs façons : en modifiant le cadre dans lequel se déroule la situation, en introduisant de nouveaux facteurs, en changeant de valeurs, en sollicitant la participation des autres.

« Soit nous augmentons les prix, soit nous les laissons à leur niveau actuel. » Nous pouvons relever ou baisser le prix selon les articles. Nous pouvons augmenter le prix de base et accorder des remises. Nous pouvons relever les prix et en échange proposer un service supplémentaire. Nous pouvons transformer radicalement le produit et fixer une tarification nouvelle. D'un point de vue philosophique, certaines de ces suggestions constituent un moyen déguisé d'augmenter les prix. Mais la créativité s'occupe moins de philosophie que de capacité à produire des solutions valables.

« Nous restons fermes sur notre position ou nous cédons aux revendications salariales. » Dans ce cas précis, plusieurs choix possibles se dessinent. Nous pouvons, par exemple, introduire la notion de productivité. Nous pouvons évoquer la diminution de la main-d'œuvre par le jeu naturel des départs en retraite et sur la base de licenciements volontaires. Nous pouvons aussi proposer des avantages en nature (par exemple une assurance santé) au lieu d'augmenter les salaires. Nous pouvons aussi accorder davantage de temps libre au lieu de donner plus d'argent. Nous pouvons envisager de mettre en place un système de primes et d'heures supplémentaires. Les suggestions ne manquent certes pas ; il n'y a qu'une seule limite, celle de notre imagination.

À première vue, l'alternative oui/non dans la recherche du point dissimulé sur la feuille de papier, est séduisante dans sa simplicité. Mais les apparences sont trompeuses. Chaque fois qu'il s'agit de chercher quelque chose et chaque fois que la réponse « non » possède une valeur réelle (en ce sens qu'elle ferme définitivement certains choix), ce processus est valable. Mais dès lors qu'il s'agit de générer des solutions courantes, il n'est plus opérationnel car rien ne sert de compliquer une démarche simple. Reprenons l'exemple du jeune scout chargé d'allumer un feu de camp.

J'utilise des allumettes ou je n'utilise pas d'allumettes.

Si je n'utilise pas d'allumettes, alors je pourrais utiliser un briquet, oui ou non ?

Si je n'utilise pas de briquet, je pourrais frotter deux bâtons l'un contre l'autre, oui ou non ?

Somme toute, nous empruntons une voie plus longue pour nous demander : quelles sont les solutions possibles ? Alors qu'il serait beaucoup plus simple d'en dresser la liste.

Dans le domaine des sciences, nous cherchons toujours différentes manières d'expliquer un phénomène. Quelles que soient l'excellence de l'hypothèse et notre affection pour celle-ci, nous devrions systématiquement considérer d'autres alternatives. Il s'agit d'un processus ouvert à l'infini.

Lorsque nous lançons une étude de marché pour comprendre les raisons d'un comportement précis chez les consommateurs, nous devons examiner le plus grand nombre d'alternatives avant de les mettre à l'épreuve.

Dans les situations qui font intervenir une action ou une décision, il est impensable de tergiverser dans l'attente de l'« ultime » solution. Car nous devons avancer. Il arrive un moment où nous sommes obligés de mettre un terme au travail de conception pour agir et aller de l'avant. L'idée parfaite n'a aucune valeur quand elle arrive trop tard.

Par ailleurs, nous ne devons pas négliger la dimension pratique. Il est indispensable de marquer un point d'arrêt dans notre réflexion, de consacrer une minute à évaluer la possibilité d'autres choix. Supposons que quelqu'un affirme :

Il n'y a que deux manières possibles de réaliser ceci.

À vous de répondre : « Vous avez peut-être raison, mais consacrons encore une minute à voir si nous pouvons en déceler d'autres. »

Ce sont l'intention et l'effort consenti qui importent à long terme. Si vous êtes confronté à une question très difficile, donnez-vous une semaine ou un mois de réflexion. Mais à l'issue du délai que vous vous êtes imparti, tranchez.

Examinons les trois propositions suivantes :

> *Seules ces possibilités me viennent à l'esprit. Il n'y en a sans doute pas d'autres.*
>
> *Pour le moment je ne vois que ces solutions mais consacrons néanmoins x jours à en imaginer d'autres et, à l'issue de ce délai, prenons une décision.*
>
> *Nous devons continuer à rechercher d'autres alternatives.*

La première proposition est limitative, sans appel et manque totalement de créativité. La deuxième est concrète. La troisième n'est praticable que dans certaines circonstances. La police, par exemple, cherche toujours à améliorer ses méthodes de travail.

Une raison très pratique explique les réticences de chacun à envisager ne serait-ce que la possibilité de solutions alternatives. Il ne s'agit pas du temps consacré à la réflexion, qui peut d'ailleurs être bref. Lorsque nous sommes persuadés d'avoir repéré toutes les alternatives, nous avons une confiance totale dans notre choix. Mais dès lors que nous « admettons » la possibilité d'alternatives supplémentaires, nous n'éprouvons plus ce sentiment de confiance : il n'a simplement pas de raison d'être. Et si malheureusement, parmi ces alternatives, nous ne trouvons pas la solution idéale, nous perdons confiance en nous, sans pour autant disposer d'un résultat en contrepartie. Une telle approche est compréhensible certes, mais ne justifie pas que l'on renonce à dépasser l'alternative de base.

Une seconde raison, cependant moins probante, explique nos réticences à explorer d'autres solutions.

« Si j'envisage deux possibilités et que vous m'incitez à en étudier quatre, vous doublez l'effort auquel je dois consentir pour faire mon choix. » Cette remarque, si fréquente, est en général énoncée avec le plus grand sérieux. Il est vrai que la multiplication des choix augmente la complexité de la décision à prendre. Mais l'inverse est absurde. Il n'y aurait aucun travail de décision si le choix n'existait pas. On n'améliore pas la prise de décision en réduisant l'éventail des options. Chacun doit pouvoir avancer des solutions et savoir se décider pour l'une d'elles.

Si vous pensez qu'il est difficile de se décider, n'hésitez pas à trancher dans le vif. Écartez toutes les solutions qui n'apportent rien par rapport aux méthodes existantes. Vous y perdrez peut-être quelques idées intéressantes, susceptibles de se révéler excellentes par la suite — mais vous simplifierez d'autant le processus de décision. Mieux vaut générer un grand nombre d'idées et décider rapidement, que sélectionner quelques idées rares à l'issue d'un processus de décision laborieux. Par une sorte d'effet de boule de neige, la multiplicité des idées en appelle de nouvelles qui se révèlent parfois meilleures et qui facilitent ainsi la décision. Je parlerais presque de clairvoyance.

DÉCELER ET INVENTER DES ALTERNATIVES

Comme je l'ai montré précédemment (l'exemple des cravates), le choix est dans certains cas présenté clés en main. Mais il arrive souvent qu'une démarche volontariste s'impose. Avant de décider où vous passerez vos vacances, vous consultez les brochures des agences de voyages ou vous demandez conseil à vos amis. Partagé entre différentes possibilités, vous vous renseignez auprès du portier de l'hôtel pour savoir quel est le meilleur restaurant du quartier. Vous parcourez les annonces immobilières lorsque vous projetez de déménager. Dans certains cas, les solutions naissent d'une démarche consciente de notre part et de notre appel volontaire à l'expérience passée.

Quelles que soient les circonstances, il est préférable de faire l'effort de découvrir les solutions qui existent avant de chercher à en créer de nouvelles. Certes les premières sont en général déjà connues et manquent d'originalité ; elles ne permettent pas d'aboutir à des idées vraiment novatrices. Gardez néanmoins comme principe général d'explorer ce qui s'avère disponible avant de développer de nouvelles alternatives. À quoi bon rechercher des méthodes exotiques alors que les pratiques éprouvées ne demandent qu'à être exploitées plus avant. Mais dès lors que vous connaissez parfaitement les chemins balisés, le fait de vous tourner vers des modes opératoires plus créatifs prend tout son sens.

J'ai mis l'accent sur ce que j'appelle la logique de « conception » dans la création de nouvelles alternatives. Elle se traduit par le refus de considérer la situation comme définitivement figée, par la volonté de repousser les limites et de changer les composants, comme je l'ai indiqué au début de cette section.

Arrêtons-nous un instant sur la création intentionnelle d'alternatives. On peut prétendre que la « création » dont je parle ici est peu différente de ce qui se passe quand on « décèle » une alternative. Les deux opérations représentent en fait les deux faces d'une même pièce. Toute alternative recevable paraît évidente avec le recul, ce qui conduit à penser que la recherche dès le départ d'une alternative logique aurait abouti au même résultat, dispensant par là de tout effort de créativité. De telles arguties sont sans valeur. À peine avez-vous enregistré les alternatives qui vous sont venues à l'esprit que vous avez intérêt à « rebondir » et en rechercher de nouvelles. Il s'agit en général d'un processus mixte d'exploration et d'invention.

LE POINT FIXE

Je veux une alternative au volant de la voiture.

Si l'on parlait des spaghettis en tant qu'alternative ?

Comme il n'existe pas de relation évidente entre le volant d'une voiture et des spaghettis, nous n'acceptons pas cette alternative. On aurait tout aussi bien pu remplacer l'un et l'autre par les mots « canne » ou « cafard ».

La recherche de propositions alternatives s'effectue toujours à partir d'un point de référence.

Une alternative par rapport à quoi ?

Une alternative, en référence à quoi ?

Nous pouvons appeler ce point de référence le « point fixe ». La figure 2.4 montre le déroulement du processus : nous commençons par imaginer une idée ; puis nous déterminons le point fixe et recherchons d'autres idées, également en relation avec ce point. Ces idées représentent les alternatives.

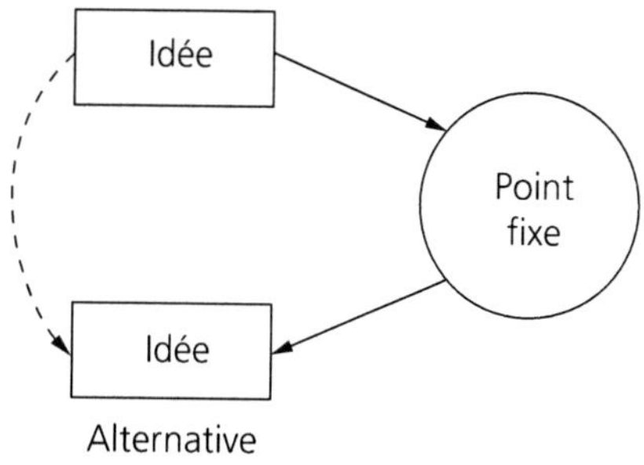

Figure 2.4

Il est juste de préciser qu'au sens le plus strict, le terme « alternative » désigne un choix entre deux options. Dans ce livre, j'utilise le mot dans son usage commun, signifiant des choix, des options, des possibilités multiples.

On distingue plusieurs types de point fixe.

Le but

C'est l'archétype du point fixe. Celui qui est, à l'évidence, indiscutable.

Quels sont les autres moyens d'atteindre ce but ?

Quels sont les autres processus permettant de réaliser cette fonction ?

Pour le jeune scout, le but était d'« allumer le feu ». Il chercha donc différents moyens se s'acquitter de sa tâche. Dans l'exemple du volant, le point fixe aurait pu s'intituler « alternatives rendant possible la fonction de direction ». Ou encore, « moyens permettant de transmettre les mouvements de la main au mécanisme de direction ».

Dès lors qu'un moyen, quel qu'il soit, permet de parvenir à un but, on peut considérer que le point fixe représente la réalisation d'un tel but.

Quel est le but de ceci ? Tel est le point fixe.

Les groupes

Quelle serait l'alternative d'une orange ? Une pomme, une poire, une banane, pourrait-on dire. Ces suggestions qui nous viennent à l'esprit font partie de ce que nous pourrions nommer « les fruits de consommation courante ». On aurait pu tout aussi bien penser à une autre catégorie de fruits, par exemple les agrumes, dont font partie le pamplemousse et le citron. Voilà pourquoi il est primordial de définir avec exactitude le point fixe. Pourquoi ne pas avoir envisagé un autre groupe en rapport avec l'orange ; celui des « boissons rafraîchissantes », ce qui nous aurait conduit à mentionner la bière. Dans ce dernier exemple, le recoupement avec le but est évident.

Quels sont les autres fruits de mer figurant au menu ?

Quels autres types de 4∞4 avez-vous en stock ?

Avez-vous d'autres appartements de trois chambres donnant sur la mer ?

Nous pouvons à chaque fois, soit indiquer le nom d'un groupe auquel l'objet considéré est relié, soit dresser la liste de ses caractères. Ceux-ci constituent les points fixes ; nous recherchons alors les membres du même groupe ou les éléments qui présentent des caractères communs avec ce nouveau groupe *ad hoc*.

La similitude

Quelles autres feuilles ressemblent à celle-ci ?

Quels autres peintres partagent le même style ?

Quelles maladies provoquent une éruption analogue sur tout le corps ?

En réalité, la « similitude » n'est qu'un mode particulier de désignation d'un groupe. La ressemblance physique et la perception de similitudes méritent d'être considérées comme des points fixes à part entière. Le cuisinier novateur explorera l'ensemble des alternatives lui permettant de parvenir à la saveur qu'il attend.

Les concepts

On pourrait dire, et je souscris pleinement à cette affirmation, que tous les points fixes sont en réalité des « concepts », qu'il s'agisse du concept de but ou de celui de caractère d'un groupe.

Nous allons de l'idée vers le concept qui la sous-tend, puis nous explorons les autres façons de matérialiser le concept. En quelque sorte, c'est un peu comme si nous remontions de l'enfant vers les parents pour trouver les frères et sœurs de l'enfant.

L'« idée » représente la manière pratique de faire quelque chose. Le concept étant la « méthode générale » qui lui correspond. Vous décidez, par exemple, d'emprunter telle ou telle route pour votre voyage. Ceci est un concept. Mais vous devez pour cela entreprendre une action précise : marcher, rouler à bicyclette, conduire une voiture, attraper l'autobus. Le mode de déplacement que vous élisez représente l'« idée ».

Le point fixe est le concept de récompense : comment allons-nous récompenser notre équipe commerciale ?

Je pense que le point fixe devrait être de « motiver », ce qui n'est pas la même chose que récompenser.

Mon point fixe est le concept suivant : « octroyer une commission » à l'équipe commerciale. Quels sont les différents moyens de le mettre en œuvre ?

Il est fondamental d'avoir défini clairement et précisément, à la fois le concept lui-même et son mode de formulation qui servira de point fixe.

De manière générale, nous manquons de rigueur lorsque nous nous lançons dans la recherche d'alternatives. Le point fixe (qui se traduit le plus souvent en termes de but) est à peine esquissé dans notre esprit que nous nous mettons déjà en quête d'alternatives possibles. Si on lui attribue la qualité de « motivation », la peur représente une alternative, mais pas s'il s'intitule « récompense ». Si le point fixe est « commission », il est inimaginable de penser que l'alternative la plus probable se traduira par « récompense aléatoire ».

Prenons un autre exemple : considérons le terme de promotion et voyons quelles sont les alternatives et les points fixes envisageables. Nous avons : argent, pouvoir, statut, reconnaissance, responsabilité, épanouissement professionnel, position sociale... Pour certaines de ces propositions, l'alternative correspondante serait « titre de fonction », mais elle est trop limitative car elle ne recouvre pas tous les points fixes.

Il s'agit moins, en fait, de trouver le point fixe « idoine » que d'essayer plusieurs points fixes.

Nous recherchons parfois un concept de liaison, susceptible de créer une alternative à partir de deux réalités distinctes. Existe-t-il par exemple un concept commun à « volant de voiture » et à « spaghetti », de telle sorte que ces deux objets différents puissent représenter une alternative ? Essayons le concept de « flexibilité ». Nous obtenons un résultat intéressant : les spaghettis sont flexibles dans tous les sens, alors que le volant ne l'est que dans une seule direction. Cela nous ouvre des perspectives dignes d'intérêt.

L'éventail des concepts

Vous voulez accrocher un objet au plafond d'une pièce de hauteur normale. La solution semble évidente : vous cherchez une échelle. Mais on ne trouve pas d'échelles partout. Que faites-vous alors ? Renoncez-vous à votre projet en vous disant qu'il est irréalisable ?

L'échelle n'est qu'une des manières de « s'élever au-dessus du sol ». Donc le concept « s'élever au-dessus du sol » devient le point fixe. Les autres moyens de parvenir au point fixe sont de monter sur une table ou de demander à quelqu'un de vous soulever.

Cependant « s'élever au-dessus du sol » ne constitue en soi qu'une des méthodes permettant de « réduire la distance entre l'objet et le plafond ». Ce qui devient un autre point fixe et entraîne des alternatives supplémentaires. Cette fois, néanmoins, les alternatives sont elles-mêmes des concepts. L'un d'eux serait « allonger votre bras ». Ce concept à son tour peut se réaliser en « utilisant un bâton ». Un autre concept alternatif serait de « faire transiter l'objet tout seul ». Ce qui peut être fait en l'attachant à un ballon et en lançant ce dernier vers le plafond.

Dans cet exemple, nous voyons qu'il y a deux strates d'alternatives, comme l'illustre la figure 2.5. Nous partons d'une idée (l'échelle) vers un concept qui devient le point fixe autour duquel s'articuleront d'autres idées. Mais nous allons aussi du concept lui-même vers un « concept élargi », lequel évolue à son tour en point fixe pour des concepts alternatifs. Chacun de ces concepts alternatifs se mue en point fixe pour d'autres idées. Nous utilisons donc les deux strates de concepts pour déclencher une cascade d'idées alternatives. Ce processus est qualifié d'« éventail des concepts ».

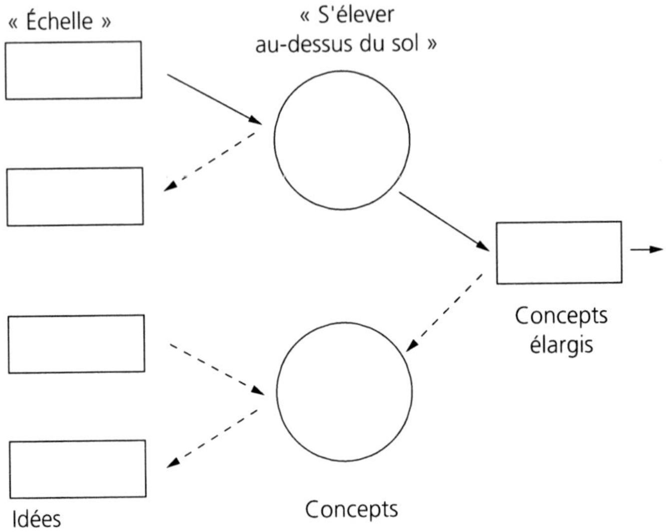

Figure 2.5

À une extrémité de l'éventail, se trouvent le but ou l'objectif du processus de pensée. L'éventail des concepts apparaît comme un outil de bonne exécution. Comment allons-nous résoudre ce problème ? Comment allons-nous exécuter cette tâche ? Comment parvenir là où nous le voulons ?

En partant du but de la réflexion, nous remontons vers les « concepts élargis », les « approches » — ou les directions — susceptibles de nous conduire à l'objectif. Supposons que l'objectif soit de « pallier une pénurie d'eau », les approches pourraient être les suivantes :

Réduire notre consommation d'eau.

Accroître les réserves.

Se passer d'eau purement et simplement.

Chacun de ces concepts élargis, chacune de ces « approches » devient alors un point fixe à partir duquel nous allons trouver des « concepts » alternatifs. Nous nous déplaçons vers la gauche de la figure 2.5 et créons des niveaux de concepts. Chaque concept représente une manière de concrétiser l'une des « approches ».

Pour « réduire notre consommation d'eau », nous disposerions des concepts suivants :

Optimiser la consommation.

Réduire le gaspillage.

Dissuader de consommer.

Éduquer.

Pour « accroître les réserves », nous aurions :

Nouvelles sources.

Recyclage.

Moins de gaspillage à la source.

Pour « se passer d'eau purement et simplement », nous aurions :

Mettre un terme aux usages industriels de l'eau.

Remplacer l'eau par d'autres substances.

Limiter les besoins en eau.

À l'issue de cette étape, nous disposons de dix « concepts » alternatifs, dans la strate des concepts. Chacun d'eux devient alors un point fixe pour la strate suivante. Pour chaque concept, il s'agit alors de rechercher les voies alternatives susceptibles de lui donner corps. Nous cherchons des idées alternatives.

Par exemple, si nous prenons le concept « dissuader de consommer », voici quelles seraient les idées alternatives :

Mesurer l'eau utilisée.

Facturer l'utilisation de l'eau.

Augmenter le coût d'usage.

Ne permettre d'accéder à l'eau qu'à partir de sources publiques.

Fixer des plages horaires pour l'utilisation de l'eau.

Verser dans l'eau un produit malodorant mais non toxique.

Diminuer le volume d'eau employé pour l'arrosage des jardins ou l'alimentation des piscines.

Rendre public le nom des gros utilisateurs.

Menacer de rationner l'eau.

On pourrait suivre le même processus pour chaque concept figurant sur le niveau des concepts. Le processus complet est reproduit dans la figure 2.6.

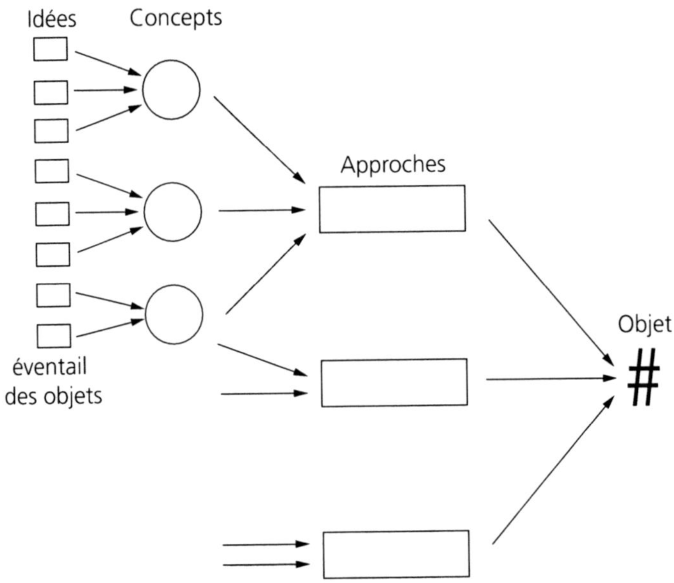

Figure 2.6

Les trois niveaux de l'éventail des concepts sont respectivement :

- **Les approches**. On y trouve des concepts élargis ou des approches. Le concept le plus large que l'on puisse concevoir devient la direction.
- **Les concepts**. Les méthodes générales ou les façons d'effectuer quelque chose.
- **Les idées**. Ce sont les manières concrètes de mettre en œuvre les concepts. Chaque idée doit être explicite. Il doit toujours être possible de mettre l'idée directement en pratique.

Reprenons l'analogie à laquelle j'ai recouru précédemment. Vous vous dirigez en voiture vers le nord ; ceci représente la « direction ». Il y a plusieurs routes, qui mènent toutes vers le nord. Elles constituent les moyens d'aller vers le nord et deviennent les « concepts ». Vous effectuez un acte précis pour parcourir la route (autrement dit utiliser votre voiture, un autobus ou marcher) ; cette action spécifique est l'« idée ».

Beaucoup de gens comprennent mal la différence entre les « concepts » et les « approches ». En fait, il s'agit d'une différence relative. Une « direction » n'est rien d'autre que le concept le plus large que l'on puisse imaginer.

Les trois rangées de l'éventail des concepts ne recèlent rien de mystérieux. Dans la pratique, il arrive que l'on compte un grand nombre de strates de concepts, situées entre les approches et les idées. De manière générale, la direction est toujours le concept le plus large et l'idée toujours le mode particulier de réaliser quelque chose. Tout ce qui se situe entre les deux, devient un « concept ».

Fabriquer un éventail des concepts

Commencez tout d'abord par le « but » puis revenez en arrière. À chaque point posez-vous cette question : « Et maintenant, comment vais-je parvenir à ce point ? » Vous passez des approches aux concepts, pour aboutir à un ensemble d'idées alternatives ; ce qui constitue précisément le but de l'exercice.

Malheureusement, le cerveau répugne à procéder de manière ordonnée. Très souvent, lorsqu'on le lance dans la fabrication d'un éventail de concepts, il passe directement à l'idée pratique. Supposons, par exemple, que vous vouliez fabriquer un éventail des concepts relatifs aux embarras de la circulation en ville. Votre cerveau va peut-être immédiatement suggérer de « travailler à domicile ». Ce qui vous conduira à vous interroger : « Comment cela va-t-il remédier au problème ? » Immanquablement, vous répondrez en vous-même que le fait de travailler chez soi devrait « diminuer le besoin de se déplacer ». En quoi cela va t-il arranger la situation ? En réduisant le volume de la circulation. Par conséquent, « réduire le volume de la circulation » constitue une direction. Diminuer le besoin de se déplacer est un concept. Et travailler à domicile, une « idée ». (Dans ce cas précis, « travailler à domicile » est également un concept ; ce qui implique l'obligation de trouver des idées pratiques pour le réaliser.)

L'idée qui vient immédiatement à l'esprit est le « co-voiturage ». Quel intérêt offre-t-il ? Il optimise le « nombre de passagers par véhicule ». Derechef, quel intérêt cela offre-t-il ? Cela réduit la circulation. Augmenter le « nombre de passagers par véhicule » est un concept. Une autre manière de le réaliser serait d'opter pour la solution « transport en commun ».

Pourquoi ne pas envisager l'« échelonnement des horaires de travail » ? Comment cela peut-il améliorer les choses ? En « diminuant la densité de la circulation aux heures de pointe ». Et quel en serait l'effet ? Cela contribuerait à « rendre la circulation plus fluide ». Ceci fournit une seconde « direction » ou une autre approche du problème.

Par conséquent, dès qu'une idée (voire un concept) traverse votre esprit, vous cherchez à progresser en amont et vous posez cette question : « Quelle aide m'apporte-t-elle ? » Si vous envisagez une direction (ou un concept), vous pouvez chercher à redescendre en aval et vous interrogez : « Comment cela peut-il être réalisé ? »

En fait, quel que soit le point de départ, vous construirez graduellement un éventail de concepts.

Il n'est pas inutile de préciser que l'éventail de concepts est un « éventail de réalisations ». Il répond à la question : « Comment parvenir à l'objectif ? » Ce n'est pas un arbre d'analyse, qui divise simplement le sujet en sections et sous-sections. L'accent est placé sur une action et non sur une description ou une analyse.

Un même point peut apparaître sur l'éventail des concepts aussi souvent que vous le souhaitez. Ainsi, pour « pallier la pénurie d'eau », l'une des approches consistait à « se passer d'eau ». Il est évident qu'il s'agit aussi d'un concept se rapportant au sujet « réduire la consommation d'eau ». Nous voyons que le même point admet plusieurs occurrences, sur un même niveau, comme sur plusieurs niveaux. Lorsque vous hésitez entre deux emplacements, placez le point sur les deux.

L'éventail des concepts a pour but d'instaurer un cadre favorisant la génération d'idées alternatives. Le cadre favorise l'émergence d'alternatives en fournissant une succession de points fixes. L'éventail des concepts assure aussi de nouveaux points de focalisation. Supposons que vous conceviez un concept mais que vous n'ayez pas encore d'idée permettant de le concrétiser par une action. Dans le problème de la circulation urbaine, le concept pourrait par exemple s'intituler « récompenser les gens qui pourraient utiliser leur voiture en ville mais qui choisissent de ne pas le faire ». Le moyen de réaliser ce concept n'existe peut-être pas. Il devient donc un point de focalisation créative. Et nous allons tenter d'inventer des solutions permettant de le réaliser.

Les gens qui vivent à la campagne indiquent souvent la direction à prendre en ces termes : « Si vous arrivez au village A, vous trouverez sans peine notre maison. » Le voyageur cherche à gagner ledit village A. Puis l'hôte reprend : « Allez d'abord à la ville B, vous trouverez facilement le village A parce qu'il est indiqué. » Les instructions sont données en procédant à l'envers. Rendez-vous à la ville B, puis continuez jusqu'au village A et ensuite vers notre maison. Nous retrouvons exactement le même processus dans l'éventail des concepts. On marche en quelque sorte à reculons, en partant de l'objectif pour arriver aux moyens alternatifs pratiques qui permettent d'atteindre cet objectif.

La différence entre un éventail de concepts et l'établissement d'une liste des alternatives envisageables est illustrée par la figure 2.7. On y distingue sans peine l'effet en cascade du concept et des strates de direction.

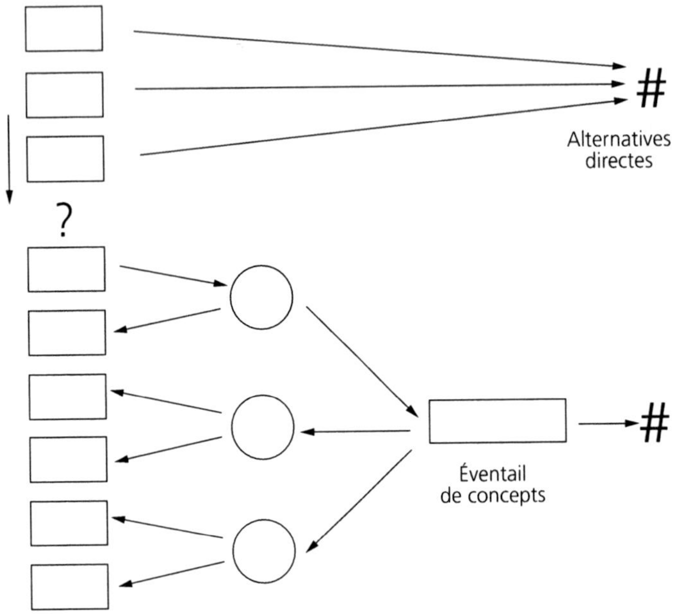

Figure 2.7

LES ALTERNATIVES PROVOCATRICES

Normalement, lorsque nous explorons des alternatives, nous recherchons des idées utiles et qui possèdent une valeur reconnue. Les signaux d'alarme sont en général de couleur rouge. Si nous voulions trouver des couleurs alternatives, pourquoi ne pas adopter le « jaune » ou « l'orange ». Le jaune est une couleur éclatante et se distingue plus facilement que le rouge dans l'obscurité. Plus originale que le rouge ou le jaune, l'orange est une couleur qui frappe davantage. Le « jaune » et l'« orange » représentent des alternatives sérieuses, dotées d'une valeur qui s'explique aisément.

Parfois, nous proposons pourtant une alternative raisonnée sans la justifier par sa valeur. Nous pourrions par exemple suggérer de peindre les signaux en « bleu ». Cette couleur représente une alternative au rouge. En fait le « bleu » est aussi une couleur primaire. Aucune valeur particulière ne lui est attachée en tant que couleur susceptible d'indiquer ou de symboliser un danger. Nous suggérons le bleu et attendons les réactions. Ceci est une alternative provocatrice, parce que la raison qui nous a incités à choisir le bleu ne paraîtra aller de soi qu'*après* l'avoir choisi.

Il faut clairement faire la différence entre proposer des alternatives en raison de leur valeur et avancer des alternatives simplement pour « voir leur impact ».

Ceci entre dans le processus global de provocation. La logique et les techniques de provocation seront reprises en détail ultérieurement. La technique de provocation peut cependant être employée tout simplement pour elle-même :

> *Voici une alternative provocatrice : voyons si nous pouvons y trouver une quelconque valeur.*

Rien ne garantit que l'alternative provocatrice contienne de la valeur.

L'ÉVALUATION

Une fois les alternatives générées, comment procédons-nous pour les évaluer ? L'évaluation est un sujet à part entière que je traiterai de nouveau dans la partie consacrée à l'application de la pensée créative. De manière générale, l'évaluation des idées que produisent les techniques de créativité ne diffère pas notablement de celle des idées traditionnelles. Le processus d'évaluation est logique et raisonné ; il ne dépend pas d'une démarche créative — ce qui d'ailleurs ne devrait jamais être le cas.

Avant de soumettre les idées créatives à l'analyse critique, il importe tout d'abord de les mettre en forme, de les ajuster, de les fortifier et d'éliminer leurs points faibles. Ce processus concerne toutes les idées nées d'un effort de créativité ; il fera l'objet d'une étude plus approfondie.

En général, l'évaluation suit quatre lignes directrices :

- **La faisabilité**. L'idée est-elle vraiment fonctionnelle ? Peut-on réellement l'appliquer ?

- **Les bénéfices**. Quels sont les bénéfices attendus ? Quelle est leur portée ? D'où proviennent-ils ? Combien de temps vont-ils perdurer ? Une idée qui ne satisfait pas entièrement le critère des bénéfices ne possède pas de valeur directe reconnue.
- **Les ressources**. Disposons-nous des ressources nécessaires à la mise en œuvre de l'idée ? Par ressource, nous entendons : le temps, les capitaux, les hommes, la technologie, les dispositifs et la motivation. Il arrive qu'une idée réalisable en soi ne puisse se concrétiser par manque de ressources.
- **L'adéquation**. L'idée est-elle en adéquation avec les besoins de celui qui doit la mettre en œuvre ? Le concept d'« adéquation » s'applique à la stratégie, à la politique suivie, aux personnes, aux échéanciers.

Cette liste très simplifiée peut servir de base à l'évaluation préliminaire de toute alternative trouvée.

Les concepts

L'aptitude à former des « concepts » abstraits constitue probablement le fondement des capacités de raisonnement de l'homme. Le jeune scout qui cherchait « une autre manière d'allumer le feu » mobilisait cette aptitude dans sa recherche de solutions. Nous faisons constamment appel à des concepts, à la fois consciemment et de manière implicite. Pourtant, beaucoup de gens, tout particulièrement en Amérique du Nord, se révèlent peu habiles à les manier. Les concepts leur paraissent en effet vagues, trop intellectuels et superflus. Ils veulent immédiatement passer à l'étape de l'action concrète.

L'Amérique du Nord fut le pays des pionniers ; dans ce type de société, l'action prévaut toujours sur la réflexion. Tandis que l'intellectuel passait son temps à échafauder des théories, l'homme d'action, lui, faisait avancer les choses. C'est ainsi que la merveilleuse culture de l'action s'est épanouie en Amérique du Nord. Mais le monde d'aujourd'hui, saturé de produits et de services, est devenu le terrain d'une concurrence de plus en plus âpre. La réflexion occupe désormais le même rang que l'action.

Une banque californienne fut la première à prendre l'initiative d'équiper ses agences de billetteries automatiques. Il s'agissait de fournir « un service supplémentaire » à des clients trop occupés pour avoir le temps de faire la queue au guichet et suffisamment éduqués pour être capables d'utiliser ces appareils. Plusieurs semaines après la mise en place du système, la direction de la banque demanda une évaluation. Celle-ci révéla que l'un des principaux groupes d'utilisateurs des billetteries était constitué d'ouvriers mexicains (immigrés illégalement pour certains). Pratiquant mal l'anglais, ils préféraient l'anonymat des guichets automatiques. Le maître mot, ou plutôt le concept clé, ici, était l'« anonymat ».

Chacun de nos actes, chacun de nos échanges est dominé par un concept implicite. Le fait de chercher à extraire ce concept et à vouloir le rendre visible se réduirait-il à un pur exercice universitaire ?

Plusieurs concepts peuvent coexister ; on trouve autant de visions d'un même concept que d'individus. Comment, alors, savoir si nous avons dégagé le « juste » concept ? Pourquoi cherchons-nous absolument à en dévoiler la nature ? Ne suffit-il pas de constater son efficacité ?

En fait, un certain nombre de raisons plaident pour que l'on se préoccupe à la fois d'en connaître l'essence et de le rendre visible.

Les alternatives

À partir du moment ou l'on extrait un concept, on peut l'utiliser comme « point fixe » et se mettre en quête des alternatives susceptibles de le développer. Certaines des alternatives ainsi mises en évidence se révèlent parfois plus puissantes que les idées pratiquées jusqu'alors.

Renforcer

Un concept, dès lors que sa nature est définie, se voit renforcé par un effort délibéré de perfectionnement, permettant de réduire ses faiblesses et ses imperfections puis de raffermir son impact.

Changer

Dès que nous avons appréhendé le concept, il devient possible de le modifier. Plusieurs raisons peuvent nous inciter à bouleverser un concept : la situation de l'entreprise n'est pas satisfaisante, la concurrence se fait menaçante, nous voulons optimiser des conditions de marché déjà favorables.

Prenons l'exemple de la « restauration rapide » en nous efforçant d'en extraire plusieurs concepts :

La rapidité du service.

Des produits, des prix et une qualité normalisés.

Un coût modique pour le consommateur.

Un lieu où les jeunes se retrouvent.

Appliquons maintenant le « challenge » à chacun de ces concepts.

La « rapidité du service » ne concerne pas tous les clients, mais seulement ceux qui y attachent une réelle importance. Pourquoi ne pas tenter, au contraire, de les retenir plus longtemps, afin qu'ils consomment davantage : des salades, des glaces ? Ce qui accroîtrait d'autant les bénéfices par client.

Nous pouvons aussi trouver un autre moyen d'offrir « des produits, des prix et une qualité normalisés », en proposant des plats pré-emballés de prix et de qualité standard. Les restaurants qui serviraient ce genre de plats arboreraient un logo reconnaissable. Pour garantir la qualité de la cuisson, les plats seraient surgelés puis passés au four à micro-ondes avant dégustation.

Le concept de « coût modique pour le consommateur » a déjà été largement remis en cause dans nombre de lieux, dits de restauration rapide, qui proposent des fruits de mer et autres spécialités ; ce qui les autorise à présenter une addition plutôt élevée.

Venons-en enfin au concept du « lieu où les jeunes se retrouvent ». En fait, l'élément important ici est l'espace. Selon le type de rentabilité que l'on souhaite en retirer, on choisira de transformer le restaurant en une sorte de club pour jeunes ou au contraire de décourager ces derniers de s'y donner rendez-vous.

De l'idée au concept

De manière générale, comme il est difficile de travailler au niveau du concept même, pourquoi ne pas commencer au niveau de l'idée puis revenir en arrière pour retrouver le concept ?

À quel concept avons-nous affaire ici ?

Quel est le concept matérialisé par cette idée ?

La figure 2.8 représente une route qui mène à une station balnéaire. Vous voulez atteindre votre destination le plus rapidement possible. Vous traversez le croisement à toute vitesse, sans le voir réellement, car votre attention est mobilisée par les panneaux qui indiquent la direction de la station balnéaire. Mais, pour une raison quelconque, vous éprouvez une déception à votre arrivée — peut-être y a-t-il trop de monde. Vous envisagez alors de rebrousser chemin et de prendre une des autres routes qui partent du croisement.

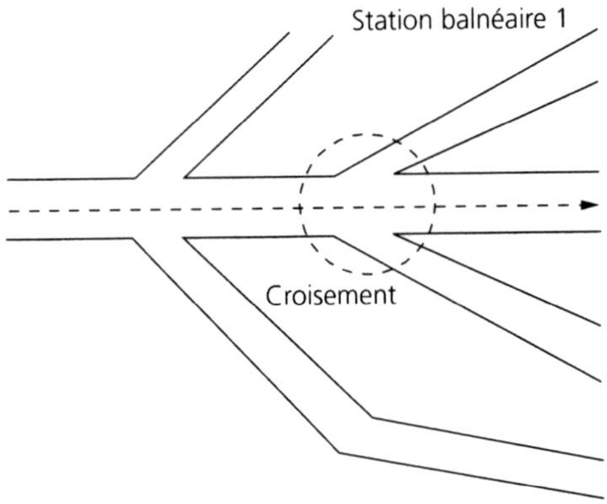

Figure 2.8

Les concepts sont comme les carrefours. Nous y retournons pour trouver une autre voie qui nous permette d'aller de l'avant. Voilà pourquoi les concepts représentent des points fixes parfaits pour générer des solutions.

À toute idée inspirée par la pensée créative, correspond un concept qu'il importe de retrouver en se donnant la peine d'effectuer ce retour en arrière. Les concepts sont multiples, tout comme les représentations que l'on se fait d'eux. Mais cela importe peu dans la mesure où le seul but du retour en arrière consiste à générer des idées neuves et rien d'autre.

Le « retour en arrière » vers le niveau du concept est facilité dès lors que l'on se pose plusieurs types de questions :

Quelle est la méthode générale mise en œuvre ici ?

Quel est le mécanisme opératoire ?

Quel est l'objectif visé par l'idée ?

Une fois que l'on a pris l'habitude de se référer constamment au niveau du concept, il devient possible de travailler au niveau de l'idée. À dire vrai, cela s'avère plus facile que de tenter de travailler dans l'abstraction propre aux concepts.

La nature des concepts

La tradition nous apprend à raisonner en termes précis et définis. Les concepts représentent une exception à la règle. Là, au contraire, doivent régner le général, le global, le vague et le flou. Plus nous nous accrochons au particulier et au spécifique, plus nous limitons la portée du concept.

Nous nous heurtons alors à une difficulté ; car il existe plusieurs niveaux de concepts, allant du singulier à l'universel.

Nous vendons des stylos plaqués or.

Nous vendons des outils d'écriture plaqués or.

Nous vendons des outils d'écriture de prestige.

Nous fournissons des articles de luxe personnels.

Nous fournissons des produits de luxe.

Nous vendons à nos clients ce qu'ils recherchent.

Nous vendons pour réaliser des profits.

Dans cet exemple, nous sommes confrontés à sept « niveaux de concepts ». Le premier se contente de décrire l'activité de manière très précise ; nous dirons que c'est un concept spécifique. En revanche, le dernier, trop général, pourrait s'appliquer à n'importe quel secteur industriel ou commercial. Le tout est de trouver le juste milieu, autrement dit le niveau de concept adapté à chaque cas. Malheureusement, il n'existe pas de formule magique pour ce faire ; c'est là qu'intervient une sorte de « flair » qui s'acquiert avec le temps et l'expérience.

Je peux néanmoins recommander une méthode qui a donné d'excellents résultats. Elle consiste à sélectionner un concept, puis simultanément à en élargir et à en recentrer la portée. Il s'agit en fait d'« étendre » le concept en allant du particulier vers le général.

Prenons le cas de la location de voitures, dans lequel vous extrayez le concept « fournir temporairement aux clients leur moyen de transport individuel ». Si vous optez pour une définition spécifique, cela donnera : « Tenir des voitures de location à la disposition des clients, où et quand ils le souhaitent et dans des conditions de rentabilité satisfaisantes pour le fournisseur. » Une formulation plus globale de l'activité pourra s'intituler : « Répondre aux besoins de déplacement des clients. »

En partant du concept extrait et en allant du plus petit dénominateur commun vers le plus grand, du particulier au général, on finit par trouver le niveau adéquat où le concept révèle toute son utilité.

Parfois, le concept se rapproche de la « définition » même du produit ou du service. Ainsi du concept de la brosse à dents :

Manche dont l'une des extrémités est dotée de poils sur lesquels on étend de la pâte dentifrice.

À d'autres occasions, il se résume à un mot ou à un précepte. Pour reprendre le même concept de la brosse à dents :

Moyen commode d'utiliser le dentifrice.

Des vocables simples tels que « commode », « flexible », « commission », « équilibre », sont des concepts. Dans certains cas, un seul mot suffit ; dans d'autres, il y faut une expression entière pour recouvrir l'intégralité du sens. Mais quoi qu'il en soit, l'abondance de détails est toujours superflue.

Les types de concepts

Certains concepts généraux peuvent être inclus dans le concept définissant un produit ou un service ; par exemple « commode », « adaptable », « puissant »... Puis, il y a aussi les concepts « définissants », qui traduisent le caractère unique d'une situation donnée. Lorsque l'on veut savoir si un concept se range dans cette catégorie, il suffit de poser la question : « Pourrait-il décrire autre chose ? »

À titre d'illustration, passons en revue les différentes formules tentant de définir le « concept d'échelle ».

Moyen d'atteindre un lieu élevé.

Cette définition est trop large. Le concept pourrait s'appliquer à un ascenseur, à un escalier mécanique, à une grue, voire à des chaussures d'escalade.

Moyen utilisant la puissance musculaire pour s'élever à la verticale.

On se rapproche mais la définition peut aussi s'appliquer à des marches escarpées.

Structure permettant de progresser à la verticale.

Voici la description probablement la plus proche du concept.

Notons qu'on aurait pu tout aussi bien choisir une description physique de l'échelle en ces termes :

Deux montants parallèles verticaux, munis d'échelons horizontaux séparés par des intervalles réguliers.

Voyons maintenant quels seraient les « concepts » adaptés à la notion d'assurance générale :

Méthode de compensation.

Réparation des pertes dues aux accidents et aux catastrophes.

Protection contre les pertes inattendues.

Les personnes exposées à des pertes potentielles versent une participation à un fonds qui permet de compenser les pertes subies.

Réduction du risque.

Payer une prime pour bénéficier du droit à dédommagement en cas de perte.

Répartir le risque.

Protection financière mutuelle.

Toutes ces propositions conviennent parfaitement, mais certaines évacuent une des caractéristiques essentielles de l'assurance : en substance la contribution financière. Ainsi lorsque l'on parle de « réduction du risque », l'expression pourrait tout aussi bien désigner le fait de rester chez soi ou de faire poser une serrure de sécurité sur la porte de son garage. Par ailleurs, le terme « mutuelle » se rapporte à nombre d'éléments qui appelleraient davantage de précisions.

D'un strict point de vue philosophique, la définition du concept pose toujours des problèmes, car il existe, nous l'avons vu, plusieurs niveaux de concepts. Mais il ne s'agit pas de se perdre dans des exercices de spéculation terminologique. Il faut se situer dans le concret, essayer toutes les différentes versions des concepts envisagés et sélectionner celle qui paraît la plus convaincante.

Nous tentons souvent de faire entrer dans un même concept des éléments aussi divers que le but, le mécanisme et la valeur. Plusieurs des définitions que nous venons d'explorer à propos de l'assurance en témoignent ; ce qui n'est d'ailleurs pas toujours inutile. Cependant il est parfois préférable de distinguer ces trois composantes qui représentent autant de types de concepts.

Les concepts relatifs au but

Qu'essayons-nous de faire ? Quel est le but de l'activité ou de l'opération ? Il ne s'agit de rien d'autre que d'une déclaration d'objectif dans des termes de concepts généraux.

Ainsi le but d'un parapluie sera-t-il d'« offrir une protection contre la pluie ».

Les concepts relatifs au mécanisme

Comment cela fonctionne-t-il ? De quelle manière atteint-on le but ? Quel est le mécanisme opératoire ? Que se passe-t-il ? Nous essayons de déterminer le mécanisme mis en œuvre ou recommandé pour obtenir l'effet souhaité.

Nous dirons ainsi que la protection contre la pluie résulte de l'utilisation d'un parapluie composé d'une pièce de tissu qui se tend ou qui se replie au gré des besoins.

Bien entendu, la description du mécanisme en soi comporte différents niveaux de détails.

Les concepts liés à la valeur

Pourquoi est-ce utile ? Quelle valeur cela apporte-t-il ? Où se situe la valeur apportée ? En quoi cela vaut-il la peine ?

La valeur du parapluie réside en ceci qu'il représente un dispositif de protection contre la pluie, à la fois portable, commode et prêt à être utilisé.

Tels sont les trois types de concepts les plus fréquents. À ceux-ci s'ajoutent les concepts dits descriptifs, dans lesquels le concept n'a d'autre raison d'être que de décrire quelque chose. La majorité des mots sont des concepts de ce type. Le terme « montagne », par exemple, désigne une forte élévation verticale du terrain. Dans la pratique, l'intérêt d'un concept réside davantage dans sa « fonction » que dans son apport descriptif. Les trois concepts énumérés (but, mécanisme, valeur) répondent à cette exigence.

Manier les concepts

Comme nous l'avons vu, il faut posséder un certain « flair » pour déterminer le niveau de concept approprié. Ce flair s'acquiert avec le temps et l'expérience mais aussi, et surtout, par l'effort. Il s'agit moins de trouver le concept « juste » que d'essayer tour à tour différents types de concept (comme pour définir un problème) jusqu'à ce que l'on découvre celui qui s'avère être approprié. Le choix du concept ou plus exactement son utilisation dépend du but recherché : la création d'idées neuves ou le changement de concepts.

Il faut s'astreindre à un va-et-vient permanent entre l'idée et le concept. L'aptitude à effectuer ce mouvement de balancier est caractéristique des individus naturellement créatifs.

La provocation

Einstein avait pour habitude de se livrer à ce qu'il nommait des « expériences mentales ». Il se disait par exemple : « Que verrais-je si je me déplaçais à la vitesse de la lumière ? »

L'enfant qui empile des cubes « pour voir ce qui va se passer » pratique lui aussi une expérience.

La provocation s'apparente à des expériences mentales.

Dans une section précédente, j'ai décrit le rôle décisif du hasard, des accidents, des erreurs ou de la « folie » dans la genèse des idées nouvelles. Ces phénomènes déclenchent une sorte de rupture qui nous force à sortir des limites du « raisonnable » déterminées par l'expérience. La provocation intentionnelle nous offre la possibilité d'aboutir au même résultat de manière méthodique. Nous ne sommes plus tributaires de la chance, du hasard ou de l'erreur. Nous avons enfin l'autorisation de nous laisser aller brièvement à une « folie » contrôlée, ne serait-ce que trente secondes. Et nous pouvons à notre gré susciter ou repousser la folie. Voilà pourquoi la provocation constitue un élément fondamental de la pensée latérale et de la créativité en général.

Nous évoquions le problème de la pollution de la rivière.

Po, l'usine est située en aval d'elle-même.

Cette affirmation résonne comme une provocation. Elle semble complètement absurde. Comment une usine pourrait-elle se situer à deux endroits simultanément ? Nous recourons au terme « po » afin d'indiquer que nous nous plaçons sur le registre de la provocation et non du point de vue de la logique classique (l'origine et la nature de « po » seront expliquées ultérieurement).

La provocation énoncée telle quelle, pose le problème des intrants et des rejets de l'usine. Il paraîtrait normal de réceptionner les entrées de flux en amont de la rivière et de rejeter les effluents en aval. Or la provocation suggère une solution originale consistant à implanter les usines de telle sorte que les flux entrent en aval des effluents ; provoquant ainsi une forme d'auto-pollution. Cette configuration et le danger qu'elle représente pour l'usine elle-même, responsabiliserait cette dernière et l'inciterait à remédier plus activement aux nuisances de la pollution. L'idée, aussi déconcertante soit-elle de prime abord, semble logique *a posteriori*. Plusieurs pays l'ont d'ailleurs adoptée et ont légiféré en ce sens.

Le groupe Du Pont s'interrogeait un jour sur la manière de traiter un nouveau produit, quand soudain David Tanner lança cette provocation :

Po, nous allons vendre ce produit à nos concurrents.

Cette provocation amena un bouleversement du traitement habituellement réservé à ce type de produit et un raccourcissement spectaculaire des délais de développement.

Po, les voitures devraient avoir des roues carrées.

Po, les avions devraient atterrir sur le dos.

Po, les enveloppes du courrier devraient être fermées après avoir été postées.

Les propositions ci-dessus paraissent illogiques, voire complètement « démentes ». En fait, elles sont parfaitement logiques dès qu'on les considère dans le cadre d'un système d'information à schémas.

La définition de la provocation est très simple :

Avec la provocation, il peut n'y avoir aucune justification à ce qu'une chose soit énoncée avant même qu'elle ait été réellement dite.

Cette formulation offre un contraste saisissant par rapport à notre raisonnement habituel fondé sur la certitude que l'on doit toujours avoir une raison de dire une chose avant de l'exprimer *in fine*. Dans la provocation, nous affirmons tout d'abord et c'est le résultat de notre affirmation qui justifie celle-ci *a posteriori*.

À première vue, la provocation ressemble au « mitraillage d'idées » par lequel nous exprimons tout ce qui nous passe par la tête en espérant qu'une solution intéressante finira par émerger. C'est ainsi que l'on utilise la technique du *brainstorming*. Mais cette façon de procéder génère beaucoup de gâchis et se révèle peu probante quant aux résultats.

En fait, la provocation apparaît comme une nécessité logique dans tout système auto-organisé. Un certain nombre de publications mathématiques sont parues sur ce thème. Ces types de systèmes « s'ancrent » dans des états stables. La provocation introduit de l'instabilité, à partir de laquelle va se créer un nouvel état stable.

Comme le montre la figure 2.9, notre cerveau forme des schémas asymétriques. L'humour apparaît lorsque nous dévions de notre trajectoire initiale pour être translatés à l'extrémité du tracé annexe. De cette nouvelle position, nous voyons se dérouler le parcours qui nous ramène jusqu'à notre point de départ sur la trajectoire d'origine. Le processus de créativité obéit au même principe. Mais comment passons-nous de la voie principale à la voie latérale ? C'est à ce moment qu'interviennent les méthodes de provocation systématique de la pensée latérale.

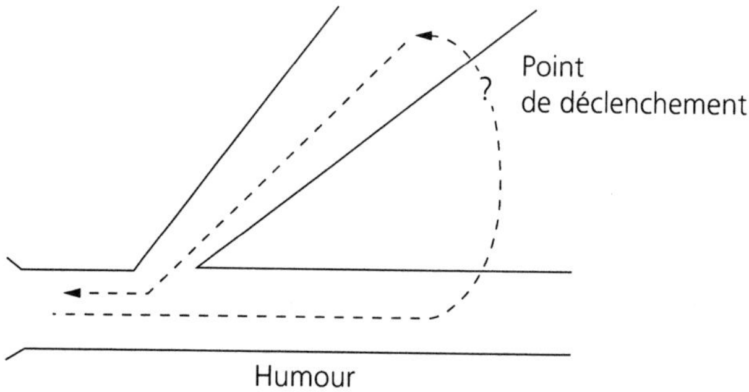

Figure 2.9

La figure 2.10 illustre de quelle manière la provocation naît d'un concept ou d'une idée qui n'existe pas dans notre expérience. La provocation se situe donc en dehors des schémas de notre expérience.

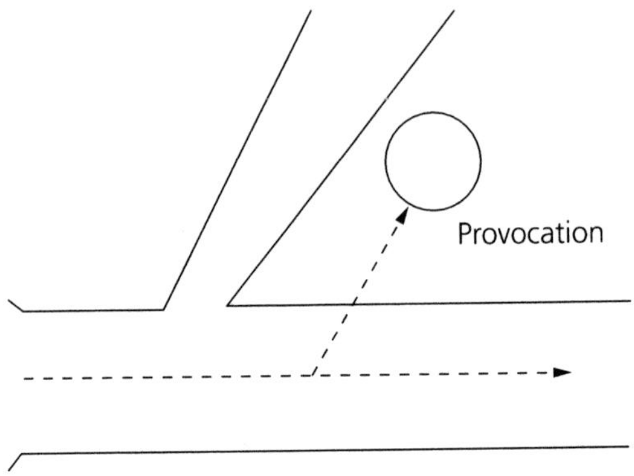

Figure 2.10

Sur la figure 2.11, nous voyons comment nous passons de la voie principale à la provocation, puis de celle-ci à la voie latérale. Une fois parvenus sur ce tracé, nous suivons le chemin qui nous ramène à notre point de départ, ouvrant ainsi la voie latérale qui équivaut à l'idée nouvelle.

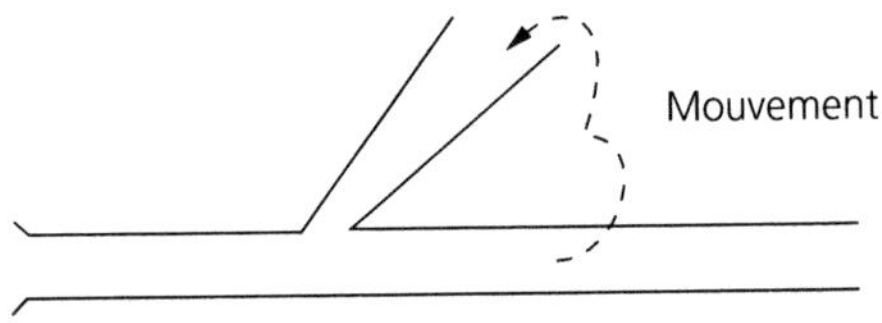

Figure 2.11

Ce processus ne s'apparente pas à un tour de magie. En chimie, lorsque nous voulons passer d'un composé stable à un autre, nous devons tout d'abord chercher à obtenir un composé instable qui se re-stabilise sous forme de nouveau composé. En physique, la modification de la configuration d'un atome suppose aussi de passer par une phase d'instabilité.

Dans notre mode de pensée traditionnel, chaque étape s'appuie sur l'étape qui la précède (c'est le propre de la pensée verticale). Lorsque nous parvenons à une solution, la validité de celle-ci dépend de la validité de chacune des étapes parcourues depuis le point de départ jusqu'à la solution. Ce processus de justification en chaîne, étape par étape, est illustré par la figure 2.12.

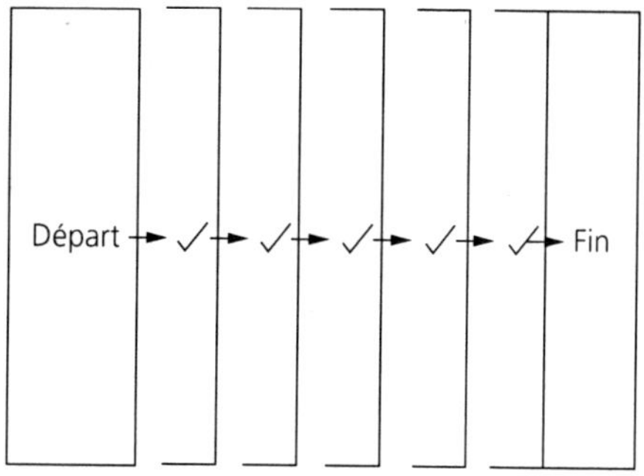

Figure 2.12

Dans le système fondé sur la provocation, nous nous acheminons du point de départ vers une provocation arbitraire. Puis nous faisons « mouvement » de la provocation vers l'idée ou le concept. La validité du résultat ne dépend pratiquement jamais de la manière dont nous avons avancé jusque-là. Mais, si nous jetons un regard en arrière vers le point de départ (le problème ou le sujet qui nous préoccupe), nous constatons *a posteriori* que la position à laquelle nous sommes parvenus possède une valeur réelle. Or, si cette valeur se révèle logique *a posteriori*, elle s'avère tout aussi utile que si elle résultait d'une succession d'étapes validées par la logique classique. La justification d'une idée après coup est aussi recevable que tout autre type de justification.

Pourquoi, devons-nous recourir à ce « saut » conceptuel ? Pourquoi devoir justifier notre idée par un retour en arrière ? La raison en est très simple. Dans tout système formateur de schémas, nous sommes contraints d'emprunter les schémas existants pour progresser. Notre pensée se laisse guider par une ligne préétablie. Nous n'avons pas d'autre choix et d'ailleurs nous n'avons pas conscience qu'il puisse y avoir d'autres alternatives.

Ce n'est qu'en empruntant le chemin en sens inverse que nous nous ouvrons d'autres voies, pourtant bien présentes, mais que nous avions ignorées. Ce processus est dépeint dans la figure 2.13.

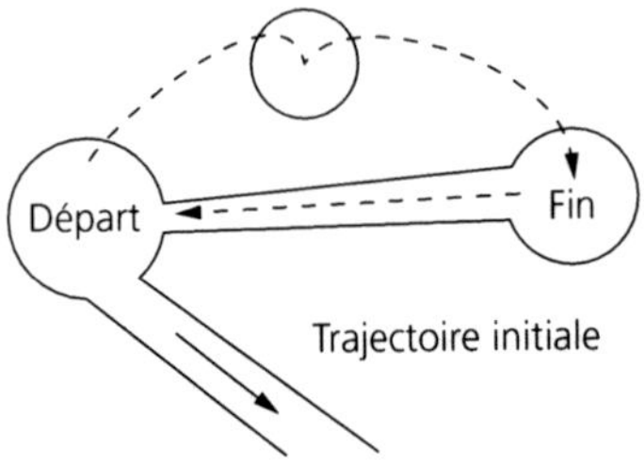

Figure 2.13

Le but de la provocation est précisément de nous aider à sortir de notre pensée linéaire traditionnelle. Elle nous sert d'appui pour progresser vers un nouveau point qui, *a posteriori*, semble porteur de valeur. C'est bien le fait d'échapper à la trajectoire d'origine qui importe ici. Notre cerveau effectue tout un travail pour établir les tracés principaux. C'est l'essence même de son excellence. Mais lorsque nous voulons être créatifs, nous devons, simultanément, trouver le moyen de nous échapper de ces plans tracés à l'avance. Voilà pourquoi la provocation joue un rôle fondamental dans la pensée latérale.

PROVOCATION ET HYPOTHÈSE

J'ai déjà évoqué toute la valeur de l'« hypothèse » qui nous permet d'envisager l'existence de mécanismes sous-jacents. Ce que l'hypothèse nous suggère oriente notre pensée et lui fournit un cadre conceptuel. La provocation, elle aussi, nous offre un environnement propice à un raisonnement nouveau. Mais elle va au-delà. L'hypothèse appartient encore au domaine du raisonnable. La provocation penche au contraire pour le « non-raisonnable », afin de susciter une rupture qui précipite notre pensée hors de ses repères traditionnels.

Nous parvenons à une hypothèse, puis nous nous efforçons de la justifier et de prouver sa validité. Supposition à l'origine, elle devient vérité provisoire. La démarche est tout autre dans le cas de la provocation ; nous ne cherchons pas à parvenir à la provocation, ni à la justifier. Nous n'aurons jamais l'intention, par exemple, de prouver que les roues carrées sont utiles ou que les avions devraient vraiment atterrir sur le dos. Elle ne représente qu'un moyen d'aboutir à une idée différente et distincte d'elle.

L'hypothèse comme la provocation tentent de modifier nos perceptions. La première les oriente dans un certain sens, la seconde les fait dériver de leur trajectoire habituelle. Ce sont des spéculations que nous construisons mentalement que nous utilisons ensuite pour faire progresser notre réflexion sur un sujet donné. Toutes deux s'intègrent dans le processus créatif et diffèrent radicalement de l'analyse. L'une renvoie à ce qui existe, les autres apportent un nouvel élément de connaissance.

UN PROCESSUS EN DEUX ÉTAPES

La méthode intentionnelle et systématique de la provocation est un processus en deux étapes. La première concerne l'élaboration de la provocation, la seconde est consacrée à son utilisation comme instrument de création de l'idée neuve.

À l'évidence, lorsque nous appliquons la technique de la provocation, la première étape doit précéder la seconde :

1. définition de l'objectif créatif ;
2. élaboration de la provocation ;
3. utilisation de la provocation.

Dans la pratique, cependant, il est préférable d'apprendre à appliquer la provocation avant de s'engager dans sa construction. En effet, sa formulation découle directement de son utilisation. Il serait insensé d'élaborer des provocations déconcertantes pour qui les écoute, sans savoir à quel but elles répondent. Ce processus global d'apprentissage par rétroaction a un fondement logique et donne d'excellents résultats. Il est décrit en détail dans un autre ouvrage [2].

L'usage de la provocation fait appel à une opération mentale spécifique appelée le « mouvement ». Il s'agit d'une opération active, qui diffère du raisonnement. Le mouvement est un exercice qui nécessite un apprentissage et de la pratique pour être parfaitement maîtrisé

Nous allons maintenant étudier la technique du mouvement, avant d'approfondir les méthodes d'élaboration des provocations.

Le mouvement

Le mouvement est une opération mentale d'une extrême importance, qui se situe au centre de l'acte créatif. Sans la maîtrise de cette technique, il n'y aurait pas de créativité possible. Pourtant le mouvement n'entre pas dans notre mode de pensée habituel, sauf peut-être en poésie, où nous partons des images et des métaphores pour exprimer un sens et des sentiments.

Notre cerveau fonctionne comme un système auto-organisé dans lequel l'information entrante s'ordonne en schémas, en trajectoires, en canaux, en séquences... Il nous permet ainsi de gérer la complexité du monde qui nous entoure. Loin de représenter un défaut, ce comportement régulateur constitue, au contraire, le principal atout de notre cerveau en tant que mécanisme d'information.

La perception forme puis utilise ces schémas. Ce qui suppose de « reconnaître » les schémas appropriés et de nous guider le long de leur trajectoire. C'est là qu'intervient le jugement, élément essentiel de la perception.

On distingue deux types de jugement. L'un s'exerce consciemment, tel un juge dans une cour de justice, un professeur qui évalue le travail de ses élèves ou bien encore un architecte d'intérieur qui sélectionne des échantillons de tissus. L'autre résulte d'une opération automatique et inconsciente du cerveau. Il pose d'office la question : « Qu'avons-nous ici ? »

Le jugement joue un double rôle dans la perception. Il trouve, identifie, ajuste ou valide le schéma approprié, de manière quasi automatique en recourant parfois à l'analyse consciente pour décomposer la situation en fragments plus faciles à reconnaître.

Sa seconde fonction est de nous empêcher de sortir de la trajectoire d'origine. En signalant les fautes, les errements, les déviations ou les inadéquations, il nous ramène dans le droit chemin. C'est ainsi qu'il rejette les idées censées être erronées et incompatibles avec l'expérience.

Si on lui présente une provocation telle que « les voitures à roues carrées » ou « les avions qui atterrissent sur le dos », il est bien évident qu'il les balaiera immédiatement et sans appel. Le jugement doit remplir un devoir bien précis et s'en acquitter convenablement. Quand on porte le chapeau noir, la pensée suit la direction imposée. Voilà pourquoi tous ceux qui enseignent la réflexion créative insistent sur la nécessité de « suspendre son jugement », de le « différer », de le « remettre à plus tard ». Le *brainstorming* emprunte aussi cette voie. Et il souffre du même handicap. Car il ne suffit pas de demander aux gens de ne plus solliciter leur jugement, encore faut-il leur offrir une solution de rechange. Le fait de les priver d'œufs au bacon pour le petit déjeuner ne leur dit pas ce qu'ils vont manger.

Qu'est-ce donc que le « mouvement » : un processus mental actif qui s'acquiert, se pratique et s'utilise de manière intentionnelle. Il ne se résume pas à l'absence de jugement. Si nous reprenons la métaphore du petit-déjeuner, nous dirons que les œufs au bacon seront remplacés par des céréales.

La différence entre le jugement et le mouvement est illustrée par la figure 2.14. Dans le processus de jugement, nous comparons l'idée nouvelle aux schémas de notre expérience et nous la rejetons si elle s'avère incompatible avec eux. Nous portons le chapeau noir. Avec le mouvement, nous acceptons l'idée telle qu'elle se présente. Qu'elle soit juste ou fausse par rapport à notre expérience, qu'elle la corrobore ou qu'elle s'y oppose, ne nous intéresse pas. Une seule chose nous motive : le fait qu'elle nous offre un point de départ pour progresser. Nous voulons aller de l'avant.

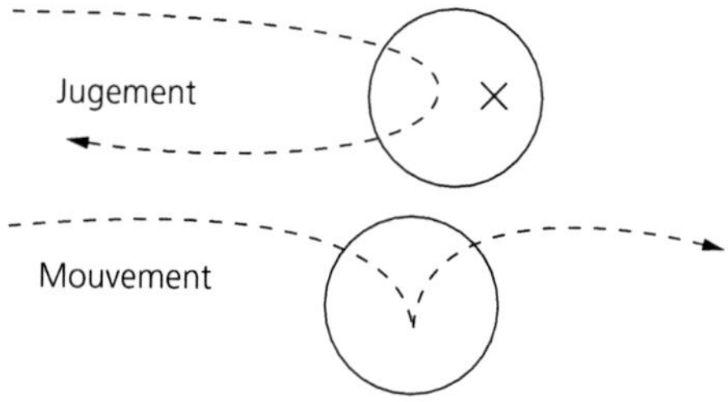

Figure 2.14

Le jugement est statique ; il se rapporte à « ce qui est » et à « ce qui n'est pas ». Il participe de la logique du rocher. Le mouvement, en revanche, est fluidité, il privilégie la progression et appelle cette question : « Vers quoi nous dirigeons-nous ? » Il s'apparente à la logique de l'eau, au flux, au courant. Avec lui, nous portons le chapeau vert.

Le jugement et le mouvement correspondent à deux « jeux » radicalement différents qu'il faut se garder de confondre. Imaginons que quelqu'un vous enseigne les règles du bridge et ensuite celles du poker. Quand vous jouez au bridge, vous vous concentrez sur vos annonces. Quand vous jouez au poker, vous en respectez les règles et ne cherchez pas à appliquer celles du bridge. Par analogie, quand vous sollicitez votre jugement, vous ne faites pas intervenir le mouvement, et inversement. Ce sont deux opérations mentales strictement distinctes l'une de l'autre, qui n'admettent aucun compromis, aucune position ambiguë.

L'UTILISATION DU « MOUVEMENT »

Nous traitons ici plus particulièrement du mouvement comme moyen de transformer une provocation en une idée neuve et exploitable ou en un concept. Car sans le mouvement, la provocation est privée de sens ; elle perd sa raison d'être.

Précisons, néanmoins, que l'utilisation du mouvement dans la créativité ne se résume pas à la seule fonction de justifier la provocation. Cette dernière ne représente en fait que la forme extrême du mouvement. Comment passer d'une provocation

« absurde » à une idée convaincante, susceptible d'être utilisée ? Il existe d'autres fonctions du mouvement. Il permet par exemple de renforcer une idée, de lui donner plus d'impact, de passer de la suggestion à l'idée concrète, d'évoluer du concept vers l'idée qui le matérialise.

Pris dans son sens général, le « mouvement » signifie la volonté d'aller de l'avant, dans une exploration optimiste au lieu de s'immobiliser dans un jugement négatif visant uniquement à évaluer le bien fondé de l'idée nouvelle par rapport à l'expérience. L'essence de la créativité est de parvenir à des idées valables, pratiques et utilisables, sans égard pour le cheminement emprunté. Il n'est pas nécessaire que chaque étape de la genèse de l'idée soit validée par le jugement.

Le processus global du mouvement a son importance. Il se déroule ainsi : quelqu'un émet une proposition ; celle-ci fait immédiatement l'objet d'un jugement, de rectifications éventuelles, de critiques exprimées par une deuxième personne. À ce moment intervient un tiers qui s'intéresse davantage aux perspectives ouvertes par la suggestion. La différence de réaction s'explique par le fait que l'un envisage la question sous l'angle du chapeau noir, alors que l'autre porte plutôt le chapeau vert (le mouvement), quitte à opter ultérieurement pour le chapeau noir lorsqu'il s'agira d'évaluer les résultats *in fine*.

Il existe deux manières de faire usage du mouvement : le processus général, décrit brièvement ci-dessus, et les techniques systématiques.

Le processus général

Le mouvement répond à la volonté d'aller plus loin, de progresser à partir d'une affirmation ou d'une provocation. Dans certains cas, les idées naissent sur-le-champ. Un individu qui possède une longue pratique du mouvement, notamment des techniques systématiques, obtiendra des résultats significatifs en se référant au processus général. Je conseille toujours de débuter par lui et de ne recourir aux techniques systématiques, que s'il ne répond pas aux attentes. Mais lorsque l'on s'initie à la pensée latérale, il est préférable d'utiliser ces techniques, dans la mesure où elles permettent d'acquérir une pleine maîtrise du mouvement.

Les techniques systématiques

Elles sont au nombre de cinq. Chacune suppose un effort de volonté délibérée quant à son apprentissage, sa pratique et sa mise en œuvre. Il ne s'avère pas indispensable de les employer toutes sans distinction, bien qu'elles soient universellement utilisables. Il s'agit là d'une toute autre méthode que de simplement « suspendre son jugement ».

Les techniques du mouvement

Les cinq techniques utilisables méthodiquement pour obtenir un mouvement sont présentées ci-dessous. Je ne prétends pas que ce sont les seules ou qu'elles ne peuvent se subdiviser en une multitude d'autres. Il arrive que plusieurs techniques se chevauchent. Ce qui ne revêt pas une importance capitale puisqu'elles convergent toutes vers le même objectif : progresser vers une nouvelle idée ou vers un concept.

Extraire un principe

De la provocation élaborée par vous-même ou par autrui, vous extrayez ce que l'on appelle un « principe », un « concept », une « caractéristique », ou un « aspect ». La terminologie employée importe peu. Il s'agit toujours de sélectionner un élément de la provocation à l'exclusion de tous les autres. Dorénavant, vous concentrez votre attention sur cette « extraction », autour de laquelle vous allez bâtir une idée praticable.

Une agence de publicité cherchait un jour un « support publicitaire inédit ». Quelqu'un souffla la provocation suivante : « Po, ressuscitons le crieur public. »

Dans la ville moderne, dominée par des immeubles de dix, vingt, trente étages, voire plus, que l'air conditionné isole de l'extérieur et dans laquelle règne une circulation intense, quel écho pourraient avoir les annonces du crieur public ? Mais, rappelons-le, il s'agissait seulement d'une provocation. Quels principes, quels concepts ou quelles caractéristiques trouve-t-on représentés dans la figure du crieur public ?

Il peut accéder à tous les lieux où se trouvent les gens.

Il peut modifier le message en fonction de l'auditoire.

Il peut répondre aux questions.

Il possède une légitimité qui fait de lui un personnage respecté.

Il est forcément à la pointe de l'information.

On ne peut pas l'éteindre comme un appareil.

Chacune de ces observations pourrait être « extraite » de la provocation et utilisée. Le principe définitivement retenu fut le dernier : « On ne peut pas l'éteindre comme un appareil. » Ceci posé, on oublia le crieur public pour passer en revue les supports que l'on ne peut (ou que l'on ne veut) pas éteindre. Le téléphone vint à l'esprit de ceux qui étaient réunis pour réfléchir au problème. Et l'on en arriva à l'idée de téléphones publics qui ne factureraient pas les communications aux usagers, celles-ci étant financées par les annonceurs. Les publicitaires payeraient pour l'insertion de messages diffusés à intervalles réguliers au milieu des communications téléphoniques. Ce système pourrait être limité aux appels locaux.

Nous voyons ainsi qu'à partir d'une provocation et en utilisant le mouvement, il est possible d'aboutir à une idée originale, dotée d'une réelle valeur.

Se focaliser sur la différence

Dans le cas de figure qui va être développé ci-dessous, la provocation est comparée à une idée ou à une procédure existante. Les éléments de différenciation sont isolés et traités un par un, afin de déterminer s'ils sont susceptibles de mener à une idée intéressante. Lorsque la provocation présente de nombreuses similitudes avec ce qui se pratique déjà, on se concentre sur les différences, aussi minimes soient-elles. Si elles ne concernent qu'un pour cent de la provocation, on explorera ce un pour cent.

Le timbre-poste suscite une « focalisation globale ». Quelqu'un émet dans ce cadre la provocation suivante : « Po, les timbres devraient être longs et très minces. »

Si nous nous focalisons sur la « différence », nous obtenons les propositions suivantes :

On pourrait imprimer des messages sur les timbres.

Le timbre laisserait davantage d'espace libre pour l'adresse.

On pourrait utiliser le timbre pour fermer l'enveloppe.

On pourrait acheter les timbres sous forme de rouleaux adhésifs.

La longueur du timbre pourrait être proportionnelle à sa valeur.

On pourrait plier le timbre en deux pour couvrir aussi partiellement le dos de l'enveloppe.

La proposition selon laquelle la longueur pourrait être proportionnelle à la valeur, provient directement de la « différence » qui existe avec la dimension actuelle du timbre. On en arrive à l'idée que la longueur pourrait représenter une unité de valeur. Il ne serait donc plus nécessaire d'indiquer une valeur sur le timbre, désormais divisé en « unités postales ». Ces unités postales seraient vendues à un prix convenu comme les unités de gaz ou d'électricité. Ce concept pourrait être répercuté sur les timbres de format classique ; lesquels ne comporteraient plus de valeur mais serviraient à désigner le « courrier intérieur », le « courrier urgent » etc. Ils seraient vendus au tarif en vigueur.

Ici, l'idée générée par la provocation est reprise puis appliquée au concept existant. Dans la même veine, d'autres idées auraient mérité d'être explorées en reprenant le concept du long timbre mince de la provocation. Il arrive que la provocation recèle elle-même de la valeur, bien que ce ne soit pas son objectif principal.

Image par image

Il s'agit très probablement de la technique de mouvement la plus performante. Elle consiste à extrapoler la mise en application de la provocation, ce qui ne va pas sans quelque effort d'imagination. Nous visualisons ce qui arriverait « image par image ». Ce n'est pas le résultat final qui nous intéresse, ici, mais ce qui se passe à chaque étape du processus. Nous procédons un peu comme le chef opérateur qui suit le déroulement du film sur la pellicule. Forts de nos observations, nous tentons de développer un concept ou une idée.

Po, les voitures ont des roues carrées.

Nous imaginons une voiture dotée de roues carrées. Nous nous la représentons au moment où elle démarre. La roue carrée s'élève sur ses angles ; ce qui communique une allure cahotante au véhicule. Mais supposons que la suspension soit prévue pour anticiper le mouvement de la roue et se rétracter à bon escient. Cela mène au concept d'adaptation de la suspension et, par là, à l'idée d'un véhicule capable d'aborder tous les types de terrain, y compris les plus accidentés. Une roue témoin signalerait les aspérités de la route à la suspension qui s'ajusterait de telle sorte que les roues de la voiture se surélèveraient, afin d'épouser le « profil » du terrain. Le véhicule « flotterait » au-dessus du sol au lieu de retomber lourdement. J'avais suggéré l'idée à des constructeurs automobiles il y a vingt ans Aujourd'hui un certain nombre d'entre eux, dont Lotus (qui fait partie de GM) travaillent sur la « suspension intelligente » qui procède du même concept.

Po, les avions devraient atterrir sur le dos.

De prime abord, la proposition paraît absurde ; mais les provocations ne sont jamais absurdes. Quelqu'un remarque qu'effectivement, en phase d'approche, le pilote disposerait d'une meilleure visibilité de la piste. Nous avons affaire à un mouvement classique « image par image ». L'affirmation incite à aborder la question de l'emplacement du pilote dans l'avion.

Lorsque les appareils étaient de petites dimensions, le pilote était assis au sommet. Et il a conservé cette place par la suite. Mais est-ce vraiment la position idoine ? Est-ce le meilleur emplacement dans l'absolu ? L'angle d'atterrissage du Concorde était tellement étroit, qu'il gênait la visibilité pour le commandant de bord. D'où le mécanisme prévu pour abaisser le nez de l'avion, de façon à ménager une meilleure vision. Pourquoi ne pas imaginer de déplacer le pilote au moment de l'atterrissage ou d'installer des caméras vidéo à des points névralgiques ?

Les aspects positifs

Voici la technique du mouvement la plus simple. Elle ressort davantage du chapeau jaune que du chapeau vert. Elle consiste à repérer les avantages et les aspects positifs de la provocation. Quelles valeurs peut-on directement en retirer ? Nous prenons en compte les bénéfices réels plutôt que les bienfaits potentiels de la provocation. À partir de la valeur ainsi dégagée, nous tentons de progresser vers une nouvelle idée.

Po, les voitures devraient avoir le moteur sur le toit.

Évidemment, cela poserait quelques problèmes de transmission et de centre de gravité, mais cela apporterait d'autres atouts :

Facilité d'accès au moteur pour l'entretien.

Moins de risque d'endommagement en cas de collision.

Répartition équitable du poids à l'arrière et à l'avant du véhicule.

Augmentation de l'espace intérieur ou diminution de l'encombrement extérieur.

Amélioration de la circulation de l'air de refroidissement.

Ces considérations ont débouché sur l'idée d'une voiture de dimensions réduites, dont le moteur serait logé au centre, sous l'habitacle.

Chaque fois que la provocation recèle une valeur immédiate, nous nous concentrons sur cette valeur pour tenter de la transformer en idée concrète.

Les circonstances particulières

Dans quelles circonstances cette provocation aurait-elle une valeur évidente ? En cas d'inondation, la voiture dont le moteur serait placé sur le toit possèderait une valeur immédiate, puisqu'elle pourrait continuer à rouler sans crainte de l'endommager. Avec cette technique, il s'agit de passer au crible toutes les situations qui donneraient une valeur à la provocation.

Po, les verres devraient être conçus avec un fond bombé.

Dans quelles circonstances le fond bombé aurait-il directement de la valeur ? Il serait impossible de reposer le verre avant d'avoir bu entièrement son contenu, ce qui permettrait aux bars d'accélérer leur débit. On ne pourrait poser son verre sur la table, sauf à disposer d'une sorte de porte verres. À son tour, ceci éviterait les vilaines taches blanchâtres qui abîment les bois précieux, puisque au lieu de poser son verre n'importe où, chacun serait contraint de le placer sur le porte verre.

Dans certains des exemples cités, nous observons des cas de superposition. Ainsi dans la proposition sur les verres à fond bombé, on trouve aussi un élément « image par image », au moment où l'on visualise très exactement le geste de quelqu'un qui repose son verre vide. Comme on retrouve aussi un élément des aspects positifs dans la provocation concernant le timbre long et mince.

Pour terminer, je vous propose l'exemple suivant :

Po, celles et ceux qui veulent obtenir une promotion devraient porter une chemise ou un chemisier jaune.

Reprenons chacune des techniques évoquées et tentons de les appliquer à cette phrase.

- **Extraire un principe** : le principe à retirer de la proposition est que chaque salarié devrait être capable d'afficher sans ambiguïté ses ambitions.
- **Se focaliser sur la différence** : les salariés ambitieux pourraient désormais se distinguer des autres. Est-il préférable de tenter de donner de l'ambition aux gens talentueux ou d'essayer de donner du talent aux ambitieux ? Voici un cas d'école intéressant.
- **Image par image** : lorsque la personne choisit ses vêtements le matin, son conjoint pourrait lui dire : « Que se passe-t-il, pas de chemise jaune aujourd'hui ? » N'existerait-il pas une idée qui aiderait les membres de la famille à motiver chaque matin celui/celle qui part travailler ?
- **Les aspects positifs** : tous ceux qui portent leur chemise jaune se sont engagés et doivent se donner les moyens de satisfaire à cet engagement.
- **Les circonstances particulières** : les clients préfèreraient s'adresser aux serveurs vêtus d'une chemise jaune pour deux raisons : ils espèreraient obtenir un service de meilleure qualité et seraient persuadés de bénéficier, en cas de réclamation, d'un traitement plus rapide et plus performant.

On notera cependant que certains aspects des techniques du mouvement sont « analytiques » et convergents. Ce qui explique pourquoi le mode de réflexion « divergent » est peu apte à favoriser une créativité efficace. La technique « image par image » repose à la fois sur l'imagination et sur les capacités d'analyse pour prévoir ce qui va se passer. La recherche des aspects positifs et l'extraction d'un principe comportent aussi une part d'analyse.

Les différents résultats possibles

À mesure que nous avançons dans le processus de « mouvement », plusieurs éléments peuvent intervenir.

Les points négatifs

Lorsque nous nous focalisons sur la différence ou lorsque nous optons pour la technique « image par image », certains points de nature négative peuvent surgir. Il faut alors se garder de les mettre en évidence sous peine de retomber dans le piège facile du jugement. Contentez-vous de les noter mentalement et efforcez-vous de continuer à aller de l'avant en quête d'une idée utilisable. Si nous reprenons l'exemple de la chemise jaune, nous pouvons affirmer qu'une personne qui porte continuellement sa chemise jaune et qui ne reçoit pas pour autant de promotion, est susceptible de se décourager. Ce qui est rigoureusement exact. Il serait sans doute préférable que cette personne sache immédiatement (la première fois qu'elle endosse sa chemise jaune) qu'elle ne sera pas promue, au lieu d'attendre vainement pendant des années.

Les idées du passé

Il arrive que les techniques de mouvement retombent dans l'ornière des idées du passé. Lorsque la situation se présente ainsi, il est vital de redoubler d'efforts pour développer d'autres voies. Cela n'a aucun sens de relier une provocation à une idée qui existe déjà.

Le point intéressant

Le mouvement peut entraîner celui qui le pratique vers un « point intéressant ». Le terme « intéressant » a ici un sens particulier ; le point en question ne possède pas forcément une valeur mais il recèle un potentiel. À mesure que nous progressons dans l'apprentissage de la pensée créative, nous devenons plus aptes à déceler cet aspect intéressant, nous nous disons : « Je sens qu'il y a là du potentiel. » En fait nous pressentons un gisement de possibilités. Ce sentiment nous incite à marquer une pause pour regarder ce qui se passe autour de nous, comme lorsque nous nous arrêtons au cours d'une randonnée dans la campagne pour découvrir un village « intéressant ». Le mouvement ne nous presse pas ; nous avons le temps. C'est l'un des rares instants où nous devons ralentir notre réflexion pour mieux assimiler ce que nous observons.

La différence

La « différence » est en soi un point intéressant. Vous découvrez qu'un concept ou qu'une idée est différente de ce qui l'a précédé, que votre pensée s'engage dans un chemin différent. La différence vaut toujours la peine d'être explorée pour voir si elle conduit à une valeur significative. L'exploration vise à assurer la mise en exergue ou le suivi d'une différence. Les éléments de différence ou les changements qui interviennent dans la réflexion sont à prendre en considération, même si provisoirement ils ne mènent nulle part.

La valeur

C'est une prise de choix. Chaque fois que vous trouvez de la valeur ou un bénéfice évident, vous thésaurisez, vous l'appréciez pleinement. Puis vous regardez autour de vous pour comparer ce nouveau type de valeur à ce qui existait auparavant. Enfin vous faites l'effort de vous demander si vous ne pouviez pas arriver au même résultat de manière plus pratique et plus simple.

Dans la pensée latérale, chaque fois que vous parvenez à une idée finale, regardez autour de vous, afin de déterminer si cette « valeur » qui vous est chère ne pouvait pas être obtenue plus simplement. La valeur devient le point fixe. N'existe-t-il pas d'autres alternatives pour la produire ?

Parvenir au concept

Quelle que soit la provocation, elle permet en général de formuler des concepts intéressants, même s'ils n'offrent pas une valeur immédiate. Il importe de les définir clairement pour en saisir toute la portée et de les comparer aux concepts anciens, puis de les consolider.

Il n'est pas toujours aisé de passer du concept à sa matérialisation. Les concepts devraient donc être considérés comme les produits de la provocation et répertoriés comme tels. Ils ne sont pas uniquement des étapes vers les idées ; ils possèdent leur propre existence.

On finit toujours par passer du concept à l'idée qui va le matérialiser. Celle-ci peut être une idée réaliste ou une idée « par exemple », qui indique seulement comment le concept pourrait s'appliquer.

Parvenir à l'idée

Le résultat attendu de tout effort de créativité est d'aboutir à une idée nouvelle et utilisable. Il arrive que l'idée soit directement produite grâce à la technique de la provocation. Plus souvent, on parvient seulement à l'ébauche de l'idée qui doit ensuite être peaufinée et complétée avant de passer l'épreuve de l'évaluation. Ce « traitement de l'idée » sera développé dans les pages suivantes.

La technique du mouvement aboutit parfois à une idée impraticable ou inutilisable en l'état. On est alors tenté de remonter vers le concept qui la sous-tend et de le conserver tel quel. Mais on peut aussi chercher d'autres moyens de réaliser le concept. L'« idée par exemple » possède son propre mérite, en ce sens qu'elle illustre le concept en action.

L'impasse

Parfois le mouvement conduit à une impasse. La pensée semble constamment ramenée à ce qui existe déjà. Dans une telle situation, le plus sage est de « récolter » les résultats acquis au cours de la session de réflexion (le processus de récolte sera amplement repris par la suite). Pourquoi ne pas l'avouer en toute humilité : « Je n'ai rien obtenu d'utile. » Continuer à explorer la question n'a pas de sens, mieux vaut refaire d'autres tentatives sous forme de provocation ou en reprenant différemment les techniques du mouvement. On ne trouve pas à tout coup une idée lumineuse. Du point de vue de la confiance en soi, le fait de reconnaître que l'on n'a abouti nulle part se révèle plus encourageant que de s'acharner à poursuivre un but que l'on n'atteint pas et d'échouer sans cesse.

La confiance

Il est primordial d'afficher une confiance absolue dans le processus de mouvement, de s'y sentir à l'aise et de le maîtriser. Si ces conditions sont réunies, vous n'éprouverez plus de réticences à l'utiliser si nécessaire. En outre vos efforts seront plus fréquemment couronnés de succès.

Vous ne réussirez pas forcément à produire une idée marquante mais vous croirez en vos capacités et vous approprierez le processus, c'est là l'important. Vous verrez alors qu'il vous sera facile de l'appliquer à tous les types de provocations, aussi illogiques ou bizarres qu'elles paraissent.

Nous allons maintenant nous pencher sur l'origine des provocations et sur leur mode de création.

Élaborer des provocations

J'ai inventé le terme « po » en 1968. Depuis, beaucoup de gens l'ont emprunté et utilisé, généralement sans en connaître l'origine, ni réellement comprendre ce qu'il recouvre.

Pourquoi avons-nous besoin du mot « po » ?

La provocation a une très large portée. Elle nous sert à formuler des assertions qui ne décrivent pas ce qui existe mais qui sont destinées à bousculer l'ordre normal de nos idées. À son niveau le plus faible, la provocation s'exprime par des expressions telles que : « Qu'en est-il de... » ; « Supposons... » ; « Que se passerait-il si... » Ces interrogations suffisent à annoncer des affirmations qui évoquent certaines conditions. Ensuite nous voyons, ou plutôt nous entendons, ce qui arriverait. Mais nous ne possédons aucun outil linguistique apte à couvrir l'autre extrémité de la gamme des provocations, où celles-ci énoncent des choses que nous savons impossibles, contradictoires, voire absurdes du point de vue de la logique. Nous ne connaissons pas de mot qui nous permette d'utiliser de telles provocations, tout simplement parce que le langage a pour fonction de décrire la réalité et ne saurait nommer ce qui n'en fait pas partie. Le mot « po » ne pourrait exister dans une langue quelle qu'elle soit. En quelque sorte, il relève d'un anti-langage.

L'existence de « po » se fonde sur la logique propre aux systèmes auto-organisés, formateurs et utilisateurs de schémas. Ces systèmes ne peuvent faire l'économie de la fonction « po ». Il s'est donc avéré nécessaire d'inventer ce terme, afin d'avertir que l'on va intentionnellement énoncer une provocation.

Car une forme de signalisation est indispensable ici : sinon nous perdrions du temps et de l'énergie en retombant dans le processus de jugement classique. Si vous suggérez : « Les voitures devraient avoir des roues carrées », vos interlocuteurs, confrontés à cette étrangeté, vont soupeser vos paroles, les évaluer, les critiquer ; ils finiront par exiger de vous une justification rationnelle. Mais si vous formulez votre proposition ainsi : « Po, les voitures devraient avoir des roues carrées. », tout le monde est averti et vous pouvez vous engager sans tarder dans le processus de mouvement.

Des mots tels que hy(po)thèse, sup(po)ser, (po)ssible et (po)ésie laissent pressentir que l'on va utiliser l'affirmation à venir comme moyen d'aller plus avant. Nous l'énonçons tout d'abord et nous attendons de voir où elle va nous mener. La prose et la description procèdent d'une démarche statique : elles montrent ce qui est maintenant. La syllabe « po » est extraite des quatre mots indiqués et employée formellement comme symbole de la provocation.

En maori et dans l'ancien polynésien, « po » désigne le chaos informe de l'origine des temps, à partir duquel tout a été formé. Cette acception paraît tout à fait pertinente.

De manière générale, « po » renvoie à :

- (p)rovocation (o)pératoire ;
- (p)rovocation (o)pérationnelle ;
- (p)rovocation (o)pérante.

Les types de provocation

On distingue deux types principaux. Les provocations qui « naissent d'elles-mêmes » sans être intentionnelles et celles qui résultent d'une démarche délibérée et méthodique.

Certaines sont dues au hasard, à un accident, à une erreur ; l'histoire en offre maints exemples. Elles transforment notre manière de penser, que nous le voulions ou non. Certaines affirmations ne constituent pas des provocations intentionnelles mais sont perçues comme telles par l'auditoire, qu'il s'agisse ou non de remarques censées ou absurdes.

Quelqu'un exprime une proposition à laquelle vous ne souscrivez pas. Vous pouvez manifester votre désaccord, la critiquer et en rester là. Mais vous avez aussi la possibilité de la traiter comme une provocation, avant ou après l'avoir soumise à votre réflexion. Il importe peu, à cet égard, que l'auteur de la remarque l'ait envisagée comme provocation ou maîtrise le processus de provocation. Tout dépend de vous, de la manière dont vous choisissez de la traiter.

À la fin des années 1930, un hurluberlu adressa une lettre à Robert Watson Watt, dans laquelle il conseillait au ministère de la Défense d'inventer une onde radio suffisamment puissante pour abattre des avions. On rapporte que Watson Watt rejeta l'idée qu'il jugeait débile à juste titre (le volume d'énergie dans une transmission radio est plutôt faible). Cependant, son assistant, qui avait interprété la proposition comme une provocation, suggéra que peut-être la réflexion de l'onde radio pourrait contribuer à détecter des avions. Le concept du radar était né, dont on put apprécier la valeur durant la seconde guerre mondiale.

Personne ne saura jamais si ces évènements se sont réellement déroulés comme l'histoire les présente. Celle-ci n'en demeure pas moins une excellente illustration de la volonté d'un individu de traiter une idée, aussi absurde soit-elle, comme une provocation au sens où je l'entends.

Qu'il s'agisse de déclarations au cours de conversations privées ou de réunions, de suggestions formulées par oral ou figurant officiellement dans des rapports, d'idées extravagantes lues vous ne savez où, toutes peuvent être traitées en tant que provocations — il suffit pour cela que vous le vouliez.

J'interrogeai un jour les élèves d'une classe sur le meilleur moyen d'évaluer la hauteur d'une construction qui paraissait très élevée. On me fournit plusieurs réponses intelligentes. C'est alors qu'un jeune garçon voulut faire un trait d'esprit : « Couchez le bâtiment et mesurez sa longueur en comptant vos pas. » Nous pouvons prendre cette suggestion, censée être humoristique, comme une provocation : « Po, couchons le bâtiment sur le côté. » La première idée qui nous vient serait de mesurer la longueur de son ombre et de s'en servir pour mesurer la hauteur de l'immeuble (en comparant avec notre ombre et notre taille). Une autre idée consisterait à prendre un cliché et à renverser le bâtiment sur le côté à partir de la photo. Mais avant de le photographier, nous aurions fabriqué une grande boîte, que nous aurions ensuite placée à vingt mères de l'immeuble. La distance entre la base de l'immeuble et la boîte, sur la photographie représentant vingt mètres, ce qui nous aurait fourni une échelle de mesure. Il existe bien d'autres idées à partir de la même provocation.

Dans la pratique, il n'est pas facile de traiter comme provocation une idée irréalisable ou que nous n'apprécions pas. Nous devons néanmoins faire cet effort. Le choix nous appartient. Personne ne doit intervenir en quoi que ce soit.

Venons-en maintenant aux méthodes volontaires de construction des provocations. Ce sont les outils de provocations systématiques de la pensée latérale. Ils nous permettent d'obtenir de façon contrôlée et délibérée ce qui, sinon, dépend du hasard, d'un accident ou d'une erreur. Il importe de bien comprendre que les provocations s'appuient sur une base logique et qu'il ne s'agit pas ici d'adopter des comportements aberrants en espérant que quelque chose d'intéressant ou d'utile va intervenir. Nous créons délibérément une provocation, à partir de laquelle nous utilisons les techniques systématiques du mouvement pour progresser de la provocation vers une idée nouvelle ou un concept. Ce processus s'effectue étape par étape.

La technique de l'échappée

Voilà une manière à la fois simple et directe de créer des provocations. Toute situation comporte un certain nombre de vérités ou de faits que nous tenons pour acquis. Ainsi, il nous paraît normal qu'une tasse repose sur une soucoupe et qu'elle soit munie d'une anse. Nous tenons pour acquis qu'elle ait un bord circulaire et qu'elle tienne debout. Je préfère l'expression « tenir pour acquis » au verbe « postuler », car il arrive qu'un postulat ne se vérifie pas. Les caractéristiques que nous tenons pour acquises ne doivent pas nécessairement être présentes dans tous les cas, il suffit qu'elles le soient « en général » et qu'elles s'inscrivent dans la situation.

Il ne faut pas que l'élément « tenu pour acquis » soit un problème, un grief ou un facteur négatif. La méthode par l'échappée ne peut se concevoir à partir d'une position négative, car le fait d'échapper à quelque chose de négatif n'a pas d'effet provocateur.

Les caractéristiques « tenues pour acquises » confinent parfois à l'évidence. Ainsi nous tenons pour acquis que les chaussures possèdent des semelles. D'autres fois, nous devons faire un effort pour découvrir les points « masqués ». Par exemple, nous tenons pour acquis que la paire comporte une chaussure droite et une chaussure gauche. Nous tenons pour acquis que le talon surélève le pied.

La première étape du processus consiste donc à énoncer solennellement et de manière explicite ce que nous tenons pour acquis. Il est acquis que les restaurants proposent des plats.

L'étape suivante sera celle de l'« échappée » proprement dite ; ce qui revient à effacer, à nier, à abandonner, à supprimer, à dénier ce que nous avons tenu pour acquis jusque-là. Précisément dans le but de nous en échapper.

> *Nous considérons comme acquis que les restaurants proposent de la nourriture.*
>
> *Po, les restaurants ne proposent pas de nourriture.*

Nous tenons là notre provocation.

Vient ensuite l'étape du mouvement. Si nous appliquons la technique dite « image par image », nous nous représentons sans peine les convives, assis dans un restaurant qui offre un cadre magnifique mais pas de nourriture. La prochaine fois qu'ils viendront, ils ne manqueront pas d'apporter des sandwiches. De cette vision, surgit l'idée du restaurant comme lieu convivial et élégant où l'on vient pique-niquer à l'abri des intempéries. Vous venez avec vos amis, vous apportez vos sandwiches et vous réglez simplement au propriétaire du restaurant le droit d'utiliser la salle. En outre, pourquoi ne pas commander votre panier repas à un autre restaurant qui rentabiliserait ainsi ses heures creuses ? Au lieu de vous rendre au bord de la rivière avec vos amis, vous les inviteriez à pique-niquer dans un cadre agréable.

Nous tenons pour acquis que les restaurants facturent de la nourriture.

Po, les restaurants ne facturent pas de nourriture.

Les restaurants pourraient peut-être facturer le « temps » au lieu de faire payer la nourriture consommée. Vous régleriez une somme donnée par minute écoulée ; en revanche les plats seraient gratuits. Cela s'appliquerait sans problème dans un bistro où les clients restent longtemps attablés devant leur tasse de café. Au lieu d'exiger un prix élevé pour la consommation afin de couvrir ses charges, le patron pourrait vendre la tasse de café à un prix plus raisonnable et installer une sorte de parcmètre au milieu de la table. Plus simple encore, sur l'addition remise par le serveur serait indiqué l'heure d'arrivée et il suffirait de calculer le montant de la somme due au moment du départ.

C'est le désir d'« échapper » à l'obligation de régler constamment toutes sortes de factures qui a induit le concept de la carte de crédit.

Nous tenons pour acquis que les restaurants proposent plusieurs menus.

Po, les restaurants ne proposent pas plusieurs menus.

Cette provocation ouvre plusieurs perspectives. Imaginons un restaurant dont le chef prépare un menu unique, comme pour une réception. Il possède une telle réputation que les clients dégustent en toute confiance ce qu'il met dans leur assiette sans avoir la tentation de demander d'autres plats. Des restaurants sur ce modèle existent déjà. On pourrait aussi envisager que le restaurateur dresse la liste des ingrédients disponibles et que les convives commandent les plats qu'ils souhaitent dans le cadre ainsi fixé.

Nous tenons pour acquis que les serveurs sont polis (ce qui n'est pas toujours le cas).

Po, les serveurs ne sont pas polis.

D'où l'idée que les serveurs se comportent comme des comédiens/comédiennes. Le menu indiquerait le « personnage » joué par le serveur. Il y aurait le belliqueux, l'humoriste, l'obséquieux. Si vous appréciez la controverse, par exemple, vous pourriez demander à être servi par un provocateur. Les serveurs et les serveuses se conformeraient au rôle qui leur a été assigné.

Nous tenons pour acquis que les restaurants fournissent les assiettes et les couverts.

Po, les restaurants ne fournissent ni assiettes, ni couverts.

Vous apportez donc les vôtres. Mais comme vous n'avez pas l'intention de les emporter en quittant le restaurant, celui-ci les conserve pour vous. Dans un souci de différenciation légitime, vos assiettes sont ornées de votre monogramme ou du logo de votre société et, lorsque vous invitez des relations d'affaires ou des amis, ils déjeunent ou dînent dans vos propres assiettes. Cela impliquerait, sans doute, que vous reveniez régulièrement dans le même restaurant.

Tout ce que nous tenons pour acquis se prête à la technique de l'« échappée ». Peu importe que la provocation qui en résulte paraisse irréaliste ou absurde.

Ainsi peut-on, lors d'une session de créativité, inscrire sur des morceaux de papier des points « tenus pour acquis ». L'un des papiers est tiré au sort ; ce qui y est inscrit fera l'objet de l'« échappée ». On peut demander aux participants de dresser la liste des éléments « tenus pour acquis » et d'affecter un numéro à chacun d'eux. Chaque personne devra, par exemple, tenter une échappée par rapport au numéro cinq de sa liste. L'animateur pourra également proposer une liste d'éléments qui lui sont propres et en sélectionner un.

La technique de l'échappée s'avère précieuse lorsqu'il s'agit d'étudier des méthodes, des procédures ou des systèmes traditionnels, caractérisés par une stabilité enracinée dans le temps, et que l'on ne sait pas toujours où commencer pour les améliorer ou les changer. Le processus de l'échappée bouleverse les procédures existantes, ce qui oblige à les reconsidérer avec un regard neuf.

Si elle est facile à utiliser, cette technique recèle néanmoins quelques difficultés. Il arrive que l'échappée bloque toute progression, et l'on doit alors chercher une autre alternative.

Nous tenons pour acquis que nous allons en ville en voiture pour rejoindre notre lieu de travail.

Po, vous ne pouvez pas aller en ville en voiture.

Au niveau élémentaire, nous supposons que les voitures sont bannies et que nous devons prendre le bus ou le train. Quand une possibilité est bloquée, nous nous mettons en quête d'autres alternatives. Même si celles-ci paraissent utilisables, elles ne brillent pas par leur originalité. À partir de la même provocation, nous pouvons aussi nous engager dans des approches totalement différentes ; par exemple imaginer de dormir sur notre lieu de travail et bénéficier en échange d'un long week-end, ou bien de travailler à domicile, ou encore d'obtenir que quelqu'un nous apporte les dossiers à traiter. Nous pouvons enfin prétendre que nous n'allons pas en ville en voiture mais que nous quittons la ville puisque notre bureau se situe à la périphérie.

LA MÉTHODE DE LA « PIERRE DE GUÉ »

Le problème, avec la provocation, réside dans la nécessité d'une interaction entre celle-ci et son auteur. Ce dernier élabore la provocation mais doit lui-même être provoqué par elle. Car nous sommes plus ou moins tentés de « sélectionner » une provocation qui fasse écho aux idées ou aux concepts qui préexistent en nous. Ce qui n'aurait aucun sens, puisque le processus n'engendrerait pas d'idée nouvelle. Lorsqu'ils construisent une provocation, certains ont déjà une vague idée de ce qu'ils veulent trouver et se déterminent pour une provocation qui va dans le même sens ; ce qui en limite la valeur. La provocation doit être à la fois audacieuse et mécanique de telle sorte que personne ne puisse en prévoir la portée finale.

C'est la raison pour laquelle la plupart des techniques d'élaboration de provocations sont semi-mécaniques. Dans la méthode de l'« échappée », on énonce les sujets « tenus pour acquis » afin de mieux les réfuter ensuite. C'est un processus mécanique. Avec la technique de la « pierre de gué », on applique une opération mécanique à quelque chose qui existe.

Imaginez qu'au cours d'une randonnée, vous deviez traverser un cours d'eau. Vous ramassez tout d'abord une grosse pierre plate que vous lancez au milieu de la rivière. Puis, d'un seul bond, prenant appui sur elle, vous atteignez l'autre rive. Je recours à cette analogie pour montrer la distinction entre les deux opérations : dans un premier temps, vous ramassez la pierre et vous la lancez (création de la provocation), dans un second temps vous l'utilisez pour poser le pied et vous traversez (utilisation de la provocation).

Lorsque vous voulez savoir si vos provocations sont provocantes et suffisamment mécaniques, faites le décompte de celles que vous avez utilisées avec succès. Quarante pour cent au moins s'avèrent le plus souvent inexploitables. Si toutes ont abouti à un résultat, soit vous possédez une maîtrise exceptionnelle de la technique du « mouvement », soit vous créez des provocations qui ne font que reprendre des idées que vous avez déjà.

Po, les avions atterrissent sur le dos.

Voilà une provocation mécanique d'« inversion ». Nous avons vu précédemment qu'une idée avait conduit à réexaminer la position du pilote dans l'avion. Une autre pourrait s'intéresser aux effet d'un tel renversement sur la géométrie des ailes et sur leur aptitude à faire plonger l'avion. Le concept de l'« atterrissage positif » pourrait ainsi émerger, suscitant à son tour l'idée d'ailerons qui favorisaient une telle aptitude. Dans quelles circonstances ces ailerons auraient-ils une valeur décisive ? Si, en cas d'urgence le pilote devait accomplir une manœuvre désespérée, il suffirait d'orienter ces ailerons vers le haut pour contrebalancer la descente. Une telle conception offrirait une réserve immédiate de portance.

Les provocations ont pour objectif d'arriver à des idées que l'on n'avait pas auparavant et non de confirmer des idées anciennes.

Voici quatre techniques systématiques et intentionnelles qui permettent de créer des provocations du type « pierre du gué ».

L'inversion

Elle consiste à examiner les choses sous l'angle de la normalité ou de l'habitude puis à adopter à leur égard une vision inverse ou opposée. Les avions qui atterrissent sur le dos ou les voitures qui ont des roues carrées sont des exemples de provocation par « inversion ».

Pendant longtemps, le Comité olympique a montré des réticences à autoriser les chaînes de télévision à retransmettre les Jeux olympiques. Il craignait en effet que les spectateurs ne rechignent à se déplacer dans les stades s'ils pouvaient assister aux épreuves en direct sans quitter leur salon. Lors des Jeux olympiques de 1984, on assista à un bouleversement de concept radical ; le comité inversa son attitude et prit la décision de traiter les Jeux comme un véritable spectacle de télévision. C'est ce concept qui assura la viabilité des Jeux olympiques sur le plan financier. Dans ce cas précis, la provocation et l'idée ne faisaient qu'une.

On part souvent du principe que le fait de « se passer de quelque chose » est synonyme d'inversion. Ce qui est faux ; se passer de quelque chose relève de l'« échappée ».

Je prends du jus d'orange au petit déjeuner.

Po, je ne prends pas de jus d'orange au petit déjeuner.

Ceci n'est pas une inversion mais une technique d'échappée. À quoi ressemblerait une provocation par « inversion » dans cet exemple ?

Po, le jus d'orange me prend pour le petit déjeuner.

Imaginez un énorme verre de jus d'orange dans lequel vous tombez. Vous en ressortez, fleurant bon le jus d'orange. Et une idée vous traverse l'esprit : pourquoi ne pas équiper le pommeau de la douche d'un dispositif composé de bâtonnets de diverses fragrances, ce qui permettrait de parfumer l'eau de la douche selon son goût.

Le téléphone sonne quand il y a un appel auquel il faut répondre.

Po, le téléphone sonne constamment et s'arrête quand il y a un appel.

Nous avons là une superbe provocation par inversion, mais elle semble difficile à utiliser tant elle défie la logique. Elle suggère néanmoins deux idées. Si votre téléphone sonnait tout le temps, du moins sauriez-vous qu'il est en bon état de marche et qu'il fonctionne réellement. D'où l'idée d'une petite lumière rouge indiquant que l'appareil fonctionne. La seconde idée serait de le relier au téléviseur. Chaque fois qu'il y a un appel, le téléviseur s'arrête. Vous savez immédiatement qu'il y a un appel. Le téléviseur pourrait rester muet jusqu'à la fin de la communication (cela ferait l'objet d'une option).

Celui qui appelle règle la communication.

Po, le destinataire de la communication perçoit de l'argent pour avoir décroché le téléphone.

Selon une autre formule par inversion, on aurait pu proposer que le destinataire règle la communication. Le fait de payer celui-ci afin qu'il décroche est une idée stimulante. Techniquement parlant, il ne devrait pas être difficile de facturer un supplément à celui qui appelle et de déduire la somme équivalente sur le relevé du destinataire. Plus vous recevriez d'appels, moins votre note serait élevée. À vous de décider auxquels de vos correspondants vous communiquez le numéro pourvu de cette option.

L'exagération

Cette méthode se rapporte au mesurable, au quantifiable : le nombre, la fréquence, le volume, la température, la durée... Toute situation comporte des éléments mesurables. L'exagération indique un ordre de grandeur qui sort de la normalité, par excès ou par défaut.

Po, chaque foyer possède cent téléphones.

Po, il n'y a qu'une seule touche sur le téléphone.

En cas d'exagération vers le bas, il ne faut jamais aller jusqu'au zéro, ce qui représenterait une échappée.

Po, le dentifrice se réduit à une seule goutte de liquide.

Po, il n'y a pas de dentifrice.

La goutte suggère l'idée de quelque chose qui est posé sur les aliments et qui assure la fonction de nettoyage, y compris pendant la mastication.

L'exagération engendre une instabilité typique de la provocation. Ne pouvant en demeurer au stade de l'exagération, nous progressons nécessairement vers une idée.

Il y a plusieurs années, grâce à la médiation du *New York Magazine*, la mairie de New York me confia plusieurs problèmes à résoudre. Il s'agissait entre autres de pallier l'insuffisance des effectifs de police dans les rues.

Po, les policiers possèdent six yeux.

De cette exagération naquit l'idée que de simples citoyens pouvaient prêter leurs yeux et leurs oreilles à la police. Cela fit même la une du *New York Magazine* en avril 1971. Ce concept fut ensuite largement repris sous la formule dite de « surveillance de proximité ».

Po, les étudiants passent des examens à chaque instant.

D'où l'idée d'un ordinateur portable, accessible à tout moment. L'ordinateur pose des questions auxquelles l'étudiant doit répondre. Lorsque le ratio de bonnes réponses l'emporte sur celui des erreurs, l'étudiant est censé être prêt à passer son examen. Restait encore à trouver une parade à la fraude et aux abus.

Po, les téléphones sont trop lourds pour être soulevés.

Po, les téléphones sont suffisamment petits pour être portés comme des boutons de manchettes.

Po, chaque appel doit durer une heure.

Po, chaque appel ne peut excéder dix secondes.

Po, il faut composer cent chiffres.

Po, il suffit de composer un seul chiffre.

Po, un appel coûte toujours cent euros.

Po, les appels coûtent un maximum de dix cents.

Po, on ne peut joindre qu'une seule personne par téléphone.

Po, il est possible de s'adresser à mille personnes en même temps.

L'institut du cinéma suédois me demanda un jour de l'aider à trouver un financement pour ses films.

Po, chaque billet coûte cent euros.

Cette provocation conduisit à l'idée suivante : proposer aux spectateurs qui voient un film en exclusivité de retourner à la caisse à la fin de la projection et d'investir la somme de leur choix dans le film si celui-ci leur a plu. Il ne s'agirait pas d'un investissement à l'aveugle puisqu'ils auront pu juger par eux-mêmes des qualités de l'œuvre. Ils en deviendraient les meilleurs ambassadeurs et inciteraient leurs connaissances à aller le voir. Cet investissement aurait par ailleurs l'avantage de rembourser partiellement les frais engagés par le producteur. En réduisant ainsi le risque supporté par les premiers bailleurs de fonds, on pouvait supposer que ce système allait encourager l'investissement initial.

Certaines personnes avancent que la technique de l'exagération demeure difficile d'usage. Cela n'a rien d'étonnant car il s'agit d'une provocation à l'état pur. On l'élabore sans savoir à quel résultat elle va conduire. En général, les gens qui rencontrent des problèmes ont tendance à former des provocations à partir d'anciennes idées.

Il me paraît important de préciser que cette technique se réfère toujours à une grandeur mesurable ou à un sujet quantifiable ; elle n'a rien de commun avec l'exagération au sens classique du terme, qui sous-entend quelque chose d'extravagant, de monstrueux.

La distorsion

Dans une situation habituelle, les protagonistes entretiennent des relations normales et leurs actions s'enchaînent tout aussi naturellement. On obtient une provocation par distorsion en bouleversant l'ordre des séquences dans le temps et en créant un décalage autour de la situation.

Lors d'un séminaire, j'ai demandé aux participants d'élaborer des provocations de chaque type autour du système postal.

Po, vous fermez vos lettres après les avoir postées.

Cet exemple de provocation par distorsion (distorsion de la succession des opérations) fut proposé par l'un d'eux. Il suggère immédiatement une idée astucieuse ; si vous voulez économiser le prix du timbre, laissez votre courrier ouvert lorsque vous le postez. Une entreprise de publicité directe se fera un plaisir d'y insérer son dépliant ou son annonce, elle refermera ensuite l'enveloppe et règlera à votre place les frais de port. Votre courrier sera gracieusement acheminé par la poste (tout au moins en ce qui vous concerne). Le publicitaire y trouvera également son compte en accédant ainsi directement à une clientèle potentielle. À charge pour lui de sélectionner les secteurs postaux auxquels sont rattachés les segments de population qu'il souhaite atteindre.

Po, les étudiants font passer les examens.

Le meilleur sujet d'examen consisterait à demander au candidat de formuler lui-même les questions qui lui seront posées et d'exposer les raisons de son choix. De fait, on ne peut poser les bonnes questions si l'on ne maîtrise pas parfaitement son sujet. Rien n'empêcherait l'examinateur de réutiliser ultérieurement les mêmes questions.

Po, vous décédez avant votre décès.

Ron Barbaro, de Prudential Insurance, prit ce paradoxe au pied de la lettre lorsqu'il inventa l'idée géniale d'« indemnités du vivant de l'assuré ». Dans le cadre des garanties de réversion, vous bénéficiez effectivement des prestations avant de régler les primes.

Po, vous votez à la place de vos voisins.

Po, la poste rédige vos lettres pour vous.

Po, les intérêts de vos investissements sont versés à un tiers.

Po, les criminels paient pour financer la police.

Po, vous pouvez verser votre jus de fruit avant d'ouvrir la bouteille.

Po, l'avion atterrit avant d'avoir décollé.

Po, la télévision choisit les programmes pour vous.

Po, les enfants décident qui les parents doivent épouser.

Lorsque deux parties seulement interviennent, la distorsion et l'inversion reviennent exactement au même.

Quel est l'ordre normal des choses (relations entre les individus, succession des évènements dans le temps…) ? Et maintenant bouleversons tout cela.

La distorsion est très probablement la technique la plus difficile à manier. En contre partie, elle donne d'excellents résultats, dans la mesure où les provocations sont vraiment provocantes et ne risquent pas de reproduire des idées existantes.

Le souhait fantaisiste

L'exemple de l'usine qui allait être construite « en aval d'elle-même » est l'exemple classique d'une provocation de ce type.

Ne serait-ce pas merveilleux, si… ?

Nous donnons voix à un rêve, en sachant pertinemment qu'il ne se réalisera pas. Il est important que la provocation exprime réellement un fantasme, car un désir normal, un objectif réaliste ou une tâche possible ont un impact trop faible pour susciter de nouvelles idées.

Je voudrais fabriquer ce crayon en diminuant les coûts de moitié.

Cette déclaration concerne un objectif ou une tâche qui sont à portée de main, même s'ils semblent hors d'atteinte au premier abord. En aucun cas, il ne s'agit d'une provocation.

Po, le crayon devrait écrire tout seul.

Là, nous avons manifestement affaire à une élucubration qui constitue également une provocation.

Le maire d'une petite agglomération m'a sollicité, un jour, pour remédier à une situation préoccupante : les parkings du centre ville étaient systématiquement pris d'assaut le matin par les banlieusards qui y laissaient stationner leur véhicule toute la journée.

Po, les voitures devraient limiter leur stationnement.

(Ne serait-ce pas merveilleux si les voitures limitaient leur stationnement ?)

Cette phrase suggère l'idée de pouvoir garer sa voiture à n'importe quel endroit, sous réserve de laisser les phares allumés. Au bout d'un certain temps, la batterie se décharge : ce qui décourage de stationner trop longtemps. Ce principe s'applique aussi dans les villes équipées de parcmètres. Si vous laissez vos phares allumés, plus besoin de ticket. Il y a fort à parier que le temps de rotation des places de parking s'accélérera notablement.

Les trois autres techniques de provocations dites de la « pierre de gué » opèrent en poussant la réalité à l'extrême (inversion, exagération, distorsion). Mais, dans la quatrième, que nous venons d'explorer, la provocation ne s'appuie pas sur quelque chose d'existant ; elle doit être forgée de toutes pièces. Certaines personnes la jugent difficile à pratiquer parce qu'elle ne repose pas sur une mécanique ; d'autres en revanche, se meuvent à l'aise dans le domaine du rêve et de la fantaisie.

Po, les voleurs à l'étalage devraient se dénoncer.

(Ne serait-ce pas merveilleux, si les voleurs à l'étalage se dénonçaient ?)

Il est peu probable que cela arrive. Comment imaginer un voleur qui lèverait le doigt en déclarant : « C'est moi qui ai volé ! » ou, pourquoi pas, qui se signalerait en portant des vêtements distinctifs. Ce qui mène à l'idée d'une sorte de blouse ou de robe, prêtée par le magasin et présentant toutes les garanties d'hygiène, que l'on enfilerait au-dessus de ses vêtements. Ne possédant ni poches, ni ouvertures, elle ne faciliterait pas le vol ou le recel. Les clients acceptant de la porter bénéficieraient de remises. Ceux qui s'y refuseraient feraient bien entendu l'objet d'une surveillance discrète. Derrière cette idée se cache le concept selon lequel les voleurs à l'étalage refusent de se prêter à une exigence qui semble anodine aux autres.

Plus la proposition semble fantasque, plus son pouvoir provocateur sera accentué.

Po, vous pénétrez dans l'avion dès que vous arrivez à l'aéroport.

Po, chaque passager possède son avion et son pilote personnel.

Po, l'avion vous conduira où vous voulez quand vous le voulez.

Po, il y a un membre d'équipage qui veille sur chaque passager.

Po, vous dormez toujours pendant le vol.

Po, vous êtes toujours assis près du passager le plus intéressant.

Po, la compagnie aérienne vous fournit tous les bagages dont vous avez besoin.

Po, en achetant votre billet d'avion, vous acquérez aussi des actions de la compagnie.

Po, les retards sont utiles et agréables.

Po, chaque fois que vous prenez l'avion vous bénéficiez du tarif le plus avantageux.

Po, l'avion vous attend pour décoller quand vous êtes coincé dans les embouteillages.

Certaines de ces affirmations semblent incroyables, pourtant toutes peuvent être utilisées comme provocations. Si vous possédez une confiance suffisante dans votre aptitude à maîtriser le « mouvement », vous serez capable d'exploiter tous les types de provocations et d'en extraire la valeur. Plus vous serez habile à utiliser des provocations extrêmes, plus vous oserez en créer de nouvelles. Rappelez-vous que les provocations qui ne sont pas provocantes ne sont pas porteuses de valeur.

Po, l'avion vous attend pour décoller quand vous êtes coincé dans les embouteillages.

Cette allégation conduit à imaginer que tous les vols sont programmés pour décoller une demi-heure plus tard que l'horaire officiellement prévu. En échange d'un supplément à acquitter, les passagers en retard sont néanmoins admis dans l'appareil. Ceux qui se présentent à l'heure pour l'enregistrement, bénéficient d'un bon de réduction. Autre suggestion, on peut inscrire automatiquement les passagers manquants sur le vol suivant, en garantissant la validité de la réservation pendant une heure.

Lorsque l'on veut être créatif sur un sujet, il peut être bénéfique de créer des provocations de type « pierre de gué » pour elles-mêmes sans prétendre les utiliser immédiatement. En soi, le processus permet de libérer l'esprit. L'objectif de l'exercice, rappelons-le, est de semer autant de pierres de gué que possible pour atteindre l'autre rive, soit, en d'autres termes, aboutir à une idée créative.

L'entrée aléatoire

C'est la technique de créativité la plus simple. Elle est aujourd'hui très largement reprise pour le lancement de nouveaux produits, par des agences de publicité, des groupes de rock, des dramaturges et beaucoup d'autres… Je l'ai mise au point en 1968 et je ne compte plus les emprunts ni les plagiats qui en ont été faits, souvent par des personnes qui n'en saisissaient ni le pourquoi ni le comment.

D'apparence totalement illogique, elle donne néanmoins des résultats remarquables.

Le processus consiste à énoncer le sujet pour lequel nous recherchons une idée, et de lui associer un mot, choisi au hasard, qui n'a aucun rapport avec lui. Par exemple :

Photocopieur po nez.

Il s'agit ensuite de développer de nouvelles idées à partir de cette juxtaposition.

Tout individu, raisonnant selon la logique classique, ne peut que dénoncer cette absurdité. Si le « mot » est vraiment aléatoire, il s'appliquera à n'importe quel sujet, quel qu'il soit. De la même façon, n'importe quel mot pourra s'adapter à l'objectif. Par conséquent on peut associer n'importe quel mot à n'importe quel sujet ; ce qui représente le summum de l'illogisme.

Pour comprendre comment opère ce processus, il faut auparavant se souvenir que le cerveau fonctionne comme un système de schémas auto-organisé. Supposons que la figure 2.15 représente votre maison, située dans une petite ville. Lorsque vous quittez votre domicile, vous empruntez régulièrement le même chemin. Mais si d'aventure on vous dépose à la périphérie de la ville et que vous effectuez le reste du trajet de retour à pied, il est probable que vous suivrez une autre route que celle empruntée d'habitude lorsque vous partez de chez vous. Tout simplement parce que les schémas se combinent différemment au centre et à la périphérie. Il n'y a rien de mystérieux là-dedans.

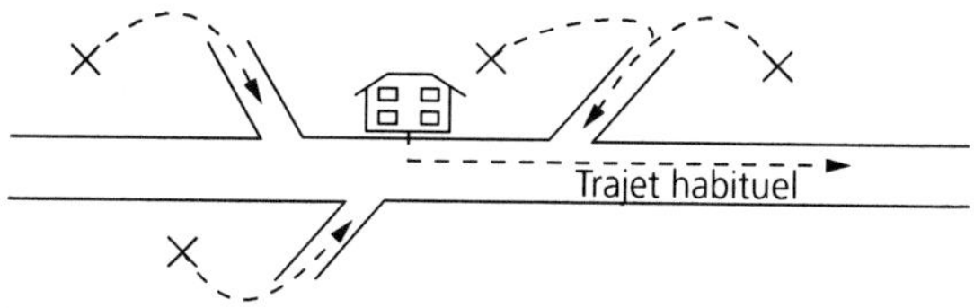

Figure 2.15

Le cerveau est si performant lorsqu'il s'agit d'établir des connexions, qu'il parvient à relier sans peine au champ de focalisation un mot aléatoire, en apparence très lointain. Pour ma part, je n'ai jamais été confronté à un éloignement qui se révèle insurmontable. Très souvent, au contraire, le mot aléatoire est si étroitement lié au champ de focalisation qu'il n'existe quasiment pas d'effet provocateur.

L'histoire des idées est jalonnée de situations dans lesquelles un événement fortuit a déclenché une invention spectaculaire. Certes, ce phénomène n'échoit en général qu'à des esprits « préparés », ayant longtemps réfléchi à un sujet. Que l'on songe à Newton assis sous un pommier du Lincolnshire, à Woolsthorpe très exactement. La pomme qu'il a reçue sur la tête lui aurait inspiré la théorie de la force de gravité. Indépendamment de la véracité de l'histoire, les exemples de ce type abondent.

Devrions-nous pour autant nous asseoir sous un arbre et attendre qu'une pomme nous tombe sur la tête ? Même si nous choisissons pour ce faire un jour de grand vent, le processus n'en reste pas moins passif. Levons-nous au contraire et secouons l'arbre pour avoir de nouvelles idées. C'est précisément le but de la technique du mot aléatoire.

Cette méthode ne répond pas au même principe que les autres techniques de provocation. Comme le montre la figure 2.16, les différents processus que nous avons examinés consistaient à générer une provocation (po) et à l'utiliser pour sortir de la voie principale et pour accroître, par le « mouvement », nos chances d'accéder à la voie latérale. Grâce au mot aléatoire, nous nous plaçons à une nouvelle entrée et pouvons de ce fait rejoindre directement ce chemin latéral. Lorsque nous y sommes parvenus, nous renouons le lien avec l'objectif et empruntons la nouvelle ligne de pensée qui s'est ouverte à nous.

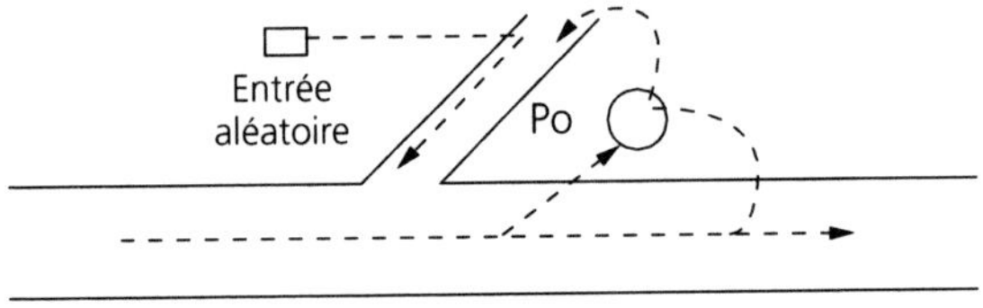

Figure 2.16

Le démarrage à partir d'une nouvelle entrée est un processus majeur de la pensée créative. Parfois, il nous arrive de détourner notre attention du gagnant vers le perdant du match de tennis, de nous désintéresser du criminel arrêté au profit de celui qui court toujours, de ne plus privilégier les lecteurs assidus mais ceux que le livre ennuie… Il peut exister plusieurs points d'entrée possibles. La technique du mot aléatoire a un large rayon d'application et couvre tous les cas, qu'il y ait d'autres points d'entrée évidents ou non.

Nous ne déterminons pas nous-même l'entrée aléatoire. Car s'il en était ainsi, nous la choisirions tout naturellement en fonction de notre mode de pensée et il n'y aurait pas de provocation. Pour élaborer une provocation, nous ne pouvons qu'adopter une méthode fondée sur le hasard. En voici quelques-unes :

- Établissez une liste comportant soixante mots (feu, bureau, chaussures, nez, chien, avion, hamburger, tigre…). Pour sélectionner un mot aléatoire, prenez votre montre, laissez s'écouler un certain temps, regardez le cadran, notez le nombre de secondes écoulées et reportez-vous au mot correspondant à ce nombre sur la liste. Modifiez votre liste environ tous les six mois.
- Utilisez un dictionnaire. Choisissez mentalement une page au hasard (par exemple p. 82) puis le mot qui occupe telle ou

telle position sur la page (par exemple le huitième mot à partir du bas). Ouvrez le dictionnaire à la page 82 et parcourez-la jusqu'au huitième mot à partir du bas. S'il ne s'agit pas d'un nom commun, renouvelez l'opération aussi longtemps que nécessaire.

- Un Canadien a fabriqué une sphère en plastique qui contient 13 000 mots. Si on lui imprime un mouvement de rotation, les mots se mettent à tourner et l'un d'eux apparaît dans une fenêtre.
- Fermez les yeux et pointez votre doigt sur n'importe quelle page de votre journal ou du livre que vous êtes en train de lire. Sélectionnez le mot qui se trouve le plus proche de votre doigt.

Tels sont les moyens qui permettent d'obtenir un « mot aléatoire ».

Cette technique est plus facile à mettre en œuvre que les autres méthodes, dans la mesure où il n'est pas nécessaire de « construire » la provocation ; celle-ci s'établissant d'elle-même.

Cigarettes po feux de circulation.

Il ne fallut que quelques secondes pour aboutir à l'idée d'une bande rouge, que l'on imprimerait à une certaine distance du bout de la cigarette. Cette bande signalerait en quelque sorte une « zone de danger » à ne pas dépasser. Pour ne pas nuire à sa santé, il faudrait arrêter de fumer en deçà de la bande (chacun sait que le mégot de la cigarette est la partie la plus nocive). Ceux qui dépasseraient la zone se sentiraient coupables ; ceux qui voudraient réduire leur consommation pourraient choisir des cigarettes sur lesquelles la bande serait placée de plus en plus loin du mégot.

Cigarette po fleur.

Cette provocation conduisit à une suggestion originale : pourquoi ne pas placer des graines dans le filtre des cigarettes, de telle sorte que les mégots jetés dans les jardins ou les parcs finiraient par donner des fleurs. Les marques de cigarettes offriraient au consommateur le choix entre différentes fleurs, ce qui constituerait une forme de publicité inédite.

Chômage po fausses dents.

Les fausses dents doivent être ajustées à la morphologie du patient ; en général elles sont garanties contre l'usure. En partant du même principe, on pourrait garantir aux salariés un emploi adapté à leurs impératifs. S'ils désirent la stabilité de l'emploi, ils percevront une rémunération plus faible que s'ils préfèrent un salaire élevé avec en contrepartie le risque d'être licenciés. Chacun déciderait lui-même de ses priorités et l'emploi serait en quelque sorte taillé sur mesure.

Revenons à la provocation imaginée au début de ce chapitre :

Photocopieurs po nez.

Nous associons immédiatement cette phrase à l'idée d'odeur. Quelle exploitation pouvons-nous en faire ? Peut-être concevoir une cartouche simple à glisser dans le photocopieur et qui dégagerait une odeur distinctive en cas de dysfonctionnement de la machine ? Il suffirait de « renifler la panne ». Si vous sentiez des effluves de lavande, vous sauriez que vous devez renouveler le stock de feuilles. Si une odeur de camphre vous chatouillait les narines, il faudrait changer le toner. Le système ne fait pas appel à une technologie complexe. Inutile d'être constamment à côté du photocopieur, vous pouvez rester à votre bureau et intervenir, par exemple, seulement si vous humez un parfum de lavande. L'utilisation de l'odeur en tant que signal d'alerte est un concept applicable à une grande diversité de machines.

De toute évidence, la technique du mot aléatoire génère des modes de pensée et des idées originales, inconcevables dans le cadre du raisonnement logique et de l'analyse classiques.

Elle se révèle d'autant plus pertinente dans les situations suivantes.

La stagnation

Vous avez l'impression d'avoir épuisé toutes les ressources de votre imagination. En dépit de tous vos efforts pour être créatif, vous revenez sans cesse aux mêmes idées et aux mêmes concepts. Vous ne progressez plus. Représentez-vous un mot aléatoire et vous verrez s'ouvrir devant vous des perspectives nouvelles.

Le terrain vierge

On vous charge d'un projet qui requiert des idées novatrices. Vous ne savez par où commencer. Il ne vous inspire rien d'inédit. En outre, il n'existe pas de matériau, de précédent sur lequel vous pourriez vous appuyer. La technique du mot aléatoire vous fournira un point de départ et vous aidera à mobiliser vos capacités de création.

Les idées supplémentaires

Les idées ne vous font pas défaut mais vous avez le sentiment de ne pas avoir encore exploré toutes les voies possibles. Prenez le temps d'utiliser le mot aléatoire, votre vision des choses s'enrichira d'autant.

Le blocage

Si la situation vous paraît irrémédiablement bloquée, si vous n'avancez plus, il est temps de recourir à la méthode du mot aléatoire. Rien ne garantit le succès, certes, mais l'investissement en temps et en efforts se justifie. À supposer qu'elle ne vous apporte pas la solution désirée, cette technique vous ouvrira cependant de nouvelles voies à explorer et vous aidera à progresser.

Si la méthode ne présente aucune difficulté, il existe néanmoins un certain nombre de pièges que l'on évitera en respectant les conseils suivants :

1. Ne cherchez pas à relier le mot aléatoire à l'une de vos idées. Cela n'offre aucun intérêt et personne ne sera dupe. La tech-

nique vise à vous permettre de progresser vers des idées neuves et non à vous fournir le prétexte d'exprimer des pensées que vous avez en tête depuis longtemps.

2. Utilisez le mot tel qu'il se présente, sans réaménager l'ordre des lettres et sans en utiliser certaines pour former un autre mot. Ce qui signifierait qu'il vous sert essentiellement de point de départ pour trouver un terme susceptible de coïncider avec vos idées. L'effet provocateur de la méthode serait définitivement perdu.
3. Ne multipliez pas les étapes : « Ceci suggère cela... qui mène à... et cela m'évoque... » Sans en prendre conscience, vous finiriez par revenir à vos idées existantes et réduiriez l'impact de la provocation.
4. Ne dressez pas la liste des caractéristiques du mot aléatoire. Vous seriez tenté de la parcourir à la recherche des traits qui « collent » exactement à vos idées, risquant ainsi d'annuler l'effet provocateur. Tenez-vous à la première caractéristique qui vous vient à l'esprit et exploitez-la.
5. Ne décidez pas d'emblée que le mot aléatoire est inutilisable et ne vous hâtez pas de le remplacer par un autre. Ce qui reviendrait en fait à attendre de trouver le mot susceptible d'être en parfaite adéquation avec vos idées. Au contraire, il n'existe qu'un seul cas dans lequel une entorse à la règle est permise, c'est lorsque la relation entre l'objectif et le mot aléatoire s'avère si forte, si étroite qu'elle ne génère pas de provocation.

Il n'est pas superflu de répéter que la méthode vise essentiellement à déclencher de nouvelles idées et non à relier le mot aléatoire à celles qui existent déjà. D'où l'importance de se conformer à la démarche préconisée ci-dessus.

La technique du mot aléatoire provoque parfois un phénomène intéressant. Dans un premier temps, les gens s'interrogent sur la validité et sur l'efficacité d'une méthode qui paraît aussi simple. Puis lorsqu'ils en constatent les bénéfices, ils deviennent insatiables.

> *Si ce mot aléatoire a produit des idées aussi intéressantes, comment savoir si un autre mot n'aurait pas engendré des inventions encore plus stupéfiantes ? Comment trouver le mot aléatoire qui se révélerait le plus performant de tous ?*

La réponse est claire ; cela est tout simplement impossible. Il s'agit en effet d'un processus ouvert. Un autre mot aurait certes pu produire des idées encore plus extraordinaires. Mais il n'existe aucun moyen de trouver le mot aléatoire « suprême », car il ne relèverait plus du hasard. Par conséquent, contentez-vous des idées qu'il vous a fournies.

N'utilisez pas une succession de mots aléatoires dans l'espoir d'extraire une nouvelle idée de chacun d'eux. Exploitez d'abord cette technique puis recourez aux autres, tour à tour. Revenez-y à une autre occasion. Si vous multipliez les mots aléatoires, vous courez le risque de n'exploiter chacun d'eux que de façon partielle et d'attendre simplement que l'inspiration vienne de l'un en particulier.

Cette technique ne s'applique non seulement aux mots mais aussi aux images. Laissez se dérouler mentalement devant vous différentes images et sélectionnez-en une au hasard. Vous pouvez tenter la même expérience avec des objets. Choisissez un objet ou achetez un article qui vous servira de stimulus. Le processus aléatoire peut s'exercer de diverses manières : en vous rendant à des manifestations qui concernent d'autres professions que la vôtre, en échangeant des propos avec des représentants d'autres disciplines, en choisissant au hasard et en lisant des journaux couvrant des domaines étrangers à votre activité...

Le principe général de la technique de l'entrée aléatoire réside dans la volonté de choisir des entrées sans lien logique et de les utiliser pour vous ouvrir à d'autres modes de pensée. À cet égard, nous devrions plus souvent laisser le hasard guider nos lectures. Si vous privilégiez ce qui vous semble pertinent, vous ne faites que conforter vos opinions et vous vous privez d'une chance de vous ouvrir à des idées neuves.

Le mot aléatoire est la forme la plus confortable de la technique aléatoire, en ce sens qu'il est facile et pratique à manier. Un mot est un agglomérat de fonctions, de concepts, de détails et d'associations. Les autres variantes (images, objets...) possèdent moins d'impact parce qu'elles sont plus limitées. En tout état de cause, il est préférable de ne pas toujours recourir aux mêmes éléments, sous peine de retomber chaque fois dans le piège de l'habitude et de la pensée linéaire.

La technique de l'entrée aléatoire occupe une place importante dans les méthodes d'utilisation intentionnelle de la provocation.

Les techniques de sensibilisation

Penchons-nous maintenant sur d'autres techniques, dites de « sensibilisation ». Bien qu'il ne s'agisse pas de provocations, au sens strict du terme, elles jouent un rôle identique, en avançant une proposition dans le seul but de « voir ce qui va se passer ». Elles comportent un élément de hasard, dans la mesure où l'analyse et le raisonnement n'interviennent pas dans le processus.

En tant que système d'acquisition des structures de pensée, le cerveau réagit à la sensibilisation. Lorsque certaines parties du cerveau sont stimulées, elles sont mieux préparées à participer à la séquence de pensée qui va suivre ; elles y sont « sensibilisées ». Admettons que vous vous trouviez dans un stade et que vous décidiez de repérer les spectateurs vêtus de jaune ; vous balayez l'assistance du regard et systématiquement tout ce qui est de couleur jaune vous saute aux yeux. Votre cerveau a été « sensibilisé » au jaune.

Les techniques de sensibilisation ont pour objectif d'alimenter notre esprit en idées destinées à donner à notre pensée une orientation plus créative et plus originale. Si elles ne sont pas aussi puissantes que les techniques de provocation intentionnelle, elles n'en génèrent pas moins des concepts et des idées.

Les stratals

J'ai inventé le terme « stratal » pour les besoins de mon ouvrage, *J'ai raison, vous avez tort* [2]. Le mot évoque des strates ou des couches ; il désigne une multiplicité de déclarations et d'observations réunies en un ensemble commun. Ces affirmations ne sont pas nécessairement liées. Elles ne visent pas à tout expliquer, ni à décrire, ni à couvrir tous les aspects de ce qu'elles désignent. Pas plus qu'elles n'ont l'ambition de fournir une analyse de la situation. De la même manière que vous utilisez un mot aléatoire parce que vous le souhaitez, vous assemblez différentes assertions en un « stratal » selon votre bon plaisir. Un stratal se définit comme la mise en commun de plusieurs affirmations sans lien les unes avec les autres, qui n'ont d'autre logique que de constituer un stratal. Il sert à sensibiliser l'esprit à la gestation d'idées neuves.

Un stratal peut comporter un nombre indéterminé de lignes de proposition mais par souci de simplification, je limiterai mon propos à cinq. Un stratal, dirons-nous, comporte cinq lignes. Ce nombre est suffisamment élevé pour offrir une richesse de matériau à exploiter et suffisamment restreint pour que le stratal ne se dissolve pas dans un ensemble indistinct. Chaque proposition doit être exposée sous la forme d'une expression ou d'une phrase et en aucun cas se résumer à un seul mot. En effet, une liste de mots ne provoque pas le même effet qu'un stratal, même si d'aucuns prétendent que chaque mot possède la valeur d'un paragraphe entier.

Stratal sur l'« assurance automobile »

... Sujet à fraude de la part des assurés et des ateliers de réparation.

... Augmentation des coûts de réparation des dommages en raison des coûts de main-d'œuvre et de la complexité.

... Législation et plafonnement des primes.

... Accroissement des frais juridiques.

... Comportement discordant des groupes sélectionnés.

Ces réflexions suggèrent les idées suivantes :

1. Privilégier des groupes soigneusement sélectionnés.
2. S'il s'avère impossible de concentrer son activité sur des groupes soigneusement sélectionnés, abandonner.
3. Proposer de conduire et de gérer un projet public d'assurance automobile.

Cette troisième idée est la plus originale de toutes et possède sans aucun doute son mérite. L'assurance devient une activité réglementée et, à ce titre, de plus en plus difficile à manager comme une entreprise du secteur privé. Les profits peuvent désormais résulter d'une bonne administration du système.

Un stratal sur le « recrutement » des cadres dirigeants

... Les meilleurs sont heureux dans leur poste actuel.

... La difficulté de prévoir les résultats de demain.

... L'équilibre entre la personnalité et les compétences.

... Ceux que l'on engage facilement sont aussi ceux qui partent le plus facilement.

... Quel est le juste prix du talent.

Ces affirmations inspirent les idées suivantes :

1. Il est plus économique de former ses propres salariés que d'acheter des compétences reconnues.
2. Considérez les talents que vous rémunérez très cher comme un investissement temporaire pour atteindre vos objectifs de changement.
3. Sollicitez l'intervention de consultants au lieu de mobiliser des salariés à plein temps.
4. Recourez à des consultants externes et s'ils s'avèrent performants, proposez-leur de les engager comme salariés.
5. Tentez de convaincre les gens de vous prêter leurs compétences et renvoyez les ensuite à leur poste d'origine (après leur avoir permis d'acquérir de l'expérience).

L'idée d'emprunter les compétences est de loin la plus originale.

Stratal sur la « bière »

... Une boisson principalement masculine.

... Facile à acheter, facile à boire.

... Difficile de distinguer les différences entre les marques.

... Au supermarché souvent achetée par les femmes qui font les courses pour la maison.

... Valeur de marché des nouveaux adeptes ou des occasions de consommer.

D'où l'idée marketing d'associer volontairement certaines bières à certains mets. On pourrait par exemple décider qu'Heineken accompagne merveilleusement le poulet rôti, que Guinness convient au poisson ou aux crustacés. En filigrane se profile le concept d'un marché bière/alimentation qui s'élargirait à la clientèle féminine.

L'utilisation des stratals est un processus réfléchi qui consiste à élaborer un stratal, à le parcourir plusieurs fois, puis à laisser les idées se manifester. En clair, il ne sert à rien de choisir les couches du stratal en fonction de leur adéquation à vos idées et d'utiliser ensuite le processus pour les confirmer. En revanche lorsque le stratal se forme sans votre intervention à partir d'une idée inconsciente, il remplira parfaitement sa fonction légitime d'accoucheur d'idées.

On ne réussit pas à élaborer un stratal sans une pratique certaine. Lors des premiers essais, on est toujours tenté de relier les couches les unes aux autres, dans l'optique de former un tout cohérent. C'est exactement ce qu'il convient d'éviter car la description globale ne mène à rien. En fait le hasard et l'arbitraire représentent la principale composante du stratal.

Plus les couches du stratal seront dissociées, plus la sensibilisation élargira sa portée. Lorsque toutes les strates sont regroupées sur un seul domaine, aucune nouvelle ligne de pensée ne peut se développer.

Le stratal ressemble à une aquarelle : on mouille certaines parties du papier pour que la peinture s'imprègne de l'eau et forme ses propres motifs.

La technique du filament

Cette méthode est née d'une application volontaire de la technique du mot aléatoire. Il s'agissait en l'occurrence du mot « cheveu ».

Nous partons de l'objectif créatif et énumérons mentalement les exigences qu'il requiert. Puis nous envisageons chacune séparément, sans tenir compte du contexte dans lequel s'inscrit l'objectif. De chaque impératif, nous étirons un « filament », qui représente l'ensemble des moyens de le satisfaire. Puis nous passons en revue les filaments parallèles et sélectionnons certains éléments que nous tentons d'assembler en une idée. Le choix des éléments peut se faire sciemment ou de manière inconsciente.

Appliquons la technique du filament à la publicité. (Les exigences sont indiquées en gras.)

La publicité

- **Visible** : grande, étincelante, dans un lieu privilégié, attire le regard, souvent utilisée.
- **Retient l'attention** : bruit, cris, scandale, surprise, inattendu.
- **Bénéfices** : promesse, valeur, récompense immédiate, argent.
- **Image positive** : cordialité, associations, qualité, choses agréables, attirante.
- **Crédible** : digne de crédibilité, approbation, autorisé, officiel.

Tous ces mots évoquent des entreprises ou des institutions organisant des loteries à but caritatif : WWF, United Way, la SPA, Oxfam… La publicité pour la loterie, les billets, la cérémonie de remise des lots (sauf dans le cas de tirage au sort et de remise des gains instantanée) seraient associées au sein d'une image de marque spécifique. Les mots clés menant à cette idée sont

« fréquemment utilisée » ; « surprise », « récompense immédiate » et « autorisé ».

Un groupe réfléchit à un nouveau procédé de fermeture des chaussures et applique la technique du filament ; voici ce que cela donne :

Un système de fermeture des chaussures

- **Robuste** : résistant à l'usure, caoutchouc, verre, acier, céramique, asphalte.
- **Ajustable** : continu, crans, élastique, ressorts.
- **Reste attaché** : crochets, nœuds, vis, colle, boulons, clous.
- **Solide** : acier, kevlar, plastique, métal, corde, chaîne.
- **Simple** : d'un seul coup, fermoir.
- **Esthétique** : impression, couleur, dessin, sculpture.

Cette suite de mots a donné l'idée d'une boucle en métal recouverte de céramique ou d'émail, munie de crochets sur le côté qui s'insèrent dans des œillets pratiqués sur la chaussure. La boucle s'enlève et se remet facilement, on peut donc facilement l'assortir aux vêtements. Sa forme et son aspect en font un véritable accessoire de mode, presque un bijou.

Ici, les mots clés sont certainement : « céramique », « crochets », « plastique », « dessin ».

D'une certaine façon, la technique du filament produit un stratal d'un type différent. Les filaments correspondants à chaque exigence forment une couche du stratal et sensibilisent l'esprit. Le hasard joue aussi son rôle, dans la mesure où il est possible de prélever différents éléments de chaque filament et de les associer pour donner une idée nouvelle. Deux choix s'offrent donc à nous : laisser l'idée émerger d'elle-même ou la forcer à naître en juxtaposant des éléments des filaments.

Réfléchissons maintenant à l'objectif suivant : améliorer l'« aménagement des locaux d'une agence bancaire » :

Les locaux d'une agence bancaire

- **Facilité d'accès** : au coin de la rue, à chaque coin de rue, au milieu d'un grand magasin, sur les sites des transports en commun, dans des centres sportifs.
- **Espace généreux** : vaste, sobre, salon d'attente, espace supplémentaire si nécessaire.
- **Aménagement bien pensé** : de l'espace pour se mouvoir, des aires d'attentes, des espaces réservés aux opérations, une signalétique claire, pas d'engorgement, entrée et sortie facilitées.
- **Personnel suffisant** : pas de bousculade aux heures de pointe, opérations flexibles, personnel de réserve si nécessaire, opérations automatiques sans intervention de personnel.

Dans ce cas particulier, nous prendrons quelques éléments et les associerons pour en extraire une idée.

Nous sélectionnons ainsi : sur les sites des transports en commun, espace supplémentaire si nécessaire, signalétique claire, opérations flexibles.

Ce choix suggère l'idée d'agences bancaires mobiles dans des camions aménagés qui se déplacent sur tel ou tel site, en fonction des impératifs. En cas de besoin, des véhicules de réserve sont mis en circulation. Les fonctions répondent aux nécessités. Les camions stationnent par exemple sur les parkings.

La technique du filament s'utilise de deux manières :

1. À mesure que l'on examine les filaments, des idées surgissent d'elles-mêmes et provoquent l'émergence d'idées neuves.
2. La mise en commun de certains éléments des filaments produit des idées d'où l'on s'efforce de tirer d'autres idées.

Ici se termine la présentation des techniques de pensée latérale spécifiques. Mais pour être complet, le processus créatif suppose encore bien d'autres efforts.

L'application des techniques de pensée latérale

Différentes techniques de pensée latérale méthodique ont été présentées ici. Après plusieurs années d'application rigoureuse par des personnes différentes, issues de cultures diverses, la plupart ont donné la preuve de leur efficacité. Personne ne discute la validité des résultats acquis. Si vous estimez que certaines ne vous ont pas rendu les services escomptés, vous devez envisager trois possibilités :

1. La méthode employée n'a pas fonctionné en ce qui vous concerne dans une situation particulière. La réussite n'est pas garantie à chaque fois. Dans certains cas, il arrive que l'effet obtenu ne corresponde pas aux attentes.
2. Vous possédez une pratique insuffisante de l'outil et vous manquez de confiance en son efficacité. Cela viendra avec l'expérience.
3. Vous achoppez sur un point précis lorsque vous utilisez une technique donnée et celle-ci ne fournit pas sa puissance optimale.

Par nature, ces techniques sont si vitales et si essentielles au processus créatif, que quiconque ne parvient pas à les utiliser correctement est peu susceptible d'être réellement créatif. Il est important, cependant, que ceux qui entendent maîtriser la pensée créative, fasse l'effort de les appliquer avec rigueur pour obtenir les meilleures chances de succès. Il serait dommage qu'ils renoncent dès la première tentative infructueuse et qu'ils s'estiment à tort peu doués pour la créativité. À cet égard, il en va comme d'apprendre à rouler à bicyclette : les premiers essais sont maladroits jusqu'à ce que l'on « accroche ».

Au cours d'un séminaire, lorsqu'un des participants m'avoue qu'il n'arrive à aucun résultat satisfaisant, je lui réponds :

> *Il est possible que ces méthodes ne marchent pas pour vous actuellement, mais beaucoup d'autres m'ont assuré qu'elles fonctionnaient parfaitement.*

L'expérience est un atout majeur dans ce domaine. Vous savez quand les choses fonctionnent et ce n'est plus une question d'appréciation.

Les différentes techniques induisent-elles des utilisations différentes ? S'appliquent-elles à différents domaines ? Quelles sont les techniques les plus performantes dans telle ou telle situation ?

L'UTILISATION GÉNÉRALE DES TECHNIQUES

De manière générale, chacune des techniques de pensée latérale s'utilise dans toute situation sollicitant le processus de pensée latérale. Il importe cependant de formuler l'objectif de créativité de manière adéquate. Ainsi, la technique de l'« échappée » sera-t-elle plus adaptée que les autres lorsqu'il existe un élément de la situation auquel il faut échapper. Inversement, elle serait totalement inutilisable dans un cas dit de « terrain vierge », lorsque l'on ne sait par où commencer. Il faudrait formuler la tâche à effectuer en ces termes :

> *Quelle serait l'approche « normale » ou standard, face à cette situation ? Maintenant, je vais tenter de m'en échapper.*

À titre d'exemple opposé, examinons le cas de la résolution d'un problème. L'objectif à atteindre est très précis — supprimer le problème. Comment la technique du mot aléatoire pourrait-elle intervenir ici ? Par définition, elle ne s'applique pas à un objectif défini mais plutôt à un sujet d'ordre général. Nous conservons la question du problème à l'esprit et appliquons la technique du mot aléatoire. Puis nous examinons chaque idée qui surgit par rapport au problème. Si aucune ne permet directement de le résoudre, nous formons ou transformons l'idée susceptible de nous aider à y parvenir. Ceci représente d'ailleurs un principe valable, y compris lorsque l'idée elle-même n'est pas utilisable en tant que telle.

Il est vrai que certaines personnes sont plus à l'aise dans le maniement d'une technique spécifique. Les adeptes de la pensée créative en privilégient souvent une à l'exception de toutes les autres, parce qu'ils l'utilisent plus facilement ou parce qu'ils trouvent ses effets plus percutants. C'est ainsi que beaucoup de gens avouent leur prédilection pour le mot aléatoire qu'ils estiment d'un usage simple. D'autres favorisent la technique de l'échappée afin de pouvoir plus commodément s'abstraire du mode de pensée classique. Les plus téméraires adoptent volontiers celle de la pierre de gué pour son impact provocateur à l'extrême. L'éventail de concepts recueille les faveurs des individus ordonnés qui aiment procéder par étapes.

Eu égard à votre préférence pour telle ou telle méthode, ne délaissez pas les autres pour autant. Il est indispensable de les pratiquer tour à tour. Un bon golfeur ne se contente pas de jouer avec son club favori, il s'efforce aussi d'utiliser tous ceux que contient son sac.

De l'usage de chaque technique

Certaines techniques correspondent plus spécifiquement à une situation donnée.

Focalisation

La capacité à définir précisément un champ de focalisation et à se concentrer sur lui pour déterminer des sous-objectifs représente toujours une démarche créative valable, quelle que soit la situation. Face à une tâche déterminée, il est impératif de clarifier l'objectif et de créer des objectifs secondaires. Reprendre l'objectif de temps à autre et le considérer sous d'autres angles d'approche (« Et si c'était un problème ? ») font partie des habitudes créatives à pratiquer en toute occasion.

Challenge

Il peut s'appliquer à quelque chose d'existant ou au processus de pensée en cours au moment où se déroule l'effort de créativité. Pourquoi devons-nous voir les choses de cette façon ? Pourquoi devons-nous respecter les procédures habituelles ? La solution ou l'idée elles-mêmes n'échappent pas à une remise en question éventuelle (ou tout au moins, certains de leurs aspects).

Alternatives

La recherche d'alternatives constitue l'essence même de la créativité. Existe-t-il d'autres définitions possibles de l'objectif ? Quelles sont les autres approches envisageables ? Quelles techniques différentes pourrions-nous appliquer ? Chaque fois que nous « extrayons » un concept au cours du processus de pensée créative, nous cherchons les diverses manières de le concrétiser. Et parvenus enfin à l'idée finale, nous nous interrogeons encore : n'existe-t-il pas une autre façon de procéder ?

Entrée aléatoire

Cette technique (comme celle du mot aléatoire) possède une large gamme d'applications. Lorsque vous êtes bloqués ou que les idées vous manquent au cours du processus de pensée créative, laissez-vous guider vers de nouvelles approches de réflexion par un mot aléatoire instantané. Si vous ne savez pas par où commencer, il vous fournira un point de départ. Le mot aléatoire atteint son maximum d'efficacité lorsque l'objectif est énoncé sous forme de sujet d'ordre général.

Stratal

Il se range dans la catégorie des techniques de portée globale. Au début du processus de réflexion, élaborez un stratal en rapport avec la situation qui vous occupe. Cette tactique s'applique à tout type de situation. Puis au cours du processus de réflexion, construisez un autre stratal qui se réfèrera cette fois non plus au sujet mais à votre pensée elle-même. Quels éléments le processus de pensée a-t-il engendrés ? Dans son application globale, le stratal est similaire au mot aléatoire mais l'aspect provocateur y est moins accentué. Il s'adapte plus particulièrement aux situations complexes.

La technique du filament

Elle s'applique chaque fois que les impératifs de la situation sont nettement identifiables et que l'on peut en dresser la liste. À chacune correspond un « filament » qui transcende la situation existante. Comme le plus souvent on parvient à distinguer des exigences générales, la technique du filament est donc utilisable dans la plupart des situations.

LES MODES DE RÉFLEXION FONDAMENTAUX

À chaque type de pensée correspond une technique spécifique. Les catégories répertoriées ici représentent bien entendu une simplification extrême des modes de pensée mais celle-ci s'avère utile pour guider le lecteur dans l'utilisation des différentes méthodes de pensée latérale.

Le mode de réalisation (réussir)

Comment allons-nous parvenir à ce point ? Comment allons-nous résoudre ce problème ? Comment allons-nous effectuer cette tâche ? Nous possédons une vision claire de l'objectif à atteindre. S'il s'agit d'un problème, nous savons que nous voulons l'éliminer ou tout au moins le mettre de côté. La réflexion est centrée sur la résolution de problèmes, l'accomplissement des tâches et des projets, la négociation, le dénouement des conflits... Les techniques qui y répondent avec efficacité sont les suivantes :

- **Le challenge**. Tout peut faire l'objet d'une remise en question : les bornes à ne pas dépasser, les concepts dominants, les facteurs essentiels, et même la définition du problème. Pourquoi devons-nous examiner ceci sous cet angle ? Pourquoi sommes-nous contraints de considérer cela comme un problème ?
- **L'éventail des concepts**. C'est la technique qui correspond mieux que toute autre à ce mode de réflexion, en ce sens qu'elle pose la question : « Comment atteindre ce but ? » Quels sont les concepts utiles ? L'éventail des concepts peut en lui-même suggérer de nouveaux points de focalisation, redevables eux aussi d'une attention créative. Il révèle également de nouvelles approches et de nouveaux modes opératoires. Il représente la forme achevée de la recherche d'alternatives. Lorsque le processus d'exploration de l'éventail de concepts n'est pas praticable, il peut être remplacé par la simple quête d'alternatives.
- **La pierre de gué**. Cette technique fortement provocatrice donne toute sa mesure lorsqu'il s'agit de trouver des idées réellement novatrices par rapport à ce qui existe. Elle consiste à bouleverser de fond en comble le problème à résoudre et à présenter les choses sous un éclairage qui impose une révolution du mode de pensée. Alors que l'éventail de concepts met en évidence toute une gamme d'approches possibles, la provocation liée à la technique de la pierre de gué offre des solutions totalement inédites. Pour régler définitivement un problème récurrent, il est vital d'essayer au moins une des techniques de provocation.

Le mode de perfectionnement (changer)

Il s'apparente à la réflexion de réalisation (« Comment pouvons-nous obtenir un processus plus rapide ? ») mais relève d'une autre approche, dans la mesure où il présente deux caractéristiques distinctes. Le perfectionnement s'applique à un processus ou à une procédure qui existe déjà et qui fonctionne de manière satisfaisante. En outre, son objectif s'exprime en termes généraux qui ménagent une ouverture (accélération ou réduction des délais, diminution d'énergie, suppression des erreurs). Là encore, si plusieurs techniques sont applicables, trois d'entre elles se révèlent plus performantes :

- **Le challenge**. C'est la technique clé. Comment en sommes-nous arrivés à procéder ainsi ? Pourquoi devons-nous emprunter cette méthode ? Pourquoi sommes-nous contraints à respecter ces limites ? Le challenge est double ; il s'adresse à ce qui existe et à notre processus de pensée. L'analyse de la continuité devient tout particulièrement pertinente.
- **Les alternatives**. Nous cherchons des alternatives à chaque point. Nous définissons des points fixes puis nous explorons les différents moyens de les atteindre. Cette démarche ne concerne pas seulement le processus dans sa globalité, elle s'applique à chacune de ses étapes.
- **L'échappée**. Elle représente la technique de provocation la plus appropriée ici. Nous inventorions les éléments du mode de pensée traditionnel que nous « tenons pour acquis » et tentons de nous en échapper. Dans l'optique du perfectionnement, il existe effectivement toujours des choses dont nous devons nous échapper, dans la mesure où nous cherchons précisément à améliorer le processus de réflexion habituel. Des évidences fondamentales peuvent, elles aussi, être soumises à la provocation par l'échappée.

Le mode pionnier (démarrer)

Où commencer ? Comment démarrer ? Ce type de réflexion se situe à l'opposé du perfectionnement qui s'appuie sur un processus existant. *A contrario*, dans le cas de la pensée pionnière, il n'existe pas de point de départ, mais une mission globale à remplir. L'invention et la conception se rangent dans cette catégorie, ainsi que le développement de nouveaux potentiels ou de concepts inédits. On l'amalgame souvent à tort à une réflexion de réalisation (« Je dois trouver une nouvelle invention »).

- **L'entrée aléatoire**. C'est la technique la plus appropriée dans ce cas. Quelle que soit la situation, elle fournit de nouveaux points de départ. Le mot aléatoire oriente la pensée vers différentes approches. Celles-ci peuvent ensuite être modifiées ou rectifiées et ouvrir d'autres voies d'exploration. Voilà pourquoi les groupes de rock, entre autres, privilégient cette technique.
- **La technique du filament**. Celle-ci développe de nouvelles orientations à partir des impératifs généraux de la tâche (de la mission) à accomplir. Les idées naissent d'elles-mêmes ou émergent grâce au pouvoir de cette technique qui les contraint à se révéler en associant divers éléments.
- **Le souhait fantaisiste**. C'est l'une des méthodes permettant de créer une provocation du type pierre de gué. Quand on se situe sur un terrain vierge, le pouvoir de l'imagination ouvre de nouvelles perspectives de pensée. L'imaginaire doit se combiner à la volonté de sélectionner et de formuler des concepts nouveaux à mesure que les idées se développent. Quel est le concept sous-jacent à cette idée ? Comment utiliser ce concept différemment ?

Le mode organisateur (arranger)

Nous avons tous les éléments à notre disposition. Comment organiser les choses de la manière la plus performante possible ? Ces interrogations s'appliquent aux plans, aux stratégies, à certains types de conception et à l'activité d'organisation en général. Si elle dépend de l'analyse pour être optimisée, cette pensée fait aussi appel à des approches innovantes.

- **Les alternatives**. Il s'agit avant tout d'essayer différentes possibilités. Certaines représentent des choix « raisonnables », d'autres relèvent de la provocation. Qu'arriverait-il si nous arrangions les choses comme ceci ?

- **Le challenge**. La pensée organisatrice est principalement conditionnée par les habitudes, par les suppositions, par les limites et par les contraintes. La remise en question s'avère donc indispensable pour « défier » l'ordre établi et pour imposer des approches inédites.
- **La distorsion**. Elle fait partie, rappelons-le, des provocations de type « pierre de gué ». Elle se révèle particulièrement appropriée ici. Les modes d'action traditionnels sont soumis à une « distorsion » qui force à envisager une nouvelle organisation. Ce type de provocation conduit à une prise de conscience soudaine et transforme les modes d'action.

LES SITUATIONS PARTICULIÈRES

Je me propose maintenant de passer en revue plusieurs situations particulières. Mon propos reprendra partiellement ce qui vient d'être développé sur les types fondamentaux de réflexion. Mais cette répétition est essentielle. J'indiquerai à chaque fois les techniques de pensée latérale les plus appropriées, sans pour autant exclure les autres. En effet, au cours d'un processus créatif, plusieurs situations peuvent se présenter, qui impliquent chacune le recours à une technique spécifique. Si, par exemple, vous ne parvenez pas à résoudre un problème, vous faites ponctuellement appel au mot aléatoire. Les techniques ne sont pas des recettes immuables mais des suggestions destinées à vous aider si vous ne disposez pas d'une stratégie propre. Avec le temps et l'expérience, vous apprendrez à identifier les techniques adaptées à chaque cas.

Une situation peut en inclure une autre. Ainsi, dans la résolution de conflits, certains « problèmes » particuliers peuvent se poser. Lorsque vous affrontez une problématique de conception, par exemple, il se peut que la question du « perfectionnement » d'un processus intervienne également. Parfois, vous ne savez pas exactement dans quelle catégorie se classe la situation que vous devez gérer. Rien ne s'oppose à lui appliquer plusieurs techniques si celles-ci se révèlent fructueuses et vous permettent de développer des idées utiles. Prenez garde, cependant, par souci de commodité, à ne pas tout regrouper sous le thème « problèmes », simplement parce que vous voulez absolument aboutir à une solution.

Quel que soit le type de situation, votre relation à l'information, à l'analyse et à la logique peut se présenter ainsi :

1. Vos efforts d'information, d'analyse et de logique se soldent par un échec. La démarche créative reste votre seul espoir.
2. L'information, l'analyse et la logique vous ont permis d'arriver à des alternatives valables, mais vous espérez néanmoins découvrir des approches plus audacieuses par la créativité.
3. Vous êtes confronté à des problèmes (situations) récurrents qui ne trouvent toujours pas de solution, bien que vous ayez tenté de les résoudre par la logique. Il est temps, maintenant, de faire intervenir la pensée créative.
4. La démarche analytique et logique que vous avez empruntée jusqu'à présent vous a permis d'identifier des points de focalisation exigeant des idées innovantes. Vous allez concentrer votre effort de créativité sur ces points précis.
5. À mesure que vous progressez, vous passez constamment du mode analytique/logique à l'approche par la créativité.

Le perfectionnement

Comme je l'ai indiqué à plusieurs reprises, il constitue le champ d'application de la créativité le plus vaste, en ce sens que tout, ou presque, peut être amélioré. Il suscite, hélas, rarement une forte motivation dans la mesure où l'on continue à penser en termes de résolution de « problèmes » et non de perfectionnement.

Il est vital de se concentrer sur un objectif librement défini, qui ne doit pas nécessairement relever de la catégorie des « problèmes ». Si nous réussissons à nous focaliser sur un sujet négligé par d'autres, nous constatons que même l'effort de créativité le plus infime peut entraîner des résultats spectaculaires.

Dans les tentatives d'amélioration, il va de soi que la remise en question de processus ou de modes opératoires qui perdurent uniquement pour des raisons de continuité joue un rôle prépondérant. Pour arracher cette liberté qui prépare le changement, il est indispensable également de contester les limites, les postulats, les facteurs déterminants... Le challenge n'est pas synonyme d'attaque critique mais d'exploration. On peut le formuler ainsi : « N'existerait-il pas d'autres manières de faire ? »

La recherche d'alternatives revêt une importance capitale parce qu'elle ouvre réellement la voie au perfectionnement (à moins de renoncer). Elle concerne plusieurs niveaux : l'objectif global, les concepts, le détail. Pour ne pas dévier de cette quête, il est primordial de définir des points fixes.

L'éventail des concepts nous renseigne sur la progression du processus d'amélioration. Quelles sont ses « orientations » globales ? Quelles approches devons-nous suivre ? Il s'applique également à l'« objectif général » de l'opération ; oublions ce que nous sommes en train de faire, gardons à l'esprit que l'objectif est ceci ou cela, construisons un éventail de concepts qui nous aidera à le réaliser.

L'examen des « concepts » intervenant dans le processus en cours peut conduire à les modifier et à développer des moyens plus performants de les concrétiser.

La méthode de la provocation par l'échappée nous permet de prendre de la distance par rapport à ce que nous faisons ; ce qui nous oblige à repenser le processus en entier.

La provocation du type de la pierre de gué, appliquée aux systèmes existants, peut bouleverser la nature du processus global. Elle perd de son efficacité lorsqu'elle s'applique aux détails et optimise en revanche ses résultats quand elle concerne des systèmes tout entiers.

Les problèmes

La focalisation est importante pour définir le problème et pour en proposer des définitions alternatives. Elle permet aussi de déceler des sous-problèmes au sein du problème global. Enfin, elle éclaire certains aspects du problème.

Le challenge se traduit aussi par la mise en cause de la présentation du problème et la manière dont celui-ci est envisagé. Il interpelle autant sur l'opportunité de gérer le problème que sur le problème en soi. Devons-nous vraiment nous attaquer à ce problème ? Ne va-t-il pas se résorber de lui-même ? Il conteste aussi les postulats, les limites, les clivages, en bref tout ce qui réduit la gamme des approches ou des solutions possibles.

La recherche d'alternatives s'applique à chaque point. Les alternatives issues de notre expérience suffisent en général à remédier aux problèmes mineurs. Toutefois, la définition du point fixe contribue à faciliter la recherche.

L'éventail des concepts est la technique la plus apte à résoudre les problèmes. Quelles sont les « approches » ? Quels concepts seront les mieux à même de fonctionner dans chacune d'elles ? De quelles idées s'inspirer pour mettre les concepts en action ? Rappelons-nous cependant que l'éventail de concepts produit des idées valables certes, mais qu'il n'engendre pas réellement d'idées révolutionnaires. Au cours du processus d'élaboration de l'éventail de concepts, plusieurs points de focalisation nouveaux peuvent émerger (« Comment garer des voitures au-dessus du niveau de la rue ? »).

La provocation par l'échappée s'applique à l'approche standard ou courante du problème précis ou des problèmes de même type. Comment abordons-nous ce problème d'habitude ? Pouvons-nous nous en échapper ? Cette technique s'utilise également à toutes les étapes de la pensée créative. Chaque fois que quelque chose nous paraît tenu pour acquis, il devient opportun d'essayer de nous en échapper.

Toutes les provocations relevant du modèle de la pierre de gué peuvent s'utiliser pour bouleverser le cadre global et faire émerger des idées nouvelles. Cela se vérifie tout particulièrement quand le problème est lié au comportement d'un système. La pierre de gué représente sans doute la façon la plus probante de déboucher sur des approches radicalement nouvelles.

La technique du filament s'avère indispensable face à un problème de « conception » comportant de nombreuses caractéristiques.

Quant à la technique du mot aléatoire, elle entre en jeu lorsque l'on ressent un manque criant d'idées neuves et lorsque l'on a l'impression de piétiner. Cette technique n'apportera pas de solution immédiate mais elle peut ouvrir de nouvelles approches de réflexion.

Les tâches

Le problème induit une obligation de résultat, la « tâche » implique une volonté de réalisation. Elle peut être prescrite par vous-même ou vous être imposée par autrui. Nous envisageons ici exclusivement les « tâches créatives », qui exigent à la fois des compétences et des idées novatrices.

La focalisation est un élément majeur car il importe de savoir très précisément où se situe l'objectif. Souvenons-nous des habitudes fâcheuses des éternels créatifs qui ont des idées sur tout, sauf sur la tâche elle-même.

L'éventail des concepts permet de recenser toutes les approches traditionnelles utilisables. Il identifie un concept puis les diverses manières de le concrétiser (« Comment faire disparaître les voitures du centre-ville ? »).

Les concepts revêtent une importance extrême. Il est vital de générer des concepts et de les mettre à l'épreuve. De fait, toute idée qui émerge d'elle-même se rapporte immanquablement à un concept. Mais rien ne sert de se hâter de passer immédiatement au niveau de l'idée pratique. Le moment viendra. S'en tenir au niveau des concepts est le meilleur moyen de découvrir de nouvelles approches.

Le mot aléatoire joue ici un rôle essentiel. Il ouvre des approches de réflexion très différentes des approches de l'éventail de concepts.

La provocation par « souhait fantaisiste » représente certainement le mode de provocation le plus percutant des techniques de la pierre de gué. Elle permet de progresser en gardant toujours une ouverture. Le souhait fantaisiste ne connaît pas de limites.

La technique du filament est utilisée lorsque les impératifs de la tâche apparaissent clairement. Très souvent, l'objectif de la tâche se définit comme un ensemble de spécifications ou d'exigences.

L'opportunité

La situation évolue et laisse entrevoir des opportunités nouvelles. On découvre un nouveau matériau : quelles opportunités recèle-t-il ? L'étude de marché a révélé un changement dans les attitudes et les comportements des consommateurs : quelles perspectives commerciales peut-on en attendre ?

La provocation par le souhait fantaisiste joue un rôle primordial ici. Elle ouvre une large gamme de concepts. La pensée n'est plus entravée par la démarche rationnelle.

Le stratal prend ici toute sa valeur. En mettant en évidence les composantes de la situation, il permet à l'esprit d'établir de nouvelles connexions. Il s'utilise indifféremment de manière passive ou active (en forçant les idées à naître).

Le mot aléatoire pourrait ouvrir la voie à de nouveaux modes de pensée et fournir au moins un point de départ pour progresser vers des concepts.

Au cours du processus de pensée, pas nécessairement au début, il peut être pertinent d'extraire et de formuler différents concepts. Ceux ci peuvent avoir été générés par un effort de créativité précédent. Il arrive que des concepts émergent d'eux-mêmes dès l'engagement dans le processus de pensée.

La technique de l'échappée est utilisable de temps à autre, afin de prendre de la distance par rapport à ce qui semble « tenu pour acquis ». La réflexion d'opportunité menace toujours de s'enliser dans des suppositions. Il est impératif de chercher à s'en échapper.

Le processus de pensée peut aussi faire l'objet d'une remise en question que justifient des raisons identiques à celles qui suscitent la technique de l'échappée (« Pourquoi prenons-nous seulement en compte le faible coût de ce matériau ? »).

L'invention

L'invention peut jaillir de plusieurs sources. Certaines dérivent de focalisations globales, non limitatives (« Je veux inventer quelque chose pour le jardinage »). D'autres concernent un objectif spécifique (« Je veux un embout ajustable pour le tuyau d'arrosage »). Très souvent le processus d'invention s'apparente à celui de la « tâche ».

Le champ de focalisation est une donnée primordiale, susceptible d'évoluer au cours du processus et dont il importe de noter les étapes successives. Un inventeur peut partir sur une idée et arriver finalement à une création qui n'a plus rien de commun avec le principe d'origine. Ce cas de figure est tout à fait légitime en l'occurrence.

L'éventail des concepts fournit des approches intéressantes. Si l'objectif est inhabituel, l'éventail de concepts peut suffire à mener l'invention à son terme car il peut receler des méthodes propres à réaliser la tâche.

La technique du filament s'avère d'autant plus pertinente ici car elle permet d'utiliser les exigences elles-mêmes pour stimuler la création d'idées neuves. Les inventeurs ont généralement à l'esprit un ensemble d'exigences très précises.

La provocation par le souhait fantaisiste (ainsi que d'autres types de provocation de type pierre de gué) offre une approche différente dans le cas où la focalisation sur l'invention est relativement classique. Les exigences de la tâche peuvent être soumises à une provocation du type : « Po, l'eau ajuste elle-même l'embout au tuyau. »

La technique de l'entrée aléatoire (sous forme d'objets ou de mots) offre de nouveaux points de départ lorsque les précédents n'ont pas permis d'aboutir à un résultat satisfaisant.

Au cours du processus de pensée, on peut aussi recourir au challenge. Il permet de s'interroger sur le bien-fondé de certaines affirmations et sur la légitimité de certaines limites. Dans une invention, la percée se produit très souvent précisément après une remise en question (« Pourquoi une tondeuse devrait-elle nécessairement être équipée de roues ? »).

La conception

L'invention correspond à un effort de créativité qui peut ne pas aboutir. La conception, en revanche, débouche forcément sur un résultat. Lorsque aucune solution innovante n'est trouvée, on renoue, faute de mieux, avec les modes opératoires traditionnels.

Le challenge peut intervenir au début du processus ; il porte alors sur les approches habituelles, sur les affirmations et les pratiques héritées. Appliqué au cours du processus, il permet d'en éprouver la progression.

La provocation par l'échappée répond à la même logique que le challenge. On s'échappe des postulats classiques de la conception. Comme l'on tente aussi de prendre de la distance par rapport au mode de réflexion initial du concepteur (« Quel est mon cheminement intellectuel ? »). L'« échappée » peut orienter la réflexion vers un cheminement nouveau qui se déroule ensuite selon sa logique propre.

Les alternatives interviennent à tous les niveaux. Elles sont triples : les alternatives au sens large qui concernent la conception dans son ensemble, les diverses options concernant son application (« Quels matériaux puis-je utiliser ? ») et enfin les alternatives de détails pour chaque aspect de la conception. Il est primordial de définir clairement le point fixe lorsque l'on recherche des alternatives : faute de quoi, le plus infime changement à un point donné entraîne des bouleversements en chaîne.

Les concepts s'appliquent à deux moments de la conception ; dès le début du processus puis au cours de celui-ci, lorsqu'il s'avère utile de cristalliser les concepts émergents afin d'explorer les moyens de les concrétiser. Sans cette conceptualisation, le projet risque de sombrer dans le détail et par là dans le chaos.

La provocation de type pierre de gué peut être utilisée au début du processus afin de révolutionner totalement la conception.

Le mot aléatoire permet d'éviter l'enlisement. En effet, on observe souvent, au début du processus, l'émergence d'un concept qui tend par la suite à envahir toute la réflexion. Il devient difficile de s'en détacher. Le mot aléatoire permet alors d'ouvrir la voie à un autre concept, totalement neuf, preuve que le concept existant n'est pas inéluctable.

Les impasses

La situation bloquée se caractérise par l'absence de souffle créatif. Aucune idée nouvelle ne germe, on ressasse les vieilles théories. L'innovation se fait attendre, elle paraît hors de portée. Le blocage peut être déclenché brusquement par un élément ou par un événement, ou demeurer longtemps à l'état de latence, enfermant la pensée dans le cercle vicieux de la répétition. Toutes les situations décrites jusqu'ici peuvent un jour ou l'autre dégénérer en impasse.

Le mot aléatoire représente de loin la méthode la plus simple et la plus efficace de favoriser le rebond des idées. Il ouvre la voie à des courants de pensée neufs. Que ceux-ci s'avèrent irréalistes ou non, joue un rôle mineur. L'important est d'avoir trouvé une issue au blocage.

La technique de l'échappée s'avère également utilisable ici. Elle s'appliquera moins à l'objet de la démarche, qu'au processus de réflexion lui-même. Parmi les solutions envisageables, on peut toujours tenter d'échapper à quelque chose de tenu pour acquis (« Po, nous ne sommes pas tenus de rendre les gens heureux »).

Dans la mesure où elle opère de manière identique au mot aléatoire, la technique du filament utilisée sur son mode « forcé » se révèle tout aussi performante.

Le terrain vierge

On se trouve devant une « feuille blanche », sans savoir où commencer. Cette situation est différente de la précédente, où l'on revenait sans cesse aux mêmes idées.

Le stratal peut se révéler utile ici, car il offre un cadre propice à l'émergence d'idées nouvelles.

Lorsqu'il existe des exigences d'ordre général, la technique du filament, sous forme active ou sous forme passive, fournit elle aussi des points de départ.

Bien évidemment, ce type de situation est le terrain d'application privilégié de la technique de l'entrée aléatoire puisqu'il s'agit de partir de zéro. Elle ne se limite pas au seul mot aléatoire, mais fait appel également aux objets, aux lectures aléatoires et pourquoi pas aux visites d'exposition aléatoires, pour ne citer que ces exemples.

Les projets

Une tâche requiert un effort de créativité ; un projet exige une compétence. Peut-être la créativité peut-elle s'ajouter à la compétence, en apportant par exemple une approche plus pertinente ?

La focalisation globale et les sous-objectifs spécifiques jouent un rôle primordial. Ce sont des objectifs de « réflexion » et non des objectifs d'action.

L'on peut aussi appliquer le challenge au mode de pensée traditionnel, au mode de réflexion propre à l'auteur du projet, aux conventions, aux limites…

L'éventail des concepts représente la méthode de réalisation classique dans ce cas. Il peut générer lui-même de nouveaux champs de focalisation ouverts à une réflexion créative (« Comment transporter ceci ? Par voie fluviale ou maritime ? »).

La provocation par l'échappée s'applique couramment aux projets. D'habitude, que tenons-nous pour acquis ? Que se passe-t-il si nous nous en échappons ?

La technique du filament établit les exigences du projet, permettant ainsi une approche différente. Elle est plus efficace dans ce cas sous sa forme passive (laisser les idées naître d'elles-mêmes).

La prise en compte de concepts fondamentaux entrant dans le projet peut conduire à les améliorer, à les modifier ou tout simplement à mieux les traduire en action.

L'effort de créativité peut s'appliquer au projet tout entier ou à certains sous-projets. Voilà pourquoi le processus de focalisation revêt une importance capitale.

On retrouve dans la problématique du projet plusieurs aspects relevant des processus de réflexion sur la « tâche » ou sur la « conception ».

Le conflit

Le marchandage, la négociation et l'affrontement sont des éléments inhérents à toute situation de conflit, dans laquelle des intérêts antagonistes entrent en jeu. Les méthodes traditionnellement employées pour vaincre l'adversaire incluent le pouvoir, la pression, la peur et la souffrance. La créativité trouve ici un terrain d'action privilégié, contrairement à ce que croient beaucoup de gens (surtout ceux impliqués personnellement dans un conflit).

La quête d'alternatives est le processus clé. Elle s'applique aux perceptions globales mais aussi aux détails, aux mouvements, aux développements. Comment ceci est-il perçu ? Comment ceci pourrait-il être perçu ? Les alternatives concernent également la manière de présenter les suggestions, les valeurs et les intérêts, les combinaisons d'éléments. Dès lors que les « points fixes » sont définis avec précision, il devient plus facile de déterminer des alternatives.

La pause créative joue un rôle important dans le cas de conflits. Au lieu de rejeter automatiquement une proposition, il est préférable de prendre du recul, afin de la jauger objectivement.

Le « challenge » n'est plus dirigé ici contre la partie adverse ; il concerne le processus de réflexion lui-même. Pourquoi la situation doit-elle être considérée sous cet angle ? Ces éléments sont-ils vraiment importants ? Quel est le degré de cohésion ? Sommes-nous enfermés dans certaines positions ? De quel ordre sont les oppositions ? Quels sont les « facteurs essentiels » ? Sont-ils vraiment essentiels ?

La technique de l'échappée, qui accompagne souvent le challenge, peut aussi s'appliquer au processus de réflexion. Si les conditions du conflit s'y prêtent, pourquoi ne pas recourir aux deux techniques ensemble (« Po, il n'est pas indispensable d'avoir des heures de travail fixes »).

Les concepts de valeur doivent recevoir toute l'attention qu'ils méritent. L'aptitude à identifier différents concepts de valeur est à la base de tout conflit résolu avec succès. Une fois ceux-ci décelés, on peut passer à l'étape suivante consistant à définir les moyens de produire cette valeur.

Les concepts d'action et de pression doivent aussi être décelés et redessinés (ou bloqués). Il serait fallacieux de croire que tel un jeu d'échec, toutes les pièces sont déjà disposées sur l'échiquier et qu'il s'agit simplement de les bouger.

Le stratal peut être utile à l'ouverture et au cours du processus. Il permet de faire une pause et de prendre de la distance, afin de laisser aux idées neuves le temps d'émerger.

Comme pour les autres cas évoqués, le mot aléatoire fournit d'autres pistes de réflexion lorsque le processus arrive à une impasse. Si les conditions sont favorables, rien n'empêche les parties adverses d'unir leur effort de créativité, en vue d'optimiser son impact.

L'avenir

Notre image de l'avenir se dessine généralement à partir de l'extrapolation du présent. Nous anticipons la convergence de différents phénomènes, dont la combinaison produit un effet inédit. À certains moments, nous devons avoir une vision imaginative du futur et anticiper les bouleversements éventuels. La créativité devient alors un impératif.

La constitution d'un stratal représente le meilleur moyen de relier intellectuellement des facteurs distincts, dont la fusion serait riche de possibilités. Les stratals pourraient tourner autour d'un même objectif ou s'appliquer à des objectifs différents. Il est primordial de former le stratal conformément au but recherché (selon sa véritable raison d'être) et non de le « concevoir » comme un simple reflet de nos idées. Le meilleur moyen de prévenir ce dérapage consiste à envisager plusieurs « lignes » de stratal et à en sélectionner une au hasard.

Les différentes techniques de provocations de type pierre de gué (exagération, inversion, distorsion, provocation par le souhait fantaisiste) peuvent donner des résultats significatifs. Elles permettent en effet de sortir de la continuité et de se préparer aux ruptures éventuelles.

Il peut s'avérer également positif d'associer la provocation par l'échappée et l'analyse des concepts. Après avoir examiné les concepts existants et les concepts futurs, nous leur échappons ou nous éludons certains de leurs aspects (« Po, nous n'avons pas à travailler pour gagner notre vie »).

Même les concepts fondamentaux qui n'évoluent pas dans le temps se prêtent, pour leur matérialisation, à plusieurs alternatives possibles (par exemple, utilisation de différents styles de travail). La définition des points fixes et la recherche d'alternatives jouent ici un rôle crucial.

Le mot aléatoire, enfin, est susceptible de mettre en évidence des possibilités qui n'auraient pas été décelables autrement. Celles-ci devraient être explorées pour elles-mêmes et au regard de leur intégration dans les options existantes.

Le challenge peut intervenir à toutes les étapes de la réflexion.

La stratégie

L'élaboration d'une stratégie répond à un processus complexe comportant la prise en compte des problèmes, des opportunités, des tâches, des évolutions probables et des antagonismes, réunis au sein du processus de conception. Elle suppose également un volume d'information considérable, l'analyse des tendances, des perspectives et des réponses de la concurrence. L'introduction de concepts nouveaux et l'aménagement de la flexibilité ou de positions de repli impliquent de la créativité.

La focalisation globale et la définition de sous-objectifs est une composante fondamentale de la stratégie. Quel est l'objectif de la stratégie ? À quel résultat doit-elle aboutir ? Comment doit-on la conduire ?

Il importe aussi de remettre en question un certain nombre de certitudes : la tradition de l'entreprise et ses modes de réflexion habituels, les postulats sur l'avenir et sur la réponse de la concurrence, les limites posées par les règlements, les valeurs et la technologie. Souvent certaines politiques antagonistes doivent faire l'objet d'une remise en cause (stratégie de coût réduit ou marchés de niche). La mise en place d'une stratégie comporte plusieurs étapes ; la formation d'un ensemble de concepts, puis la remise en question de ce cycle par le challenge, enfin la stabilisation qui mène à la stratégie finale.

Une stratégie c'est aussi la coexistence de plusieurs alternatives, au plan des politiques, des concepts, de la mise en œuvre de stratégies spécifiques, des hypothèses sur l'avenir. Ici, plus que partout ailleurs, il est vital de définir les points fixes avant de rechercher des alternatives.

Le concept prime sur l'idée et mérite une attention toute particulière. Car les bonnes idées n'ont pas le pouvoir de compenser les mauvais concepts. Elles ne servent qu'à faire émerger les concepts par un mouvement de « rétrogression ».

Lorsque l'on est en présence d'une large diversité de concepts, ces derniers peuvent être regroupés au sein d'un éventail des concepts qui en déterminera l'orientation générale, les possibilités et les moyens de réalisation.

La provocation par l'échappée s'adresse autant à l'entreprise elle-même qu'à l'ensemble du secteur d'activité. Elle peut aussi s'appliquer aux stratégies existantes.

La production d'idées neuves est puissamment stimulée par la provocation de type pierre de gué, spécialement sous forme de distorsion.

La planification

Toutes les techniques mentionnées à propos de l'avenir, de la conception, des projets et de la stratégie s'appliquent aussi à cette problématique. La planification fait l'objet d'un processus d'élaboration logique, susceptible d'être amélioré par l'apport d'idées neuves.

Chacune de ses étapes peut engendrer une pluralité d'alternatives : il existe plusieurs voies possibles et autant de méthodes de les explorer. L'évolution du processus peut être surveillée grâce à l'établissement de points de contrôle stratégiquement répartis tout au long du processus. On peut enfin recourir à des alternatives provocatrices (« Qu'arriverait-il si nous faisions ceci ? »).

Pourquoi ne pas exercer un challenge sur le plan lui-même ou ses objectifs ? Les limites fixées sont-elles acceptables ? Ces facteurs sont-ils vraiment essentiels ?

La provocation par l'échappée sert à la fois à formuler des concepts nouveaux et à éprouver l'adaptabilité du projet (« Po, les taux d'intérêt ne chutent pas »).

Toute tentative de restructuration radicale du projet rend indispensable le recours à la provocation de type pierre de gué qui modifie les perceptions de la situation. Car si la manière d'envisager la situation évolue, elle induit inévitablement un changement dans la planification.

Le moment est venu de réfléchir sur l'application des différentes techniques de pensée latérale. Pour résumer, en voici les principales utilisations :

- **La focalisation** : Définir le champ de focalisation et l'évolution des différents objectifs, chercher des définitions alternatives et sélectionner les sous-objectifs.
- **Le challenge** : Mettre en cause la pensée traditionnelle, les modes de réflexion existants et le processus de pensée inhérents à l'effort de créativité. Remettre également en question le contexte dans lequel s'inscrit le processus de pensée : postulats, limites...
- **Les alternatives** : Identifier les divers modes opératoires et les moyens de satisfaire un point fixe défini. S'utilisent à tous les niveaux, du plus global au plus spécifique.
- **L'éventail des concepts** : Méthode élaborée en vue de recenser les différentes manières de procéder en utilisant les concepts. Particulièrement efficace dans la réflexion de réalisation.
- **Les concepts** : Les concepts mobilisent toute l'attention. On cherche à les extraire et à les cristalliser. Rétrogression de l'idée vers le concept. Modifier et changer les concepts. Identification des moyens de les traduire en action. Utiles dans tous les domaines gouvernés par des concepts.
- **La provocation par l'échappée** : Possède les mêmes indications que le challenge et s'applique aux mêmes domaines. Elle transforme le challenge en provocation. Indispensable lorsqu'il s'agit d'évaluer les méthodes existantes et le mode de réflexion traditionnel. Peut s'appliquer au processus de créativité lui-même.
- **La provocation de la pierre de gué** : S'utilise généralement pour bouleverser radicalement l'ensemble d'un système ou d'une démarche. C'est la plus provocatrice de toutes les techniques. La provocation par le souhait fantaisiste possède aussi ses vertus, notamment en cas de situation totalement

inédite (terrain vierge). Les provocations de ce type donnent leur maximum d'efficacité lorsqu'elles s'appliquent à un système tout entier.

- **L'entrée aléatoire** : S'utilise dans tous les cas de figure pour apporter des idées neuves et plus particulièrement pour démarrer dans le cas de situations inconnues (terrain vierge). Elle aide à relancer le processus de créativité lorsque les idées stagnent. Cette technique permet enfin de trouver des idées supplémentaires et différentes en complément des idées existantes.
- **Stratal** : S'emploie au début en vue de stimuler l'émergence des idées, et au cours du processus, afin de vérifier le résultat des idées émises.
- **La technique du filament** : Utile chaque fois que l'on a mis en évidence des impératifs. S'emploie sous son mode passif pour laisser les idées émerger d'elles-mêmes, ou de manière active ou « forcée » selon un fonctionnement semblable à celui du mot aléatoire.

LES SIX CHAPEAUX DE LA RÉFLEXION

La méthode des six chapeaux n'est pas évoquée dans la description des techniques dans la mesure où il s'agit d'un processus cadre qui s'applique au mode de réflexion global de l'entreprise.

Le chapeau vert rend impératif l'effort de créativité, mais il n'en indique pas les modalités, qui vont de la simple pause pour reconsidérer les choses, à la quête d'alternatives, en passant par d'autres techniques que nous venons de répertorier. Il a pour principale valeur de préparer l'espace où s'épanouira la créativité.

Le chapeau jaune oriente la pensée vers ce qui est faisable et vers ce qui contient de la valeur. L'idée neuve est soumise à la critique constructive. Quiconque s'y oppose est invité à un examen objectif, visant à identifier la valeur dont l'idée est porteuse et à suggérer les moyens de l'exploiter.

Au lieu de s'appliquer systématiquement, le chapeau noir ne doit être sollicité qu'à certains moments clés, lorsqu'il s'agit de définir les points faibles de l'idée, en vue de les corriger. En d'autres termes, il concerne essentiellement l'évaluation des idées.

Le processus global des six chapeaux facilite ainsi l'effort de créativité.

Dans certains cas, il suffit d'appliquer une seule fois la méthode pour parvenir à un résultat créatif. Telles sont les séquences à respecter dans l'ordre :

- **Chapeau blanc** : l'information. Que savons-nous ?
- **Chapeau vert** : les alternatives, les suggestions, les idées...
- **Chapeau jaune** : la faisabilité, les bénéfices et les valeurs contenues dans les idées.
- **Chapeau noir** : les difficultés, les dangers, les problèmes et les précautions à prendre.
- **Chapeau rouge** : l'intuition et les sentiments suggérés par l'idée.
- **Chapeau bleu** : la conclusion.

Récolter

Un agriculteur ensemence un champ de blé. Vient le temps de la moisson, il se contente de ne récolter qu'un quart de ce qu'il a semé. Le reste est perdu. C'est précisément ce que font la plupart des gens lorsqu'ils utilisent leurs capacités créatives.

La récolte des acquis et la focalisation sont les deux points de la réflexion créative que nous ne maîtrisons pas suffisamment. Ces opérations paraissent simples et semblent aller de soi. Leurs procédures, ni extraordinaires, ni passionnantes, ne mobilisent pas notre intérêt. Pourtant ces deux processus sont tout aussi importants que d'autres aspects de la pensée créative, jugés plus « prestigieux ».

Lorsque nous nous engageons dans une démarche de créativité, nous nous préoccupons essentiellement de trouver une idée innovante, pratique et vendable. Nous recherchons en somme l'idée magique. Dès que celle-ci émerge, elle mobilise notre attention et relègue dans l'ombre tout ce qui s'est passé au cours du processus de réflexion.

Une personne qui ne connaît rien à l'ornithologie regarde les oiseaux à la jumelle mais ne comprend pas l'intérêt que d'aucuns trouvent à les observer. Peu à peu, cette même personne remarque certains comportements, distingue des caractéristiques, des différences. Et finalement elle trouve le spectacle des oiseaux fascinant.

Une autre se tient devant un tableau qu'elle déclare aimer ou détester. Après plusieurs cours d'initiation à l'art, elle est en mesure de remarquer des détails : la composition, la facture, les jeux d'ombre et de lumière, le choix des couleurs...

Il est indispensable d'avoir suivi une formation pour apprendre à regarder. Sans cet effort, on ne sait pas voir. Il en va de même lorsque nous voulons récolter à leur juste valeur les bénéfices de la pensée créative. Faute de quoi nous nous contentons d'accoucher d'idées « magiques » et nous négligeons tout le reste. Ce qui revient à gaspiller une part importante du produit de la réflexion.

Dans tout processus de pensée on distingue trois objectifs :

1. Trouver l'idée magique.
2. Produire des idées nouvelles transformables en idées exploitables.
3. Fournir à l'esprit un répertoire de concepts et d'idées, qui ne sont pas nécessairement utiles dans l'immédiat mais qui vont enrichir les réflexions ultérieures sur les mêmes sujets ou sur des thèmes apparentés (voire sur d'autres problématiques).

Dès lors que la récolte, ou plutôt l'exploitation, s'avère insuffisante, le deuxième et le troisième objectif sont ignorés.

Certaines manières de procéder peuvent contribuer à redresser ce manquement : prendre des notes au cours du processus ou écouter soigneusement l'enregistrement des discussions. Ou encore repenser *a posteriori* aux débats pour sélectionner certains points passés inaperçus.

L'établissement d'une sorte de liste récapitulative constitue aussi un excellent moyen d'exploiter au maximum les résultats du processus créatif. Plusieurs rubriques se chevauchent inévitablement et l'on ne sait pas toujours où affecter certains éléments. Mais cela n'a qu'une importance relative ; le but de cette liste est de mobiliser l'attention sur les détails négligés au profit de l'idée maîtresse.

Nous allons étudier les différents points de la liste récapitulative, à travers une problématique centrée sur la conception d'un terrain de jeux pour enfants.

LES IDÉES SPÉCIFIQUES

Ce sont les idées concrètes, susceptibles de se traduire en actions. Elles comprennent les idées « magiques » dont tout le monde reconnaît instantanément la valeur mais aussi bien d'autres suggestions pratiques et utilisables. C'est le résultat classique de toute session consacrée à la réflexion créative.

Dans le débat sur l'aire de jeux, les idées spécifiques étaient les suivantes :

Un café pour les parents.

Une signalétique sur le sol indiquant les « jeux nouveaux ».

Une segmentation stricte par groupes d'âge.

Les idées « par exemple »

Ce sont les idées jugées impraticables mais qui portent en elles un concept ou un processus intéressant. L'idée « par exemple » a essentiellement valeur d'illustration ou d'exemple.

Dans le cas de l'aire de jeu pour enfants, les valeurs « par exemple » étaient :

Des boîtes pour fabriquer des objets.

Un jeu de groupe dans lequel les équipes en présence devraient déplacer un bloc lourd.

L'aménagement d'un coin réservé aux inventeurs en herbe.

Les idées en germe

Une idée en germe n'est qu'une amorce d'idée. Elle est riche de potentiel mais elle manque encore de maturité et doit être perfectionnée pour devenir utilisable. Ce type d'idée nécessite un long travail de façonnage avant de révéler son potentiel et sa valeur. L'idée en germe diffère de l'idée « par exemple », en ce sens que cette dernière n'est pas destinée à déboucher sur une action.

Voici quelles étaient les idées en germe dans notre exemple :

Des entreprises privées pourraient sponsoriser l'aire de jeux tour à tour, à raison d'un jour par semaine chacune.

Des professionnels pourraient concevoir des jeux spécialement pour l'aire de jeu.

Des uniformes aux couleurs de l'aire de jeu.

LES CONCEPTS DIRECTS

Ce sont les concepts qui ont émergé au cours de la discussion. Certains ont évolué vers une idée, d'autres sont restés à l'état de concept. Dans les deux cas, ils ont valeur de concepts. Il est particulièrement important de les considérer et de les consigner en tant que « concepts de valeur ». Cette démarche n'est pas si aisée qu'il y paraît ; d'une part les concepts n'ont qu'une existence éphémère en tant que tels, d'autre part tout le monde imagine que le concept n'a d'autre valeur que de mener à l'idée. Dans l'optique de la « récolte » des données issues du processus de réflexion, il est important de noter et de répertorier les concepts.

Concepts observés :

L'aire de jeu devrait inciter les enfants à participer.

L'occasion de rencontrer d'autres enfants.

Collaborer avec d'autres au sein d'une équipe.

Utilisation flexible du même espace.

LES CONCEPTS DE « RÉTROGRESSION »

Ces concepts ne sont jamais parvenus à émerger directement sous forme de concepts lors de la discussion. Ils ont été « tirés » d'idées ou d'idées « par exemple ». Cette rétrogression vers le niveau du concept peut avoir eu lieu au cours de la session de réflexion. En tout état de cause, elle doit systématiquement se produire au moment de la « récolte ». Il importe donc de parcourir tour à tour l'ensemble des idées et, par un effort délibéré, de pratiquer un retour en arrière vers le niveau du concept. Le concept peut être contenu implicitement dans l'idée, mais il est intéressant de l'extraire de celle-ci et de le considérer de manière explicite comme un concept à part entière et non plus en tant qu'élément de l'idée.

Les concepts de « rétrogression » étaient respectivement :

Solliciter un financement auprès des entreprises.

Accorder aux enfants le droit d'innover.

Constituer des équipes.

Prévoir des structures pour les nouveaux jeux.

Les approches

La différence entre les « concepts » et les « approches » a été expliquée dans le développement sur l'éventail des concepts. Les approches ne sont rien d'autre que des concepts élargis ou des visions générales de la situation. À cet égard, la catégorie des concepts et celle des approches se recoupent fréquemment. Ce qui ne revêt d'ailleurs aucune importance. L'essentiel étant d'appréhender les approches au sens large, qu'elles soient clairement énoncées ou qu'elles restent dans l'implicite.

Dans notre exemple, les approches identifiées sont :

L'incitation à participer.

Jouer avec les autres.

La flexibilité.

Les impératifs

Au cours de l'effort de créativité, certaines exigences précises ont pu émerger. Par exemple la nécessité de trouver un moyen de traduire le concept en idée pratique. Certaines approches imposent aussi des concepts spécifiques.

« Il est impératif de trouver un moyen de réaliser ce projet. »

La définition des domaines d'exigence qui émergent au cours de la discussion représente une partie non négligeable du processus créatif.

Reconnaître qu'il existe un trou ou un fossé à combler est déjà le début de l'amélioration.

La discussion sur l'aire de jeux a mis en évidence les besoins suivants :

Un système d'information qui n'importune pas les enfants.

Les moyens de former des équipes.

Des méthodes de segmentation pour autoriser l'accès à l'aire de jeux en fonction de l'âge.

Les moyens de susciter l'intérêt des sponsors.

LES NOUVEAUX CHAMPS DE FOCALISATION

Les impératifs mis en évidence peuvent engendrer de nouveaux champs de focalisation créatifs, c'est-à-dire sollicitant la créativité. Chacun peut être traité par l'ensemble du groupe de réflexion ou par un individu seul, en fonction de la répartition des tâches créatives.

Dans l'exemple choisi, voici les nouveaux champs de focalisation :

Des jeux d'équipe spécifiques aux aires de jeu (focalisation globale).

Les moyens d'organiser les équipes (focalisation précise).

La participation financière des entreprises (focalisation globale).

Les changements

Au cours d'une session de créativité, la réflexion évolue. De nouveaux axes de réflexion s'ouvrent. On observe un changement d'orientation. La discussion peut débuter dans telle direction et se développer dans un tout autre sens. Il est important de noter ces changements en tant que progression d'un point à un autre « de celui-ci… vers celui-là ».

Nous avons apparemment changé de cette direction vers celle-là.

Nous avons commencé par l'envisager sous cet angle-ci et avons changé pour celui-là.

Dans la discussion sur l'aire de jeu, différents changements ont pu être observés :

Un changement dans la façon de concevoir l'aire de jeu, allant d'un lieu de récréation consacré aux jeux individuels vers un espace dédié aux jeux d'équipe.

Un changement allant de l'offre d'activités ludiques traditionnelles et précises vers la conception de nouveaux jeux spécifiques aux aires de jeu.

Un changement allant de l'éviction d'intérêts commerciaux vers la recherche de sponsors.

La tonalité

Le dernier point de la liste récapitulative pourrait s'intituler la « tonalité ». Il s'agit de la ligne directrice qui a guidé le processus de réflexion et de l'atmosphère dans laquelle il s'est déroulé. On cherchera à donner aux sessions ultérieures une tonalité autre, en développant des idées différentes de celles qui viennent d'être traitées. Si la réflexion a, par exemple, porté sur la recherche des responsables d'une erreur, la session suivante sera consacrée à un débat à caractère plus constructif. On tiendra uniquement compte de la « tonalité » dominante en faisant abstraction des éléments qui ne s'y rattachent pas directement.

Dans la discussion à propos de l'aire de jeux, la tonalité générale pouvait s'exprimer ainsi : « Une approche inédite centrée sur les besoins de l'enfant. »

Dans le secteur de la presse, on prétend qu'il revient quatre fois plus cher d'attirer un nouvel abonné que de retenir un ancien client. Il en va de même ou presque lorsque l'on s'apprête à récolter les acquis ; sélectionner une idée ou un concept que l'on vient de faire émerger est plus facile que de tout reprendre à zéro. La récolte, bien que fastidieuse et chronophage, est une étape que l'on ne peut éviter. Par ailleurs, il arrive que des idées et des concepts inédits surgissent au cours du processus, alors même que l'on est occupé à enregistrer ceux qui viennent d'émerger.

Dès lors que l'habitude est prise d'effectuer ce travail de récolte à l'aide de la liste récapitulative, on devient plus habile à repérer les détails significatifs pendant la session. Le fait de les noter au fur et à mesure puis de les relire, donne un nouvel éclairage au débat. Si l'on observe des changements dans les concepts, on sera conduit à chercher des idées susceptibles de transformer ces nouveaux concepts en action.

De même, une modification de la ligne directrice incitera à explorer plusieurs approches possibles (comme dans l'éventail des concepts). Un concept de « rétrogression » issu d'une idée « par exemple » peut ainsi ouvrir une nouvelle voie de réflexion. Toujours dans la même veine, un nouveau point de focalisation que l'on a répertorié conduira à chercher des idées apparentées.

La récolte ne se résume donc pas à un simple enregistrement de la session *a posteriori* ; elle en devient partie intégrante. Et comme en ornithologie, vous finirez par voir et par remarquer ce qui se passe au moment où cela se passe.

Le traitement des idées

L'utilisation intentionnelle des techniques et des outils de la pensée latérale a produit plusieurs idées. Qu'en faire ?

Certaines paraissent immédiatement utilisables ou tout au moins dignes d'être testées. Elles peuvent être soumises à évaluation, au même titre que des idées issues de processus différents tels que l'imitation, l'analyse logique... Mais qu'advient-il des idées restantes ?

Le présent chapitre abordera la problématique des idées qui ne sont pas encore mûres pour passer à l'étape de l'évaluation ; celles qui nécessitent encore un long travail de perfectionnement. Mon propos ne vise pas les concepts, il traite essentiellement des idées. Les concepts sont destinés à être convertis en idées praticables. Comment tel concept va-t-il se traduire en action ? Lorsque le concept se transforme effectivement en idée, il génère une multitude d'idées nouvelles. S'il reste à l'état de concept, il fera ultérieurement l'objet d'une nouvelle réflexion créative.

LE REJET PUR ET SIMPLE DES IDÉES

Il faut toujours se garder de rejeter d'emblée une idée. L'attitude de déni provient généralement de la confrontation avec le monde du réel. Une idée qui ne répond pas aux contraintes imposées par la réalité est immédiatement récusée. Le recours prématuré à la pensée de type chapeau noir doit s'équilibrer par l'intervention positive du chapeau jaune et dans une certaine mesure du chapeau vert. L'évaluation viendra en son temps. Pour le moment, il s'agit surtout de perfectionner et de renforcer l'idée.

Le rejet de l'idée se justifie généralement par cette expression banale : « Le/la même que. »

Cette idée est la même que ce que nous faisons habituellement.

C'est la même idée que celle que nous employons toujours.

Cette idée est la même que celle que nous avons appliquée sans résultat.

Cette expression, anodine en soi, possède néanmoins un pouvoir dévastateur sur les idées nouvelles. Elle signifie en effet que l'idée ne mérite pas la moindre attention, qu'elle ne vaut pas la peine d'être explorée en profondeur car elle ne recèle aucun élément d'innovation. On ne consent pas l'effort d'éprouver sa faisabilité et sa valeur. Si l'idée s'avère intéressante, on est tout disposé à lui reconnaître des qualités, mais pour tout le monde elle ne représentera toujours que la copie de l'idée existante. J'ai personnellement eu l'occasion, au cours de réunions, d'assister à la mise à mort d'idées excellentes, victimes de cette phrase insignifiante. Il est extrêmement difficile, voire impossible, de lutter contre ce commentaire assassin.

Il arrive que l'expression soit utilisée en toute bonne foi par des gens incapables de faire la différence entre l'ancienne et la nouvelle idée. En revanche, certaines personnes l'emploient de façon malhonnête, sachant pertinemment que le meilleur moyen de tuer une suggestion est de prétendre qu'elle n'est pas neuve du tout.

Si nous nous plaçons au niveau des concepts élargis, il est concevable en effet d'affirmer que beaucoup d'idées ressemblent à d'autres idées. Nous dirons ainsi que le cheval est comparable à l'avion, en ce sens qu'ils servent tous deux à nous transporter d'un point A en un point B. La carte de crédit est la même chose que la carte bancaire et les deux équivalent au chèque ; ces moyens de paiement nous évitent de régler nos factures en espèces. L'abus de cette locution dangereuse risque de nous priver d'idées et de valeurs nouvelles.

Lorsque nous recherchons des idées novatrices, mieux vaut donc nous abstenir des mots « la même que ». Et si l'idée présente effectivement quelques ressemblances avec une idée ancienne, concentrons-nous sur la « différence » (je rappelle qu'il s'agit d'une des méthodes destinées à favoriser le « mouvement »). Même s'il n'y a qu'un pour cent de différence, tenons-en compte.

Formater les idées

Dans un processus ordinaire de conception, nous mettons en évidence les impératifs et les limitations puis nous cherchons l'idée propre à s'adapter à ce « moule ». Les contraintes existent donc dès l'instant où nous nous engageons dans la démarche.

Dans un processus de jugement normal, nous nous servons de ces contraintes comme d'une sorte de filtre. Seules, les idées qui réussissent à passer au travers nous semblent acceptables.

Il en va autrement de la démarche créative, dans laquelle les nécessités contribuent à « formater » l'idée pour la rendre plus conforme aux besoins. Il s'agit d'un mécanisme actif et créatif. Que l'on pense au tour du potier qui donne à l'argile la forme souhaitée. Le travail de façonnage fait naître un objet d'art à partir de la matière brute.

> *L'idée est trop coûteuse. Pouvons-nous la réaliser à moindre prix ?*
>
> *Sous sa forme actuelle l'idée est illégale. Comment la rendre compatible avec la loi ?*
>
> *Telle qu'elle se présente la proposition n'est pas recevable. Comment en faire une idée acceptable ?*
>
> *Dans l'état des choses, l'idée est bonne mais susceptible d'être piratée. Comment la modifier pour qu'elle devienne invulnérable ?*

Par un effort conscient et volontaire, on cherche à formater l'idée pour la faire entrer dans le moule des exigences imposées par la réalité. À cet égard, il n'est pas interdit, de temps à autre, de remettre en question ces impératifs eux-mêmes.

Toute idée que l'on ne parvient pas à adapter aux nécessités ambiantes est momentanément classée ou mise en veilleuse, quitte à y revenir ultérieurement pour une nouvelle tentative d'adaptation.

Ajuster les idées

Il s'agit moins ici de tenir compte des exigences du réel que d'élaborer les idées en fonction des ressources disponibles. Ce sont les dimensions de la pièce de tissu qui conditionnent la coupe du costume. Peut-on, de manière semblable, ajuster l'idée à la situation ? Un groupe industriel et une PME emprunteront des chemins différents pour réaliser une même idée.

Devrait-on s'intéresser à l'état des ressources à un moment donné dans la gestation d'une idée ? Certains objecteront que cette préoccupation, si elle intervient trop tôt, risque de bloquer l'exploration de pistes précieuses. En revanche, la prise de conscience des réalités permet de modifier les idées à chaque étape du processus, contribuant ainsi à les rendre plus exploitables. Cette opération fait appel à la formulation de diverses alternatives tout au long du processus de création lui-même. Personnellement, il me semble opportun de tenir compte des ressources disponibles dès que l'on s'engage dans la démarche créative. Cette précaution ne justifie pas pour autant que l'on rejette d'emblée une idée ou que l'on s'interdise d'inventorier d'autres voies. La prise de conscience de la situation doit au contraire servir à guider la pensée dans une certaine direction.

Optimiser la puissance des idées

Toute idée possède un pouvoir, une force d'attraction. L'idée peut offrir un bénéfice, dégager de la séduction ou se révéler facile à concrétiser. L'identification de cette puissance et des moyens permettant de l'accroître représentent un élément important dans le traitement de l'idée. Il ne s'agit pas de perfectionner l'idée dans sa globalité mais uniquement de renforcer ce qui constitue sa puissance. Si nous reprenons l'exemple du restaurant en tant que lieu de pique-nique, la puissance de l'idée réside dans la diminution des frais généraux : plus de chef, plus de cuisine, plus de gaspillage de nourriture… L'économie réalisée permet d'affecter des crédits supplémentaires à d'autres postes tels que le transport de la clientèle ou la décoration de la salle.

Le pouvoir d'une idée bénéficie au fournisseur ou au consommateur. Dans le premier cas, il est indispensable que le consommateur en retire néanmoins quelque avantage. Si le gain est unilatéral, l'idée se soldera par un échec.

Le processus d'optimisation ne porte que sur l'efficacité ou sur les points forts de l'idée. Toute idée, aussi intéressante soit-elle, peut toujours être rendue plus puissante. Il n'est pas question de peaufiner l'idée mais d'exploiter en profondeur la totalité de son potentiel.

Dans l'exemple du téléphone en tant que support publicitaire, on pourrait imaginer d'optimiser l'idée originale en équipant l'appareil d'un bouton (en option) sur lequel appuieraient les usagers qui préfèrent effectuer un appel traditionnel.

CONSOLIDER LES IDÉES

Lorsqu'un bâtiment présente des défauts de construction, les maçons s'efforcent de les réparer. Il en va de même pour les idées. Nous allons nous concentrer sur les points faibles et chercher à les renforcer. Le terme de faiblesse ne désigne pas nécessairement une erreur ou une faute, mais plutôt un élément susceptible de conduire à l'échec ou d'occasionner des problèmes.

La faiblesse de l'idée peut résider dans sa complexité, dans sa vulnérabilité, dans le fait qu'elle soit mal accueillie au départ alors même qu'elle est riche de promesses. Dans tous ces cas, une attention particulière s'impose.

Le système d'examen par ordinateur portable, dans lequel l'étudiant peut à tout moment tester ses connaissances, possède un inconvénient majeur : il impose de saisir un très grand nombre de questions pour éviter que les étudiants ne puissent apprendre toutes les réponses par cœur. La solution consisterait à recourir à un système combinatoire, autorisant une large pluralité de combinaisons. Mais, objectera-t-on, l'étudiant qui sait autant de réponses par cœur a probablement aussi appris les sujets correspondants !

Dans le regard que l'on porte sur une idée neuve, la motivation joue un rôle fondamental. Les personnes créatives partent du principe que les futurs utilisateurs de l'idée partagent la ferveur de son créateur et vont forcément l'accueillir avec enthousiasme. Cela ne se passe jamais ainsi. Pour tout le monde, exception faite de son auteur bien entendu, l'idée neuve est synonyme de complications, d'ennuis et de risques. Il s'avère donc indispensable d'insister sur les avantages qu'elle apporte.

Le conflit avec les idées existantes et les difficultés inhérentes à la période de transition, sont d'autres sources de faiblesse. Doit-on introduire l'idée peu à peu ou au contraire l'imposer directement ?

L'ACCEPTATION DES IDÉES

Qui va prendre les décisions afférentes à l'idée ? Qui va se charger de sa mise en œuvre ? Qui va y coopérer impérativement ?

L'idée la plus merveilleuse n'aboutira pas à un résultat tangible si l'on a négligé certaines précautions indispensables à son acceptation. Il suffit parfois simplement de la présenter sous une autre forme, de la situer dans un contexte approprié, ou encore d'intégrer ou, tout au moins, d'insister sur ses bénéfices immédiats auprès des personnes chargées de son suivi. Aucune idée n'est parfaite prise isolément. Elle dépend de l'implication d'individus qui ont leurs impératifs et leurs préoccupations propres. Tout cuisinier qui se respecte sait que la présentation est aussi importante que la qualité des mets.

Certaines idées dont la logique n'apparaît qu'*a posteriori* ont su séduire de prime abord. D'autres exigent une prise de risque et un investissement avant que leur valeur ne s'impose. Comment réduire ce risque ? Existe t-il un moyen de piloter l'idée et d'utiliser les résultats acquis pour faciliter sa mise en place ? Y a-t-il un quelconque prestige à être le premier à essayer la nouvelle idée ?

LA COMPARAISON

Comme je l'ai évoqué précédemment, la tradition occidentale s'attaque à ce qui existe et imagine des alternatives pour remédier aux inadéquations relevées. La méthode non occidentale (et nippone) préfère laisser les choses en l'état et réfléchir à de nouvelles alternatives. Lorsque celles-ci sont identifiées, on les compare aux pratiques existantes en vue de les confirmer ou de les infirmer le cas échéant. La comparaison est le pivot du système. Comme d'ailleurs pour tout système d'évaluation. On compare une ancienne et une nouvelle idée afin de voir quelle est la meilleure. Et on compare également les nouvelles idées entre elles.

Cette procédure permet de dégager rapidement les bénéfices potentiels, les économies mais aussi les difficultés. Elle peut prouver que la nouvelle idée possède ses mérites mais qu'elle n'offre pas d'avantages significatifs par rapport à l'ancienne.

Où se nichent les différences ? Où résident les similitudes ? Les concepts divergent-ils ou existe-t-il simplement divers moyens d'exprimer un même concept ? Les oppositions ont-elles un caractère fondamental ou superficiel ? Les valeurs produites par des idées différentes se révèlent-elles à travers des mécanismes différents ou par une exploitation différente du même mécanisme ?

Une idée qui paraît forte prise isolément, laisse transparaître ses faiblesses au regard des autres. Les atouts de l'idée neuve semblent en fait se résumer à des espoirs, des conjectures ou des conditions idéales. Toute idée jugée bonne *a priori* doit résister à la comparaison et fournir la preuve que les bénéfices promis reposent sur des bases solides. L'idée qui réussit là où les précédentes ont échoué marque un point décisif.

Très souvent, une personne désireuse de prouver les bienfaits d'une nouvelle idée s'empressera de la comparer à l'idée existante. Cette méthode possède ses mérites mais elle ne suffit pas. Faire l'éloge d'une machine moins bruyante que les appareils précédents n'est pas aussi convaincant que de présenter une machine silencieuse.

LES ERREURS ET LES DÉFAUTS

Venons-en maintenant aux défauts. Il est temps d'aborder directement la question des erreurs et des défauts inhérents à l'idée neuve. Cette question se pose tardivement dans le traitement de l'idée ; il faut donner aux imperfections le temps de se manifester. Par ailleurs, au cours du processus de consolidation et en prévision de l'étape du suivi, certains défauts ont pu être corrigés. En tout état de cause, à l'issue du processus de traitement, on doit disposer d'une image claire des irrégularités, des erreurs et des problèmes.

Les défauts ainsi définis peuvent-ils être corrigés par les moyens habituels ou par une réflexion attentive ? Ou bien deviennent-ils de nouveaux objectifs créatifs, faisant appel à un effort de créativité intentionnel ?

Un défaut sérieux ne motive le rejet de l'idée que si l'on ne parvient pas à l'éradiquer. Tout défaut résiduel doit immédiatement être réparé dans la perspective de l'évaluation de l'idée. Chacun doit être prêt à renoncer aux bénéfices attendus en refusant l'idée qui les promettait. Mais personne n'est préparé à accepter le moindre risque lié à un défaut mis en évidence. L'équilibre entre les défauts et les bénéfices est plus facilement sauvegardé en supprimant le défaut qu'en accroissant le bénéfice. Tout le monde redoute le risque et l'erreur. S'il paraît excusable de laisser passer une opportunité, il est inadmissible, en revanche, d'accepter une idée comportant un défaut évident.

À ce moment de la réflexion, le chapeau noir s'impose. L'idée neuve est scrupuleusement soumise à un examen visant à détecter les défauts, les problèmes et les dangers potentiels. Quelles difficultés pourraient surgir dans des circonstances différentes ? Quels dysfonctionnements pourraient survenir ? Quels événements inattendus pourraient ruiner les bénéfices attendus ?

Le temps de la circonspection est venu. Les efforts positifs de créativité ne sont plus de mise. Il s'agit désormais d'identifier les imperfections et de les affronter. Ce dernier effort créatif a pour objectif de modifier l'idée afin d'« éviter » les problèmes ou de les résoudre directement par la créativité.

LES CONSÉQUENCES

L'ultime étape du traitement de l'idée neuve consiste à prévoir les conséquences de la mise en œuvre de celle-ci. Que se passera-t-il lorsque l'idée sera appliquée ?

Ce processus est double : d'une part l'analyse image par image, d'autre part la vision globale des conséquences.

Que va-t-il se passer dans l'immédiat ?

Que va-t-il se passer à court terme ?

Que se passera-t-il à moyen terme ?

Que se passera-t-il à long terme ?

Le calendrier des conséquences prévisibles varie en fonction du sujet. Pour les articles de mode, le long terme tourne autour de six mois. Pour une usine d'énergie électrique, il peut atteindre trente ans. L'examen des conséquences peut mettre à jour des faiblesses, des défauts et des problèmes insoupçonnés, qui méritent d'être abordés comme il se doit dans le cadre du traitement de l'idée. On peut être confronté à des hiatus et à des inconnues. Des scénarios alternatifs doivent être proposés. Même si l'on ignore la réaction de la concurrence, par exemple, il importe d'en envisager tous les aspects. Il faut encore imaginer les diverses conditions dans lesquelles l'idée s'appliquera. Tout ceci implique de prévoir des positions de repli ainsi que les moyens de modifier l'idée.

Les tests

La capacité de l'idée à résister au test n'entre pas, à proprement parler, dans le processus de traitement. Néanmoins les essais rehausseront la valeur de l'idée, de telle sorte que lorsque celle-ci arrivera à l'étape de l'évaluation finale, elle aura déjà subi en quelque sorte des épreuves éliminatoires. Dans certains cas, l'idée elle-même appelle une modification pour améliorer sa capacité de résistance au test.

Les éléments de tests seront examinés de nouveau lors de l'étape d'évaluation. En tout état de cause, l'idée doit comporter une large part de flexibilité afin de supporter les modifications exigées pour satisfaire aux tests. Car elle doit se révéler apte à être perfectionnée à tout instant, y compris lors de son application.

L'évaluation

À l'issue de la phase de « traitement », l'idée passe à l'étape de l'évaluation. Avec l'achèvement du traitement, prend fin la phase de réflexion constructive et positive. L'idée affronte maintenant des exigences qui s'expriment en termes d'attention, de temps et de ressources. Les éléments clés de l'évaluation sont la faisabilité, les bénéfices, les ressources et l'adéquation à l'objectif.

La production méthodique

Certaines personnes estiment que la discipline, la méthode et l'organisation sont incompatibles, voire antinomiques avec la créativité. Le discours ambiant les a confortées dans l'idée que pour être créatif, il suffit de se libérer des contraintes et de laisser son imagination vagabonder dans l'attente d'une inspiration géniale. Dans un premier temps, cette pratique a certes rendu de grands services au développement de la pensée créative. Mais il s'agit maintenant de dépasser ce stade et d'adopter des procédures systématiques, utilisées de manière intentionnelle.

Un poisson possède une arête centrale solide, sur laquelle viennent s'attacher des muscles, munis chacun d'un réseau de nerfs. Le poisson nage dans la mer en toute liberté. Plus sa structure dorsale est élaborée, comme celle du dauphin ou du requin, plus l'amplitude de ses mouvements sera large et mieux il se déplacera. La méduse, elle aussi, est nantie d'une sorte de structure osseuse. Dans un chapitre précédent, j'ai exposé les différences entre les structures restrictives et les structures libératrices.

L'absence de structure et de discipline se traduit par une effervescence de l'esprit qui, parfois, il est vrai, débouche sur un résultat positif. Néanmoins l'efficacité du processus ne peut qu'être accrue par une réflexion structurée et par la discipline.

Cette dernière se caractérise par les constantes qui suivent.

Le temps

Fixez une durée limitée (pour vous-même ou pour les autres) d'utilisation de telle ou telle technique sur un sujet précis. Et conformez-vous au délai. Si celui-ci est bref (de deux à quatre minutes), l'esprit apprend à travailler rapidement. La rigueur qu'impose le respect du temps imparti améliore la focalisation et la concentration. L'enseignement de la réflexion méthodique en classe a montré que lorsque les enfants disposent d'un délai de réflexion relativement court, leur production intellectuelle n'en est que plus performante. En revanche, lorsque l'on se montre plus généreux en termes de temps imparti, leurs idées partent dans tous les sens et n'aboutissent pas réellement à un résultat constructif. La contrainte temporelle relève également l'individu de l'obligation de produire à tout coup une idée « extraordinaire ». Le délai écoulé, il peut stopper sa réflexion sans remords de conscience.

La focalisation

La rigueur de la focalisation revêt une importance capitale. Les gens doués pour la créativité se forgent involontairement une mauvaise réputation parce qu'ils refusent souvent de se concentrer sur la tâche qu'ils ont devant eux. Ils veulent surtout inventer des idées brillantes sur d'autres sujets. Or toute personne qui se targue d'être créative devrait d'abord fournir la preuve de sa capacité à se focaliser sur l'objectif défini. Dans une réunion de réflexion, il n'est que trop facile de lâcher la bride à son inspiration, dans la mesure où toute idée en appelle forcément une autre. Mais nous sommes toujours tentés de suivre la direction qui nous intéresse. Il est cependant essentiel de ne pas perdre de vue l'objectif initial et d'y revenir constamment. Cette astreinte est probablement la forme de discipline que l'on se doit de privilégier sur toutes les autres.

La technique

Chaque technique se décompose en étapes distinctes qu'il est indispensable de respecter avec la plus grande rigueur. La technique de provocation impose par exemple de concevoir d'abord le type de provocation, avant de passer à la phase dite de mouvement. Ensuite seulement on aborde le formatage et le traitement de l'idée. En dépit des chevauchements éventuels entre plusieurs techniques, chacune doit être employée intentionnellement et avec méthode. Il ne suffit pas d'adopter une attitude générale de provocation et d'attendre que quelque chose arrive. Plusieurs personnes connues pour leur talent créatif m'ont affirmé combien l'emploi méthodique des techniques a développé leur créativité. Elles ont été elles-mêmes étonnées de la qualité de leur inventivité.

Les résultats

Tout effort de créativité aboutit à un résultat. J'ai évoqué dans les pages précédentes la nécessité de « récolter » ou d'exploiter systématiquement cette production. Cette exigence impose à la fois de la méthode et de la discipline. Ceux qui ont participé à la réunion savent qu'elles idées ont été développées ; la moindre allusion suffit pour qu'ils se les remémorent. Mais *a posteriori*, lorsque le souvenir s'estompe, à moins d'avoir pris la précaution de les noter par écrit, les idées s'évaporent. Bien que ce travail paraisse fastidieux et parfois superflu, il est vital de garder une trace des propos échangés au cours des débats. Faute de quoi, la valeur de la démarche créative risque d'être partiellement perdue.

La production

Ne jamais se lasser de rappeler quel est le champ de focalisation ! Et ne jamais hésiter à préciser de quel type d'objectif il s'agit. Ceci peut sembler superflu dans le cas de la focalisation précise, puisque l'objectif est clairement exprimé. Il n'en va pas de même en revanche de la focalisation globale, trop vaste dans son acception, qui demande donc à être définie.

L'étape suivante est celle de l'élaboration méthodique du concept. Au cours de la réunion, le concept a pu être énoncé en tant que concept qui se suffit à lui-même. Très souvent, en effet, on arrive directement à l'idée sans passer par le concept. Dans ce cas de figure, en remontant à partir de l'idée, on tente de retrouver le concept sous-jacent. L'identification du concept en soi est un élément majeur ; ultérieurement on peut ne pas aimer l'idée mais apprécier le concept. D'où l'importance de les dissocier l'un de l'autre.

La phase finale consiste à exposer officiellement l'idée ou les idées. Chacune est définie individuellement, même si elle présente des similitudes ou, ne serait ce qu'un aspect commun avec les autres. Si, par exemple, vous décidez de récompenser les salariés « par une prime » ou en leur accordant « des heures de récupération supplémentaires », les deux idées doivent faire l'objet d'une distinction.

Afin de pallier toute confusion, il peut se révéler utile d'employer à titre préliminaire l'expression : « L'idée consiste à... », « Le concept est... » Même si elle paraît redondante et superfétatoire, cette précaution oratoire annonce l'importance du résultat. L'aspect formel rehausse la valeur de la production.

- **Champ de focalisation** : Il s'agit d'une focalisation précise visant à faciliter la circulation en milieu urbain.
- **Le concept** : Le concept est de récompenser les automobilistes qui, au lieu de prendre leur voiture pour se rendre en ville, l'ont laissée au garage.
- **L'idée** : L'idée consiste à récompenser les automobilistes qui garent leur voiture dans les parkings situés en périphérie par l'octroi de bons d'essence à prix réduit. Les parkings pouvant appartenir à des sociétés pétrolières.

Dans cet exemple, remarquons l'importance de la formulation du concept. Si j'avais écrit : « Récompenser ceux qui ne se rendent pas en ville en voiture », on aurait pu croire qu'il s'agit de récompenser ceux qui possèdent une voiture mais qui ne l'utilisent jamais pour aller en ville. La formulation ne doit pas obligatoirement être brève et succincte. Mieux vaut qu'elle soit explicite. Les slogans chocs qui se résument à un seul mot sont à bannir ; ceux qui le liront ne sont pas censés deviner ce que l'auteur a voulu dire. Par conséquent privilégiez la clarté de l'expression au lieu de chercher à résumer votre pensée ou de la réduire à un vocable unique. Si cette technique est valable lorsqu'elle s'applique à une entrée, elle se révèle désastreuse lorsqu'elle s'applique à l'aboutissement du processus de créativité.

- **Champ de focalisation** : Focalisation globale sur les restaurants.
- **Concept** : Les clients du restaurant mangent dans leurs propres assiettes.
- **Idée** : Le restaurant conserve les assiettes des clients et leur offre, par exemple, la possibilité d'y imprimer le logo de leur entreprise. Ce qui leur permet d'inviter des amis et des relations d'affaires au restaurant en disposant de ses propres assiettes. Ce système pourrait représenter un moyen de fidéliser la clientèle.

Nous remarquons, dans la formulation, la suggestion d'une valeur qui vient compléter l'idée. Doit-on imiter ce procédé ? À moins que la valeur ne soit explicite dans l'idée elle-même, rien ne s'oppose à ce qu'elle soit clairement exprimée.

Point n'est besoin d'entrer dans les détails, encore faut-il que ceux qui liront le texte comprennent en quoi réside la valeur de l'idée. On pourrait envisager l'intitulé suivant : « La valeur réside en ceci… »

- **Champ de focalisation** : Focalisation précise : accroître la consommation de bière.
- **Concept** : Le concept est de multiplier les occasions de consommer de la bière.
- **Idée** : L'idée consiste à associer la bière (ou une marque de bière spécifique) à des mets précis tels que le poulet ou le poisson.
- **Valeur** : La valeur réside en ceci que les femmes achèteront davantage de bière au supermarché et qu'avec les adolescents,

elles sont susceptibles de représenter une nouvelle catégorie de consommateurs. Autre type de valeur : la multiplication des occasions de boire de la bière.

Dans l'exemple ci-dessus, la principale valeur de l'idée peut être implicitement contenue dans celle-ci, mais il est néanmoins intéressant d'exposer clairement les valeurs subsidiaires. Et par là même de ré-exprimer la valeur majeure.

- **Champ de focalisation** : Focalisation précise : remédier à la pénurie de personnel de police.
- **Concept** : Le concept est d'inciter les civils à aider la police dans son travail.
- **Idée** : Chaque citoyen devrait se tenir aux aguets pour détecter d'éventuels délits, surveiller les comportements suspects et posséder le moyen d'alerter la police.
- **Valeur** : L'une des valeurs de l'idée est de démultiplier le rôle de surveillance de la police. L'autre est de prévenir les délits à l'échelon local en investissant officiellement chaque citoyen d'un devoir de surveillance.

Le travail supplémentaire qu'implique la rédaction rigoureuse et méthodique des résultats acquis lors de la séance de réflexion, est loin d'être inutile. Les idées et les concepts n'en seront traités qu'avec plus de sérieux. Le résultat de la démarche créative sera matérialisé par un écrit. Ce qui ne peut que renforcer la valeur des idées et des concepts.

Est-ce à dire que toutes les idées et tous les concepts produits par un effort de créativité doivent être ainsi répertoriés ? Il importe ici de distinguer la production totale de la session de réflexion, et le résultat qui sera rendu public. La production totale, nous l'avons vu, doit faire l'objet d'une « récolte » qui englobe absolument tous les aspects envisagés lors de la réunion.

Le résultat destiné à être publié ne portera que sur les idées et les concepts susceptibles de retenir l'attention. Le contenu du document dépendra en grande partie des attentes du public concerné. Dans certains cas, les idées inhabituelles ou les idées « par exemple » peuvent être communiquées ; dans d'autres, il est préférable de se borner à ne mentionner que les idées possédant une réelle valeur.

L'acte de rédiger les conclusions d'une réunion de réflexion aide les participants à avoir une vision plus précise et à adopter une approche plus rigoureuse des concepts et des idées.

Le groupe ou l'individu

Les techniques de pensée latérale que nous venons de décrire doivent-elles être pratiquées en groupe ou individuellement ? Cette problématique a été abordée dans la première partie de cet ouvrage mais je souhaiterais néanmoins y revenir.

Chaque technique est susceptible d'être utilisée par une personne seule. Ce point mérite d'être souligné tant est prégnante la tradition du *brainstorming* qui, en matière de créativité, refuse toute légitimité à l'individu. Or l'esprit créatif n'est pas l'apanage du groupe.

Le groupe favorise le jaillissement et l'interaction des idées et stimule la créativité inhérente à chacun grâce aux remarques des autres membres. Les techniques systématiques de pensée latérale possèdent la même vertu. Celle de la provocation, par exemple, déclenche des situations déstabilisantes auxquelles l'esprit est contraint de réagir. Il appartient à chacun de se forger ses propres outils de stimulation. C'est d'ailleurs l'une des valeurs de « po ».

Les gens apprécient de travailler en équipe ; ils sont persuadés qu'ils parviennent ainsi à de meilleurs résultats, ce qui ne correspond pas toujours à la réalité. Le travail en solo est ardu, il requiert à la fois de la discipline et la maîtrise des techniques de la pensée créative. Par contre, le groupe progresse très lentement.

Dans un groupe, l'un parle, les autres écoutent. Celui qui s'exprime se sent obligé de répéter ou d'expliciter son idée car il a l'impression que le groupe n'en a pas saisi toute l'essence. On a souvent tendance à dire des bons mots pour faire rire les autres. Le groupe ne suit qu'une seule direction à la fois.

L'individu qui œuvre dans la solitude a tout loisir d'explorer différentes voies. Il n'a pas besoin d'écouter ni de parler. Rien ne l'empêche d'approfondir une idée qui paraît « extravagante » au premier abord et de l'explorer jusqu'à ce qu'elle prenne un sens. Ce processus est impossible dans le contexte du groupe.

Dans la pratique, l'équipe possède un avantage si les participants dans leur ensemble se sentent propriétaires des idées émises. Cet aspect est d'autant plus important dans les cas où le groupe est contraint d'accepter les idées telles quelles et de les mettre en œuvre.

L'individu est libre d'engager la réflexion à son gré ; il n'a pas besoin de réunir une équipe, de planifier une réunion ou d'attendre la prochaine session prévue. Il peut s'exercer à la pensée créative où et quand il le veut.

L'expérience m'a appris que l'individu est plus à même d'innover à proprement parler et d'ouvrir des perspectives radicalement nouvelles. Le groupe, cependant, prend l'avantage sur lui dès lors que l'idée est née. Celle-ci va être décortiquée et développée dans des directions que n'aurait pas imaginées son auteur. C'est là le mérite de la réflexion commune ; elle envisage tous les aspects. À ce stade, la somme des expériences individuelles devient un atout.

Si toutes les techniques de la pensée latérale sont praticables par une personne isolée, elles n'excluent pas la coopération. Un groupe peut construire un éventail de concepts commun, lancer une provocation par le biais d'un mot aléatoire et chercher à progresser vers des idées neuves. Cette approche s'effectue sur le mode de la discussion courante :

> *Voici la provocation : parking de voitures po sable. Quelles idées cette association suggère-t-elle ?*
>
> *Le sable pourrait ralentir les voitures — il y a peut-être une idée là-dedans.*
>
> *Le sable évoque les plages. Les gens s'installent à leur aise sur la plage. Pourquoi ne pas les laisser s'organiser comme ils le souhaitent dans le parking.*

En ce qui me concerne, le sable me fait penser à des multitudes de petits grains. D'où l'idée d'une sorte de système « à points » conditionnant l'accès au parking, en fonction de l'utilisation de la voiture, de l'âge du conducteur, du bonus éventuel…

Les voitures laissent des traces sur le sable. On pourrait creuser de profondes « ornières », obligeant les conducteurs à suivre un tracé précis ; ce qui les dissuaderait de prendre des raccourcis qui provoquent des embouteillages dans les parkings.

L'idée du système à points est séduisante. Si vous n'utilisez pas le parking pendant un certain temps, vous bénéficiez de points supplémentaires. Tout le monde reçoit au départ le même nombre de points qui sont déduits à chaque fois que vous garez votre voiture dans le parking. Chacun y viendrait le moins possible, sauf cas de nécessité absolue.

Ce n'est pas comme cela que je voyais le système à points…

Je sais. C'est simplement une idée qui a traversé mon esprit en t'écoutant développer la tienne…

Nous assistons ici à un processus de groupe typique, qui favorise l'interaction des idées. Une personne livrée à elle-même aurait sans doute approfondi l'idée initiale au lieu de l'exprimer à haute voix et de l'oublier l'instant suivant.

Les combinaisons

L'association de la pensée créative individuelle et de la réflexion collective est porteuse de valeur. Elle permet en effet de bénéficier de ce que chaque démarche apporte de plus performant. L'individu ouvre de nouvelles voies d'exploration et le groupe développe les idées qui en sont issues. Cette combinaison peut emprunter plusieurs formes.

L'interruption de la session

La réunion débute par une discussion de groupe visant à définir le champ de focalisation et à développer des idées qui s'y rapportent.

Puis quelqu'un suggère de recourir à une technique de pensée latérale spécifique. Chaque participant, travaillant en parallèle avec les autres, s'exerce individuellement à la technique choisie. Le temps imparti va généralement de deux à quatre minutes. Lorsqu'il s'agit de monter un éventail de concepts, le délai peut atteindre dix minutes.

Le travail effectué individuellement porte sur l'intégralité de la technique, de son début à la fin.

Élaborez, seul, une provocation par l'échappée et mettez-la en pratique.

Le cas échéant, la phase d'élaboration peut s'effectuer en coopération avec d'autres membres du groupe.

Imaginons la provocation suivante : « Po, nous avons une salle de bains sans robinets. » Réfléchissez-y, chacun de votre côté.

Le groupe pourrait par exemple avancer plusieurs provocations du type de la pierre de gué. On en sélectionne une et chacun y contribue individuellement.

Le groupe détermine le point fixe autour duquel vont se développer diverses alternatives. Chaque participant sera chargé de chercher des alternatives satisfaisant le point fixe.

Lorsque les membres du groupe, pris isolément, ne maîtrisent pas suffisamment la technique, il est préférable d'élaborer le processus en équipe et de demander ensuite à chacun de travailler, seul, en s'appuyant sur le travail effectué. Néanmoins les adeptes de la pensée latérale qui possèdent une bonne pratique des techniques sont capables de traiter toutes les étapes du processus et de l'utiliser sans le secours du groupe.

À l'issue de la période de réflexion individuelle, chaque participant livre le résultat de son travail. Chacun dispose d'environ trois minutes pour exposer ses conclusions. Puis la discussion commune reprend autour des idées proposées. Le groupe ne se contente pas de recevoir et de noter les idées ; il les développe et les renforce.

Si le débat s'essouffle, il n'est pas interdit de faire intervenir une autre technique, élaborée et traitée selon le modèle décrit ci-dessus.

Le travail individuel est consacré à l'utilisation de la technique choisie, dans le respect des méthodes de la pensée latérale.

La partie de la séance restant à l'initiative du groupe comporte trois aspects :

1. Écouter les conclusions de chacun.
2. Discuter des idées proposées et les faire progresser.
3. Utiliser directement les techniques en groupe.

La méthode du sandwich

La première phase du processus est consacrée à la présentation de l'objectif de créativité lors d'une séance de groupe préliminaire ou par contact direct avec chaque participant (entretien personnel ou envoi des directives par courriel). Chacun travaille séparément pendant environ une semaine. Lors de la réunion de préparation, on peut suggérer aux participants l'emploi de certaines techniques de provocation ou leur laisser le libre choix de la méthode (en fonction de leurs aptitudes).

À l'issue de cette période de réflexion, le groupe se réunit pour écouter toutes les propositions. Chaque participant est invité à exposer oralement son point de vue pendant dix minutes environ, même si celui-ci a déjà fait l'objet d'un rapport par écrit. Puis une discussion s'engage autour des idées que l'on développe et on tente de trouver de nouvelles inspirations.

Chaque participant reprend ensuite sa réflexion à partir des concepts ou des idées évoqués pendant la session. Ce travail individuel vise notamment à approfondir, voire à modifier ses propres suggestions à la lumière des commentaires des autres membres du groupe. À l'issue d'un délai déterminé à l'avance, par exemple une semaine, les participants doivent remettre leur

« récolte » — autrement dit un rapport. Il ne s'agit pas du compte rendu de la session tout entière mais des points que chacun juge importants pour lui personnellement. Toutes les conclusions sont regroupées en un document commun, distribué à tous les participants. Une session finale est proposée sur une base facultative. Mais si le groupe envisage de mettre en application les idées produites, chacun doit contribuer à la discussion et à la sélection des idées.

La méthode mixte, dite méthode du sandwich (groupe et individu), offre l'avantage d'accroître la tolérance vis-à-vis d'autrui. Sachant qu'il va devoir exposer ses propres idées, chacun adopte une attitude constructive.

La réunion de groupe, utilisée seule, présente l'inconvénient d'inciter à la passivité : certains participants y assistent sans jamais émettre la moindre suggestion. Ils se contentent de critiquer ouvertement ou de dénigrer subrepticement les idées des autres membres. Alors que travail individuel impose un effort de créativité et une obligation de résultat en termes de production d'idées. Cette exigence encourage l'individu à accroître ses aptitudes à la création et, par là, à se former à la pensée créative. Dans une réunion de groupe, les individus ont tendance à se sentir naturellement doués pour la créativité et s'imaginent qu'il leur suffit d'attendre que l'inspiration se manifeste. Mais s'ils savent qu'ils vont devoir utiliser une technique spécifique et avancer des idées personnelles, ils n'en sont que davantage motivés pour développer leurs capacités.

Troisième partie

LA MISE EN PRATIQUE DE LA RÉFLEXION CRÉATIVE

Les applications

La première partie de cet ouvrage est consacrée à la nature, à la logique et au caractère impératif de la réflexion créative.

La deuxième partie présente les outils et les techniques méthodiques.

Cette troisième partie traitera de ses applications.

Les lecteurs qui entendent acquérir une parfaite maîtrise de la pensée créative se seront tout particulièrement intéressés à la section centrale. Ceux que le sujet intrigue et qui souhaitent l'approfondir, sans pour autant vouloir améliorer leurs aptitudes, auront privilégié la première partie. Les autres, enfin, qui envisagent d'introduire ou d'utiliser la créativité au sein de leur entreprise consulteront avec profit le développement qui va suivre.

Les méthodes structurées de la pensée créative fonctionnent d'elles-mêmes. Elles visent à produire les idées neuves dont nous avons besoin, quand nous le voulons. Elles s'inscrivent toutefois dans un cadre d'application défini, sans lequel la créativité de l'individu ne peut s'épanouir. Indépendamment de la puissance intrinsèque des techniques, leur efficacité dépend en fin de compte essentiellement de leur mise en œuvre.

Nous allons successivement aborder l'usage de la réflexion créative au quotidien et ses applications particulières.

L'introduction de la créativité dans l'entreprise et les précautions qui l'entourent seront développées séparément. Celle-ci requiert la désignation d'un « responsable » chargé de diriger l'effort commun. À qui cette tâche primordiale va-t-elle échoir ?

L'application de la créativité repose sur la mise en place de structures sans lesquelles elle ne peut être opérationnelle ; c'est un point que nous traiterons également.

Nous envisagerons aussi les modalités de formation aux techniques de la pensée créative et leur adaptation à une situation donnée. À cet égard nous tenterons d'identifier les outils les plus aptes à répondre aux exigences de chaque cas. Dans le même ordre d'idée, nous étudierons les différentes formes de sessions créatives, qu'elles soient individuelles ou en groupe.

Nous terminerons par un commentaire sur l'évaluation des idées issues du processus créatif.

Les propositions contenues dans ces pages se fondent sur des années d'expérience. Mais chaque entreprise possède sa culture et sa personnalité. La méthode adoptée avec succès par l'une n'aboutira pas forcément au même résultat chez l'autre. La réussite dépend largement du charisme et des qualités du ou des responsables de l'orchestration de la démarche.

Un point mérite d'être relevé ; la créativité ne s'applique pas aussi facilement que d'aucuns semblent le croire. Il ne suffit pas de programmer une séance de *brainstorming* ou d'inciter les collaborateurs à avancer des suggestions. Faute d'être appliquée selon une procédure structurée, la créativité risque d'être considérée comme un luxe superflu qui joue un rôle mineur dans la vie de l'entreprise.

Pourtant, la créativité revêt une importance capitale, appelée à croître dans le futur. La créativité structurée constitue désormais un impératif. Son application méthodique représente une nécessité tout aussi impérieuse.

La créativité au quotidien et la créativité spécifique

Il existe deux types d'utilisation de la créativité. Selon ce que l'on appelle l'usage « au quotidien », elle entre tout naturellement dans le processus de pensée habituel de l'entreprise et s'applique à toutes les situations qui imposent une réflexion. Elle ne résulte pas, dans ce cas, d'un effort méthodique et délibéré. Il en va tout autrement lorsque la démarche créative naît d'un impératif précis. Elle fait alors appel aux techniques systématiques de pensée latérale visant à produire des idées neuves.

La créativité au quotidien

Les être naturellement doués ou désireux d'exercer leurs talents créatifs se réclament de cet usage de la créativité. Ils l'intègrent dans leur réflexion ordinaire. Elle devient un outil de fonctionnement aussi banal que le changement de vitesses dans une automobile ou les clubs dans le sac du golfeur. Ils y ont recours sans même y penser, dès que les circonstances l'exigent. L'individu adopte automatiquement une attitude constructive et créative ; il veut trouver de nouvelles idées et accepte volontiers d'examiner celles que les autres lui proposent. Certains comportements s'apparentent d'ailleurs à des techniques de pensée créative bien précises.

La pause créative

La personne est résolue à marquer un temps d'arrêt. Elle interrompt volontairement le cours de sa réflexion pour s'interroger : « Existe-t-il une autre possibilité ? Sommes-nous vraiment obligés de suivre ce processus ? Que pouvons-nous faire ? » La pause intervient au cours d'une réflexion sur un thème précis, lors d'une lecture ou pendant une conversation. Ce n'est qu'une pause en soi. Elle n'est pas ciblée comme un objectif.

Le challenge

C'est une composante clé de la créativité au quotidien. Devons-nous procéder de cette manière ? N'existerait-il pas un moyen plus efficace de réaliser ceci ? Étudions cela de plus près.

Le challenge, il est utile de le rappeler, n'équivaut pas à une critique. Dès qu'il s'apparente à une sanction, il ne fait plus partie de la créativité au quotidien. La critique est déstabilisatrice et peu appréciée, alors que le challenge ne remet en cause les pratiques habituelles que pour envisager d'autres modes d'action plus performants. Il repose en effet sur le principe selon lequel la tradition n'apporte pas systématiquement la solution idéale.

Le challenge créatif impose de prendre de la distance vis-à-vis des processus habituels afin d'en vérifier la validité. Ce qui sous-entend bien souvent une analyse de la continuité. Existe-t-il une raison historique à cela ? Cette procédure résulte-t-elle d'exigences formulées par d'autres ?

C'est un mélange d'insatisfaction positive et de croyance dans le potentiel salvateur du changement.

Le chapeau vert

Les comportements liés à l'adoption du chapeau vert s'inscrivent couramment dans la créativité au quotidien. Chacun peut porter le chapeau vert sans que les autres en prennent conscience, ou le proposer à ses interlocuteurs au cours d'une conversation ou dans une réunion. On encourage les autres à concentrer leur effort de créativité sur une cible précise, à chercher des idées différentes ou à présenter des solutions de rechange.

La focalisation élémentaire

La démarche est ici plus méthodique et plus volontaire que celle de la pause créative et du challenge. Elle définit l'impératif de créativité : « Je voudrais trouver des idées neuves (sur ceci ou sur cela). » Le champ de focalisation peut s'inscrire dans l'intention d'engager un processus de réflexion. Mais ce n'est pas une condition nécessaire. La volonté de définir un champ de focalisation qui ne sera pas nécessairement suivi d'une réflexion méthodique fait partie de la créativité au quotidien. La prise de conscience de l'impératif de créativité suffit souvent à engendrer une démarche créative informelle. C'est là une des caractéristiques de l'usage quotidien de la créativité.

Les alternatives

La recherche d'alternatives est l'une des principales occasions où s'exerce la créativité au quotidien. La nécessité de trouver des alternatives s'impose dans de nombreux cas. La créativité porte sur la découverte de solutions autres que celles qui viennent immédiatement à l'esprit. Elle vise à trouver des alternatives, notamment des explications qui vont au-delà de ce que l'on attend d'ordinaire. Ce type de créativité privilégie la multiplicité des options par rapport à leur approfondissement. Que peut-il se passer d'autre ? Quelles sont les autres solutions envisageables ? Existe-t-il d'autres alternatives ?

Certes, la quête d'alternatives ne s'impose pas d'elle-même lorsque n'existent ni problèmes particuliers à régler, ni difficultés à résoudre, ni impératif clair. Elle participe du même esprit que la pause créative, le challenge et la focalisation élémentaire. Il s'agit d'accorder de l'attention à des choses qui ne sont pas nécessairement des problèmes, dans le seul but de les améliorer.

La provocation

Dès lors que la culture de la créativité s'est établie dans l'entreprise, la provocation devient partie intégrante du quotidien. Le personnel prend l'habitude d'utiliser « po » de manière naturelle et s'essaie même à lancer des provocations osées (« Po, cette chaîne de montage fonctionne à l'envers »). Certes l'emploi de la provocation n'est pas le fait de tout le monde. Certains y demeurent réticents voire malhabiles. L'« attitude » véritablement provocatrice suppose d'accueillir les idées qui paraissent étranges et d'avancer des suggestions qui sortent de l'ordinaire.

Elle oblige également à accepter toutes les idées et à les traiter volontairement comme des provocations, que cela corresponde ou non à l'intention de leur auteur.

L'attitude provocatrice procède d'une double conviction :

1. Toute idée, y compris la plus improbable et la plus incorrecte, recèle un potentiel que l'on peut découvrir en pratiquant le « mouvement ».
2. L'élaboration d'idées « provocatrices » est une opération utile, en ce sens qu'elle nous aide à sortir de la routine habituelle.

L'écoute

L'écoute constructive fait aussi partie de la créativité au quotidien. Car, même si vous ne générez pas d'idées nouvelles (ou si vous ne vous en estimez pas capable), vous pouvez néanmoins participer à l'émergence et au développement d'innovations par l'écoute et par la stimulation.

Parce qu'il nous révèle le potentiel de l'idée et qu'il nous aide à le développer, le « discernement » est également un facteur de créativité.

Pour chacun de nous, la créativité au quotidien consiste aussi à encourager l'attitude et les comportements créatifs chez les autres et à favoriser l'épanouissement d'une culture de la créativité dans l'entreprise.

Quelles sont les sources de la créativité au quotidien ? Si la description des attitudes et des comportements créatifs est chose facile, il n'en va pas de même lorsqu'on prétend expliquer la motivation qui les induit. La créativité au quotidien provient de trois cheminements possibles.

La sensibilisation

Dès lors que l'on comprend la nature, la logique et l'importance de la créativité, on commence à lui accorder l'attention qu'elle mérite.

Les séminaires organisés en interne à l'intention des dirigeants favorisent largement la sensibilisation. Ils ne doivent pas être restrictifs et s'adresser uniquement à certains membres de l'état-major de direction. J'ai organisé une session de formation pour les principaux dirigeants de KLM. Ils étaient au nombre de soixante ; tous sont venus. Un autre séminaire, chez Du Pont, a réuni mille trois cents participants.

L'implication directe de l'équipe dirigeante et du PDG, et leur intérêt pour la créativité jouent un rôle déterminant et entraînent l'adhésion du reste du personnel. C'est une constante qu'il m'a été maintes fois l'occasion d'observer dans plusieurs grandes entreprises. En revanche, le fait de vouloir généraliser un comportement créatif à partir d'un noyau restreint de personnes est voué à l'échec.

La formation

Cette question sera traitée en détail ultérieurement. La créativité au quotidien peut être encouragée par une formation aux techniques de pensée latérale. Une fois ces méthodes assimilées, les attitudes correspondantes s'intègrent naturellement dans les habitudes, même si l'on cesse d'utiliser les méthodes elles-mêmes.

Toute formation efficace aux méthodes de la pensée latérale se traduit par l'adoption d'attitudes créatives dans la vie de tous les jours. Mais ceci suppose que l'ensemble du personnel soit partie prenante.

La formation doit au minimum comporter la pratique de la méthode des six chapeaux, afin de stimuler l'attitude créative, qui passe par l'appel à la réflexion du « chapeau vert ».

Les programmes et les structures

Lorsque des programmes tels que le « perfectionnement continu », la « gestion de la qualité totale » voire la « satisfaction du client », inscrivent la créativité à l'ordre du jour, les comportements qui en découlent incluent nécessairement l'attitude créative. Dans la mesure où ils encouragent la réflexion critique et le perfectionnement, ces programmes forcent aussi à adopter une démarche fondée sur la créativité.

Des structures comme les cercles de qualité et les programmes de suggestions contribuent également à favoriser les comportements créatifs, notamment chez les collaborateurs qui y sont directement impliqués.

Certaines structures spécifiques visent essentiellement à développer l'exercice de la créativité ; la « Hit List » créative et le programme d'audit « thermomètre de l'innovation ». Nous y reviendrons ultérieurement.

De manière générale, les membres de l'entreprise perçoivent rapidement l'élément de « jeu » qui intervient dans la créativité. S'ils ont conscience que ce « jeu » est susceptible de leur apporter de la considération et des gratifications, ils n'hésiteront pas à consentir l'effort nécessaire. Leur bonne volonté doit être confortée par une formation et par des structures appropriées.

Dans l'idéal, la créativité au quotidien devrait concerner tous les échelons et tous les secteurs de l'entreprise. Car toute personne dont la fonction consiste à réfléchir doit développer ses talents créatifs.

LA CRÉATIVITÉ SPÉCIFIQUE

Cette forme de créativité s'applique à un champ de focalisation précis ou à une tâche créative. Par un effort délibéré et systématique, on cherche à générer des idées et des concepts nouveaux visant à satisfaire l'objectif défini. La créativité se comprend ici comme une procédure intentionnelle visant à produire des idées nouvelles. Elle comporte trois étapes :

1. Définition du champ de focalisation ou de la tâche créative.
2. Élaboration de structures permettant l'application méthodique des outils systématiques de la pensée latérale.
3. Évaluation et mise en œuvre du produit issu de la réflexion créative.

Définition du champ de focalisation

Différents problèmes surgissent. Certains individus définissent des objectifs de créativité précis. Un impératif de créativité s'impose. Tels sont les divers modes d'émergence du champ de focalisation. Il en existe d'autres sous une forme plus systématique et plus élaborée, comme la « Hit List » créative. Tous ces processus aboutissent à l'identification de champs de focalisation.

Les structures d'élaboration de la réflexion créative

Dès que le champ de focalisation est défini, il est soumis à un processus de réflexion intentionnelle. Ce dernier s'effectue sur l'initiative d'un individu, par un groupe ou selon une approche mixte, ainsi que nous l'avons vu. Il peut s'inscrire dans des structures existantes, telles que les programmes de qualité totale ou les groupes *ad hoc*, ou nécessiter la mise en place de dispositifs nouveaux. Ces dispositifs nouveaux sont proposés à l'entreprise suite à l'audit réalisé avec le « thermomètre de l'innovation ».

Il arrive fréquemment que le groupe chargé de traiter le sujet ou de résoudre le problème organise sa propre session de réflexion sur la base de rencontres régulières où différents objectifs sont abordés tour à tour.

Les structures destinées à l'application de la pensée créative seront ultérieurement étudiées en détail.

L'évaluation et la mise en œuvre des idées

Le groupe qui a défini puis traité l'objectif de la session de créativité peut aussi être chargé d'évaluer les idées. Nous avons alors affaire à un processus en continu. Mais si le groupe de réflexion est différent du groupe chargé de l'évaluation et de l'application, il importe d'intégrer ce dernier suffisamment tôt dans le processus afin de le familiariser avec les idées et pour qu'il se les approprie.

Dans la démarche créative spécifique, il est primordial de considérer les idées à l'instar des matières premières, de la technologie, des brevets, des modèles ou de l'énergie. Car elles possèdent leur existence et leur importance propres. Certes, ce sont des productions de l'esprit, mais leur immatérialité ne doit pas conduire à les dévaloriser. En fin de compte, c'est elles qui ont fait progresser l'humanité. Toute idée, quand bien même elle ne trouve pas d'application immédiate, doit être traitée avec méthode. Inutilisée ou inutilisable, elle n'en continue pas moins à exister en tant qu'idée. Contrairement au feu, qui n'a de prix que lorsqu'il est allumé, les idées, elles, conservent toute leur valeur, indépendamment de leur application réelle.

La créativité spécifique impose un devoir de précision et de définition à chaque étape. La définition de la tâche créative répond à cette obligation de rigueur. Les structures d'élaboration de la pensée latérale doivent également y satisfaire. Le résultat du processus de réflexion, lui aussi, obéit à ces impératifs. Enfin, l'évaluation et l'application des idées (le cas échéant) doit se conformer aux mêmes exigences.

En cette matière, il ne s'agit pas de se sentir créatif, de chercher un objectif en espérant que l'inspiration fournira la solution désirée. La créativité s'exerce avec méthode, elle implique de la rigueur à chaque étape.

La créativité au quotidien concerne tout particulièrement certains secteurs de l'entreprise (la R&D, le marketing, les produits nouveaux, les groupes de projets, la stratégie...). Ceux-ci ont également besoin de créativité spécifique mais ils se montrent réticents à définir des objectifs créatifs et à consentir un effort de créativité intentionnel ; sous prétexte qu'ils consacrent la majeure partie de leur temps à la créativité en général, les membres de ces services négligent l'impératif de créativité « spécifique ». C'est une vision fausse des besoins réels. Car les individus les plus créatifs bénéficient eux aussi du caractère intentionnel de la créativité spécifique.

La « Hit List » créative

Examinons les deux propositions suivantes.

Je veux être créatif, j'ai donc développé mes aptitudes à la pensée créative. Maintenant je suis à la recherche de l'objectif sur lequel exercer ma créativité.

J'ai défini tel objectif créatif, il me manque maintenant des idées neuves pour le réaliser. Quels sont les moyens qui me permettraient de générer des idées nouvelles ?

Dans la première phrase, la motivation et les talents créatifs précèdent la recherche de l'objectif. Dans la seconde, c'est l'impératif de créativité qui a la préséance ; après avoir déterminé le but, on cherche les moyens de générer les idées permettant de l'atteindre.

Il ne s'agit pas ici de choisir entre ces deux propositions. Car, de toute évidence, la façon la plus sûre de susciter la motivation et de développer l'aptitude à la créativité, consiste à identifier d'abord l'impératif de créativité. Lorsque le besoin et le motif d'action existent au préalable, l'apprentissage des techniques de pensée créative ne constitue plus un luxe, mais une nécessité. En dépit de cela, je constate toujours avec surprise que la plupart du temps les gens prennent le processus à l'envers.

Nous avons déjà évoqué à plusieurs reprises dans ces pages l'importance de la focalisation. C'est un élément primordial de la créativité pour deux raisons :

1. En focalisant notre attention sur des choses que personne n'a pris la peine de considérer, nous pouvons développer de nouvelles idées valables sans devoir fournir un effort de créativité considérable.

2. Les outils de la pensée créative donnent leur efficacité maximum si nous les appliquons à un objectif ciblé avec précision et si nous nous en tenons à cet objectif.

J'ai eu souvent l'occasion de constater que la plupart des dirigeants manquent de volontarisme dès lors qu'il s'agit de déterminer un objectif de créativité. Ils estiment en effet que la réflexion créative s'applique essentiellement à la résolution de problèmes. Selon eux, les problèmes se révèlent d'eux-mêmes, sans que l'on ait besoin de les chercher. L'idée de chercher à identifier des problèmes ou de définir des objectifs de créativité n'entre tout simplement pas dans leurs habitudes de réflexion. Pourtant, il devient vital de développer l'aptitude à déceler les impératifs de créativité. C'est en cela qu'intervient la « Hit List » créative.

Cette liste rassemble tous les types d'impératifs de créativité. Ceux-ci se présentent sous forme de champs de focalisation ou de tâches créatives.

Dresser la « Hit List » créative

1. Un groupe se réunit pour élaborer, à titre d'exercice, une « Hit List » créative. Ses membres auront au préalable reçu la consigne de préparer des propositions qu'ils présenteront le jour de la réunion. Des suggestions supplémentaires sont exposées au cours de la session. À l'issue du débat, une « Hit List » créative en vingt points est établie.
2. Chaque membre d'un service donné est invité à élaborer sa propre liste et à la soumettre au responsable du service. Ce dernier rassemble toutes les données fournies en une liste commune à tout le service.
3. On confie à une équipe la tâche de dresser une « Hit List » créative de tout le service. L'équipe interroge tour à tour chaque collaborateur et établit une liste récapitulative, remise ensuite à chacun en vue d'éventuels commentaires.

4. Une personne se charge de dresser une liste provisoire, à laquelle chacun apporte librement des critiques, des suggestions, des modifications, des ajouts…

La « Hit List » créative peut être rédigée par un individu seul, par un groupe, par une équipe, par un service tout entier, par une division et même par l'ensemble du personnel de l'entreprise. Plusieurs listes peuvent aussi coexister et sont alors codifiées sous un nom ou par un chiffre.

Les rubriques de la liste

Les problèmes constituent un sujet privilégié, qui occupe souvent l'intégralité de la liste, transformant celle-ci en liste de problèmes. *A contrario*, il serait injuste de les en exclure, dans la mesure où ils exigent aussi une attention créative. La démarche idéale consiste à combiner quatre types de préoccupations.

Les problèmes

Ils relèvent de la focalisation précise, ce sont des difficultés classiques ou des problèmes d'évitement. Comment résoudre ce problème, comment surmonter cet obstacle ? Les problèmes graves et récurrents devraient figurer à côté de problèmes plus simples à résoudre. Voici les deux critères de sélection des problèmes :

1. La résolution du problème apporterait une différence significative et (de préférence) mesurable.
2. L'effort créatif pourrait se traduire par une différence (en termes de motivation) dans la résolution du problème.

Il est préférable de ne pas sélectionner de problèmes d'ordre trop technique ou qui demandent une connaissance technique telle que des personnes étrangères au domaine ne puissent contribuer à la recherche de solutions. Les problèmes de cet ordre ne sont envisageables que dans le cadre d'une « Hit List » créative propre à ce domaine technique.

La tâche de perfectionnement

On définit précisément le domaine d'intervention et le type d'amélioration souhaitée. L'un et l'autre relèvent de la focalisation précise. Comment accélérer ce processus ? Comment réduire le gaspillage ? Comment améliorer la qualité ? Le but à atteindre se mesure parfois de manière très précise. Comment réduire le taux de rebut de 50 % en six mois ? Les tâches de perfectionnement répondent aux mêmes critères de sélection que les problèmes. Mais le caractère quantifiable des résultats est davantage accentué. Il est important de prouver l'efficacité réelle de la créativité. À cette fin on choisira de préférence des tâches susceptibles de produire un résultat mesurable, tout au moins au début du processus.

Le projet

Ce peut être un projet assigné à une équipe ou qui fait suite à une session de réflexion. Il peut aussi s'agir d'une obligation que l'on s'impose à soi-même. Le projet peut imposer l'invention ou la conception d'éléments novateurs. Ou encore porter sur des sujets qui ne sont pas directement liés à l'activité professionnelle mais qui concernent la communauté. Il peut enfin, comme la tâche elle-même, inclure la conception de nouveaux projets créatifs.

Les coups de tête et les opportunités

Cette dernière catégorie relève de la focalisation globale. Les acteurs de la réflexion sont invités à développer des idées autour d'un thème sélectionné. Celui-ci peut résulter d'objectifs inhabituels ou répondre à un choix totalement arbitraire, d'où l'emploi de l'expression « coup de tête ». Les « opportunités » font également partie de cette catégorie. Un changement ou un produit nouveau, voire un secteur recelant un potentiel non exploité, ouvrent des perspectives qui réclament des idées neuves.

Les « Hit Lists » créatives ci-dessous fournissent des exemples de rubriques :

Les problèmes

Le parking est insuffisant.

L'absentéisme s'accroît.

On fait trop longtemps la queue pour accéder à la cantine.

Nos concurrents ont des coûts d'exploitation plus faibles.

Il y a un manque de communication entre la recherche et le marketing.

Les tâches de perfectionnement

Consacrer moins de temps aux réunions.

Répondre plus rapidement aux réclamations des clients.

Améliorer la prise des messages.

Nettoyer les moules plus rapidement.

Diminuer le nombre d'éraflures sur les surfaces polies.

Les projets

Organiser des sorties mensuelles pour les personnes âgées de la ville.

Mettre au point un système de formation à la créativité.

Concevoir un présentoir plus esthétique.

Monter un stand de PC.

Mémoriser le nom de toutes les personnes du service.

Les coups de tête et les opportunités

Des interrupteurs pour l'éclairage.

Les cinq dernières minutes de la journée.

Lettres à la signature.

Les applications d'une fibre hautement élastique.

Utiliser le savoir-faire d'un jardinier amateur.

L'usage de la « Hit List » créative

Cette liste peut figurer sur le panneau d'affichage de l'entreprise, être posée sur le bureau, conservée dans le portefeuille sous un format de carte postale. On peut aussi la publier dans le journal interne, assortie de commentaires et de suggestions.

Elle peut inspirer des thèmes de discussion pour les stages de formation à la créativité ou pour les sessions de réflexion.

Rien n'empêche un individu seul de traiter la rubrique qui l'intéresse ou de rassembler une équipe autour de l'objectif de son choix.

La liste n'est pas immuable ; certaines rubriques sont abandonnées, remplacées par d'autres, voire modifiées. Il n'est pas rare que la formulation initiale se transforme au cours des semaines pour aboutir finalement à un énoncé totalement différent.

La « Hit List » créative et la résolution d'un problème général

La résolution des problèmes qui intéressent l'ensemble de l'entreprise exige un effort d'information et d'analyse. Certains ont déjà été examinés par différents services ou par plusieurs groupes d'étude. La « Hit List » créative ne doit pas être envisagée comme le récapitulatif de tous les sujets de réflexion communs à l'entreprise. Seules les questions nécessitant un réel effort de créativité doivent y figurer, c'est-à-dire les problèmes ou les tâches restés irrésolus après plusieurs tentatives ou plusieurs types d'approche. À cet égard, il est préférable d'énoncer clairement les exigences spécifiques en termes de créativité, au lieu d'exposer le problème dans son intégralité.

L'échec des approches existantes impose la recherche d'alternatives nouvelles.

La liste ne fournit qu'une indication brève du champ de focalisation et de l'impératif de créativité. En revanche, les individus ou les groupes qui choisissent de se concentrer sur la tâche devraient disposer du descriptif précis des exigences.

Il paraît légitime de se poser la question : « Pourquoi cette rubrique figure-t-elle sur la “Hit List” créative ? » La réponse est évidente : elle doit traduire un besoin d'idées et de concepts nouveaux. Si tel n'est pas le cas, la rubrique n'a pas sa place sur la liste, elle doit donc en être retirée.

La valeur de la « Hit List » créative

Elle comporte dix valeurs différentes.

1. Certaines questions nécessitent une attention créative. La liste favorise la réflexion à ce sujet. En outre, elle apporte la valeur immédiate des idées produites par l'effort de créativité.
2. Lorsque nous cherchons à définir les rubriques de la liste, nous devons observer ce qui se passe autour de nous et étudier nos propres modes de fonctionnement. Avec le temps, nous prenons l'habitude de sélectionner des objectifs de créativité. S'ils n'entrent pas tous dans la liste, ils peuvent susciter d'autres types de démarche.
3. La « Hit List » créative agit comme un rappel de l'impératif de créativité et contribue à favoriser l'avènement d'une culture de l'effort créatif.
4. Elle définit clairement les tâches dans le cadre de la formation à la créativité et de l'exercice des techniques de créativité.

5. La « Hit List » créative est une représentation concrète de l'utilité de la pensée créative et justifie la formation à la créativité.
6. L'existence de listes spécialisées dans des domaines spécifiques sert à concentrer l'attention sur les besoins créatifs réels de ces domaines.
7. Elle donne à l'effort créatif des buts « officiels ». Toute rubrique de la liste représente une valeur en tant que cible.
8. La liste constitue un challenge pour ceux qui se targuent d'être créatifs. Elle leur fournit l'occasion d'éprouver leurs talents.
9. Elle favorise l'engagement, elle suscite l'intérêt, elle fournit l'occasion de sortir de la routine et de changer d'activité ; ce qui est à la fois divertissant et stimulant.
10. La liste permet de découvrir les individus naturellement créatifs et ceux que la créativité motive réellement.

LES DANGERS

Divers dangers menacent la « Hit List » créative. Elle risque par exemple de se remplir de « problèmes généraux », dont la solution relève davantage de l'information et de l'analyse que de l'invention d'idées neuves.

Elle court également le danger de comporter un trop grand nombre de rubriques qui n'y ont pas à proprement parler leur place, en raison de leur insignifiance. Ce qui conduit à utiliser la créativité à des fins qui n'en valent pas la peine. C'est ce que l'on pourrait appeler le risque de banalisation.

Afin de prévenir ces dérapages, il est primordial que des responsables soient chargés de contrôler minutieusement les rubriques potentielles et de les formuler de manière appropriée. Cette fonction capitale peut indifféremment être confiée à un individu ou à une équipe restreinte.

Introduire la créativité dans l'entreprise

Nous faisons déjà tout ce qu'il faut.

Nous avons d'autres priorités.

La créativité relève du talent — il n'y a rien d'autre à faire que d'engager des gens créatifs.

Nous sommes de véritables experts en créativité.

Certains membres du personnel sont d'excellents créatifs.

Permettez-moi de vous exposer certaines de nos réalisations en la matière.

Les participants à mes séminaires m'interrogent souvent sur l'introduction de la créativité dans l'entreprise. L'honnêteté m'oblige à leur répondre qu'il s'agit d'une question délicate.

Commençons par le plus facile. Dans la configuration idéale, le PDG de l'entreprise est lui-même éminemment créatif ou perçoit au moins l'intérêt de la créativité.

C'était le cas du PDG de Ciba-Geigy, le regretté Sam Koechlin, et du PDG de Shell, le regretté Michael Pocok. Il en allait de même lorsque Phil Smith présidait aux destinées de General Foods (avant l'OPA) et lorsque Gunnar Wessman dirigeait le groupe suédois Pharmacia. On retrouve le même cas de figure aujourd'hui avec le PDG de Prudential, Ron Barbaro. Les exemples ne manquent certes pas. L'intérêt du PDG pour la créativité trouve un prolongement dans l'organisation de séminaires au sein de l'entreprise elle-même, qui ont pour but d'expliquer la logique et la nature de la créativité. Ceci est d'autant plus important que les idées fausses sur la question sont légion. Or il ne suffit pas d'une conversation ou d'un rapport pour balayer définitivement les malentendus. Lorsque le PDG d'American

Standard, Mano Kampourise, commença à s'intéresser à la créativité, il organisa une série de réunions d'information destinées à son état-major. Même si l'on se réfère largement aux outils de la pensée latérale lors de ces réunions, elles ressemblent davantage à des séances de sensibilisation qu'à des stages de formation proprement dits. C'est un détail qui a son importance.

Il arrive qu'un dirigeant assiste à l'un de mes séminaires et que le sujet évoqué le passionne au point qu'il m'invite ensuite à m'exprimer devant ses pairs. Ainsi, David Tanner, après avoir suivi une de mes conférences à Toronto, me pria-t-il d'organiser des réunions d'introduction à la créativité dans les locaux de Du Pont à l'intention des dirigeants du groupe. Lorsque ces derniers comprirent que la créativité n'est pas une lubie ou une « folie » mais qu'elle relève d'une démarche structurée, ils ne firent aucune difficulté pour parrainer la création d'un Centre officiel de créativité qui continue à être opérationnel aujourd'hui.

L'introduction méthodique de la créativité dans l'entreprise est une démarche personnelle qui repose en grande partie sur le charisme du ou des responsables. Quand le comité de pilotage se réunit, tout le monde approuve et semble convaincu de la valeur de la créativité. Mais rien ne se passe parce qu'il existe toujours des préoccupations plus importantes, des crises et des problèmes à résoudre, des coûts à réduire… La créativité apparaît comme un luxe que personne ne dénie ni ne défend pour autant. Il faut véritablement que le PDG ou qu'un des dirigeants prenne fait et cause pour elle et se transforme en quelque sorte en « champion du processus » (nous y reviendrons ultérieurement).

Peut-on imaginer qu'un petit groupe extrêmement motivé développe son aptitude à la créativité et utilise ce savoir-faire acquis volontairement pour communiquer sa passion au reste de l'entreprise ? Je suis convaincu que cela est possible mais c'est une situation que je n'ai encore jamais rencontrée. Il faut une habileté politique certaine pour franchir les barrières qui séparent les services et les échelons de l'entreprise. Mais cela arrive sans doute de temps à autre.

Il serait théoriquement envisageable d'introduire la créativité dans le cadre des programmes de gestion de la qualité, de perfectionnement continu ou de réduction des coûts, puisqu'ils exigent un certain degré de créativité. Dans la pratique, néanmoins, cela ne se passe pas ainsi. Les motivations et les structures de tels programmes sont souvent si rigides qu'elles laissent peu de place à ce qui constitue pourtant un impératif.

Par quels moyens introduire la créativité dans l'entreprise si le PDG n'est pas animé d'un souffle novateur ?

LA SENSIBILISATION

Elle repose sur la participation des principaux responsables à un séminaire sur la pensée latérale, notamment des membres de l'état-major de direction. C'est une condition essentielle de la réussite. Il est aussi envisageable de sensibiliser le personnel à la créativité grâce à des enregistrements vidéo mais l'efficacité est moindre, parce que l'effet de masse n'existe pas dans ce procédé.

LA MÉTHODE DES SIX CHAPEAUX

Cette procédure d'une extrême simplicité est largement reprise dans de nombreuses entreprises en raison de sa puissance et de sa commodité. Elle constitue un cadre d'exercice de la créativité efficace, rendant les réunions plus productives et encourageant les participants à la réflexion. Elle n'est pas uniquement utilisée pour stimuler la pensée créative, même si certains éléments en sont indissociables. Le chapeau vert, par exemple, rappelle la nécessité de la démarche créative. Non seulement il l'impose, mais il révèle aussi les carences et le manque d'aptitudes en la matière. La méthode des six chapeaux possède également l'avantage de limiter la réflexion de type chapeau noir à des moments cruciaux. Elle autorise un débat d'idées à la fois plus ouvert et plus productif.

Dès lors que les dirigeants et les cadres ont pris conscience de la simplicité et du pouvoir de la méthode, ils se montrent davantage disposés à essayer d'autres processus de réflexion. L'adoption de la méthode des six chapeaux constitue une première étape dont l'intérêt n'est plus à démontrer.

Le champion du processus

S'il se trouve un dirigeant ou un cadre qui possède un réel talent ou un intérêt avéré pour la créativité, l'introduction de celle-ci dans l'entreprise s'effectue par son intermédiaire. La réussite de l'opération dépend entièrement du sens politique et de l'énergie de cette personne. La créativité s'introduira d'autant plus aisément dans l'entreprise qu'elle aura permis d'aboutir rapidement à des résultats tangibles.

Le champion du processus ne doit pas nécessairement posséder un talent créatif. L'habileté tactique et le dynamisme jouent un rôle plus important.

Les structures et les programmes

L'élaboration d'une « Hit List » créative ou l'utilisation d'une pratique analogue (nous le verrons plus tard) peuvent faciliter l'introduction de la créativité. Mais il reste la question de savoir à qui confier ce soin.

Des programmes de formation à la créativité structurée apportent certes une contribution indispensable à l'introduction de la créativité, mais la volonté est l'élément fondamental du processus. Les structures et les programmes agissent comme des adjuvants lorsque la volonté d'agir existe mais que la façon de procéder n'est pas évidente.

La présomption représente de loin l'obstacle majeur à l'introduction de la créativité. De nombreuses entreprises se targuent de leur compétence en matière de créativité. Pourtant elles accordent peu de place à celle-ci, la reléguant au rang d'activité mineure. Confrontées à une situation délicate, faute de volonté créative, ces même entreprises ne trouvent rien de mieux que de se lancer dans une politique de réduction des coûts, censée apporter une amélioration concrète et immédiate.

La présomption porte en soi sa condamnation. Les gens qui visent l'excellence ne se contentent jamais du résultat obtenu ; ils cherchent sans cesse le dépassement.

La responsabilité

- Qui est responsable de la politique de créativité ?
- Qui a la charge du suivi ?
- Qui est censé faire avancer les choses ?

La créativité est une « bonne chose », d'ailleurs personne ne prétend le contraire. Tout le monde en a besoin, c'est donc l'affaire de tout le monde. Pour ces raisons bien précises, la créativité finit par n'être l'affaire de personne et rien ne se passe. La cause de la créativité en restera là, tant que personne ne se décidera à prendre la situation en main.

Le champion du processus

Tout produit nouveau possède son « champion ». C'est la personne qui met toute son énergie à son service et qui contribue à le lancer. Elle se bat pour lui et le défend dans les réunions où chacun cherche à capter le maximum de ressources pour ses propres produits. C'est aussi celle qui soutient un projet qui chancelle, celle qui tient bon quand les choses ne tournent pas comme prévu et que le découragement s'empare de toute l'équipe. Sans le secours de son champion, le produit verrait ses jours menacés dès l'apparition de la moindre difficulté.

La créativité, elle aussi, est tributaire de son champion. Car elle est aussi fragile qu'un produit. Elle a besoin d'une énergie salvatrice. Elle ne peut donc se passer d'un champion qui prenne fait et cause pour elle. S'ils reconnaissent le caractère impératif de la créativité, beaucoup de gens ne comprennent pas la nécessité de la promouvoir. Ce qui s'avère pourtant indispensable, dans la mesure où nous privilégions spontanément l'analyse et l'exploitation de l'information par rapport à la démarche créative.

Sir Colin Marshall, PDG de British Airways, auquel la compagnie aérienne doit en grande partie son redressement spectaculaire, croyait fermement aux vertus du « champion désigné ». Il affirme que rien ne peut avancer sans l'intervention du champion désigné. De nombreux dirigeants sont parvenus à la même conclusion : quelqu'un doit se charger de faire progresser les choses. Il faut un interlocuteur habilité à fournir les réponses aux questions :

Où en est la créativité ?

Quelle progression avons-nous enregistrée jusqu'à présent ?

Pouvez-vous me tenir informé de l'évolution du processus ?

Je souscris volontiers à l'idée du champion désigné, mais je pense qu'elle ne va pas assez loin. La personne nommée responsable n'est pas forcément en mesure d'investir l'énergie suffisante dans l'objectif. Tel que je l'envisage, le concept du « champion du processus » dépasse celui du « champion désigné ». Dans certains cas, il est vrai, lorsqu'il s'agit d'un individu doté d'une énergie impressionnante, les deux fonctions peuvent se recouper.

Quelles sont les caractéristiques du champion du processus ?

Il ne doit pas forcément posséder des talents créatifs. Dans une entreprise, il arrive souvent qu'un individu se distingue par son goût pour la créativité. Il finit en général par se tailler une solide réputation de créatif. Contrairement aux apparences, ce n'est pas la personne idoine pour jouer le rôle de champion du processus. Car il s'est enfermé dans un créneau dont il lui sera difficile de sortir. Au cours des années, il a probablement suscité de l'hostilité autour de lui (née de frustrations successives). Les individus qui possèdent ce profil ne sont pas toujours suffisamment pris au sérieux par les autres. Forts de leurs talents créatifs, ils ont en outre une fâcheuse tendance à combattre et à critiquer les idées des autres. Le champion du processus doit être motivé par la créativité, sans pour autant l'exercer nécessairement avec brio.

Il doit posséder une énergie hors du commun et des dons d'organisateur exceptionnels. Dans la mesure où la créativité transcende plusieurs disciplines et qu'elle impose d'aborder simultanément plusieurs domaines, elle n'autorise aucune complaisance. Le champion du processus n'a pas le loisir de laisser les choses suivre leur cours. Il lui appartient de relancer sans cesse le processus, étape après étape.

Le champion du processus devrait être recruté à l'échelon le plus élevé de la hiérarchie, dans la mesure, bien sûr, où cela est compatible avec les exigences en termes de temps et de disponibilité. Car il importe de représenter et de défendre l'impératif de créativité dans les réunions de direction. Parallèlement, il doit savoir communiquer avec tous types d'interlocuteurs et posséder de l'aisance dans les contacts. Il lui faut en effet se montrer persuasif, car il est chargé en quelque sorte de vendre la créativité aux autres. La surenchère est tentante, et le risque de donner de faux espoirs qui ne seront jamais réalisés est patent (la créativité résout tous vos problèmes en l'espace d'une demi-heure). D'autre part, il lui appartient de mobiliser les autres collaborateurs.

Le champion du processus doit être capable de former une équipe et de la motiver. Car l'introduction de la créativité n'est pas l'œuvre d'un seul homme. C'est d'ailleurs une des raisons pour lesquelles les créatifs enclins à la solitude ne sont pas les plus aptes à remplir cette mission.

Il semble impossible, *a priori*, de trouver toutes les qualités requises réunies dans un seul individu sans que celui-ci, compte tenu de ses compétences, ne soit déjà surchargé de responsabilités. Où ce surhomme trouverait-il du temps et de l'énergie à consacrer à cette mission ?

La solution idéale consisterait à recruter le champion du processus parmi les dirigeants qui ont atteint l'excellence dans leur fonction mais qui n'aspirent pas pour autant au titre de PDG. Les individus dotés d'un tel profil sont souvent à la recherche de nouveaux défis à relever ; les responsabilités qu'ils exercent depuis des années ne comblent plus leur ambition.

Ce type de personne existe dans toutes les entreprises. À titre d'alternative, le choix pourrait aussi s'arrêter sur un cadre plus jeune, promis à de hautes destinées. Pourquoi ne pas lui confier ce « projet », afin de mettre ses capacités à l'épreuve et pour lui ouvrir l'accès à tous les secteurs de l'entreprise ?

Le manager de concepts

Je suis convaincu que le manager de concepts est l'un des personnages clé de l'entreprise de demain. Dans un monde de plus en plus concurrentiel, où les entreprises atteignent toutes un niveau de compétences remarquable, le seul élément susceptible de faire la différence est la qualité des concepts. Ceux-ci méritent désormais d'être considérés à l'égal des finances, des ressources humaines, de l'énergie et des matières premières. Nous ne pouvons plus nous contenter d'espérer que « d'une façon ou d'une autre » des concepts plus adaptés aux réalités finiront par émerger d'eux-mêmes. Dans mon livre *Sur/petition* [1], je mets en évidence la nécessité de formaliser le « concept de la R&D ». Le manager de concepts aura plus particulièrement la charge de réunir, de générer et de développer de nouveaux concepts. Son rôle, crucial pour la réussite de l'entreprise, ne se limitera pas à définir la stratégie.

Dans les petites structures, le champion du processus et le manager de concepts pourront n'être qu'une seule et même personne. Dans les grands groupes, en revanche, le champion du processus travaillera avec et pour le manager de concepts. La tâche de ce dernier consiste à favoriser le développement de concepts, alors que le champion du processus doit encourager les collaborateurs dans leur ensemble à cultiver, à perfectionner et à exploiter leur aptitude à la créativité.

LE CENTRE DE CRÉATIVITÉ

David Tanner a été un remarquable champion du processus de créativité pour le groupe Du Pont. Il a fondé un Centre de créativité officiel, employant du personnel à temps plein, dont les locaux étaient installés près de son bureau. La créativité devrait toujours être traitée avec cette rigueur. Elle mérite le même investissement que la R&D — à cela près que les coûts ne relèvent pas du même ordre de grandeur.

L'introduction de la créativité ne constitue plus l'apanage de quelques individus créatifs, elle concerne l'ensemble de l'entreprise et fait désormais l'objet d'une démarche méthodique, fondée sur des structures appropriées.

Le Centre de créativité, tel qu'il existe dans le groupe Du Pont, est composé de personnes destinées à entraîner les autres collaborateurs à la créativité. Il forme des faciliteurs qui jouent le rôle de « managers du processus » dans les réunions. Le faciliteur est, par exemple, invité à participer à une session de réflexion visant à développer des idées neuves autour d'un objectif défini. Il oriente la réunion vers les divers modes d'utilisation des techniques créatives. Grâce à son intervention, les participants parviennent à employer correctement les méthodes même s'ils n'ont pas au préalable suivi de formation exhaustive. Après les avoir ainsi acquises puis assimilées, ils sont en mesure de les appliquer à leurs propres problématiques.

Le Centre de créativité a notamment pour fonction d'organiser des séminaires, des réunions et des expositions et, plus généralement, de développer une culture de la créativité.

Il détient très clairement la responsabilité de renforcer et de promouvoir la créativité au sein de l'entreprise.

À titre de recommandation, je souhaiterais préciser qu'il ne suffit pas de créer un « centre de créativité » et d'en rester là. Il ne se substitue pas au champion du processus, qui assume une fonction indispensable. C'est en effet lui qui mène le jeu, le Centre de créativité ayant essentiellement pour rôle d'accompagner et de concrétiser ses efforts. Dès l'instant où la créativité devient partie intégrante de la culture de l'entreprise, l'action du Centre se limite à maintenir l'élan créatif.

Il est important de veiller à ce que les Centres de créativité ou les Cellules de créativité ne se banalisent pas en tentant de justifier leur existence par des activités susceptibles de les détourner de leur principale raison d'être.

Certains redoutent que l'institutionnalisation de la créativité, à travers l'instauration d'un Centre de créativité ou d'une Cellule de créativité, n'ait un effet démobilisateur sur le personnel de l'entreprise. Ce danger peut certes exister lorsque le Centre prétend accaparer l'intégralité de la réflexion. Ce qui constituerait une grave erreur. Car la mission d'un Centre ou d'une Cellule de créativité consiste précisément à stimuler la créativité de tous les membres de l'entreprise et à la rendre plus productive. Il ne doit jamais être question d'établir une sorte d'enclave de créativité repliée sur elle-même. Un Centre de créativité et en quelque sorte un service de ressources énergétiques. Son rôle consiste à fournir de l'énergie à chacun.

Le réseau

L'action du Centre de créativité doit être complétée par un réseau de responsables locaux ayant pour fonction d'insuffler un élan au processus créatif. On distingue deux types de réseaux :

1. Un réseau de « champions du processus » locaux, pourvoyeurs d'énergie. Ces individus maîtrisent parfaitement la notion de créativité, ils sont capables d'animer des réunions et de former leurs collègues. Ils peuvent provenir de services, d'usines, de sites différents. L'établissement et l'entretien du réseau est un élément clé dans la diffusion générale de la créativité. Au lieu d'attendre que des volontaires se proposent, il est préférable de sélectionner la personne idoine et de la convaincre de l'intérêt de la créativité.
2. Le second type de réseau réunit des individus passionnés par la créativité et qui montrent de réelles dispositions à cet

égard. Ils ont valeur d'exemple pour leur entourage et assurent à l'entreprise un gisement de talents créatifs. Comme je l'ai indiqué précédemment, ils ne sont pas nécessairement qualifiés pour jouer le rôle de champions locaux du processus, car leur aptitude à la créativité n'implique pas qu'ils possèdent les dons d'animateurs et le charisme propres à motiver les autres. Il arrive que les deux réseaux se recoupent mais il importe de les traiter comme deux entités distinctes.

Chez Du Pont, ces deux types de réseau coexistent et se développent en parallèle.

LE SERVICE DES RESSOURCES HUMAINES

La prise de conscience de l'atout majeur que représente le facteur humain a rehaussé le prestige et la position du service des ressources humaines dans l'entreprise. Et ce n'est que justice. Il assume un rôle polyvalent, allant de la formation à l'évaluation en passant par la résolution des conflits et, de manière générale, l'assistance aux collaborateurs. Les hommes constituent l'élément moteur de l'entreprise. Celle-ci doit considérer comme une obligation majeure de les traiter comme ils le méritent.

Devrait-on confier au service des ressources humaines la responsabilité d'introduire et de gérer les programmes de créativité ? L'idée paraît judicieuse, le développement des aptitudes à la créativité pouvant être assimilé à un devoir de formation du personnel, intégrable à ce titre dans la stratégie globale de perfectionnement des ressources humaines.

Ceci peut aussi constituer une manière commode de traiter la « question » de la créativité : « Confiez le problème à la DRH et laissez-les le gérer. »

Malheureusement les services des ressources humaines sont sollicités de toutes parts et submergés de tâches à accomplir. Certaines ressortent de la routine ; d'autres, plus ambitieuses, concernent la mise en place de programmes de gestion de la qualité ou de service au client. La créativité risque de ne représenter qu'une activité supplémentaire dans un agenda déjà bien rempli. À ce titre, elle ne pourrait bénéficier de l'énergie et de l'attention qui lui sont dues.

Il ressort de tout ceci que l'introduction de la créativité ne saurait être confiée entièrement au service des ressources humaines, à moins qu'il ne s'y trouve un individu particulièrement motivé et disposant de temps et d'énergie pour jouer le rôle de champion du processus.

En tout état de cause, ce dernier doit conserver des liens étroits avec la DRH, dans la mesure où le développement des aptitudes créatives entre dans les compétences de ce service. Au regard de la formation spécifique à la créativité ou de l'incorporation d'éléments de créativité dans la formation en général, une action commune s'avère indispensable.

Les programmes de la DRH, portant par exemple sur la qualité, sur la réduction des coûts ou sur une problématique particulière, nécessitent l'intervention du champion du processus. Celui-ci introduit les techniques créatives sous forme de « kit d'outils » conçus pour les programmes spécifiques.

Le service des ressources humaines peut prendre l'avantage d'un audit comme le « thermomètre de l'innovation » pour introduire la créativité dans l'entreprise. Le champion du processus se charge ensuite d'élaborer un large cadre d'application des techniques créatives.

Comme je l'ai indiqué précédemment, nonobstant le rôle majeur des techniques créatives dans les programmes de qualité et de perfectionnement continu, la créativité doit conserver son identité propre. Ceci rappelle la stratégie de Du Pont qui opère une distinction nette entre la formation à la créativité et les programmes de perfectionnement continu, tout en instaurant entre eux une étroite coopération.

Les responsables de la formation

Mues par un réel intérêt pour la créativité, certaines entreprises délèguent certains de leurs collaborateurs à des stages de formation organisés par des professionnels extérieurs. Elles espèrent, ce faisant, qu'à leur retour ces collaborateurs seront capables de former leurs collègues.

Cette politique est certainement utile mais elle ne porte ses fruits que s'il existe un cadre de formation solide dans lequel les collaborateurs délégués par l'entreprise peuvent s'insérer. Ceci suppose de leur part une volonté de participation régulière. Ce n'est qu'à cette seule condition qu'ils pourront exploiter les techniques acquises lors de la formation.

Mais si ces futurs formateurs sont censés assumer seuls la responsabilité d'introduire la créativité dans leur entreprise, ils courent à l'échec. Car ils ne sont pas en position d'élaborer eux-mêmes les projets ou de mettre en place les structures adaptées. Cet espoir est tout simplement irréaliste.

Les formateurs qui ont suivi un stage de formation dispensé par des professionnels sont certes capables de participer au développement de programmes sur la créativité, mais ils ne peuvent en aucun cas donner l'élan initial.

Les entreprises qui envoient ainsi des collaborateurs se former à l'extérieur risquent de se contenter de cet effort, estimant qu'il constitue un investissement suffisant. Les formateurs représentent une ressource. Encore faut-il savoir utiliser cette ressource dans l'entreprise. Et la seule personne susceptible de le faire à bon escient est le champion du processus.

En fin de compte, l'introduction de la créativité dans l'entreprise dépend de la personne idoine, placée là où il faut.

Les structures et les programmes

On craint souvent que la créativité ne soit tuée par l'emploi de techniques systématiques ou étouffée par des structures et des programmes qui l'institutionnalisent. Les footballeurs ne perdent pas leur talent parce qu'ils jouent sur un terrain délimité et qu'ils respectent des règles de jeu précises. L'idée obsolète, selon laquelle il n'y a de créativité qu'en l'absence de contraintes, était recevable à l'époque où l'on ne savait et où l'on ne faisait pas grand-chose à propos de la créativité.

Les structures et les programmes constituent un cadre propre à encourager et à valoriser les comportements créatifs.

Lorsque l'on veut introduire la créativité dans l'entreprise, il est un principe fondamental qui consiste à considérer le comportement créatif comme un « espoir ». On se heurte là à un paradoxe, en ce sens que l'on doit d'abord faire du comportement créatif quelque chose de spécial et d'extraordinaire (sinon tout le monde prétendrait être déjà suffisamment créatif) et ensuite, seulement, le transformer en espoir. Mais comment transforme-t-on quelque chose en « espoir » ? Très certainement en plaçant l'individu dans une situation donnée et en lui imposant une tâche qui exige de lui un comportement créatif. C'est précisément là qu'interviennent les structures et les programmes.

Dans les pages suivantes, je présenterai des structures et des programmes, traditionnels pour certains, innovants pour d'autres. Il n'est pas question, bien entendu, de les exploiter tous, ni même la majorité d'entre eux. Ils ne sont mentionnés ici qu'à titre de possibilités. De manière générale, une structure a un caractère permanent, ce qui n'est pas le cas d'un programme, temporaire par nature. Le Centre de créativité est un exemple de structure, alors que le programme qualité est un programme se déroulant à l'intérieur de structures existantes. Néanmoins, le perfectionnement continu et les programmes de sécurité peuvent être des programmes à caractère permanent.

LES PROGRAMMES DE SUGGESTION

Certaines entreprises font un excellent usage de leurs projets de suggestion alors que dans d'autres ceux-ci existent à peine. Les Japonais ont une véritable culture des suggestions, pour des raisons que j'ai déjà évoquées. Dans les entreprises nippones, on « espère » des collaborateurs qu'ils émettent des suggestions. Celles-ci sont étudiées au niveau même où elles naissent. Ainsi une suggestion émanant d'un ouvrier sera-t-elle examinée dans le cadre des cercles de qualité de l'usine. En Occident, toutes les suggestions sont rassemblées au sein du plan de suggestions qui remonte ensuite vers les échelons hiérarchiques supérieurs. D'où une charge de travail extrêmement lourde pour les responsables de l'évaluation. Par manque de temps, on privilégie les suggestions qui semblent praticables et on rejette les plus « folles ».

Le système de récompense est souvent trop éloigné par rapport à l'émission de l'idée. Toute suggestion passe en général par le filtre de plusieurs comités d'évaluation. Il faut attendre qu'elle soit effectivement mise en application pour que son auteur bénéficie d'une récompense. Beaucoup de gens s'estiment incapables de fournir des idées intéressantes et ne font donc aucune tentative en ce sens. En outre, certains domaines comme l'ingénierie sont ouverts aux suggestions porteuses de rentabilité financière, ce qui n'est pas le cas d'autres départements comme le service clientèle où il est difficile d'estimer la valeur réelle d'une idée nouvelle.

Il serait donc préférable d'offrir une forme de « reconnaissance » à l'auteur de la suggestion dès l'émission de celle-ci. Les collaborateurs devraient bénéficier de la reconnaissance de l'entreprise pour avoir proposé une suggestion, quelle qu'en soit la qualité. Afin de faciliter la sélection des idées et pour expliquer à son auteur pourquoi telle suggestion n'a pu être retenue, il serait opportun d'accompagner les propositions d'une note exposant les éléments porteurs de valeur potentielle.

Si les suggestions restent à l'état de projet, les gens finissent pas s'en désintéresser. Puisqu'ils sont toujours là, pourquoi chercher à les mettre en œuvre plutôt demain qu'après-demain. Puisqu'on peut se focaliser sur tout et rien, pourquoi privilégier ceci plutôt que cela ?

Il peut se révéler fructueux de programmer des opérations éclair « boîtes à idées ». Pendant deux semaines, par exemple, par voie d'affichage ou par tout autre mode de signalisation, les collaborateurs seraient invités à faire connaître leurs suggestions à propos de la « sécurité ». Après une interruption de quelque temps, un autre thème de réflexion serait proposé pour une autre durée de deux semaines. Le personnel serait encouragé à émettre tour à tour des suggestions relatives à la « réduction des coûts », aux « économies d'énergie », à la « réduction du gaspillage », à l'« amélioration des processus »... Chaque objectif devant être concis et précis, chaque suggestion n'étant recevable que dans une durée limitée.

Les individus qui émettent des suggestions utilisent leur créativité mais ils ne font pas l'effort volontaire d'accroître leurs capacités créatives. Pourquoi ne pas leur proposer, une formation de base en la matière ?

LES PROGRAMMES DE QUALITÉ TOTALE

Là où existent des programmes de qualité totale, on pourrait envisager une formation aux techniques destinée à optimiser l'efficacité de la créativité.

Il serait absurde d'introduire la créativité dès le début, dans la mesure où les participants au programme de qualité proposent de nombreuses suggestions dictées par leur expérience et par l'analyse logique classique. La créativité n'intervient qu'au moment où le rendement de ces méthodes s'essouffle. Il serait inutile, voire perturbant, de vouloir introduire la formation aux techniques créatives trop précocement.

Le recours à ces méthodes dépend largement des objectifs créatifs définis. À ce sujet, il serait judicieux d'inviter les participants à déterminer eux-mêmes ces objectifs, soit par un travail de groupe soit sous forme d'exercice global. L'élaboration de « Hit Lists » créatives apporterait sans aucun doute une aide non négligeable. L'introduction d'un objectif créatif mettant en évidence un « problème » qui ne trouve pas de solution immédiate, fournit l'occasion idéale d'utiliser les outils intentionnels de créativité. Car c'est en de telles circonstances qu'ils prennent toute leur valeur.

On n'omettra pas d'insister sur la différence entre la recherche de la qualité et le processus de créativité. La qualité suppose de mieux accomplir une tâche donnée. La créativité, elle, impose de réaliser une action différente. Mais la créativité peut aussi porter sur l'amélioration des moyens existants.

La qualité, le perfectionnement continu et la réduction des coûts

Il existe divers types de programmes, portant entre autres sur la gestion de la qualité, sur le perfectionnement continu, sur la réduction des coûts... Ces programmes possèdent leurs objectifs, leurs structures et leurs méthodes. Par exemple, Compaq a utilisé la méthode des six chapeaux pour faciliter la mise en œuvre de son programme Six Sigma. Parfois il s'agit de résoudre un problème ou de mettre au point un mode opératoire plus adapté à l'objectif, ou encore de trouver des alternatives. Dans un bon nombre de cas, l'expérience, l'analyse ou l'information permettent d'aboutir à un résultat significatif. Mais il arrive que ces méthodes traditionnelles échouent. Il n'est d'autre recours que d'inventer des idées neuves et de mobiliser les ressources de la créativité.

Chaque fois que la créativité s'impose, il suffit qu'une seule personne soit capable d'utiliser les techniques créatives et d'adopter les comportements adéquats. Il s'agit par exemple de prendre l'habitude de remettre en question les processus existants, de s'arrêter sur un point qui ne constitue pas à proprement parler un problème, afin d'étudier s'il n'existe pas un moyen plus efficace de procéder, ou encore d'identifier le « point fixe » et de rechercher les alternatives possibles.

À l'évidence, il existe une réelle synergie entre ces types de programmes et la créativité. On peut identifier sans peine, en eux, des éléments de créativité, dont l'impact est cependant trop limité. Il s'avère donc opportun de recourir à des techniques de créativité spécifiques, résultant d'une véritable formation à la « créativité » et conçues par des experts.

Le Centre de créativité

Nous avons longuement traité de ce type de structure. Le Centre de créativité possède ses activités propres et sert à coordonner les initiatives présentées dans les paragraphes suivants. Il sera par exemple responsable de l'élaboration et de l'exploitation de la « Hit List » créative et du dossier « Zénith ».

Le Centre de créativité est une structure qui irradie de l'énergie et qui favorise la focalisation sur un objectif donné. Il collecte et organise l'information. Enfin, il fournit les moyens de mener à terme des projets ou des tâches dont personne d'autre n'assume la responsabilité (dans le domaine de la créativité, bien évidemment).

La R&D appliquée aux concepts

Il s'agit d'une initiative majeure. Elle participe du principe selon lequel les concepts devraient être traités avec le même sérieux que la R&D fondamentale. Les entreprises consacrent des sommes considérables à la R&D fondamentale mais investissent peu dans les concepts. Ces derniers émergent, pense-t-on, de manière plus ou moins hasardeuse. Ils ne sont pas issus d'une démarche structurée. Or la compétence technologique atteint aujourd'hui un palier. À l'avenir, les concepts feront de plus en plus la différence. L'idée de R&D en matière de concepts est développée dans un autre ouvrage [1]. Nous dirons simplement ici que cette innovation fera largement appel à la créativité afin de développer des aptitudes créatives dans tous les secteurs. Lorsque les entreprises auront créé des services de R&D appliquée aux concepts, force leur sera de considérer la créativité comme un impératif.

La « Hit List » créative

Ce sujet a déjà été abordé en détail. Nous n'en reprendrons ici que les grandes lignes. Il s'agit d'une initiative simple, destinée à introduire et à pérenniser la créativité dans l'entreprise.

Elle doit être organisée de la manière la plus structurée et la plus méthodique possible, et placée sous le contrôle du champion du processus ou sous celui du Centre de créativité. Plusieurs listes peuvent coexister : au niveau de l'entreprise tout entière, dans les principaux services et à l'échelon « local » sous forme de listes spécialisées.

Les suggestions portant sur les rubriques de la liste peuvent être rassemblées et publiées (en l'état ou sous forme de résumé). Les propositions les plus judicieuses et les plus prometteuses doivent être mises en exergue.

Le dossier « Zénith »

Cette structure a été imaginée par une entreprise de bâtiment implantée dans l'Ouest du Canada. Il s'agit d'un dossier bien réel, qui passe de main en main à l'intérieur de l'équipe de direction (ou à tout autre échelon) selon un circuit déterminé. Il arrive que plusieurs dossiers circulent en même temps, y compris des dossiers de diffusion locale concernant des sujets spécifiques.

Chacun reçoit le dossier une fois par mois ou tous les deux mois. Voici ce qu'il contient :

- **Des idées nouvelles**. Ce sont des idées qui ne sont pas nécessairement neuves en soi, mais qui peuvent déjà avoir été utilisées par d'autres organisations. En revanche, elles sont totalement inédites dans l'entreprise. Ce sont des idées à emprunter ou à imiter.
- **Des idées originales**. Ces idées sont réellement originales. Leur inventeur serait en droit de réclamer des droits d'auteur. Elles peuvent être en relation avec le sujet de réflexion figurant dans le dossier ou concerner d'autres questions du même dossier.
- **Des commentaires constructifs**. Ce sont des commentaires du type du chapeau blanc, qui apportent une vision objective ou une information propre à confirmer les idées contenues dans le dossier. On peut aussi trouver des commentaires relevant du chapeau jaune, témoignant de la valeur des idées. Certains commentaires enfin évoquent le chapeau vert, en suggérant des alternatives ou des modifications par rapport aux idées exprimées. En revanche, on ne rencontre pas de commentaires inspirés par le chapeau noir, sauf s'il s'agit de critiques constructives qui préconisent les moyens de résoudre d'éventuels problèmes.
- **De nouveaux objectifs de créativité**. Le dossier comporte également des suggestions quant à l'identification de nouveaux objectifs de créativité. Ces derniers peuvent s'articuler en problèmes, en tâches, en opportunités... Une place particulière doit être réservée à de tels objectifs, afin de faciliter leur repérage.

Chacun parcourt le dossier, y ajoute ses propositions et le transmet au destinataire suivant. Si le dossier devient trop volumineux, l'on prévoit des dossiers annexes ainsi qu'un index signalant comment obtenir des informations complémentaires.

Le dossier « Zénith » apporte plusieurs types de valeur :

1. Il représente une sorte de mémento qui rappelle périodiquement l'impératif de créativité.
2. Il recueille les objectifs créatifs qui imposent une réflexion fondée sur la créativité.
3. Il présente des idées et des concepts qui appellent une réaction.
4. C'est un réceptacle d'idées.
5. Il possède la valeur inhérente aux idées et aux suggestions.

La valeur de « réceptacle » est très importante. Beaucoup de gens détestent trouver des idées parce qu'ils redoutent les complications qui en résultent. L'idée devient un fardeau. Que vais-je en faire ? Qui dois-je convaincre ? Comment prouver qu'elle fonctionne ? Le dossier « Zénith » procure la réponse. Si une idée vous vient à l'esprit, il suffit d'attendre que le dossier vous parvienne pour l'y noter. Vous n'avez rien d'autre à faire.

La feuille de tâche créative

Le dossier « Zénith » représente une « opportunité ». Personne n'est contraint d'y inscrire quoi que ce soit. Chacun peut le lire et se contenter de le faire suivre sans rien y ajouter. La feuille de tâche créative, en revanche, correspond à une demande créative spécifique. Le destinataire est directement invité à proposer des idées créatives à propos d'un objectif défini.

Il nous arrive souvent d'avoir des idées sur certains sujets et, lorsqu'on nous demande pourquoi nous ne les avons pas exprimées, nous répondons :

Cela ne me concernait pas.

Personne n'aurait trouvé le moindre intérêt à mon idée.

Personne n'a sollicité mon avis.

Je ne voulais pas me compliquer la vie à devoir la présenter.

La feuille de tâche créative est destinée à briser ces réticences et à aider de nouvelles idées à percer.

En haut de la feuille, figure la « tâche » créative ou l'objectif. Elle doit être définie de manière adéquate mais sans détails excessifs. La tâche concrète est formulée clairement (suggestion, solution, alternatives supplémentaires, concept nouveau...).

Il n'est pas interdit de conseiller l'adoption d'une technique donnée : une provocation spécifique (« Po... ») peut y figurer mais le destinataire n'est pas contraint de l'utiliser.

La feuille est envoyée individuellement à chacune des personnes qui ont été sollicitées pour fournir des idées nouvelles. L'on fixe une date limite à laquelle la feuille doit être complétée puis retournée à l'expéditeur.

Les idées et les concepts sont alors recueillis. Il peut arriver que l'auteur d'une idée soit prié de fournir des informations supplémentaires ou d'expliciter sa position. Les personnes qui ont montré un intérêt réel et qui témoignent d'une compétence certaine sur le sujet traité peuvent se réunir pour approfondir ensemble la réflexion.

La feuille de tâche créative peut être lancée sur l'initiative du Centre de créativité ou par le champion du processus. Tout individu qui travaille dans un domaine ou sur un thème nécessitant une réflexion créative, peut mettre en route une feuille de tâche créative. Néanmoins il est plus sûr de laisser au Centre de créativité ou à son équivalent le soin de coordonner l'opération. Rien n'empêche de créer une feuille « locale », distribuée directement aux destinataires. C'est une initiative susceptible de se muer en habitude chaque fois qu'un nouvel apport créatif s'avère nécessaire.

L'AUDIT DES OPPORTUNITÉS

On blâme les cadres de leurs erreurs ou de leur incapacité à résoudre un problème. Mais on reproche rarement à quelqu'un de ne pas saisir les opportunités qui passent. Cette habitude freine la volonté d'expérimenter la nouveauté. Les gens savent que si leur tentative échoue, leur position, leur avancement voire leur carrière en portera les conséquences. En ne tentant rien, ils ne risquent pas de se tromper. Mais alors, où trouver l'énergie d'innover ? Le regretté PDG de Ciba-Geigy, Sam Koechlin, m'avoua un jour combien il apprécierait que ses collaborateurs viennent lui confier les erreurs commises au cours de l'année. Car s'ils se trompaient parfois, cela signifiait au moins qu'ils tentaient des expériences. Il désespérait de voir ce vœu se réaliser un jour en Suisse.

L'audit des opportunités [2] consiste à demander aux cadres d'indiquer les opportunités ou les idées envisagées au cours de l'année. Cette exigence est devenue maintenant une attente et une tâche. Il n'est désormais plus admis de ne rien inscrire dans l'audit des opportunités — l'immobilisme ne constitue plus la tactique la plus sûre. L'audit des opportunités est un programme qui fait appel à l'esprit entrepreneurial. Il répertorie les opportunités prises en considération, la suite qui leur a été donnée et les raisons qui ont incité à les abandonner (ou, dans le cas contraire, les progrès réalisés).

L'audit des opportunités peut être utilisé en l'état ou transformé en audit de créativité.

LES SESSIONS DE CRÉATIVITÉ RÉGULIÈRES

Il s'agit ici d'établir un calendrier de sessions de créativité régulières à l'échelon d'un service ou d'un secteur. Ces sessions ont lieu à intervalles réguliers, par exemple le premier mercredi de chaque mois. La réunion peut se tenir le matin, au cours d'un petit-déjeuner de travail, ou en fin d'après-midi. Un ordre du jour est fixé à chaque fois. Les participants y inscrivent leurs suggestions. Il leur est communiqué une semaine avant le jour dit, pour préparer leur intervention, réfléchir aux idées et aux concepts qu'ils ont l'intention d'exposer.

Ces sessions régulières de créativité peuvent relever d'une initiative du champion du processus « local ». Afin d'écarter tout malentendu, il est préférable de ne pas mentionner le terme de *brainstorming* dans leur désignation. Car elles sont essentiellement consacrées à la « créativité structurée », telle que je la présente dans cet ouvrage. Les modalités d'organisation d'une session seront décrites ultérieurement.

La valeur de ces sessions réside dans leur régularité. Lorsque la session est définitivement mise en place, le moment est venu d'élaborer les objectifs de créativité destinés à l'alimenter. Les rubriques de la « Hit List » créative peuvent également y être traitées.

Compte tenu du nombre restreint de participants, il n'est pas exclu d'organiser plusieurs sessions simultanément ou à des moments différents. De manière générale, chacune doit se limiter à huit personnes.

L'organisation de sessions créatives, l'établissement de la « Hit List » créative, l'élaboration de la feuille de tâche créative, la rédaction de l'audit de créativité peuvent être assurés par le Centre de créativité.

LES FORMATEURS ET LA FORMATION

De toute évidence, la formation est indispensable au développement de la créativité dans l'entreprise. Nous y reviendrons dans un autre chapitre.

On distingue deux types de formation : celle qui ajoute un élément de « créativité » aux stratégies classiques, comme les stages d'orientation ou les programmes spécifiques, et celle qui porte sur l'acquisition et la pratique proprement dites des techniques de créativité.

La formation constitue une pièce essentielle du processus global d'introduction de la créativité. Sans elle, l'apprentissage des méthodes créatives en resterait aux rudiments. Nous avons vu qu'en la matière il ne suffit pas de s'en remettre au talent naturel et à l'inspiration. Lorsqu'elle s'exerce dans un cadre rigoureux, la formation possède des vertus indéniables, cependant elle ne garantit pas à elle seule la réussite du processus d'introduction.

LES FACILITEURS

L'intervention de faciliteurs (qui est partie intégrante de la culture de Du Pont) constitue un concept intéressant que nous avons déjà évoqué, mais que je souhaiterais reprendre brièvement ici. Ceux-ci s'apparentent davantage à des « managers de processus » qu'à des formateurs. Dans une réunion, le faciliteur dirige le processus créatif. Il guide les participants dans l'utilisation et dans l'application des techniques créatives. Simultanément il leur permet de visualiser concrètement l'impact des processus mis en œuvre. Ce qui contribue à accroître leur motivation et justifie la raison d'être de la réunion.

Quelques mises en garde s'imposent ici. L'existence du faciliteur risque de placer les participants en position d'assistés qui ne font plus l'effort de développer eux-mêmes leurs aptitudes à la pensée créative. Dans la configuration idéale, le faciliteur devrait se contenter d'arbitrer le débat et de les aider à aller de l'avant.

L'apprentissage des techniques créatives appliquées à la résolution des problèmes immédiats ne constitue pas la méthode optimale, dans la mesure où l'attention se focalise davantage sur le contenu des problèmes que sur le processus de réflexion lui-même. Il est préférable de tester d'abord les techniques sur d'autres problématiques, avant de les appliquer aux questions qui nous occupent directement.

Quoiqu'il en soit, le système du « faciliteur » représente un moyen à la fois pratique et efficace d'introduire la créativité dans l'entreprise.

Le thermomètre de l'innovation

Les entreprises innovantes sont réputées pour leur capacité à produire des idées « à la demande » ainsi qu'à mettre en œuvre les découvertes capitales issues de ces idées. Ces championnes de la performance partagent cinq caractéristiques favorisant la réflexion créative et la production de solutions concrètes. Ces disciplines sont :

- Le repérage d'opportunités à haut potentiel.
- La récolte et le développement de nouvelles idées.
- L'évaluation de ces nouvelles idées et de leurs concepts.
- L'accompagnement de leur réalisation.
- Le développement des compétences en matière de réflexion créative.

Toutes ces particularités sont inclues dans un processus systématique appliqué par ces entreprises.

Le « thermomètre de l'innovation » analyse les croyances et les comportements de l'entreprise face à ces cinq critères. Un rapport propose une recommandation des moyens à mettre en œuvre pour assurer leur présence et pérennité. Cette enquête réalisée depuis quelques années auprès de milliers de clients a permis de constituer une banque de données. Le rapport fournit aussi une comparaison (*benchmarking*) avec d'autres entreprises issues du même secteur ou de taille similaire.

Le « thermomètre de l'innovation » mesure également, après six ou dix mois, les résultats obtenus suite à l'instauration des recommandations.

Laisser venir l'inspiration

Dans cette section, nous avons présenté des structures et des programmes spécifiques destinés à faciliter l'introduction et l'application méthodiques de la créativité dans l'entreprise. L'approche traditionnelle qui consiste à réunir quelques esprits créatifs en leur demandant de laisser libre cours à leur inspiration, espérant ainsi qu'ils feront des émules, est totalement inadaptée ici.

La formation

Tout au long de ces pages, je n'ai cessé d'affirmer qu'il est possible de former les individus à la pensée créative selon un processus méthodique. Cette idée va à l'encontre de deux postulats traditionnels :

1. La créativité est un talent naturel que certains possèdent et dont d'autres sont dépourvus. On ne peut agir sur la créativité, sauf à s'entourer de collaborateurs qui disposent de dons en la matière.
2. Pour devenir créatif, il convient tout d'abord de se libérer de ses peurs et de ses inhibitions, puis de se laisser guider par l'inspiration. Le résultat ne tardera pas à se produire. Afin de ne pas entraver cette fantaisie créatrice, il s'avère préférable de suspendre son jugement.

Je n'ai pas l'intention de répéter ici les raisons, à la fois théoriques et pratiques, pour lesquelles ces représentations sont dépassées et inadéquates. On peut se former à la créativité, exactement de la même manière que l'on s'exerce aux mathématiques, que l'on apprend à jouer au tennis ou à faire la cuisine. Loin de moi l'idée de prétendre que la formation suffit à transformer quelqu'un en génie créatif. Ceux qui pratiquent régulièrement le tennis ne se qualifient pas tous pour Roland Garros. Il existe différents niveaux de créativité : on peut être créatif, sans forcément devenir un champion.

La formation à la créativité repose sur la volonté, sur des aptitudes et sur une méthode.

- **La volonté**. Il faut avoir la volonté de former les gens aux techniques de pensée créative. Car il ne s'agit pas uniquement de faire éclore leur talent créatif naturel. Cela ne suffit pas. La détermination à enseigner certaines techniques et certaines procédures est la condition *sine qua non*.

- **L'aptitude**. Les enseignants et les formateurs doivent posséder l'aptitude à inculquer la créativité. Ce n'est pas un sujet complexe, pourvu que les formateurs possèdent une idée claire de ce qu'ils font. Il ne s'agit pas de se laisser guider par son imagination et d'encourager les élèves à émettre des idées « folles ». Cette approche connaît une efficacité éphémère. On s'initie aux techniques de la pensée créative comme on apprend à rouler à bicyclette ; les débuts sont maladroits et hésitants. Rien ne semble naturel. On se demande avec inquiétude si on parviendra un jour à maîtriser la technique et comment les autres ont réussi à l'acquérir. Puis, au bout d'un certain temps, on finit par « accrocher ». Beaucoup plus tard, lorsqu'on est devenu un cycliste accompli, on s'étonne de ce que l'apprentissage ait pu paraître si difficile. Tout ce qui s'oppose à nos habitudes et à nos tendances naturelles nous paraît malaisé de prime abord. Ainsi, le skieur débutant trouve-t-il étrange de devoir se pencher vers l'extérieur du virage alors que spontanément il effectuerait le mouvement inverse.

  Le fait de surmonter ses inhibitions naturelles en « s'amusant » et en se laissant aller à un « délire » temporaire n'est ni la seule approche possible, ni la plus pertinente. Comprendre la logique de la créativité s'avère plus efficace (c'est d'ailleurs la seule approche envisageable pour un esprit scientifique).

- **La méthode**. Il existe des programmes de formation à la pensée latérale, fondés sur une démarche spécifique et méthodique d'acquisition de la créativité structurée. Le présent ouvrage n'est pas un « manuel d'entraînement » au sens propre du terme. Plusieurs programmes ont été spécialement conçus pour aider les formateurs à initier leurs participants à la pensée latérale. Certains responsables de formation ont la désastreuse habitude de prélever des éléments issus de différents programmes, au lieu de s'en tenir à un enseignement homogène et rigoureux. Cette façon de procéder sème la perturbation dans l'esprit des participants, dans la mesure où certaines théories ou certaines techniques sont en contradiction avec d'autres. En outre, les programmes ne reposent pas tous sur la même base. Certains ne se fondent d'ailleurs sur aucun principe. On rencontre aussi des formateurs qui se lancent dans la réécriture de programmes existants. Mise à part l'illégalité de cette pratique qui enfreint les lois du copyright, cela n'apporte rien, sauf à satisfaire l'ego de son auteur. Les occasions de compléter les programmes existants en les étoffant d'exemples ne manquent pourtant pas. Il est inutile de vouloir les réécrire. Lorsque l'on agit ainsi simplement pour ne pas avoir à régler le coût d'utilisation du programme, cela s'appelle du piratage intellectuel.

Les besoins de formation

On distingue différents besoins de formation en fonction de l'objectif recherché. Le formateur doit savoir très précisément quel type de formation il est chargé de diriger ; l'intensité du programme n'entrant pas en ligne de compte à cet égard.

L'aptitude générale à la créativité

Toute personne qui engage une réflexion doit disposer d'aptitudes à la créativité. Quiconque utilise des concepts, des perceptions et des idées doit disposer de cette aptitude. Sans elle, on se contente de suivre la routine ; au mieux combine-t-on diverses habitudes de réflexion.

Cette formation à la créativité devrait être dispensée dans le cadre du cursus scolaire, de l'école primaire à l'université. Ce n'est malheureusement pas le cas. Elle reste donc l'apanage des entreprises qui la proposent à leurs collaborateurs.

Elle devrait être offerte à l'ensemble du personnel, sans exception. Ceci n'impliquant pas, bien entendu, que tous aient besoin du même niveau d'aptitude créative.

Les dirigeants doivent comprendre l'importance et la logique de la créativité et ne plus la considérer comme un luxe superflu mais comme une ressource fondamentale. Les réflexes et les techniques de la pensée latérale doivent s'acquérir. Certains dirigeants continueront, tout au long de leur vie, à y recourir alors que d'autres les oublieront. La méthode des six chapeaux et des six chaussures de l'action (*Six Action Shoes*) méritent d'être définitivement intégrées aux habitudes de réflexion.

À d'autres échelons de la hiérarchie, il ne sera peut-être pas réaliste de vouloir approfondir la formation à ce point (quoique cela ne puisse qu'être bénéfique). Il suffira d'expliquer clairement la valeur de la créativité et d'exposer quelques techniques de base, afin que les personnes suffisamment motivées disposent de la faculté d'utiliser certains outils spécifiques. Car l'exhortation à « réfléchir » possède une valeur pratique limitée, ainsi que nous l'avons déjà constaté.

La créativité appliquée à des domaines spécifiques

Certains secteurs de l'entreprise sont constamment demandeurs d'idées neuves. En un sens, les « idées » sont générées par le secteur lui-même. La plupart des collaborateurs de ces secteurs sont convaincus que leur talent créatif naturel les prédisposait d'emblée à y exercer une fonction. Et dans une certaine mesure, ils ont raison de croire cela. Mais les dispositions innées (et la motivation) ne peuvent qu'être renforcées par l'acquisition de méthodes systématiques. La créativité ne sert pas seulement à résoudre des problèmes mais aussi à créer de nouveaux axes de recherche et des concepts innovants. À cet égard, la recherche devrait davantage être guidée par des concepts que par les avancées technologiques. On ne devrait plus réagir en ces termes :

Que pouvons-nous faire — comment pouvons-nous y arriver ?

Mais plutôt comme cela :

Ce serait formidable de pouvoir réaliser ceci — comment pouvons-nous nous y prendre ?

La formation traditionnelle des scientifiques et des techniciens ne ménage pas une place suffisante au développement de l'aptitude à la pensée créative. Elle privilégie la collecte et l'analyse des données.

Pourtant, la recherche requiert de la créativité, dès lors qu'il s'agit d'évaluer les applications pratiques des nouvelles inventions. L'exploration de nouveaux secteurs de recherche dépend de la capacité à développer des concepts appropriés.

Les services de production de produits nouveaux peuvent certes continuer à subsister en imitant des produits auxquels ils apportent quelques améliorations. Ils laissent à d'autres le soin d'ouvrir le marché et s'engouffrent à leur suite en l'inondant d'un produit copié et optimisé. Mais là aussi, la créativité entre en jeu dès lors qu'il s'agit de modifier un produit ou de contourner un brevet.

Elle intervient surtout lorsque l'on décide de développer des produits réellement novateurs. Car les produits nouveaux ne se vendent que s'ils répondent aux valeurs complexes du consommateur [1]. La prise en compte de cette complexité et la réponse à y apporter requièrent de la créativité. Une fois le concept établi, il faut encore créer les idées capables de le traduire. La créativité est indispensable lorsque le produit arrive en phase de tests préliminaires.

Les stratégies de réduction des délais de production et des coûts de développement supposent aussi de la créativité.

Certaines entreprises ont mis en place un service de veille économique, chargé d'identifier les nouveaux pôles de croissance. Cette activité se concrétise parfois par des acquisitions et par des OPA et parfois par de nouvelles alliances.

La créativité devient indispensable dès lors qu'il s'agit d'imaginer les scénarios de l'avenir. Elle permet de prévoir les ruptures susceptibles de provoquer des problèmes ou de receler des opportunités. Elle aide à créer des concepts suffisamment souples pour évoluer en fonction des circonstances ou pour s'ajuster aux erreurs de prévisions.

L'analyse de l'information révèle des tendances, mais quelles interactions celles-ci vont-elles engendrer ? Les indications que nous donne l'analyse de l'information, elle les fournit aussi aux autres. Si les données sont les mêmes pour tous, grâce à quels concepts nouveaux pourrons-nous nous différencier ? Avec les mêmes briques, chaque architecte conçoit un bâtiment original.

L'analyse de l'information requiert parfois de la créativité.

L'esprit ne peut voir que ce qu'il est préparé à voir. On élabore d'abord mentalement l'idée, l'hypothèse, la spéculation ou le schéma, afin de pouvoir les repérer dans les données.

La R&D de concepts, évoquée dans les pages précédentes, devient une structure incontournable dès lors que l'on entreprend d'investir de nouveaux domaines d'activités.

Toute entreprise compétente possède une extraordinaire capacité entrepreneuriale. Ce potentiel ne sert à rien s'il ne s'appuie pas sur des concepts adaptés.

La définition de la stratégie de l'entreprise fait appel à la créativité dans la mesure où elle implique d'imaginer des concepts et des solutions alternatives. Les multiples incertitudes (l'avenir, le comportement de la concurrence, les pressions écologiques, la politique) exigent de la souplesse dans la réflexion et la capacité à changer d'orientation. L'analyse logique et les concepts traditionnels jouent certes leur rôle, mais ne rendent pas superflue l'adoption de nouveaux concepts dans certains cas. Comment être sûr de l'efficacité des concepts anciens en toutes circonstances ? Jusqu'où doit porter l'effort de créativité ? Lorsque les retombées potentielles sont élevées — ce qui est le cas de la stratégie —, il paraît opportun de développer les capacités et les techniques créatives. Ainsi en va-t-il de l'adoption du chapeau noir qui, à travers la critique systématique des idées, évite de s'enliser dans des décisions infructueuses. Cultiver des capacités de créativité et de jugement ; telle est la combinaison gagnante.

Dans un autre ordre d'idée, toute entreprise qui prétend optimiser ses méthodes d'évaluation devrait s'engager dans un réel effort de créativité.

Le marketing est un savant dosage d'analyse, de tradition, d'imitation et de concepts créatifs. Il représente le terrain d'exercice privilégié des concepts neufs et percutants. En matière d'innovation, la pression de la concurrence force à aller de l'avant. Il faut tout à la fois exploiter la tradition et la remettre en question ; créer de nouvelles synergies et explorer de nouvelles voies pour atteindre le consommateur. L'évolution continue des valeurs nous oblige à nous adapter aux changements et à les utiliser à notre avantage. Mais nous devons aussi être capables de créer nous-mêmes de nouveaux changements de valeur. Les produits anciens ont besoin d'être réactualisés et repositionnés. Différents segments de marché sont encore à découvrir ou à inventer. La suffisance et la tentation de la surenchère représentent pour nous une menace perpétuelle dont nous devons nous protéger.

La créativité s'avère d'autant plus nécessaire que le marketing est en demande chronique de concepts novateurs et d'idées susceptibles de les décliner. Le marketing direct offre la possibilité de tester facilement les idées ; d'où l'obligation de disposer d'un grand nombre et d'une large diversité de choix. La tendance à imiter les produits existants et à appliquer les vieilles recettes provoque la crainte de voir celles-ci perdre de leur efficacité du fait de leur ancienneté ou de la concurrence. Là encore, la capacité à inventer constitue la meilleure parade.

La négociation et les transactions ne sont pas à proprement parler les terrains de prédilection de la créativité. Ils supposent néanmoins la définition de valeurs et de concepts nouveaux. Grâce au processus créatif, les parties en présence aboutissent à des solutions satisfaisantes pour l'une et pour l'autre. La négociation ne saurait se résumer à l'exercice de rapports de forces, d'épreuves et de pressions. Il importe de chercher à concilier des valeurs antagonistes.

La créativité peut aussi s'exprimer dans le règlement des conflits sociaux. Car dans ce domaine également, il est vital de créer de nouvelles valeurs et de parvenir à des conclusions acceptables pour tous. L'élaboration des solutions ne se fonde pas uniquement sur l'analyse ; elle repose également sur une réflexion créative.

La publicité, les relations publiques, le packaging, la conception des processus de fabrication requièrent de la créativité.

J'ai répertorié les besoins de créativité dans les différents secteurs de l'entreprise, afin de montrer toute la signification qu'elle revêt. Elle s'oppose partout à la tradition et à l'imitation, nées de la tentation du confort et de la peur de l'incertitude. Pourquoi encourir des risques alors qu'il est si aisé d'obtenir un résultat, somme toute satisfaisant, en conservant sa tranquillité d'esprit ?

Dans ces secteurs spécifiques (recherche, marketing, stratégie...), la formation à la créativité n'est pas considérée comme un impératif par la plupart des collaborateurs, qui s'estiment en général naturellement créatifs. Ils acceptent mal que l'on prétende leur « enseigner » la créativité. Pourtant dès qu'ils en maîtrisent les techniques, ils sont les premiers à les exploiter. La formation passe à la fois par l'enseignement approfondi de la « logique » de la créativité et de ses différentes techniques, et par une pratique répétée de ces dernières. On ne saurait trop insister sur le caractère méthodique des techniques, afin de contrebalancer l'approche quelque peu désinvolte de la créativité, si fréquente dans ces secteurs. La pensée latérale ne doit pas être présentée comme un processus supérieur à la « créativité naturelle » mais comme le moyen de trouver des idées neuves à partir d'une procédure différente. En un sens, les techniques formelles de créativité constituent une sorte d'« assistanat à la création » qui opère simplement sur un autre mode.

Les techniques créatives opératoires

Certaines personnes sont appelées à utiliser les techniques créatives volontairement et avec méthode, dans le but de générer de nouvelles idées. C'est le cas des participants aux sessions créatives régulières.

Les faciliteurs, bien évidemment, doivent posséder une excellente pratique de ces techniques et savoir la transmettre à leurs collègues.

Les individus inclus dans ces groupes créatifs ou dans ces équipes ne sont pas normalement rompus à l'exercice de la pensée latérale. Ils sont donc contraints d'ajouter ces techniques à leur domaine d'expertise. Ces groupes se montrent davantage disposés à accepter une formation à la créativité que les collaborateurs des secteurs décrits dans les paragraphes précédents. Ceci pour une raison fort simple : n'étant pas censés être créatifs dans l'exercice habituel de leurs fonctions, ils rencontrent moins de problèmes d'ego. Dans leur cas, la formation doit être essentiellement d'ordre pratique. Ils ont moins besoin de comprendre la logique de la créativité, que de savoir utiliser les différentes techniques avec précision et avec rigueur.

Certes, il n'est pas toujours facile d'enseigner l'intégralité des techniques à tous les membres d'une équipe. Il s'avère alors préférable de réduire l'éventail des techniques et de privilégier le maniement de certains outils susceptibles d'être directement exploités.

Dans l'arsenal de la créativité, les techniques créatives opératoires représentent les outils les plus communément utilisés. On les sollicite fréquemment. La formation dispensée doit permettre à tout un chacun d'appliquer immédiatement la ou les techniques de pensée créative appropriée(s). C'est un peu comme si, au lieu d'enseigner aux chirurgiens les connaissances théoriques nécessaires à l'exercice de leur métier, on leur apprenait directement les techniques d'intervention spécifiques à certaines opérations.

Les types de formation

La formation à la pensée créative développe ce type de compétence et permet l'utilisation d'outils simples mais d'une efficacité redoutable. Il convient de montrer les nombreux exemples d'application de ces outils et de fournir de multiples occasions d'exercices. La pratique devrait toujours porter sur des problématiques éloignées des préoccupations des participants à la formation. Cette tactique mobilise leur attention sur le processus de réflexion en soi et leur confère de l'assurance dans l'utilisation des techniques. Quitte à revenir ponctuellement sur des questions qui les intéressent directement, dans le but de leur montrer que la réflexion créative s'y applique également.

On privilégiera des sujets concrets dans la mesure où ils permettent de vérifier d'emblée la valeur de l'idée. Lorsque l'on choisit des thèmes plus abstraits, la valeur de l'idée ressort davantage du registre de l'opinion ; il y manque les preuves fournies par le résultat tangible et la conscience d'avoir réellement abouti à une « idée neuve ». Si, par exemple, vous décidez de verser les salaires à des dates aléatoires au lieu de la date fixée habituellement, il s'avère difficile de prévoir comment les choses vont réellement se passer. En revanche, si vous proposez l'idée d'un verre à fond bombé, on « voit » tout de suite à quoi il va ressembler.

La formation à la pensée créative s'effectue toujours « en partant du centre ». Ce qui est en opposition complète avec l'apprentissage habituel, qui part au contraire de la « limite ». Le mode d'apprentissage classique insiste sur ce qui distingue une situation d'une autre, afin de permettre à l'action choisie de s'appliquer. On accorde une grande attention aux zones de recoupement et aux zones floues, pour être en mesure de prendre les décisions appropriées à ces cas. Les cas évidents ne présentent aucune difficulté et ne recèlent pas d'ambiguïté. Une personne compétente consacrera tout son temps à percer l'opacité de ces zones intermédiaires. Dans le mode d'apprentissage qui nous occupe — celui qui « part du centre » —, ces zones floues sont purement et simplement ignorées parce qu'elles ne revêtent aucune importance. Pour illustrer un propos, on recourt au contraire à des exemples clairs et nets. Ceux-ci ont valeur de démonstration. Si un élément prête à confusion, on l'abandonne et on passe à un autre élément. Le formateur s'efforce de fournir une idée très précise du processus à suivre. Car la confusion est l'ennemie de la formation à la créativité.

La durée de la formation

Il existe plusieurs formules possibles en ce qui concerne la durée de la formation. En voici quelques-unes.

Le séminaire d'une journée

Ce séminaire permet d'initier de larges groupes à la créativité. Il est particulièrement indiqué lorsque l'on veut sensibiliser une entreprise à l'importance de la créativité. La majeure partie des techniques de pensée latérale peut être présentée en une journée, mais ce laps de temps ne permet évidemment pas de les mettre toutes en pratique. Ce type de séminaire s'adresse notamment aux dirigeants. Le nombre de participants n'est pas limité ; il peut atteindre jusqu'à plus de cinq cents personnes.

Le séminaire sur deux jours

Il recouvre le même contenu que le séminaire d'une journée, en le complétant. La différence majeure réside en ceci qu'il donne aux participants davantage de temps pour pratiquer et pour assimiler les techniques. Ce qui suppose un auditoire plus réduit : environ cinquante personnes. Au-delà de ce nombre, le formateur ne peut plus accorder la même attention à chacun.

La formation de formateurs (quatre jours)

Cette formation est spécialement conçue pour initier les formateurs à l'usage des outils et des méthodes qu'ils devront ensuite transmettre à leurs collègues. Le style diffère de celui des séminaires d'une ou de deux journées, destinés à familiariser les participants avec les techniques qu'ils seront censés utiliser pour leur usage personnel. L'accent est placé ici sur la pratique des techniques, dans le but d'éviter d'éventuelles erreurs lorsque le formateur sera chargé de transmettre les connaissances qu'il a acquises.

La pensée latérale — niveau avancé (cinq jours)

Ce type de formation est destiné aux personnes pour lesquelles l'aptitude à la créativité représente vraiment un impératif. Il ne s'agit pas d'un programme destiné aux formateurs mais d'un programme à l'intention des utilisateurs. Certaines des techniques les plus sophistiquées y sont présentées. La pratique individuelle et le travail de groupe y sont fortement encouragés. Chaque participant fait l'objet d'une attention privilégiée, axée sur la solution des problèmes individuels. Les cours sont limités à vingt personnes.

Les modules qui vont être présentés ci-dessous sont dirigés par les formateurs de l'entreprise qui ont reçu eux-mêmes une formation spécifique.

Le module de quarante heures

Il s'agit d'un cours approfondi, réservé aux membres d'un service ou d'un secteur spécifique qui devront utiliser la créativité dans le cadre de leur fonction habituelle.

Le module de vingt heures

Il est destiné aux cadres ou aux dirigeants pour lesquels la créativité ne répond pas à un besoin spécifique mais qui y recourent ponctuellement et qui doivent l'encourager chez les autres.

Le module de dix heures (aptitude de base)

Ce module est censé couvrir les techniques de base utilisées par les groupes opérationnels. L'accent est mis sur l'application directe des techniques.

Le module de cinq heures (minimum)

Ce module représente le strict minimum et porte sur une sélection d'outils de créativité. Il peut être suivi par tout le personnel de l'entreprise. Dans les cas où une formation plus exhaustive ne peut être dispensée, il s'avère tout à fait adapté.

La durée de chacun de ces modules peut être raccourcie ; il suffit, pour cela, de réduire le temps consacré à la pratique. Ceci n'est pas recommandé, dans la mesure où la formation implique d'expérimenter la mise en application des techniques acquises. Supposons que nous expliquions à un profane les règles et les techniques du tennis. Au bout de vingt minutes, cette personne aura certainement compris mais elle ne deviendra pas pour autant un bon joueur de tennis. Pour cela, il lui faudrait descendre sur le court et s'entraîner elle-même un certain temps. Il en va de même de la formation à la créativité, où la pratique sous le contrôle du formateur joue un rôle prépondérant.

Les modules peuvent être fragmentés en séquences de longueurs variables, en fonction du type de formation adopté par l'entreprise. Ainsi, le module de vingt heures est-il divisible en segments de quatre heures. De manière générale, la multiplication des segments accroît l'efficacité de la formation, puisque le temps d'intervention est partagé entre la pratique et l'assimilation des méthodes. Il serait illusoire, voire dommageable, de prétendre assimiler la créativité en une seule séance, avec le risque de lasser les participants et de favoriser certains processus au détriment d'autres (tout aussi efficaces).

Les sessions

J'ai systématiquement choisi d'assimiler les techniques de pensée latérale à des « outils ».

Un charpentier dispose d'un certain nombre d'outils (un marteau, une scie, un rabot, un ciseau, une perceuse...) qu'il utilise selon ses besoins. Son travail ne se déroule pas en séquences prédéterminées. Lorsqu'il a acquis suffisamment d'expérience dans le maniement de ses outils, il sait quand et comment les utiliser. Les programmes de formation qui proposent aux participants de suivre des étapes définies à l'avance suscitent toujours ma perplexité. Cette méthode fait une forte impression et convient lorsqu'il s'agit d'organiser un cours académique. Mais dès que le participant se retrouve seul devant son travail, il a oublié l'ordre des étapes et se sent désorienté. Il peut néanmoins utiliser les outils dont il dispose comme le lui dicte son bon sens. Ce faisant, il ne respecte pas forcément la séquence prescrite mais sa prestation n'y perdra pas en efficacité.

En matière de conception de programmes et de formation, il importe avant tout que la technique ou le savoir-faire enseigné soit à la fois simple et pratique. Cette exigence est trop souvent ignorée de ceux qui se donnent le mal d'élaborer des procédures impressionnantes dans leur complexité mais trop sophistiquées pour être applicables. Ma préférence va à la « puissante simplicité » de la méthode des six chapeaux.

Il me semble pertinent, ici, de proposer quelques exemples de formats pratiques d'utilisation des outils créatifs.

L'USAGE INSTANTANÉ

Il existe des possibilités d'utilisation directe et instantanée des techniques de pensée latérale, comme en témoigne l'échange suivant :

— Nous n'avons rien trouvé de neuf. Nous ne cessons de revenir aux mêmes idées. Essayons le mot aléatoire (la technique). Il s'agit d'une focalisation précise : trop de gens arrivent en retard au bureau. Le mot aléatoire est le mot « pont » (extrait d'une liste de soixante mots, lors d'une deuxième lecture chronométrée).

Deux minutes de réflexion individuelle.

— Alors, quelles idées avons-nous ?

— Une fois que l'on se trouve sur le pont, on doit traverser pour atteindre l'autre rive. D'où l'idée d'inciter les gens à être déjà sur place avant de commencer à travailler. Nous pourrions par exemple offrir les journaux du matin, proposer un petit déjeuner sommaire et d'autres services du même genre…

— Un pont permet de faire traverser quelque chose. Pourquoi ne pas aider les gens à « traverser la ville » ? En organisant par exemple notre propre service de bus qui ramasserait tout le monde à un point de rendez-vous central. On pourrait même travailler dans le bus et y organiser des réunions. Ce serait une manière d'utiliser le temps de transport.

— J'ai pensé à un pont suspendu. Ce qui pourrait signifier suspendre ceux qui sont en retard. Et inversement accorder une prime à ceux qui arrivent cinq minutes en avance plus d'une fois par semaine.

— Parfait. Nous avons quelques idées intéressantes. Nous allons les résumer.

L'ensemble du processus pourrait prendre tout au plus six minutes, auxquelles s'ajouteraient éventuellement le temps d'étudier les idées générées par le mot aléatoire, d'extraire les concepts et de trouver différents moyens d'utiliser les concepts (par exemple la récompense pour ceux qui arrivent tôt).

Examinons un autre exemple d'utilisation instantanée d'une technique.

— Il nous faut des idées concernant les différents moyens de dresser une table de restaurant. Essayons quelques alternatives directes. Le point fixe est : la surface de la table sur laquelle on mange. Cherchons des idées brèves.

— Des nappes.

— Les convives choisissent leur propre nappe.

— Des sets de table.

— Absolument rien. Juste une surface immaculée.

— Des tuiles de céramique encastrées.

— Des dessus de table détachables.

— Une sorte de mousse ou d'herbe.

— Une surface vitrée sous-tendue de quelque chose d'intéressant comme une pièce d'antiquité ou des fourmis s'agitant à l'intérieur d'une boîte scellée.

— Des citations célèbres imprimées sur une surface en formica.

— Bien. Nous avons pas mal d'idées.

Ce processus pourrait prendre quatre minutes. Il est intéressant de voir comment les alternatives ont évolué de propositions classiques vers des idées novatrices, dès que les mots « mousse ou herbe » ont été prononcés.

Elles auraient pu être suivies de toute une série de surfaces de table « intéressantes ». À ce moment le concept de « quelque chose d'intéressant à regarder ou à discuter » aurait pu être extrait et proposé comme nouveau « point fixe ».

On serait en droit de penser que ces utilisations instantanées sont fortuites et qu'elles ne requièrent aucune méthode. Pourtant la démarche systématique apporte de la valeur. Ainsi, définir le point fixe en recherchant des alternatives s'avère davantage porteur de valeur que de se contenter d'affirmer : « Voyons quelles sont les alternatives possibles. »

Les sessions individuelles

Nous avons déjà évoqué l'utilisation individuelle et collective de la pensée latérale. Le principal avantage de la première réside dans sa rapidité, car elle n'implique pas de remontée de l'information, ni de débat chronophage. De manière générale, l'utilisation en groupe d'une technique requiert de trois à cinq fois plus de temps que son exploitation par un individu isolé.

L'habitude des personnes seules, de noter les idées et les concepts à mesure qu'ils apparaissent, représente une économie de temps par rapport au travail en groupe.

Première étape : La focalisation

- Identification et clarification du champ de focalisation.
- Apport d'information si nécessaire.
- Formulation d'alternatives et définition du champ de focalisation.
- Sélection de champs de focalisation subsidiaires en vue d'une exploitation ultérieure.

Deuxième étape : La technique

- Choix de la technique.
- Élaboration de la technique (par exemple l'ébauche d'une provocation).
- Exploitation de la technique.

Troisième étape : La production

- Extraction des concepts.
- Exploitation des concepts.
- Récolte.
- Traitement des idées.
- Mise en forme.

La durée du processus global et de chaque étape en particulier est difficile à déterminer. Elle varie en fonction du champ de focalisation, de la technique, du nombre d'idées et du travail de production. On consacre en général trois minutes à la définition du champ de focalisation, trois minutes à la deuxième étape (la technique) et six minutes à la production. Le temps imparti à cette dernière étape varie selon la nature de la tâche. Lorsque la technique utilisée vise à générer des idées neuves et qu'aucune idée réellement nouvelle n'a émergé au cours de la réflexion, l'étape de production sera réduite au minimum. En revanche, si la technique a simplement pour but de générer des idées, elle sera plus conséquente.

L'extraction de concepts à partir des idées et leur perfectionnement en vue de produire des idées novatrices, s'intègre dans l'étape de production, dans la mesure où celle-ci prolonge directement l'exploitation de la technique.

On peut utiliser plusieurs techniques simultanément. Il est cependant déconseillé d'en employer plus de trois lors d'une même session.

- Champ de focalisation
- Technique 1
- Technique 2
- Technique 3
- Production

En format individuel, la production (travail sur les concepts, récolte et traitement des idées) peut être réalisée collectivement après exploitation de la dernière technique. Lorsqu'il s'agit d'un travail de groupe, en revanche, il est préférable de l'effectuer après chaque technique.

EXEMPLE

Focalisation

Améliorer les feux de circulation de n'importe quelle manière.

Focalisation précise.

Les feux doivent remplir la même fonction qu'actuellement.

1re technique. Challenge

Pourquoi les feux de circulation sont-ils verticaux ?

Pourquoi sont-ils placés en hauteur ?

Pourquoi existe-t-il un feu de chaque couleur ?

Concept

De multiples feux à de multiples endroits.

2de technique. L'échappée

Nous tenons pour acquis que les feux sont visibles.

Po, les feux de circulation ne sont pas visibles.

Idée

Un signal radio qui déclenche une lumière rouge dans la voiture dès que le feu passe au rouge.

Production

Le concept de feux multiples suggère des doubles feux à différents endroits. Par exemple des feux placés sur la route, de telle sorte qu'une bande de la route change de couleur. Ou encore des feux de petites dimensions arrangés selon une forme particulière.

Le concept issu de la lumière déclenchée dans la voiture par le signal radio évoque l'idée de réaction automatique de la voiture par rapport aux feux de circulation : soit par altération de la sur-

face de la route qui provoquerait un bruit sourd ou qui déclencherait une sorte de barrière, soit par un son résonnant dans la voiture.

Récolte

Deux directions élargies : des feux de formes différentes, répartis sur différents lieux, et quelque chose dans la voiture, réagissant automatiquement aux feux de circulation.

***Idées « par exemple »**. Une lumière ou un son déclenchés dans la voiture par un signal radio ; une traînée de lumière sur la chaussée ; l'altération de la surface de la route ; plusieurs feux disposés selon différentes formes.*

***Évolution de la réflexion**. À partir des feux de la circulation, on en arrive à envisager une réponse émanant de la voiture. Cette réponse optionnelle induit le concept d'une réaction automatique, provoquée, par exemple, par l'érection de barrières sur la route.*

Traitement des idées

Le feu rouge pourrait être plus grand que les autres feux. On pourrait aussi installer deux feux rouges.

Le dispositif de réaction de la voiture serait indépendant du système d'allumage, de telle sorte que s'il tombe en panne, les phares et l'éclairage interne de la voiture continuent de fonctionner.

Poursuivre la réflexion pour imaginer le concept d'une barrière physique destinée à empêcher les voitures d'avancer lorsque le feu passe au rouge.

Mise en œuvre

***L'idée**. L'idée d'un feu rouge double ou plus grand que les autres feux, afin d'être plus facilement visible.*

***La valeur**. Il est plus important de voir le feu rouge que les feux d'autres couleurs.*

Le concept. *Un système de réponse incorporé à la voiture, indiquant l'état des feux.*

La valeur. *Mode de signalisation précoce et puissant, indiquant que le feu de signalisation est rouge.*

Dans cet exemple, la récolte et le traitement des idées auraient dû donner lieu à une démarche plus structurée. Ainsi, le signal radio conçu tel quel pose le problème suivant : comment distinguer les voitures venant d'une direction donnée de celles qui proviennent de la direction opposée (le signal devrait être déclenché avant que les véhicules ne se croisent) ? Il est toujours utile de se référer à la liste récapitulative au moment de la récolte et de respecter les différentes étapes lors du « traitement » des idées émergentes.

LES SESSIONS DE GROUPE

Les étapes de la session de groupe sont semblables à celles de la session individuelle, mais leur contenu est, à l'évidence, différent.

L'étape de la focalisation

1. La personne qui propose au groupe la mission de créativité énonce clairement le champ de focalisation. Les données nécessaires sont alors fournies au groupe.
2. Les membres du groupe émettent des propositions. Plusieurs champs de focalisation, des définitions alternatives de points de focalisation et de champs de focalisation subsidiaires sont envisagés et discutés. Le champ de focalisation est ensuite exposé sous sa forme définitive. La typologie à laquelle il se rattache est explicitement indiquée.

L'étape de la technique

1. Le faciliteur ou la personne qui dirige le processus créatif décide de la technique employée et l'explique au groupe.

   Nous allons utiliser la technique du mot aléatoire. Feu de circulation, po, nuage.

   Les participants travaillent seuls pendant trois minutes ou réfléchissent en groupe.

2. Le faciliteur peut aussi indiquer la technique à utiliser et laisser les membres du groupe travailler seuls, comme s'ils opéraient dans le cadre d'une session individuelle.

   Je veux que vous utilisiez la technique de l'échappée. Élaborez-la et exploitez-la individuellement.

3. Le groupe discute de la technique à privilégier. Si le choix s'arrête sur la technique de la provocation, on envisage les provocations possibles. Lorsque l'une d'elles bénéficie de l'assentiment général, le travail peut commencer. Il s'effectue sur une base individuelle ou en groupe.

   Dans l'ensemble, il est préférable que tous les membres travaillent sur la même provocation ; la discussion n'en devenant que plus fructueuse. Si chacun sélectionne sa propre provocation, on ne peut plus parler de coopération. On renoue alors avec la session individuelle.

L'étape de la production

Lorsque le processus s'effectue collectivement, l'étape de la production se déroule après l'utilisation de chaque technique. Elle ne donne pas lieu à une récolte complète mais à une procédure simplifiée, comportant les phases suivantes :

1. Chaque individu fournit un compte rendu de son effort créatif.
2. On note les idées et les concepts.
3. Par rétrogression, on retrouve le concept à partir de l'idée.

4. Discussion générale (construction à partir des idées).

L'étape suivante

Cette étape sert à poursuivre le débat ou à introduire une nouvelle technique selon les modalités indiquées ci-dessus.

La production finale

Elle comporte une récolte complète portant sur l'ensemble de la session, le traitement exhaustif des idées et la mise en forme de la production.

La récolte s'effectue soit par le groupe, soit sur une base individuelle ; les conclusions étant ensuite mises en commun.

En revanche, le traitement des idées et leur mise en forme sont exclusivement du ressort du groupe tout entier.

Là encore, il est difficile de fixer une durée précise. Plusieurs facteurs entrent en ligne de compte : le nombre de participants, la nature du sujet, les techniques employées (l'éventail des concepts, par exemple, demande plus de temps) et le flux des idées. Plus les idées sont nombreuses, plus longs seront la récolte et le traitement.

Un module d'environ trente minutes se décompose comme suit :

- Focalisation : trois minutes.
- Technique : trois minutes.
- Production : dix minutes.
- Production finale (récolte…) : dix minutes.
- Mise en forme : quatre minutes.

Comme je l'ai indiqué précédemment, le temps imparti à la récolte et au traitement des idées dépend de la nature de la tâche créative. Lorsque celle-ci porte sur la recherche d'idées neuves, les idées qui ne répondent pas au critère de nouveauté ne seront pas traitées en profondeur. À défaut d'idées nouvelles, de concepts innovants, voire d'idées « par exemple », l'étape de mise en forme est susceptible d'être remplacée par l'utilisation d'une autre technique.

Le module de trente minutes est renouvelable, mais l'étape de mise en forme ne peut avoir lieu qu'à la fin de la session complète. La séquence se déroule alors ainsi :

- Focalisation.
- 1re technique.
- Production.
- 2de technique.
- Production.
- Mise en forme.

Le rapport

Selon un usage établi, une personne se charge de prendre des notes au cours de la session de créativité. D'après mon expérience, ce système possède l'inconvénient de ralentir considérablement le processus de réflexion et de limiter la production des idées. Tout simplement parce que le preneur de notes est submergé ; il est censé écrire toutes les propositions qui circulent. Il note les idées sous une forme simplifiée ou, plus souvent, les classe par catégories. Il est à la fois commode et logique de placer une idée nouvelle dans une catégorie existante si elle semble s'y intégrer. Malheureusement, à la relecture, on ne parvient plus à extraire l'essence de l'idée, ni même à dissocier cette dernière de sa catégorie.

J'ai souvent eu l'occasion de participer à des réunions très riches quant aux propositions développées. Malheureusement, le compte rendu qui en était donné par la suite se révélait incroyablement plat. L'originalité et la pertinence des idées n'apparaissaient plus ; elles étaient irrémédiablement perdues.

Ma préférence va par conséquent aux enregistrements sur magnétophone, qui peuvent faire l'objet d'une récolte à tête reposée. Ce type d'enregistrement possède l'avantage de garder une trace de la moindre proposition. En effet, lorsqu'un travail individuel est fourni pendant une session de groupe, il arrive qu'une remarque de valeur se perde. L'intervenant suivant ne la relève pas parce qu'il est pressé d'exposer ses propres idées.

On peut aussi envisager de demander à chaque participant de noter les idées et les concepts auxquels il attache de la valeur. La nature humaine étant ce qu'elle est, il est probable que toutes les suggestions seront scrupuleusement retranscrites. Chacun présente ses conclusions par écrit même s'il y a une présentation orale.

La pratique qui se résume à coller des papiers sur les murs de la salle de réunion donne certainement le sentiment d'avoir abouti à un résultat concret, mais ralentit le processus créatif puisque les gens travaillent à partir d'idées déjà données. Ce qui se révèle superflu, dans la mesure où on peut toujours recourir à la provocation. Si on choisit de composer un éventail de concepts, il est impératif d'installer un tableau à feuilles ou un tableau blanc, afin de faciliter le travail de groupe.

La structure du groupe

Le groupe se définit comme un ensemble de personnes unies par un objectif commun. En l'occurrence, il s'agit de la réflexion créative. Dans la méthode du *brainstorming*, le groupe représente un élément clé du processus. Il utilise les techniques méthodiques de pensée latérale, en groupe mais aussi individuellement. Le débat et le travail collectif sur les idées et les concepts, apportent sans conteste une valeur supplémentaire. X propose une idée, Y part de cette idée pour tenter d'identifier le concept correspondant et Z avance un moyen propre à traduire ce concept en action.

Le nombre de participants

Six représente le nombre idéal. Certes quatre personnes créatives et à l'esprit constructif peuvent effectuer un travail remarquable. Huit constitue le chiffre maximum. Au-delà, il y a toujours une ou deux personnes passives, alors que, dans la configuration idéale, tout le monde doit participer activement.

Dans le processus de pensée latérale, il arrive que les participants utilisent individuellement les techniques, mais ils ont l'obligation de présenter leurs conclusions à l'ensemble du groupe. Cette tâche prend du temps : de deux à quatre minutes par personne. Si le groupe est trop important, elle risque de gâcher des minutes précieuses.

Les groupes trop chargés possèdent des inconvénients majeurs : certains membres se confinent dans une attitude passive, laissant travailler leurs collègues, d'autres adoptent un comportement d'« observateur » ou de « critique » et se contentent de commenter les idées exposées. Alors que dans une équipe restreinte, tout le monde est censé apporter sa contribution. Dans les grands groupes, il arrive que l'on sollicite la participation de personnalités « reconnues » pour leur excellence dans tel ou tel domaine ; ceci risque d'inhiber les performances des autres membres.

Le profil des participants

On prétend parfois que le travail en équipe ne peut être productif sans l'apport de personnes venues de l'extérieur, censées avoir un regard neuf sur le sujet traité. Cette observation est valable mais elle ne se justifie pas dès lors que l'on peut recourir volontairement aux provocations. Dans la pensée créative traditionnelle, aucune possibilité d'établir intentionnellement des provocations n'existait. Il n'y avait d'autre choix que de s'en remettre aux idées folles et à l'innocence.

L'objectif de la créativité de groupe consiste à utiliser les techniques de pensée latérale. Il est d'autant mieux servi lorsque l'équipe est formée d'individus préparés à collaborer.

Lorsqu'il s'agit de trouver des idées réellement neuves, il s'avère judicieux de solliciter des intervenants extérieurs ou tout au moins issus de services ou de secteurs différents.

Si le thème de la réflexion relève de la stratégie de l'entreprise, il est préférable de réunir des responsables du management auxquels cette problématique n'est pas totalement étrangère. Mais s'il porte sur un processus ou sur une activité intéressant un service en particulier, il peut être souhaitable de constituer l'équipe avec des représentants des différents niveaux hiérarchiques.

Les rôles officiels

Il n'existe qu'un seul rôle officiel : celui d'« animateur du groupe ». Ce dernier fixe l'heure et le lieu de la réunion et convoque les participants. Il ouvre et clôt les débats. Il définit l'ordre du jour (après consultation des autres membres).

L'animateur du groupe siège en qualité de président et veille à ce que le temps de parole accordé à chacun soit scrupuleusement respecté. Il recentre ceux qui s'éloignent de l'objectif en réitérant celui-ci à intervalles réguliers ou, le cas échéant, s'enquiert s'il n'y a pas lieu de le modifier formellement.

De manière générale, il porte le « chapeau bleu », qui contrôle le processus de réflexion. Il propose les techniques à utiliser individuellement ou en groupe. Il préside à l'élaboration des provocations, à l'établissement de la liste de mots aléatoires… Il dirige les comptes rendus des conclusions individuelles et veille à ce que le débat soit dûment enregistré ou consigné.

Dans certains cas, le rôle est assuré par un faciliteur formé à cette responsabilité, qui devient ainsi le « manager du processus » de la réunion. Il assume les fonctions décrites ci-dessus, à cela près qu'il ne préside pas la réunion. Il y participe sur l'invitation du « président », un membre du groupe chargé de constituer celui-ci et de fixer l'ordre du jour. Le faciliteur endosse en quelque sorte le rôle d'« assistant temporaire », destiné à gérer l'aspect créatif de la réunion ; le président étant responsable du contenu et de l'objectif.

Dans cette conjonction, il n'existe pas de rapporteur officiel, pour les raisons mentionnées plus haut.

La durée

Le temps imparti dépend de plusieurs facteurs. Si la réunion a lieu dans le cadre de sessions créatives régulières, elle peut être relativement brève. Il n'est jamais facile de rassembler la totalité des participants ; certains ont prévu des déplacements, d'autres ne peuvent délaisser trop longtemps leurs fonctions... Il importe donc d'optimiser la réunion. Lorsqu'elle porte sur un sujet qui requiert impérativement des idées neuves, elle est, bien entendu, appelée à se prolonger.

Une durée de soixante à quatre-vingt-dix minutes me semble raisonnable, auxquelles, le cas échéant, vient s'ajouter une demi-heure consacrée à la récolte et au traitement des idées.

Le premier quart d'heure doit être réservé à l'application de la technique choisie (provocation, mot aléatoire...) à des problématiques éloignées de celles du groupe. Cette forme d'échauffement permet aux participants de s'exercer au maniement de la technique, chose difficile dans le cours de la réunion, dès lors qu'il s'agira de l'exploiter *in vivo* sur l'objectif défini.

L'évaluation

Il arrive un moment où la tolérance constructive à l'égard d'une idée nouvelle doit cesser. Celle-ci doit quitter son cocon et se lancer à l'assaut du monde, afin de se mesurer aux idées concurrentes et de prouver sa valeur.

Une évaluation préliminaire, visant à optimiser l'idée, peut s'intégrer dans le processus créatif lors du processus de « traitement ». Mais à l'issue de celui-ci, l'idée affronte l'évaluation définitive.

La procédure d'évaluation n'est pas du ressort de la pensée créative. Elle relève de l'appréciation, du jugement et de la faculté de décision de l'individu ou de l'entreprise. Cette faculté de discernement doit s'appliquer à toutes les problématiques et à toutes les idées, quelle qu'en soit la source. L'évaluation des idées créatives ne saurait différer de celle des autres idées. Voilà pourquoi j'affirme toujours qu'on ne peut imputer des « désastres » à la pensée créative. Lorsque les désastres se produisent, ils ne sont dus qu'à une mauvaise appréciation des individus concernés. Rien n'empêche, bien au contraire, d'appliquer le mode de décision en vigueur dans l'entreprise à l'évaluation définitive des idées générées par le processus de créativité.

Il n'existe qu'une seule exception à la règle : dans le cas où l'entreprise déciderait d'allouer une partie de ses ressources à des idées créatives reconnues porteuses d'un fort potentiel et d'un risque élevé. Les idées susceptibles d'entrer dans cette catégorie méritent clairement d'être évaluées d'une manière différente des autres. Les critères d'appréciation d'un projet de recherche diffèrent de ceux que l'on applique lorsqu'il s'agit d'estimer un changement dans le plan de production.

Les indications sur l'évaluation proposées ici, doivent être lues à la lumière de tout ce qui précède.

Comparé aux quelques secondes qui suffisent pour amorcer une idée nouvelle, le processus d'évaluation dure un certain temps. Ce qui se justifie dans la mesure où il comporte l'essentiel du risque.

LES CATÉGORIES FINALES

Je souhaite commencer par les « catégories finales » dans lesquelles les idées évaluées sont susceptibles d'être classées à l'issue du processus d'évaluation. Ce classement fournit une excellente indication sur la nature de l'évaluation. Ces différentes catégories doivent être relativisées ; il existe en effet plusieurs manières d'aboutir au même résultat.

Les idées directement utilisables

Ce sont les idées dont la valeur et l'utilité directes sont reconnues. Ce qui ne signifie pas pour autant que l'idée sera immédiatement appliquée. L'entreprise ne dispose pas toujours des ressources suffisantes pour mettre en pratique toutes les idées de cette catégorie.

L'idée est bonne mais elle ne nous concerne pas

L'idée est jugée positive et applicable mais elle ne correspond pas aux besoins ou à la situation actuelle de l'entreprise. Elle implique un autre type d'évaluation, fondée sur la « destination idéale » de l'idée. Cette question sera reprise ultérieurement. En tout état de cause il est important de déterminer les raisons de l'inopportunité de l'idée.

L'idée est bonne mais pas pour aujourd'hui (elle sera gardée en réserve)

L'idée possède de la valeur et paraît réalisable. Elle a vocation à être réactualisée et utilisée dans le futur. Mais elle ne répond pas aux nécessités et aux priorités du moment. Ce qui n'est pas la même chose que la précédente catégorie, dans laquelle on conserve des idées qui ne fonctionnent pas et qui ne marcheront probablement jamais. Le fait de garder l'idée en réserve indique qu'elle est destinée à être réexaminée de temps en temps.

L'idée mérite d'être peaufinée

L'idée affiche des défauts et des insuffisances graves. Cependant, elle ne recèle rien de négatif et montre au contraire un certain potentiel. Elle est susceptible d'améliorations. Ce travail de perfectionnement peut être d'ordre logique et créatif à la fois. On charge un groupe *ad hoc* de mener à bien cette tâche.

L'idée est puissante mais inapplicable

Les idées relevant de cette catégorie possèdent une efficacité redoutable mais ne sont pas utilisables pour diverses raisons : réglementations, dispositions visant à protéger l'environnement, facteurs de risque élevés, cannibalisation de produits existants… On reconnaît la puissance de l'idée, tout en l'estimant inutilisable. Les idées de cette catégorie sont momentanément classées et réexaminées périodiquement. L'évolution des circonstances peut conduire à ressortir l'idée et à l'appliquer. Des concepts intéressants peuvent en revanche en être extraits puis remodelés pour un usage immédiat.

L'idée est intéressante mais inutilisable

Ces idées ne sont pas « puissantes » mais « intéressantes », en ce sens qu'elles ouvrent des perspectives. Les idées intéressantes apportent un changement dans l'entreprise et de nouvelles perceptions. Leur valeur réside d'ailleurs davantage dans leur impact sur la perception que dans leur utilisation réelle. Il importe de ne pas les négliger et de les conserver afin de les réétudier de temps à autre. Elles possèdent un effet stimulant et créatif en dépit de leur caractère inapplicable.

L'idée possède une valeur insuffisante

L'idée est exploitable et satisfait les impératifs de l'entreprise. Mais sa valeur et les bénéfices qu'elle induit se révèlent trop faibles. Il n'existe pas plus de raison que de motivation de l'appliquer. Dans certains cas, on sous-estime simplement la valeur de l'idée ; il appartient alors à ses auteurs d'en démontrer toute la portée. Certaines idées retiennent l'attention et l'intérêt en raison de leur aspect novateur. Cependant dès qu'elles sont soumises à une véritable évaluation, il apparaît que la « nouveauté » constitue leur unique valeur. Si cette condition est suffisante dans le monde de la publicité, il n'en va pas de même dans les autres secteurs.

L'idée est irréalisable

De nombreuses idées s'avèrent impropres à la réalisation, par inaptitude fondamentale. Toute tentative d'amélioration se révèle inutile. Ces idées méritent d'être rejetées purement et simplement. Elles peuvent resurgir ultérieurement sous une forme différente, mais provisoirement elles n'ont aucune raison de subsister. Il serait néfaste, par tolérance créative, de vouloir les conserver.

Le lecteur serait en droit de penser qu'il y a beaucoup trop de catégories entre l'idée « directement utilisable » et celle qui s'avère « irréalisable ». Les idées qui se rangent dans ces catégories intermédiaires jouent toutes un rôle non négligeable dans la réflexion de l'entreprise. Précisons cependant que seules les idées « directement utilisables » réclament d'emblée une mise en application. Elles mériteraient également d'être soumises à un processus de test et de pilotage, destiné à en vérifier la validité et (ce qui est primordial) à établir une base sur laquelle viendra s'appuyer l'action. Les résultats des tests peuvent se révéler plus motivants que l'idée elle-même.

Les critères d'évaluation majeurs

Les principaux critères permettant d'évaluer une idée sont présentés ci-dessous. Chacun couvre un domaine très étendu et peut être élaboré plus en détail.

Les bénéfices

Il s'agit là du premier et du principal critère d'évaluation. Une idée qui n'offre aucun bénéfice ne mérite pas d'être considérée plus avant. Quelle est la relation entre la « valeur » et les « bénéfices » ? Les deux notions sont parfois interchangeables ; ce qui ne pose aucun problème. La « valeur » réside essentiellement dans l'idée, alors que les « bénéfices » profitent aux individus sur lesquels celle-ci exerce un impact. La beauté s'applique à la statue elle-même, alors que les bénéfices de la beauté concernent les touristes, les photographes, les artistes... en bref les individus sur lesquels elle produit son effet.

De quels types de bénéfices s'agit-il ? Quelle en sera la portée ? D'où proviennent-ils ? De quoi dépendent-ils ? Combien de temps dureront-ils ? Telles sont les questions à poser. Les bénéfices liés, par exemple, à la fluctuation des taux de change peuvent être considérables mais éphémères. Ceux apportés par la production à faible coût dans un pays donné peuvent persister ou cesser rapidement. Les bénéfices issus d'un nouveau concept financier dureront jusqu'à ce que la concurrence reprenne le concept à son compte.

Qui profitera des bénéfices ? C'est une question clé. Iront-ils directement au producteur en termes d'économies et d'amélioration des profits ? Ou au consommateur qui tirera avantage de prix modiques, d'une meilleure qualité ou de fonctions supplémentaires ? Dans certains cas, les bénéfices concernent l'un et l'autre. Si l'amélioration du produit séduit l'acheteur, l'accroissement des ventes qui en résultera profitera au producteur. Quelle est la situation des intermédiaires ou des canaux de distribution dans tout ceci ? Les modes de conditionnement de détergent concentré diminuent les coûts de manutention des supermarchés de 45 % et sont donc plébiscités par le commerce de détail. Cette idée nouvelle facilite-t-elle ou complique-t-elle l'existence des détaillants ? Rend-elle la vie des agents commerciaux et des grossistes plus simple ou plus difficile ? Les articles nouveaux qui nécessitent des opérations de manutention fréquentes ou dont la démonstration est complexe n'offrent aucun bénéfice aux commerçants de détail. En revanche, les bénéfices pour l'environnement peuvent s'avérer réels et constituent en outre une excellente publicité.

On doit être capable d'exposer clairement les types et les niveaux de bénéfices que l'on espère retirer de l'idée, et d'avancer les raisons logiques et objectives qui justifient cette attente.

La faisabilité

Certains affirment que le critère de faisabilité l'emporte sur tous les autres. Car si une idée s'avère irréalisable, pourquoi s'interroger sur ses bénéfices potentiels ? En fait la primauté du bénéfice en tant qu'élément d'évaluation s'explique pour une raison évidente : la perspective d'avantages conséquents renforce la motivation et le zèle des personnes chargées de mettre l'idée en application.

Il arrive que des idées ne soient pas exploitables parce qu'elles s'opposent à des principes fondamentaux. Mieux vaut alors les abandonner définitivement.

D'autres transgressent des règlements ou sont franchement illégales. La solution idéale consiste alors à garder le concept et à remodeler l'idée afin de la rendre conforme aux dispositions légales. Le cas échéant, pourquoi ne pas tenter une action de *lobbying* visant à faire évoluer la loi ?

Les idées qui risquent de causer des dommages aux personnes ou de nuire à l'environnement peuvent être retravaillées afin de pallier ces dangers ou d'y remédier.

La réalisation de l'idée se heurte parfois au manque de moyens ou à l'absence de technologies appropriées. Nombre de propositions, appliquées avec succès par la suite, ont d'abord été rejetées en ces termes : « Cela ne peut être une bonne idée. » Pour les imposer, il a fallu toute l'opiniâtreté de leur auteur qui s'est acharné à prouver le contraire. On abandonne souvent ces idées parce qu'elles ne répondent pas au critère de faisabilité. Mais si les bénéfices paraissent substantiels, on n'hésite pas, alors, à mobiliser tous les efforts nécessaires. Le jour où Ron Barbaro proposa l'idée des « indemnités du vivant de l'assuré », celle-ci fut tout d'abord accueillie par un chœur de critiques expliquant pourquoi elle était irréaliste.

En tout état de cause, il reste à déterminer l'ampleur de l'effort que l'on veut consentir pour mettre l'idée en pratique.

Lorsque celle-ci paraît exploitable dans l'immédiat, les décisions en sont grandement facilitées.

Les ressources

Disposons-nous de ressources suffisantes pour concrétiser l'idée ? Sommes-nous prêts à y consacrer les ressources nécessaires ?

Quel en est le coût financier ? Comment chiffrer l'investissement en temps ? Comment évaluer les coûts de main-d'œuvre ? Comment traiter ses répercussions sur les activités en cours (en termes de conflits et d'interruptions) ? Quelles sont les complications et les difficultés prévisibles ? Qui va se charger d'appliquer l'idée ? Qui assumera la responsabilité de l'idée ? Comment gérer la redistribution des ressources et des efforts prélevés sur d'autres activités et d'autres projets ?

Il n'est malheureusement pas possible de réaliser toutes les idées valables et exploitables, compte tenu des ressources limitées.

Lorsque les ressources manquent réellement, la décision s'impose d'elle-même. Mais lorsqu'elles sont disponibles, il s'agit alors de définir les priorités et les réallocations.

En résumé, il importe de calculer les ressources nécessaires avec exactitude. Or, on a souvent tendance à les sous-évaluer.

L'adéquation

L'idée est-elle en adéquation avec l'entreprise ?

La notion d'adéquation, certes complexe, revêt une importance capitale. L'idée coïncide-t-elle avec la nature et avec les objectifs de l'entreprise ? Une idée donnée peut convenir à un nouvel entrant sur le marché. Telle autre répondra davantage aux besoins d'une grande entreprise déjà solidement implantée sur le marché et capable d'en retirer les bénéfices.

L'idée est-elle en accord avec la politique générale, avec la stratégie, avec les objectifs de l'entreprise ? Correspond-elle à son image dans le public et à ses espoirs ? Répond-elle aux attentes des analystes financiers ?

Au niveau interne, l'idée concorde-t-elle avec la personnalité et les ambitions du PDG et avec celles des responsables de la décision finale ? Fait-elle écho aux motivations des hommes chargés de la traduire en action ? Que va-t-elle apporter à chacun ?

En matière d'« adéquation », on considère généralement que seules les idées déjà rodées sont en accord avec les comportements et avec la culture de l'entreprise. Par définition, toute idée neuve est inadaptée.

Certes, il parait absurde de prétendre exploiter une idée contraire au style et aux objectifs de l'entreprise. Des idées pourtant valables et utilisables échouent ainsi parce qu'elles se révèlent inappropriées.

À l'instar du critère de « faisabilité », l'adéquation constitue un domaine où l'effort peut s'exercer. Lorsque l'idée ne semble pas adaptée, peut-on faire en sorte d'y remédier ?

L'examen de la « destination idéale » représente la méthode la plus fiable pour évaluer l'emplacement où l'idée sera le mieux logée. Il ne s'agit pas tant d'évaluer l'idée en elle-même, que de déterminer où elle s'adaptera de façon optimale. On imagine l'environnement idéal pour l'idée, puis on le compare avec l'entreprise dans sa situation actuelle. Où l'idée fournirait-elle le maximum de sa valeur ? Pouvons-nous faire en sorte qu'il en soit ainsi ?

Les bénéfices apportés par l'idée motiveront les efforts nécessaires pour faciliter son adéquation.

LES FACTEURS ESSENTIELS

Comme tout autre critère d'évaluation, les « facteurs essentiels », n'échappent pas à la remise en question. Mais ils n'en conservent pas moins leur spécificité et leur primauté. Lorsque l'on évalue des idées et des alternatives, la prise en compte du « facteur essentiel » constitue un impératif. De lui dépendent la pertinence ou l'inanité de l'idée. Une proposition qui ne satisfait aucun facteur essentiel ne possède aucune valeur — sauf si elle est remodelée dans le but d'y répondre.

On distingue les facteurs vitaux et les facteurs fatals.

Les facteurs vitaux

Ils sont indispensables à la « vie » de l'idée, d'où leur nom de facteurs vitaux. Sans eux, l'idée ne marchera pas. Ils concernent la rentabilité, la conformité aux règlements, l'acceptation par les syndicats, un marché pertinent, un réseau de distribution, l'allocation des ressources... Certains de ces facteurs vitaux sont inhérents à l'idée, d'autres proviennent du traitement qui lui est appliqué. Une capitalisation adéquate représente un facteur vital pour la prospérité de l'entreprise. Une allocation de ressources adaptée constitue un facteur vital pour le succès de l'idée neuve.

Les facteurs fatals

Si les facteurs vitaux conditionnent la vie de l'idée neuve, les facteurs « fatals », eux, provoquent sa mort. Une idée qui comporte des facteurs fatals ne peut fonctionner. Aujourd'hui, les dommages causés à l'environnement constituent un facteur fatal dans de nombreux pays. Un prix excessif représente aussi un facteur fatal. Des coûts judiciaires élevés et des complications en font également partie. La violation des droits de propriété intellectuelle pourrait y être assimilée. L'association avec une entreprise en perte de vitesse risque d'être un facteur fatal. Comme, dans un tout autre ordre d'idée, la cruauté envers les animaux ou l'exploitation des minorités.

La valeur de l'idée dépend des efforts consentis pour neutraliser les facteurs fatals (et pas simplement pour les masquer) ou pour intégrer des facteurs vitaux. Une idée qui n'affiche pas une valeur jugée indiscutable risque d'être rejetée en fonction des facteurs vitaux ou des facteurs fatals qu'elle comporte — et ce n'est que normal.

La flexibilité

La flexibilité est en passe de devenir l'un des critères déterminants de toute idée neuve. L'avenir est incertain. Le comportement des concurrents l'est tout autant. Les valeurs changent constamment. Qui peut évaluer les coûts que l'on supportera demain ?

Face à une telle incertitude, il est difficile de prédire que telle idée marchera. Néanmoins, les idées neuves demeurent une nécessité. Il n'est pas envisageable de rester passif et d'éviter toute prise de risque en demeurant immobile. Il n'existe qu'une seule réponse : la flexibilité.

L'idée est-elle modifiable en vue de s'adapter à un environnement fluctuant ? Possède-t-elle une flexibilité suffisante ? Si les concurrents répondent de telle façon, l'idée peut-elle être transformée pour s'ajuster à leur réaction ? S'il faut réviser le prix de tel produit, peut-on le faire sans dommages ?

Les idées rigides sont de mauvais choix. La flexibilité représente un élément crucial dans la conception d'une idée.

Si telle idée marche, peut-elle entraîner dans son sillage une série d'idées tout aussi exploitables ? Aurons-nous la chance de connaître ses « enfants » et les « enfants de ses enfants » ? Sommes-nous capables de transformer un succès en une suite de modèles à imiter ? Supposons que nous prenions le risque et que notre projet décolle, comment allons-nous gérer et optimiser le succès ?

La position de repli

Si, pour diverses raisons, l'idée échoue, quelle est la position de repli ? Comment réduire les pertes au minimum ? L'échec n'a-t-il pas apporté un bénéfice, aussi minime soit-il ? Peut-être en avons-nous retiré des enseignements sur l'état du marché ? Ce revers entraîne-t-il des répercussions sur nos produits existants, sur notre image, sur les relations avec les distributeurs ?

L'attitude de repli classique consiste à trouver un bouc émissaire ou à rendre quelqu'un responsable de l'échec. Très souvent les coupables sont désignés à l'avance.

Certes, personne n'envisage d'emblée que l'idée ne puisse réussir, mais il est néanmoins prudent de prévoir une position de repli.

La mise à l'essai de l'idée

Chaque fois que l'on conçoit une idée neuve, on devrait inclure dans le processus une réflexion sur la mise à l'essai de l'idée. L'idée pourrait-elle être testée dans une usine pilote ? Ou sur un marché, à travers des tests de consommation ? Ou encore par échantillonnage ? Peut-elle être testée par une enquête auprès des consommateurs ? Son acceptation peut-elle être évaluée à l'avance par un « ballon d'essai » ou en laissant filtrer des « indiscrétions » à l'usage de la presse ? Pourquoi ne pas tester l'idée tout simplement en permettant à quelqu'un de l'essayer ? Ou en recourant à des groupes de consommateurs ciblés, ou encore par des échantillonnages en magasin ?

Les tests permettent :

1. de vérifier si l'idée est opérationnelle ;
2. de la modifier en fonction du retour d'information ;

3. de l'optimiser en la consolidant.

La conception de tests pratiques et fiables requiert d'ailleurs de solides aptitudes à la créativité.

Le risque

Le facteur risque est sous-jacent à tout jugement, à toute décision et à toute évaluation.

La conception comme l'évaluation visent avant tout à réduire le risque. Il existe toutes sortes de risques :

- L'échec pur et simple.
- Le dépassement de budget.
- L'idée occasionne des dommages (image, responsabilité produit, relations avec les distributeurs, relations avec les clients...).
- Elle accapare la motivation et les ressources à son profit.
- Un changement brutal d'environnement ruine l'idée.
- Une erreur technologique fait échouer l'idée.
- L'idée déclenche des réponses de la concurrence qui annihilent sa valeur.

Cette liste pourrait se prolonger jusqu'à l'infini, tant est grande l'incertitude liée à l'avenir.

Le traitement du risque appelle plusieurs méthodes :

1. Prendre conscience des risques possibles.
2. Concevoir des positions de repli et des systèmes destinés à pallier les dommages.
3. Réduire le risque en effectuant des tests.
4. Réduire le risque en améliorant l'idée.
5. Mettre en place des systèmes d'alerte précoce du risque.
6. Disposer de l'information la plus complète possible.

7. S'assurer contre le risque.
8. Réagir et répondre rapidement.
9. Répartir le risque en établissant des partenariats et des joint-ventures.
10. Évaluer le ratio risque/rentabilité.

Lorsque tout ce qui est raisonnablement possible a été entrepris pour réduire ou contenir le risque, il reste la décision finale de savoir quel niveau de risque l'entreprise est disposée à supporter. Si le coût d'introduction d'un produit nouveau est réduit, le risque lié à l'introduction s'en trouve diminué d'autant.

Toutes les entreprises sont contraintes de prendre des décisions aventureuses ou de type « entrepreneurial ». Quelles ressources disponibles doit-on allouer à un projet nouveau, comportant des retombées potentielles élevées et un facteur de risque non négligeable ?

Le refus de s'engager dans de telles aventures et de s'en tenir à la routine et à des activités sans danger constitue un risque en soi. Ce comportement ne permet pas d'éviter les aléas, il équivaut au contraire à s'exposer à un péril plus grave provoqué par l'inertie.

Grâce à un produit imité, on peut réussir à prendre pied sur un marché ouvert par quelqu'un d'autre. Mais souvent il est trop tard ; un concurrent a déjà pris l'avantage.

LA DÉCISION FINALE

Certaines décisions émergent au cours du processus d'évaluation. Il devient par exemple évident pour tous que telle idée n'offre pas de bénéfices suffisants et qu'elle ne mérite pas d'être explorée davantage. Ou il apparaît clairement que la réalisation de telle autre se heurtera à de nombreux obstacles. Une troisième comportera des facteurs fatals impossibles à supprimer. Des opinions consensuelles finiront par se dégager.

Les discussions au sujet des idées nouvelles impliquent le recours à la méthode des six chapeaux, qui permet d'aborder les différents modes de réflexion.

Si le processus d'évaluation ne débouche pas sur des conclusions, les décisions définitives devront être arrêtées en utilisant d'autres méthodes.

Le système des points

Les divers critères d'évaluation (à l'exception des facteurs essentiels) sont affectés d'un coefficient de pondération, et chaque idée est assortie d'un certain nombre de points pour chaque facteur. À l'issue du décompte, les idées qui totalisent le plus grand nombre de points sont acquises définitivement. Ce système a pour inconvénient majeur de sélectionner les idées sans relief et peu enthousiasmantes, car ce type d'idées l'emporte en général pour chaque critère.

La comparaison directe

On compare directement des idées opposées ou plusieurs alternatives entre elles. Les points de similitude et les divergences sont notés, et les écarts de performance sont comparés par rapport aux critères d'évaluation. La comparaison directe permet de prendre en considération des facteurs différents de ceux qui figurent sur la liste récapitulative de l'évaluation. Il s'avère aussi plus facile d'apprécier les idées dans leur « globalité ».

De manière générale, la comparaison donne toute son efficacité lorsqu'elle prend pour base les éléments négatifs. Elle se focalise sur les dangers et sur les défauts, ce qui justifie le rejet de l'idée. À l'inverse, il sera plus difficile de prendre une décision si l'on se fonde sur les aspects positifs, car on ne met pas volontiers de côté une idée dotée de potentiel.

La logique *a posteriori*

On sélectionne les idées en fonction de leurs applications possibles. Puis on expose publiquement les raisons logiques du choix.

Il arrive fréquemment qu'une idée apparemment puissante révèle des points faibles dès que l'on tente de la justifier par une démarche rationnelle. On se rend compte alors que son attrait repose davantage sur l'émotion qu'elle suscite que sur le raisonnement et qu'il se fonde plus sur des attentes vagues que sur des perspectives réalistes.

Cet exercice est salutaire car il permet de sélectionner des idées légitimes sur le plan de la raison. En revanche, il risque de faire rejeter celles qui ne répondent pas à des critères de logique mais qui possèdent néanmoins un potentiel élevé.

Les émotions

Bien que nous nous refusions souvent à l'admettre, nos émotions dictent en grande partie nos décisions. L'information et la logique nous aident simplement à les discipliner. Elles gouvernent également les alternatives que nous envisageons et nos choix définitifs. On distingue trois émotions fondamentales :

1. La peur.
2. L'avidité.
3. La paresse.

La peur du risque et de la responsabilité provoquent le rejet d'idées ou le manque d'enthousiasme à leur égard. Il arrive cependant que la peur agisse comme une motivation puissante. Ainsi, la peur d'être dépassé, de perdre des parts de marché ou d'être attaqué par un concurrent mène-t-elle à des actions courageuses.

Bien que le terme « avidité » ait une connotation péjorative, il s'applique dans ce contexte à la volonté de progresser, de croître, d'aller de l'avant, de prendre des parts de marché et d'augmenter la valeur boursière de l'entreprise. En d'autres termes, il s'agit ici d'une force positive.

La paresse commande de nombreuses décisions. Elle témoigne d'une certaine répugnance à l'égard du changement. Le paresseux veut mener une « existence tranquille », que rien ne vient troubler. Or tout projet nouveau exige de l'attention, accroît l'incertitude inhérente à l'action, impose éventuellement une réflexion. Toutes choses qui sont absolument à éviter. La paresse favorise toutes les raisons autorisant à rejeter les idées qui obligent à l'effort.

Pourquoi cette idée me séduit-elle ? Pourquoi celle-là me déplaît-elle ? Quelles parts de crainte, d'avidité, de paresse entrent dans mes décisions ?

Les circonstances

Quelles circonstances me conduiraient à choisir cette idée ? Dans quelles circonstances serais-je disposé à exploiter cette idée ?

À l'instar des autres critères, les « circonstances » facilitent les choix. Peut-être existe-t-il des circonstances idéales ? Peut-être ne se produiront-elles jamais ?

Faire vivre une idée

On croit souvent que l'idée exceptionnelle va se révéler si puissante et si efficace que personne ne saura y résister. Or cela se passe rarement ainsi. Il faut toujours rendre l'idée réalisable. Quelqu'un, un individu ou un groupe, convaincu de sa valeur, doit décider de surmonter tous les obstacles et toutes les difficultés pour l'exploiter. Il serait irréaliste de penser qu'une idée va s'appliquer sans un travail minimum. Une idée apparemment peu intéressante devient utilisable dès lors que quelqu'un entrevoit son potentiel et s'attache à la concrétiser.

Un diamant à l'état brut ne possède pas d'éclat. C'est le talent du tailleur de pierres précieuses qui révèle sa beauté. De la même façon, la valeur d'une idée s'épanouit grâce à l'action de ceux qui œuvrent pour sa réalisation.

En bref

En écrivant ce livre, je me suis donné pour objectif de fournir au lecteur un exposé complet et actualisé sur la pensée latérale. Il est conçu comme un ouvrage de référence et comme un manuel pratique. La pensée latérale porte plus particulièrement sur le changement des concepts et des perceptions et sur la création de nouveaux concepts et de nouvelles perceptions. Elle génère des idées utilisables. Les concepts, les perceptions et les idées concernent tous les domaines où s'exerce la réflexion. À moins que votre activité ne se résume à répéter des gestes de routine, la maîtrise des techniques de pensée latérale répond, pour vous aussi, à une nécessité. La lecture de cet ouvrage, j'en suis convaincu, représente un impératif pour chaque décideur.

Les principaux points mentionnés dans cet ouvrage sont résumés ci-après.

Point 1

La pensée latérale acquiert une importance grandissante, elle est en passe d'occuper dans l'entreprise une place aussi cruciale que les finances, les matières premières et les ressources humaines. À mesure que les entreprises atteignent un palier en matière de compétence, l'avantage concurrentiel réside dans la supériorité des concepts. Si l'eau est nécessaire pour préparer un potage, celui-ci comporte aussi d'autres éléments. Elle représente seulement l'ingrédient de base. Le monde des affaires passe du stade de la compétition à celui de la sur/pétition, d'où l'exigence croissante d'une puissante pensée conceptuelle. Or les concepts innovants ne proviendront pas de l'analyse des données, parce que le cerveau ne peut percevoir que ce qu'il est préparé à voir.

La capacité à créer des concepts inédits s'avère donc indispensable.

Les entreprises compétentes disposent d'un potentiel remarquable qui risque cependant d'être gaspillé si elles ne mobilisent pas ce potentiel pour traduire des idées fortes en action.

La réflexion créative revêt la même importance pour les entreprises qui n'ont pas encore atteint ce palier de compétence. Elle se révèle tout aussi indispensable dès lors qu'il s'agit de gestion de la qualité, de réduction des coûts et de perfectionnement continu.

Le monde affronte de multiples problèmes qui résistent, pour certains, à la simple analyse de la recherche des causes et des solutions. Dans de nombreux cas, les causes ne peuvent être supprimées et imposent donc de « concevoir » une voie fondée sur des concepts neufs. D'où naîtront-ils, si ce n'est de la réflexion créative ?

POINT 2

Nous savons désormais, pour la première fois de notre histoire, qu'il existe une nécessité absolue de créativité dans le cerveau humain. La perception opère comme un système d'information auto-organisé dans lequel l'information entrante s'ordonne en schémas ou en séquences. Ces schémas ne sont pas symétriques ; pour être créatifs nous devons les traverser. Cette démarche s'effectue naturellement dans le processus de l'humour et par l'intuition. Elle se produit de manière intentionnelle si l'on adopte les techniques formelles de la pensée latérale. Dans la mesure où nous ne pouvons accepter que les idées créatives paraissant logiques *a posteriori*, nous avons toujours supposé à tort que la logique représente une condition suffisante. Ce qui est totalement erroné face à un système à schémas asymétriques.

C'est le « séquencement temporel » de l'expérience qui forme nos concepts et nos perceptions. C'est la succession des évènements dans le temps qui façonne nos modes d'action. C'est le déroulement de l'Histoire qui modèle nos structures et nos institutions. Nous devons nous en libérer si nous voulons exploiter de manière optimale le potentiel de l'expérience qui est resté piégé dans le séquencement temporel.

POINT 3

La créativité n'est pas un don mystérieux que certains possèdent et dont d'autres sont dépourvus. La pensée latérale est une forme de pensée créative que chacun peut acquérir, expérimenter et appliquer. Tous n'y excellent pas de manière identique, mais il en va ainsi de toutes les techniques. Son apprentissage ne garantit pas le génie ; il complète la réflexion traditionnelle en lui apportant la capacité de générer des idées novatrices.

La vision classique prétendant que, pour devenir créatif, il suffit de se libérer de ses inhibitions et de ses peurs, est à la fois dépassée et fausse. Le cerveau forme naturellement des schémas qu'il exploite ensuite — voilà pourquoi il excelle à donner du sens au monde qui nous entoure. L'émancipation des craintes et des inhibitions ne se traduit nullement par des progrès spectaculaires en termes de créativité. Pour devenir pleinement créatifs, nous devons oser ce que le cerveau n'effectue pas spontanément. Il s'agit, par exemple, d'élaborer des provocations et d'apprendre à les utiliser à travers un nouveau processus mental, le « mouvement ».

L'approche fondée sur la « folie » est superficielle et a longtemps freiné la rigueur que mérite la pensée créative. Cette démarche « extravagante » s'appuie sur la méconnaissance des processus qui interviennent dans la créativité. Il ne s'agit pas de se livrer à un matraquage d'idées en espérant obtenir des résultats positifs. Nous pouvons nous libérer des contraintes du jugement de manière plus efficace, en recourant intentionnellement aux techniques formelles de la pensée latérale. Ces dernières sont indifféremment utilisables par un groupe ou par une personne seule. À cet égard, le groupe ne représente plus une condition essentielle comme dans le *brainstorming*, issu de la tradition privilégiant la « folie ».

POINT 4

Les processus, les outils et les techniques systématiques de pensée latérale sont explicités dans le présent ouvrage. Vingt-cinq ans d'expérience ont prouvé que ces techniques peuvent s'acquérir et qu'elles s'avèrent efficaces. Des processus fondamentaux tels que le challenge, la recherche d'alternatives, sans oublier la provocation, représentent des techniques intentionnelles qui s'apprennent et s'utilisent. Il ne suffit pas, en effet, d'adopter un comportement créatif et d'attendre que quelque chose se passe. Lorsque l'on a besoin d'idées réellement novatrices, le recours aux techniques systématiques permet d'obtenir un résultat productif.

Le mode d'application des différentes techniques en fonction de l'objectif visé, résolution de problèmes, conception, perfectionnement… est indiqué clairement dans ce livre.

La démarche créative n'a rien à voir avec l'attente de l'inspiration.

POINT 5

J'ai évoqué ici le problème de l'introduction de la « créativité structurée » dans l'entreprise. Si l'on veut obtenir des résultats tangibles en la matière, il est indispensable de confier cette tâche à un responsable désigné comme « champion du processus ». La pensée créative doit s'instaurer à son propre titre mais aussi dans le but d'imprimer un nouvel élan aux stratégies de gestion de la qualité, de réduction des coûts et de perfectionnement continu. Les données pratiques sur la formation et sur les structures propres à favoriser l'application de la pensée créative sont amplement détaillées. Des entreprises de premier plan telles que Du

Pont et Prudential recourent depuis longtemps à la pensée créative.

POINT 6

Aujourd'hui, nombre d'entreprises continuent à sous-estimer l'importance de la créativité ou se targuent d'efforts en la matière qui équivalent à des faux-semblants. D'autres se complaisent dans des tentatives de faible envergure. Dans l'ensemble, la créativité passe encore pour une préoccupation annexe et pour un luxe. Pourtant, les entreprises qui réussiront à l'avenir sont celles qui ont déjà commencé à penser autrement. La créativité devient en effet un impératif dès lors que l'on veut permettre au potentiel des hommes et de l'entreprise de s'exprimer pleinement. Là où existe la volonté d'introduire et d'utiliser de manière sérieuse la créativité structurée, se trouvent aussi les moyens d'y réussir. On rencontre malheureusement encore trop de spécialistes de la créativité qui n'ont pas dépassé le stade de la croyance selon laquelle il suffit d'inciter les gens à lâcher temporairement la bride à l'imagination ou la « folie ». Cette notion n'est plus de mise aujourd'hui.

La créativité structurée est bel et bien devenue un impératif et une voie royale vers l'innovation.

APPENDICES

Appendice 1

Les techniques de la pensée latérale

Les six chapeaux

Basé sur une métaphore, chacun des modes de réflexion principaux correspond à un chapeau virtuel de couleur différente. La réflexion peut ainsi passer de l'un à l'autre. Tel type de pensée peut s'imposer à un moment précis. La critique, par exemple, sera plus efficace lorsqu'elle s'applique opportunément. Cette méthode offre un cadre conceptuel concret qui permet d'évoluer de la pensée classique, fondée sur l'argumentation et sur la confrontation, vers l'exploration du sujet sur un mode plus coopératif.

- Le chapeau blanc : l'information.
- Le chapeau rouge : l'intuition et les sentiments.
- Le chapeau noir : la prudence et la critique constructive.
- Le chapeau jaune : la pensée positive logique.
- Le chapeau vert : l'effort créatif et la pensée créative.
- Le chapeau bleu : le contrôle du processus de pensée lui-même.

La pause créative

Il s'agit d'un arrêt momentané dans la réflexion au cours duquel on évalue les diverses possibilités ou les différents moyens de procéder. Par une volonté délibérée, l'attention créative se porte sur un point précis. Dans le flux de la pensée ou de la discussion, beaucoup de choses semblent tenues pour acquises. La pause créative offre l'occasion de prendre de la distance pour étudier plus longuement un aspect ou un point donné.

La focalisation élémentaire

Nous nous concentrons en général sur les problèmes et sur les difficultés qui forcent notre attention. Pourtant, en choisissant de privilégier des questions délaissées par les autres, nous pouvons obtenir des résultats surprenants en termes de créativité. La focalisation élémentaire ne vise pas à générer des idées neuves ; il s'agit d'un effort volontaire qui conduit à considérer un objet, un élément, une proposition comme objectif de créativité potentiel. Il suffit de noter ces objectifs, sans chercher à créer d'idées neuves.

Le challenge

Le challenge créatif fait partie des processus fondamentaux de la pensée latérale. Ce n'est ni une attaque, ni une critique, ni une tentative visant à relever une inadéquation ou un défaut. Il remet simplement en cause l'unicité : « Est-ce vraiment l'unique façon de procéder ? » Le challenge part du principe que nous agissons pour des raisons justifiées autrefois mais qui ne le sont plus obligatoirement aujourd'hui. Il repose sur le postulat selon lequel « on peut toujours trouver des moyens plus performants ».

Le challenge porte non seulement sur le sujet ou sur le processus en soi mais aussi sur la manière traditionnelle de le traiter. Il peut s'appliquer à la réflexion en cours : « Pourquoi devons-nous considérer les choses ainsi ? » Il peut enfin se rapporter aux facteurs qui commandent notre pensée : les concepts dominants, les suppositions, les limites, les facteurs essentiels, les facteurs d'évitement, les polarisations ou/ou. Nous les remettons en cause afin d'en vérifier la nécessité.

Le challenge créatif s'intéresse aussi au phénomène de la « continuité », qui consiste à faire les choses aujourd'hui comme on les faisait hier. L'« analyse de la continuité » distingue plusieurs formes de continuité :

- La continuité par négligence : personne ne s'est jamais posé de question.
- La continuité par verrouillage : par intégration dans d'autres questions ou d'autres domaines.
- La continuité par auto-satisfaction : la répétition du succès empêche toute remise en cause.
- La continuité due au séquencement temporel : piégé dans le séquencement de l'expérience.

Les alternatives

Il s'agit aussi de l'un des processus fondamentaux de la pensée latérale, en ceci que l'essence même de la créativité est la recherche d'alternatives.

Ce processus suppose la volonté de s'arrêter pour examiner des alternatives même s'il n'existe aucune nécessité apparente. Il repose aussi sur la détermination à chercher des alternatives, même si l'étape suivante paraît s'enchaîner logiquement et naturellement. Il impose de faire l'effort d'explorer d'autres alternatives, au lieu de se satisfaire de celles qui existent (dans la pratique, cela implique un point de rupture). Il oblige enfin à « concevoir » des alternatives nouvelles en bouleversant le *statu quo* au lieu de se contenter d'« analyser » la situation donnée, et à définir un seul « point fixe » autour duquel celles-ci viendront s'ordonner : « Des alternatives par rapport à quel point fixe ? » Celui-ci peut être un objectif, un groupe, une similitude, ou un concept. Il est conseillé de déterminer plusieurs points fixes et de chercher des alternatives pour chacun.

L'éventail des concepts

Il se prête tout particulièrement à la « pensée de réalisation » : « Comment allons-nous y parvenir ? » Cette forme de pensée concerne la résolution de problèmes et l'accomplissement des tâches. Les concepts de l'éventail provoquent en quelque sorte une « cascade » d'alternatives, chacune en suggérant une autre qui elle-même débouche sur une troisième, laquelle génère une quatrième…

Il s'agit de partir de l'objectif de la réflexion, puis par un retour en arrière, de retrouver les concepts élargis ou les « approches » qui seraient utilisés pour aboutir à l'objectif.

Dans un deuxième temps, on amorce un autre retour en arrière à partir des approches pour remonter vers d'autres concepts. On peut ainsi rencontrer plusieurs niveaux de concepts, allant du général au particulier.

Enfin, un troisième mouvement de translation nous mène des « concepts » vers les « idées », qui représentent le moyen pratique et spécifique de transcrire les concepts en action.

Lors de la construction de l'éventail des concepts, on peut indifféremment progresser vers l'objectif ou au contraire remonter vers des idées spécifiques.

Les concepts

Il est important de savoir utiliser les concepts et de travailler au niveau des concepts.

Les concepts sont les méthodes ou les moyens de réaliser les choses. Ils s'expriment de manière globale, floue, imprécise. Chaque concept est traduit en action à travers une « idée » spécifique. L'objectif du travail au niveau des concepts est de pouvoir amener les idées à « se multiplier ».

Parfois des concepts se créent spontanément. D'autres fois, il est nécessaire de les faire émerger des idées par un mouvement de « rétrogression ». Dans chaque acte que nous faisons, il faut tenter d'extraire le ou les concepts impliqués (qu'ils aient été conçus ou non). Lorsque le concept est extrait, nous pouvons le consolider, le modifier ou trouver des idées plus adaptées pour le transcrire en action.

On distingue des concepts d'« objectif », qui se rapportent à ce que nous tentons de réaliser ; des concepts de mécanisme, décrivant la manière dont le résultat va être produit ; des concepts de valeur, qui indiquent de quelle façon quelque chose va produire de la valeur.

La provocation et le mouvement

Dans tout système d'information auto-organisé (tel que la perception), la provocation représente un impératif absolu. La provocation et le mouvement permettent de traverser les schémas, ce qui représente une nécessité compte tenu de la nature asymétrique des schémas : quelque chose qui paraît évident après coup, peut passer inaperçu à première vue.

Le néologisme « po » indique que le locuteur va recourir à une provocation.

Toute provocation repose sur le « mouvement », qui permet de progresser vers une idée nouvelle. Le mouvement est une opération mentale active ; il n'équivaut pas à une simple suspension du jugement.

L'apparition des provocations

Un individu créatif peut décider de traiter comme provocation toute déclaration, toute remarque, tout évènement qu'il reçoit. Peu importe qu'il s'agisse ou non d'une provocation délibérée. Le choix appartient au destinataire de la provocation. Une idée jugée stupide, voire ridicule, peut néanmoins être utilisée comme provocation pour progresser vers des idées exploitables. En ce sens on peut dire que les provocations « apparaissent » sans volonté délibérée de la part de leur auteur.

Les provocations par l'échappée

Ces provocations répondent à une démarche intentionnelle de leur auteur. Celui-ci part d'un élément ou d'un fait « tenu pour acquis » ou normal et tente de s'en « échapper ». Le processus d'échappée s'effectue en niant le point en question, en le supprimant, en l'abandonnant ou en l'ignorant purement et simplement. L'élément « tenu pour acquis » ne doit être ni un problème, ni un grief, ni une difficulté.

Les provocations de type « pierre de gué »

Ce sont également des provocations volontaires. Leur auteur ne doit pas se préoccuper de leur utilisation future mais uniquement de leur élaboration. Il ne sert à rien de formater une idée ancienne pour la transformer en provocation. Les provocations de ce type se construisent de façon mécanique, selon quatre méthodes possibles.

- **L'inversion**. La « direction » normale de l'action est reprise puis « inversée » pour donner une provocation. On obtient ainsi une action allant dans la direction opposée.
- **L'exagération**. Les mesures ou les dimensions normales (exprimées en nombre, en taille, en poids) sont volontairement exagérées, par excès ou par défaut. L'exagération par défaut ne doit jamais atteindre zéro.
- **La distorsion**. La relation normale entre deux parties, ou la succession normale des évènements, est bouleversée de façon arbitraire afin de créer une « distorsion » de la situation. Ce qui aboutit à une provocation.
- **Le souhait fantaisiste**. Ici entre en jeu une représentation imaginaire : « Ne serait-ce pas merveilleux, si… » Il ne s'agit pas uniquement d'un désir ou d'un objectif, mais d'un rêve dont on sait qu'il ne peut se réaliser.

L'entrée aléatoire

Selon le principe de base, si vous démarrez d'un point différent, vous augmentez les probabilités de vous ouvrir des schémas différents de ceux que vous auriez empruntés si vous étiez parti du « centre ».

La forme la plus accessible de cette technique est le mot aléatoire, que l'on peut obtenir de différentes façons (notamment en sélectionnant un mot sur une liste de soixante termes). Le mot aléatoire sert de point de départ pour générer de nouvelles idées autour de l'objectif défini.

Cette technique s'exerce aussi à partir d'objets, d'images, de lectures, de visites d'expositions... Quel que soit le support, il est primordial de respecter le critère du hasard ; l'entrée doit toujours être aléatoire, elle ne répond pas à un choix.

Le mouvement

Le mouvement est une opération mentale active et non la simple suspension du jugement. Il peut être engendré par la volonté du sujet de progresser d'une idée vers une nouvelle idée, mais aussi résulter de méthodes formelles et systématiques.

- **Extraire un principe**. Nous extrayons un principe, un concept, une caractéristique ou un aspect de la provocation et nous ignorons le reste. Nous tentons ensuite de construire une idée neuve autour de ce principe.
- **Se focaliser sur la différence**. En quoi la provocation diffère-t-elle de la manière habituelle de procéder ? En partant de cette différence, comment peut-on progresser vers une nouvelle idée ? Il est impératif de se concentrer sur la différence, même si celle-ci est infime, pour avoir quelque chance de trouver une idée neuve. Cette méthode représente également la parade la plus efficace contre ce refrain si connu, véritable fossoyeur d'idées : « La même que... »
- **Image par image**. Nous imaginons la provocation traduite en action — même si cela semble impossible dans la réalité. Nous tentons ensuite de voir ce qui se passerait « image par image ». Puis nous nous efforçons de retirer de l'observation des idées neuves et exploitables.
- **Les aspects positifs**. Nous prenons en compte les aspects directement positifs de la provocation. Nous ignorons délibérément le reste et tentons de construire une idée à partir d'eux.
- **Les circonstances particulières**. Nous cherchons à déterminer dans quelles circonstances particulières, la provocation,

telle qu'elle se présente, apporterait une valeur immédiate. Puis nous tentons de progresser vers une idée applicable dans les mêmes circonstances, voire utilisable dans d'autres situations.

Le stratal

Nous avons affaire là, à une technique de « sensibilisation ». Elle consiste à réunir cinq déclarations qui n'entretiennent aucun lien entre elles mais qui se rapportent à la même situation, et à tenter d'en dégager une idée neuve. Les déclarations n'ont pas de finalité descriptive, ni explicative. Elles ne visent pas à couvrir tous les aspects du sujet. Dans le souci de sauvegarder le caractère aléatoire du stratal, il est recommandé d'inscrire les déclarations sur des feuilles de papier que l'on place dans un sac. On tire ensuite cinq feuilles au hasard. Le chiffre cinq est choisi pour des raisons de facilité de perception.

La technique du filament

Les exigences fondamentales de la situation dans laquelle se déroule le processus de pensée sont indiquées les unes sous les autres. Chacune est examinée dans le cadre d'un « filament » qui se déroule à partir d'elle. Il s'agit d'analyser les moyens de satisfaire habituellement cette exigence, en faisant abstraction du contexte particulier (problème ou objectif créatif).

Dans la forme passive, les filaments sont passés en revue jusqu'à ce qu'une idée émerge.

Dans la forme active ou « forcée », des points sont sélectionnés dans chaque filament et associés volontairement pour déboucher sur une nouvelle idée.

Ces processus et ces techniques sont repris en détail dans les sections correspondantes. À chaque fois, un processus créatif fondamental est mis en œuvre de manière spécifique. La provocation, par exemple, requiert une démarche systématique et progressive. D'autres processus, tels que le challenge ou les alternatives, se retrouvent dans de nombreuses méthodes de pensée créative. Le néologisme « po », les techniques méthodiques de provocation et du mouvement, et la technique de l'entrée aléatoire ont été conçus et développés, il y a plusieurs années, comme moyens d'utilisation systématiques de la provocation.

Il est impératif d'exploiter ces techniques en maintenant une séparation claire et distincte entre elles. Il serait préjudiciable de les associer à d'autres approches de la pensée créative, sous peine d'en réduire le pouvoir et de créer une confusion, laquelle représente la pire ennemie de la créativité.

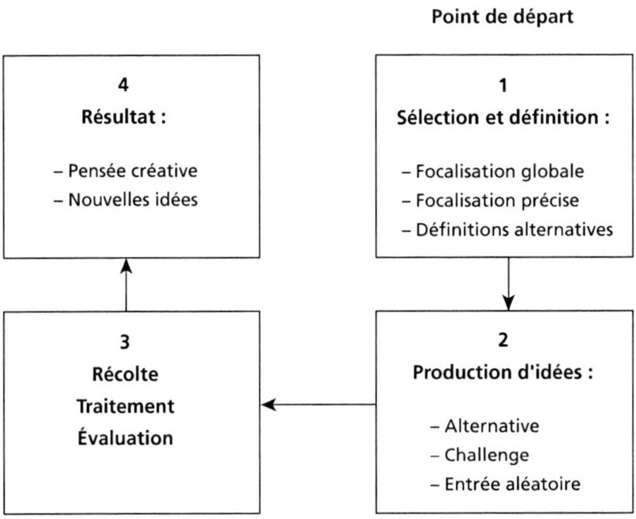

Figure A.1

Appendice 2

Notes sur l'exploitation des techniques de pensée latérale

Il est conseillé au lecteur de se reporter à la section consacrée à l'application des techniques de pensée latérale. Les indications fournies ici rappellent brièvement les différents points évoqués mais ne couvrent pas l'exploitation des techniques dans son intégralité.

Les six chapeaux

Cette technique fournit un cadre de discussion. Le chapeau vert impose un effort créatif particulier. Le chapeau jaune plaide pour une vision positive et constructive de la nouvelle idée. Le chapeau noir représente la « prudence » et la critique logique qui doit intervenir en temps opportun, c'est-à-dire plus tard dans le traitement de l'idée : « Nous n'avons pas besoin du chapeau noir pour l'instant. »

Le perfectionnement

Un champ de focalisation clair et une sélection de champs de focalisation subsidiaires. Le challenge appliqué aux méthodes, aux concepts et aux modes de réflexion existants. Des points fixes pour les alternatives. La provocation par l'échappée pour sortir des sentiers battus de la pensée traditionnelle. La provocation de type « pierre de gué » afin de bouleverser radicalement l'ensemble du système. L'éventail des concepts pour reconsidérer de fond en comble ce qui est en cours de réalisation.

Les problèmes

Une focalisation, dans le but d'identifier le problème. Des définitions alternatives du problème. Définir des objectifs secondaires par rapport à certains éléments du problème. Challenge appliqué à la définition et à la présentation du problème. Challenge appliqué à la réflexion en cours, aux facteurs qui conditionnent la pensée (limites...), aux concepts fondamentaux. Points fixes et alternatives pour les problèmes simples, et éventail des concepts afin de renforcer l'effort créatif. Provocation par l'échappée afin de se dégager des méthodes classiques. Provocation de la « pierre de gué » pour renouveler intégralement la réflexion. Le mot aléatoire en cas de blocage ou pour trouver un angle d'approche inédit.

Les tâches

Se reporter à la rubrique précédente (les problèmes) mais recours possible à la technique du filament au début du processus. On invoque moins le challenge que les espoirs. La provocation par le souhait fantaisiste (provocation de la « pierre de gué ») s'avère extrêmement efficace ici.

La conception

Similitude avec les tâches, mais avec une accentuation sur les exigences et sur l'utilisation des stratals et de la technique du filament au début du processus. Le mot aléatoire peut fournir des idées originales. Challenge sur les concepts existants. Challenge sur la réflexion au cours du processus lui-même. Provocations par l'échappée en fonction des nécessités.

Le terrain vierge

Ce sont des situations évolutives, caractérisées par l'absence de point de départ clairement défini et d'éléments ou de pratiques dont il importe de s'échapper. Le mot aléatoire peut fournir un point de départ. Le recours aux stratals permet l'émergence d'idées nouvelles. La technique du filament est utilisable si les exigences ont été identifiées. Provocation par le souhait fantaisiste (pierre de gué).

L'opportunité

Traitée comme la combinaison d'un terrain vierge, de la conception et de la tâche.

L'invention

Peut prendre la forme de « résolution de problème », d'une tâche, d'un terrain vierge, ou de l'opportunité, en fonction du dossier d'inventions.

Le blocage ou la stagnation

Lorsque les idées neuves font défaut, le mot aléatoire est la technique la plus appropriée pour relancer le processus. La provocation par l'échappée est applicable au processus de réflexion en cours, afin d'en briser le cycle. La provocation par le souhait fantaisiste et la pierre de gué peuvent aussi ouvrir de nouvelles voies.

Les projets

L'éventail des concepts est applicable au projet dans sa globalité. Sélectionner des champs de focalisation subsidiaires, les soumettre à un challenge et rechercher des alternatives les concernant. Les problèmes et les tâches peuvent s'autodéfinir dans le cadre des projets et être ensuite traités comme tels. Il importe de définir très sérieusement la cible de l'effort créatif. Les projets peuvent souvent être traités comme l'association d'une tâche et d'une conception.

Le conflit

La nécessité de savoir clairement où se situent l'objectif et les besoins de créativité requiert un assemblage de problème, de terrain vierge, de conception et de tâche. Il faudra peut-être tracer une voie qui permet de progresser. Comme il faudra tenter une approche inédite grâce au mot aléatoire. Le challenge et la provocation par l'échappée peuvent s'appliquer au processus de réflexion et tout particulièrement aux situations bloquées.

L'avenir

Les stratals s'appliquent au début du processus, afin de créer de nouvelles idées. La technique du mot aléatoire devrait provoquer les ruptures nécessaires. La provocation par l'échappée ouvre de nouvelles voies de réflexion. L'analyse des concepts joue également un rôle important ici.

La stratégie

C'est fondamentalement un processus de conception, susceptible de porter sur des sous-problèmes et sur la prévision des futurs possibles. La technique du filament peut être tentée si les exigences sont mises en évidence. La procédure globale consiste à proposer une stratégie puis à remettre en question certaines de ses composantes. Le travail sur les concepts fondamentaux revêt une grande importance : quels sont les concepts utilisés ? La provocation par l'échappée entraîne de puissants bouleversements. Dans le cadre de la stratégie globale, on note un besoin élevé de points fixes et d'alternatives.

La planification

Dans l'idéal, elle est traitée comme la combinaison de la conception et de la tâche. Les sous-problèmes et les objectifs neufs doivent être abordés comme tels. Le challenge est une technique performante, particulièrement lorsqu'il s'applique à la réflexion du planificateur. Les points fixes et les alternatives sont bénéfiques sur certains points.

Avec le temps, l'exploitation des techniques devient familière et on finit par savoir laquelle il convient d'utiliser à tel ou tel moment — exactement comme le charpentier qui choisit les outils adaptés au travail qu'il doit réaliser.

Les fonctions de base des techniques peuvent se résumer comme suit :

- Champ de focalisation et champs de focalisation subsidiaires.
- Alternatives et alternatives élaborées (éventail des concepts).
- Remise en question de ce qui existe (challenge).
- Échappement par rapport à ce qui existe (échappée).
- Refonte radicale du processus de pensée (pierre de gué).
- Idées neuves et nouveau départ (mot aléatoire).
- Sensibilisation (stratal et technique du filament).

	La focalisation	Le challenge	Les alternatives	L'éventail des concepts	Les concepts	La provocation	L'entrée aléatoire	Les stratals	La technique du filament
Perfectionnement	×	×	×	×		×			
Problème	×	×	×	×	×	×	×		
Tâche	×	×	×		×	×	×		×
Conception	×	×	×		×	×	×	×	×
Terrain vierge						×	×	×	×
Opportunité	×	×	×		×	×	×	×	×
Invention	×	×	×		×	×	×	×	×
Blocage		×	×	×	×	×	×		
Projet	×	×	×	×	×	×	×	×	×
Conflit	×	×	×	×	×	×	×	×	×
Avenir		×	×		×	×	×	×	
Stratégie	×	×	×	×	×	×	×	×	×
Planification	×	×	×		×	×	×	×	×

Figure A.2

Appendice 3

La liste récapitulative de la récolte

La récolte est une tentative volontaire consistant à recueillir, rassembler ou extraire toute la valeur produite par l'effort de créativité d'un individu ou d'un groupe.

Au lieu d'essayer de tout se remémorer, il est utile de disposer d'une liste récapitulative qui facilite ce processus.

Les points de la liste se recoupent fréquemment. Mais cela n'a aucune importance. Placez-les dans la rubrique qui vous paraît la plus appropriée. Il n'est pas interdit de classer le même point dans plusieurs rubriques.

Un modèle de liste exhaustive est présenté ci-dessous. Il n'est pas toujours indispensable de dresser une liste aussi complète à chaque fois. Une formule simplifiée suffit la plupart du temps. Lorsque l'on recherche des suggestions nouvelles, propres à compléter les idées existantes, il n'est pas nécessaire de toutes les répertorier. On se contentera d'indiquer celles qui apportent réellement un élément original.

Les idées spécifiques

Ce sont des idées concrètes, transposables en actions. L'idée telle qu'elle se présente donne satisfaction. Elle semble à la fois neuve et exploitable, en outre elle apporte de la valeur. Elle correspond au résultat que l'on attend de l'effort créatif.

Les idées « par exemple »

Ce sont des « exemples » d'idées ; elles n'ont pas vocation à être appliquées. L'idée par exemple renferme un principe ou un concept utile et montre comment il pourrait se matérialiser. Les idées de ce type requièrent un travail supplémentaire pour se transformer en idées exploitables.

Les idées en germe

C'est l'amorce de l'idée, l'étincelle qui la fait jaillir. L'idée peut être vague ou mal formée, mais elle donne le sentiment qu'en étant cultivée, elle pourrait s'épanouir en idée exploitable. Elle s'oppose à l'idée « par exemple », en ce sens que cette dernière n'est pas vouée à être développée.

Les concepts directs

Ce sont les concepts identifiés en tant que concepts lors du processus créatif. Le concept a été répertorié, même si la réflexion n'a pas permis de trouver le moyen permettant de le traduire en action. Ils ne sont en général pas considérés pour eux-mêmes, mais comme une étape vers l'action.

Les concepts de « rétrogression »

Ce sont les concepts extraits de l'idée par rétrogression. On trouve toujours un ou plusieurs concepts dans chaque idée ; il suffit pour cela de chercher la « méthode générale » qui commande l'idée. Dans le cas des idées « par exemple », la rétrogression de l'idée vers le concept implique un effort d'autant plus important, puisqu'il s'agit de partir d'une idée *a priori* non exploitable pour aboutir à d'autres idées destinées au contraire à être appliquées.

Les approches

Lié à une problématique ou à une situation, c'est le concept le plus large que l'on puisse imaginer. On devrait toujours pouvoir repérer les principales approches, qu'elles aient été explicitement énoncées ou identifiées *a posteriori*. Il s'avère parfois difficile de distinguer les concepts des approches.

Les impératifs

Ils méritent d'être exposés clairement au cours de l'effort créatif. On peut ainsi mettre en évidence le besoin de concepts nouveaux (« Nous devons trouver le moyen de réaliser ceci »), de solutions alternatives ou d'idées pratiques. Les besoins exprimés sont répertoriés lors du processus de récolte.

Les nouveaux champs de focalisation

Ils doivent être formulés de manière explicite pendant le processus créatif : « Voici le nouvel objectif de créativité. » Il est toutefois possible, bien que moins fructueux, de les identifier lors de la phase de la récolte. Tout objectif nouveau impose un effort créatif approprié.

Les changements

Tout change : les priorités, la vision des choses, le mode d'approche, le champ de focalisation... Les changements majeurs qui surviennent pendant le processus de créativité devraient être notés selon cette formule : « Une évolution a été constatée à partir de... vers... » Ces changements sont plus aisés à repérer *a posteriori*.

La tonalité

Il s'agit de la tonalité ou de l'ambiance générale de la session. Elle n'inclut pas l'intégralité des points évoqués mais fournit une indication globale de l'esprit dans lequel s'est déroulée la session. Ainsi, la tonalité d'un débat sur la circulation urbaine pourrait être décrite en ces termes : « Condamnation de l'égoïsme de l'automobiliste. » Le processus de réflexion se prête, lui aussi, à un commentaire. On mentionnera aussi, dans la tonalité, les approches ou les techniques qui ont stimulé les nouvelles idées et celles qui ont provoqué l'effet contraire. La récolte est un processus relevant du « chapeau bleu », en ce sens qu'elle nous impose de prendre du recul pour analyser le produit de la réflexion.

Appendice 4

La liste récapitulative du traitement des idées

À l'issue du processus de récolte, il est nécessaire d'examiner chaque idée en particulier et de la retravailler, le cas échéant, dans le but de la rendre applicable.

Car l'objectif final de tout effort de créativité est la production d'idées réalisables, valables et acceptables. Il arrive que des idées répondant à ces exigences émergent au cours de la session de créativité, mais le plus souvent l'idée a besoin d'être peaufinée pour devenir directement utilisable. Les idées qui semblent parfaites profitent, elles aussi, du processus de traitement destiné à les optimiser.

Le processus de traitement prend du temps. Il n'est donc pas toujours possible de l'appliquer à toutes les idées émises au cours de la session de créativité. C'est une question de nécessité, de circonstances et de choix. Il est opportun néanmoins de préciser que des idées apparemment sans relief se transforment de manière spectaculaire lorsqu'elles sont soumises à une procédure de traitement efficace.

Formater l'idée

Les contraintes de la réalité, telles que les coûts, les dispositions légales, les critères de recevabilité, sont intégrées. L'idée peut-elle être adaptée à ces exigences ? Les contraintes ne sont pas utilisées comme critère de rejet mais de façon constructive, afin de contribuer à formater l'idée. Cette idée peut-elle être réalisée à moindre coût ? Comment rendre cette idée conforme à la législation ?

Ajuster l'idée

Le formatage des idées répond aux contraintes externes, l'ajustage sert à les mettre en cohérence avec les ressources de l'entreprise. Peut-on ajuster les idées à nos ressources ? Les ressources se composent des hommes, du temps, de la motivation, des capitaux... Comment rendre cette idée exploitable pour nous ?

Optimiser la puissance de l'idée

Il s'agit d'accroître la « puissance » de l'idée. La « puissance » d'une idée se définit par la manière dont elle produit de la valeur. Rien ne prouve que la forme initiale de l'idée soit la plus pertinente. Une bonne idée peut toujours devenir plus performante et une proposition faible peut être améliorée. On se concentre ici sur la valeur de l'idée.

Consolider l'idée

Les idées possèdent leurs points faibles, même si l'on ne peut parler à cet égard de défauts réels. L'accent est mis, dans ce cas, sur la consolidation des points faibles. Telle idée semble plutôt complexe, ne pourrait-on la simplifier ? Où se situent les points faibles ? Comment les améliorer ?

L'acceptation de l'idée

L'attention se déplace de l'idée elle-même vers le « suivi » de l'idée. Qui va être chargé de prendre les décisions relatives à l'idée ? Qui va la mettre à exécution ? Qui va prêter son concours et sa bonne volonté pour assurer sa réussite ? Nous nous concentrons ici sur ce type de problématique et étudions les modifications à apporter à l'idée pour faciliter l'action de suivi.

La comparaison

On dresse une comparaison entre l'idée neuve et celle qu'elle est censée remplacer. On compare également les nouvelles méthodes aux procédures traditionnelles. Rien n'empêche de comparer également les différentes alternatives à l'idée nouvelle. La comparaison porte sur les différences, sur la valeur et sur les aspects négatifs.

Les erreurs et les défauts

Le chapeau noir est à l'honneur, car il s'agit de détecter les inadéquations et les défauts de l'idée. Ce qui suppose une démarche structurée. On cherche à perfectionner l'idée et à la préparer à l'évaluation finale.

Les conséquences

On tente de prévoir les conséquences induites par l'application de l'idée. Que se passera-t-il à court terme, à moyen terme, à long terme ? On se fonde ici sur des prévisions rationnelles et sur des hypothèses. Les répercussions dans le temps dépendent de la nature de l'idée. L'analyse des conséquences probables nous conduit-elle à modifier l'idée ? S'il est prouvé que l'ouverture d'une nouvelle route accroîtra la circulation à long terme, que devons-nous prévoir ?

Les tests

L'idée peut-elle être testée ? Comment la tester ? Peut-elle être modifiée pour mieux satisfaire aux tests ? Une idée qui passe avec succès l'épreuve des tests aura plus de chances de s'imposer. Car, ce faisant, elle justifie la confiance que ses partisans placent en elle. Faute de tests adaptés, pourquoi ne pas recourir à une sorte de « test d'information » qui rassemblerait les données susceptibles de valider l'idée ?

L'évaluation

Comment l'idée va-t-elle être évaluée par ceux qui sont chargés de cette tâche ? Dans quel sens doit-on la modifier pour lui permettre de satisfaire aux exigences formulées ? Sous quelle forme la présenter ? Il n'est pas inutile de maîtriser les procédures d'évaluation finale et de savoir qui en assurera la responsabilité.

Le processus de traitement complète l'action positive, constructive et créative dont a bénéficié l'idée. L'étape suivante est celle de l'évaluation. L'idée neuve sera jugée sur les critères et avec la rigueur que l'on applique aux idées qui ne sont pas issues d'un effort de créativité. Le traitement revêt donc une importance capitale, en ce sens qu'il conditionne en grande partie l'acceptation définitive de l'idée et qu'il valide l'ensemble du processus de créativité. L'aura de la nouveauté a surtout de la valeur pour le créateur de l'idée ; les seuls critères permettant de juger une idée sont la valeur d'usage, l'applicabilité, les moyens utilisés et l'adéquation.

Appendice 5

Contacts

L'auteur peut être contacté par courriel à

edwarddebono@mind-ing.com

Vous pouvez visiter son site personnel

www.edwarddebono.com

Minding International (www.mind-ing.com) a l'exclusivité de la représentation d'Edward de Bono dans les pays francophones hors Canada.

- Contact pour la France : Minding International France (info@mind-ing.com).
- Contact pour la Belgique et le Luxembourg : Minding International Belgium (np@mind-ing.com).
- Contact pour la Suisse : Minding International (scc@mind-ing.com).
- Contact pour le Maghreb : Minding International France (info@mind-ing.com).
- Contact pour le Québec : The McQuaig Group (dmcquaig@debono.com).

Notes

Préface à l'édition française

1. Sources :

   Compte-rendu du colloque « Innover pour construire l'avenir », le 9 avril 2003, à Paris (www.recherche.gouv.fr/plan-innovation/index.html).

   Medef, *11 mesures prioritaires pour accélérer l'innovation en France* (www.medef.fr/staging/site/page.php?pag_id=1149&modAt-tributes=29:1227).

   Création du Conseil stratégique de l'innovation (www.gazettelabo.tm.fr/2002breves/0702/0702csi.htm).

   Les forces de blocages de l'innovation en France (www.demlib.com/netlib/nvlleco/blocages.htm).

Introduction

1. *The Mechanism of Mind*, Simon & Schuster, New York, 1969, et Jonathan Cape, Londres, 1969 ; Viking/Penguin, Londres, 1990.
2. *I Am Right You Are Wrong*, Viking, New York, 1991, et Penguin, Londres, 1990.

Première partie

1. *The Mechanism of Mind*, Simon & Schuster, New York, 1969, et Jonathan Cape, Londres, 1969 ; Viking/Penguin, Londres, 1990.
2. *I Am Right You Are Wrong*, Viking, New York, 1991, et Penguin, Londres, 1990.
3. *Sur/petition*, HarperBusiness, New York, 1992.
4. *Future Positive*, Penguin, Londres, 1980, 1990.
5. Cours de pensée CoRT (pour les écoles), publié par SRA à Chicago. Voir aussi *Teach Your Children How To Think*, Viking/Penguin, New York, 1992.

Deuxième partie

1. *Six Thinking Hats*, Little, Brown, New York, 1986. *Six Chapeaux pour penser*, InterEditions, 1987.
2. *I Am Right You Are Wrong*, Viking, New York, 1991, et Penguin, Londres, 1990.

Troisième partie

1. *Sur/petition*, HarperBusiness, New York, 1992.
2. L'audit des opportunités est suggéré dans *Opportunities*, Penguin Books, Londres, 1977.

Index

D

M

N-O

P

R

U-V-W-Z

Dans le cadre de sa politique développement durable, Jouve initie en 2007
une démarche visant à la certification ISO 14001.
Cet ouvrage est imprimé sur papiers Amber Graphic des papeteries Arctic Paper pour l'intérieur
et Ensocoat des papeteries Stora Enso pour la couverture.
Ces papiers sont fabriqués sur des sites papetiers certifiés ISO 14001
et enregistrés EMAS à partir de fibres d'origine de forêts gérées de manière durable.

Composé par Nathalie Bernick
Achevé d'imprimer : Jouve, Paris

N° d'éditeur : 2931
N° d'imprimeur : 463786V
Dépôt légal : juillet 2008
Imprimé en France